Die Zukunft der kollektiven Rechtewahrnehmung im Online-Musikbereich

SCHRIFTENREIHE ZUM
URHEBER- UND KUNSTRECHT

Herausgegeben von Thomas Hoeren

BAND 16

PL ACADEMIC
RESEARCH

Benjamin Wübbelt

Die Zukunft der kollektiven Rechtewahrnehmung im Online-Musikbereich

PL ACADEMIC RESEARCH

Bibliografische Information der Deutschen Nationalbibliothek
Die Deutsche Nationalbibliothek verzeichnet diese Publikation in der Deutschen Nationalbibliografie; detaillierte bibliografische Daten sind im Internet über http://dnb.d-nb.de abrufbar.

Zugl.: Bochum, Univ., Diss., 2014

D 294
ISSN 1860-076X
ISBN 978-3-631-66142-0 (Print)
E-ISBN 978-3-653-05710-2 (E-Book)
DOI 10.3726/978-3-653-05710-2

PL Academic Research ist ein Imprint der Peter Lang GmbH.

Peter Lang – Frankfurt am Main · Bern · Bruxelles ·
New York · Oxford · Warszawa · Wien

Diese Publikation wurde begutachtet.

www.peterlang.com

Vorwort

Die vorliegende Arbeit wurde im Wintersemester 2013/2014 von der Juristischen Fakultät der Ruhr-Universität Bochum als Dissertation angenommen. Der Entwurf wurde im November 2014 eingereicht. Spätere Entwicklungen konnten in der Arbeit keine Berücksichtigung mehr finden.

Mein ganz besonderer Dank gilt meiner Doktormutter, Frau Professor Dr. Renate Schaub, für die engagierte Betreuung dieses Promotionsvorhabens. Sowohl die regelmäßigen persönlichen Gespräche als auch die Möglichkeit, mich im Rahmen turnusmäßiger Doktorandenseminare mit anderen Doktoranden auszutauschen, habe ich stets als ebenso angenehm wie gewinnbringend empfunden.

Ebenfalls herzlich bedanken möchte ich mich bei Herrn Professor Dr. Karl Riesenhuber für die freundliche Übernahme und zeitnahe Fertigstellung des Zweitgutachtens.

Düsseldorf, Februar 2015 Benjamin Wübbelt

Inhaltsverzeichnis

Einführung

Die Bedeutung des Online-Musikbereichs steigt in der Tonträgerindustrie seit Jahren. Zunehmend hat sich der Konsum von Musik ins Internet verlagert. Die Zeiten, in denen digitale Musik in erster Linie mit Urheberrechtsverletzungen in Verbindung gebracht wurde, sind längst vergangen. Durch Online-Dienste wie iTunes, Spotify oder YouTube ist digitale Musik in der Mitte der Gesellschaft angekommen. Im Jahr 2013 wurden weltweit bereits 39 % des Gesamtumsatzes der Tonträgerindustrie online erwirtschaftet[1]. Die Verluste der Tonträgerindustrie im Bereich physischer Tonträger werden damit zunehmend im Online-Bereich kompensiert. Die unterschiedlichen Geschäftsmodelle, die diese Entwicklung befeuern, sind kaum mehr zu überblicken. Dem Nutzer stehen Download-Angebote, Streaming-Angebote oder Webradios unterschiedlichster Spielart zur Verfügung. Zudem wird Online-Musik auch in audiovisuellen Angeboten wie Computerspielen oder Mediatheken genutzt. Die technische Entwicklung erlaubt es dem Nutzer zudem, musikalische Werke auf immer komfortablere Weise online zu konsumieren. Digitale Musik muss längst nicht mehr am heimischen Computer konsumiert werden, oder zeitintensiv auf andere Endgeräte überspielt werden. Inzwischen haben Endgeräte wie Smartphones, Spielkonsolen, Tablet-Computer oder Fernsehgeräte eigene Internetzugänge und erhöhen damit die Zugänglichkeit von Online-Diensten im Alltag. Auch Automobilhersteller scheinen diesem Trend zu folgen und gehen dazu über, ihre Cockpits zu vernetzen[2]. Ein Ende dieser Entwicklung ist derzeit nicht absehbar, die Bedeutung digitaler Musik im M-Commerce wird weiter steigen. Damit wird simultan auch die Relevanz des Online-Musikbereichs für die internationale Tonträgerindustrie steigen.

Rechtlich fußt jeder Online-Dienst, unabhängig von seiner konkreten Ausgestaltung, auf der Verwertung urheberrechtlich geschützter Werke. Prämisse für den rechtmäßigen Betrieb ist mithin die vorherige Einräumung von Lizenzen.

---

1 IFPI, Digital Music Report 2014, S. 6, abrufbar unter: http://www.ifpi.org/downloads/Digital-Music-Report-2014.pdf; Jahrbuch BVMI 2013, S. 51, abrufbar unter: http://www.musikindustrie.de/fileadmin/piclib/statistik/branchendaten/jahreswirtschafts-bericht-2013/download/140325_BVMI_2013_Jahrbuch_ePaper.pdf, beide zuletzt abgerufen am 31. Oktober 2014.

2 *Spehr*, Internet im Auto – Vernetzt wie nie zuvor, abrufbar unter: http://www.faz.net/aktuell/technik-motor/iaa/internet-im-auto-vernetzt-wie-nie-zuvor-12565248.html?printPagedArticle=true#pageIndex_2, zuletzt abgerufen am 31. Oktober 2014.

Diese Lizensierung ist die klassische Aufgabe von Verwertungsgesellschaften. Sie fungieren als Bindeglied zwischen schöpferischen Rechteinhabern und Online-Verwertern, womit sie eine moderne massenhafte Werknutzung erst möglich machen[3]. Nur durch Verwertungsgesellschaften kann der schöpferisch arbeitende Künstler auch im Zeitalter der Massennutzung weiterhin schöpferisch tätig bleiben und muss nicht mit unzähligen Interessenten in Lizensierungsverhandlungen treten. Nur durch Verwertungsgesellschaften kann der Online-Verwerter die erforderlichen Rechte rechtssicher an einer zentralen Anlaufstelle lizensieren und muss nicht mit unzähligen Rechteinhabern in Lizensierungsverhandlungen treten. Ohne ein intaktes System der kollektiven Rechtewahrnehmung wäre eine Lizensierung für beide Parteien derart mühsam, dass mit einer Verringerung legaler Online-Angebote zu rechnen wäre. Der immer wichtiger werdende Online-Musikbereich lebt mithin von einer funktionierenden kollektiven Rechtewahrnehmung.

Eben dieses System der kollektiven Rechtewahrnehmung befindet sich jedoch in der Union, was den Online-Musikbereich betrifft, derzeit in einem mangelhaften Zustand[4]. Das Potential dieses Bereichs kann daher im Binnenmarkt nicht annähernd ausgeschöpft werden. Das System der kollektiven Rechtewahrnehmung muss Interessen von Rechteinhabern, Verwertungsgesellschaften und Verwertern in einen angemessenen Ausgleich bringen. Im Online-Musikbereich ist dieser Interessensausgleich aus dem Gleichgewicht geraten. Die Arbeit wird darlegen, dass sich dieses Ungleichgewicht primär auf zwei Missstände zurückführen lässt. Ein Missstand betrifft die Online-Verwerter, ein anderer Missstand betrifft die Verwertungsgesellschaften, die Online-Musikrechte lizensieren. Die Interessen dieser Akteure sollen daher besonders gewürdigt werden. Auf die Interessen der Rechteinhaber soll hingegen nicht explizit eingegangen werden. Aufgrund der im Bereich der kollektiven Rechtewahrnehmung bestehenden Wechselwirkungen wird jedoch auch auf ihre Interessen an verschiedenen Stellen eingegangen werden.

Der erste Missstand im Online-Musikbereich besteht darin, dass Online-Verwerter mit einer gravierenden Lizenzzersplitterung konfrontiert sind. Eine unkomplizierte und rechtssichere Lizensierung der für ihren Dienst erforderlichen Online-Rechte an einer zentralen Stelle ist derzeit unmöglich. Das für Online-Dienste wirtschaftlich lebensnotwendige anglo-amerikanische Musikrepertoire

3 *Melichar*, in: Loewenheim, § 45 Rn. 3; *Lerche*, in: Kreile/Becker/Riesenhuber, Kap. 3 Rn. 6.

4 *Ventroni*, MMR 2012, 565; *Gerlach*, ZUM 2013, 174 (175); *Grewenig*, ZUM 2011, 27 (28).

ist aufgrund von Interventionen der Europäischen Kommission und wirtschaftlicher Entscheidungen großer Musikverlage auf viele unterschiedliche Organisationen zergliedert worden, die diese Repertoires unionsweit lizensieren. Teilweise handelt es sich bei diesen Organisationen um Verwertungsgesellschaften, teilweise um Tochtergesellschaften klassischer Verwertungsgesellschaften, deren rechtlicher Status und Wahrnehmungspraxis umstritten sind. Auch das europäische Musikrepertoire lässt sich nicht zentral lizensieren. Hier findet zwar überwiegend noch eine Wahrnehmung durch europäische Verwertungsgesellschaften statt. Allerdings hat auch hier eine Entscheidung der Europäischen Kommission für Turbulenzen gesorgt, welche die flächendeckenden Gegenseitigkeitsverträge der europäischen Verwertungsgesellschaften im Online-Musikbereich für wettbewerbswidrig erklärte[5]. Teilweise mussten daher neue, individuelle Gegenseitigkeitsverträge geschlossen werden. Teilweise sind europäische Verwertungsgesellschaften aber auch dazu übergegangen, ihr Repertoire unionsweit wahrzunehmen, oder haben ihre Rechte in gemeinsamen, unionsweit lizensierenden Portalen aufgehen lassen[6]. Für Online-Verwerter, die ein umfassendes Repertoire in einem unionsweit abrufbaren Online-Dienst anbieten wollen, könnte die Situation mithin kaum schlimmer sein. Kosten und Zeitaufwand für Rechteklärung und Lizensierung werden für diese Anbieter zum Alptraum. Ein eindrucksvolles Beispiel hierfür ist der schwedische Online-Verwerter Spotify, der nicht weniger als 800 Tage für die Klärung der Lizenzlage benötigte, bevor er 2008 an den Markt gehen konnte[7]. Im audiovisuellen Bereich sind sogar ganze Kapitulationen vor der fragmentierten Lizenzlage zu beobachten. So findet bei älteren Filmwerken, die nunmehr auch online genutzt werden sollen,

---

5 Entscheidung der Kommission vom 16. Juli 2008, COMP/C2/38.698– *CISAC*, abrufbar unter: http://ec.europa.eu/competition/antitrust/cases/dec_docs/38698/38698_4565_1.pdf, zuletzt abgerufen am 31. Oktober 2014; zu Einzelheiten des Verfahrens siehe *Müller*, ZUM 2009, 121 (128 ff.).

6 So lizensiert die ARMONIA-Initiative seit kurzem unionsweit die Online-Rechte verschiedener europäischer Verwertungsgesellschaften. Weitere Informationen abrufbar unter: http://www.armoniaonline.eu/homeLayout_en, zuletzt abgerufen am 31. Oktober 2014.

7 *Hirche*, Schneller zur Musik: EU Parlament berät neue Regeln für Verwertungsgesellschaften, abrufbar unter: http://irights.info/2013/03/19/schneller-zur-musik-eu-parlament-berat-neue-regeln-fur-verwertungsgesellschaften/13082, zuletzt abgerufen am 31. Oktober 2014.

nicht selten ein kompletter Austausch der Filmmusik statt, da ein nachträglicher Lizenzerwerb der Originalmusik oft zu teuer und zu kompliziert wäre[8].

Der zweite Missstand betrifft die Verwertungsgesellschaften, die zwar in einen immer kompetitiveren Wettbewerb im Binnenmarkt gedrängt werden, dort aber kein harmonisiertes Spielfeld vorfinden[9]. Wie die Arbeit zeigen wird, wirkt sich dies gravierend auf die Einheitlichkeit des Wettbewerbsrahmens, das sog. *Level-Playing-Field,* aus. Einerseits konkurrieren Verwertungsgesellschaften inzwischen mit neuartigen Lizensierungsorganisationen, die vollkommen unreguliert außerhalb jeglicher Wahrnehmungsgesetze agieren können. Ein ausgeglichener Wettbewerb ist hier von Beginn an ausgeschlossen[10]. Andererseits ist auch der Wettbewerb unter den europäischen Verwertungsgesellschaften verzerrt. Wie die Arbeit zeigen wird, liegt dies an den heterogenen europäischen Wahrnehmungsgesetzen, welche Verwertungsgesellschaften vollkommen asymmetrisch reglementieren. Viele Mitgliedstaaten, unter ihnen Deutschland, haben einen strengen Regulierungsansatz für Verwertungsgesellschaften gewählt, der von gesetzlichen Pflichten und behördlicher Kontrolle geprägt ist. Andere Mitgliedstaaten haben sich hingegen für teilweise deutlich liberalere Regulierungsansätze entschieden. Dies führt dazu, dass Verwertungsgesellschaften aus streng regulierenden Mitgliedstaaten krasse Benachteiligungen im europäischen Wettbewerb erfahren.

Diese Missstände der kollektiven Rechtewahrnehmung im Online-Musikbereich und den daraus resultierenden Handlungsbedarf hat inzwischen auch der europäische Gesetzgeber erkannt. Infolgedessen hat das europäische Parlament am 04. Februar 2014 mit großer Mehrheit eine Richtlinie über die kollektive Wahrnehmung von Urheber- und verwandten Schutzrechten und die Vergabe von Mehrgebietslizenzen für Rechte an Musikwerken für die Online-Nutzung im Binnenmarkt verabschiedet[11]. Mit dieser Richtlinie soll einerseits ein einheitlicher Rechtsrahmen für die kollektive Rechtewahrnehmung im Bin-

---

8 *Pfennig*, Grenzenlos verwertet – angemessen vergütet?, abrufbar unter: www.irights.info/grenzenlos-verwertet-angemessen-vergutet, zuletzt abgerufen am 31. Oktober 2014.

9 *Krause*, ZUM 2011, 21 (26).

10 *Gerlach*, ZUM 2013, 174 (176); *Pfennig*, in: Erdmann/Leistner/Rüffer/Schulte-Beckhausen, 279 (301).

11 Richtlinie (2014/26/EU) des Europäischen Parlaments und des Rates vom über die kollektive Wahrnehmung von Urheber- und verwandten Schutzrechten und die Vergabe von Mehrgebietslizenzen für die Rechte an Musikwerken für die Online-Nutzung im Binnenmarkt vom 26. Februar 2014, ABl. Nr. L 84/72 vom 20. März 2014.

nenmarkt geschaffen und andererseits die Vergabe von Mehrgebietslizenzen erleichtert werden[12].

Die Arbeit erläutert zunächst die Grundzüge der Musikverwertung im Online-Bereich und der kollektiven Rechtewahrnehmung. Anschließend arbeitet sie die derzeit bestehenden Missstände der kollektiven Rechtewahrnehmung im Online-Musikbereich nebst deren Wurzeln heraus. In einem nächsten Schritt untersucht die Arbeit die neue Richtlinie und geht der Frage nach, inwieweit die Richtlinie die zuvor diagnostizierten Missstände tatsächlich wird entschärfen können. Soweit die Richtlinie hierbei nicht zu überzeugen vermag, entwirft die Arbeit in einem weiteren Schritt eigenständige Strategien, mit denen die diagnostizierten Missstände im Online-Musikbereich effektiver bekämpft werden könnten.

12 *Holzmüller*, ZUM 2013, 168; *Peifer*, ZUM 2014, 453; *Scholz*, Medien und Recht 2013, 123.

Kapitel 1 Musikverwertung und Grundlagen kollektiver Rechtewahrnehmung

A. Musikverwertung im Online-Bereich

Die enge Verbindung zwischen digitaler Musik und Recht war vielen Konsumenten lange unbewusst[13]. Dabei findet auch die Verwertung professionell produzierter Musik im Online-Bereich keinesfalls im rechtsfreien Raum statt. Das Gegenteil ist der Fall. Der Online-Musikbereich ist eine hoch komplexe Materie mit rechtlich eng verwobenen Akteuren, dessen wirtschaftliche Relevanz stetig zunimmt.

I. Wirtschaftliche Relevanz des Online-Musikbereichs

Die digitale Revolution mit ihren Errungenschaften stürzte die gesamte Musikindustrie zunächst in einen jahrelangen Abwärtstrend[14]. Im Zuge der Digitalisierung konnte der einzelne Nutzer erstmalig musikalische Werke konsumieren, ohne auf den Kauf physischer Tonträger angewiesen zu sein. Auf Basis dieser Errungenschaft, die zusätzlich noch von mangelndem Unrechtsbewusstsein der einzelnen Nutzer im Bereich des geistigen Eigentums flankiert wurde, erlebten illegale Tauschbörsen und illegale Downloadanbieter einen Boom[15]. Während diese illegalen Angebote lange Zeit den Online-Musikbereich prägten, ist in den letzten Jahren eine zunehmende Erschließung dieses Bereichs durch rechtmäßig agierende Online-Dienste zu beobachten[16]. Nach Jahren teilweise existenzbedrohender Umsatzeinbußen scheint die Musikindustrie sich zunehmend an die Gegebenheiten des digitalen Marktes anzupassen. Erstmals seit dem Ende der 1990er Jahre konnte der globale Musikmarkt im Jahr 2012 wieder Gewinne verzeichnen[17]. Ein Trend, der sich auf globalen Leitmärkten wie den USA,

---

13 *Waldhausen*, in: Schwartmann, Kap. 30 Rn. 1.

14 *Schunke*, in: Wandtke, Band 2, Kap. 3 Rn. 2 ff.; *Kindt*, MMR 2009, 147; *Waldhausen*, in: Schwartmann, Kap. 30 Rn. 2 ff.; *Poll*, ZUM 2008, 500; *Ventroni*, in: Clement/Schusser/Papies, 63.

15 *Homann*, S. 293; *Reber*, in: Schwarz/Peschel-Mehner, Kap. 4-A Rn. 1 ff.; *v. Einem*, S. 41 f.

16 *Nicklas/Wolf*, in: Kreile/Becker/Riesenhuber, Kap. 15 Rn. 102; *Schunke*, in: Wandtke, Band 2, Kap. 3 Rn. 127.

17 IFPI, Digital Music Report 2013, S. 6, abrufbar unter: www.ifpi.org/content/library/dmr2013.pdf; Jahrbuch BVMI 2012, S. 53, abrufbar unter: http://www.musikindustrie.de/fileadmin/piclib/statistik/branchendaten/jahreswirtschaftsbericht-2012/download/Jahrbuch_BVMI_2012.pdf, beide zuletzt abgerufen am 31. Oktober 2014.

Großbritannien, Deutschland und Frankreich auch im Jahr 2013 bestätigte[18]. Dies liegt insbesondere daran, dass die Verluste im Bereich physischer Tonträger zunehmend durch Erfolge im Online-Bereich kompensiert werden konnten. Inzwischen haben die Angebote legaler Online-Dienste aufgrund ihrer Innovationsgeschwindigkeit deutlich an Strahlkraft gewonnen. In den Branchenverbänden der Tonträgerindustrie sieht man sich inzwischen sogar an der Speerspitze der digitalen Innovationskräfte angekommen[19].

Diese Entwicklung belegen auch die Geschäftszahlen der Tonträgerindustrie sowohl im internationalen als auch im nationalen Bereich. International ist der Gesamtumsatz des rechtmäßigen Geschäfts mit Online-Musikrechten in den vergangenen Jahren zunehmend gesteigert worden. Inzwischen liegen die Einkünfte im Online-Musikbereich weltweit bei 5,9 Milliarden Dollar und machen 39 % des Gesamtumsatzes der Tonträgerindustrie aus[20]. Während Online-Dienste im Jahr 2011 ihre Dienste noch in 23 Ländern anboten, waren es im Jahr 2012 bereits über 100 Länder[21]. Eine ähnliche Entwicklung lässt sich auch in Deutschland erkennen. Auch hier nimmt der Einfluss des Online-Bereichs auf den Gesamtumsatz der Tonträgerindustrie zu. So erreichen Einnahmen dieses Sektors im Jahr 2013 einen Anteil von 23 % des Gesamtumsatzes der nationalen Tonträgerindustrie[22]. Dies bedeutet einen Umsatzanstieg von 11,7 % und stellt den bisherigen Höchstwert dar[23].

---

18 IFPI, Digital Music Report 2014, S. 6, abrufbar unter: http://www.ifpi.org/downloads/Digital-Music-Report-2014.pdf, Jahrbuch BVMI 2013, S. 51, abrufbar unter: http://www.musikindustrie.de/fileadmin/piclib/statistik/branchendaten/jahreswirtschaftsbericht-2013/download/140325_BVMI_2013_Jahrbuch_ePaper.pdf, beide zuletzt abgerufen am 31. Oktober 2014.

19 IFPI, Digital Music Report 2013, S. 5, abrufbar unter: www.ifpi.org/content/library/dmr2013.pdf, zuletzt abgerufen am 31. Oktober 2014.

20 IFPI, Digital Music Report 2014, S. 6, abrufbar unter: http://www.ifpi.org/downloads/Digital-Music-Report-2014.pdf; Jahrbuch BVMI 2013, S. 51, abrufbar unter: http://www.musikindustrie.de/fileadmin/piclib/statistik/branchendaten/jahreswirtschaftsbericht-2013/download/140325_BVMI_2013_Jahrbuch_ePaper.pdf, beide zuletzt abgerufen am 31. Oktober 2014.

21 IFPI, Digital Music Report 2013, S. 6, abrufbar unter: www.ifpi.org/content/library/dmr2013.pdf, zuletzt abgerufen am 31. Oktober 2014.

22 Jahrbuch BVMI 2013, S. 8, abrufbar unter: www.musikindustrie.de/fileadmin/piclib/statistik/branchendaten/jahreswirtschaftsbericht-2013/download/140325_BVMI_2013_Jahrbuch_ePaper.pdf, zuletzt abgerufen am 31. Oktober 2014.

23 Jahrbuch BVMI 2013, S. 9, abrufbar unter: http://www.musikindustrie.de/fileadmin/piclib/statistik/branchendaten/jahreswirtschaftsbericht-2013/download/140325_BVMI_2013_Jahrbuch_ePaper.pdf, zuletzt abgerufen am 31. Oktober 2014.

Das legale Geschäft mit Online-Musikrechten rückt mithin zunehmend in die Mitte der Gesellschaft und wird damit für den globalen Musikmarkt zunehmend relevant. Allein in Deutschland ermöglichen derzeit knapp 60 verschiedene Anbieter den Konsum von Online-Musik[24]. Dabei ist anzunehmen, dass derartige Geschäftsmodelle in Zukunft an Bedeutung und Facettenreichtum gewinnen werden[25]. Dies liegt einerseits daran, dass die technische Entwicklung es den einzelnen Nutzern erlaubt, musikalische Werke auf immer komfortablere Weise zu nutzen. Der einzelne Online-Dienst kann längst nicht mehr nur am heimischen Computer in Anspruch genommen werden. Mobiltelefone, Spielkonsolen, Tablet-Computer oder Fernsehgeräte haben inzwischen eigene Internetzugänge und ermöglichen damit einen mobileren Zugriff auf Online-Dienste.

Neben dieser zunehmenden Flexibilität in Bezug auf Endgeräte profitieren neue Online-Dienste auch von der Vielzahl ihrer unterschiedlichen Angebote. Inzwischen bieten immer mehr Anbieter neben verschiedenen entgeltlichen Premium-Tarifen auch unentgeltliche Modelle an, in denen dem Nutzer ein begrenzter Funktionsumfang mit Werbeunterbrechungen zur Verfügung steht. Damit werden diese Dienste auch für solche Nutzer interessant, die bislang aus Kostengründen Musik über illegale Anbieter konsumierten.

II. Geschäftsmodelle im Online-Musikbereich

Die legalen Geschäftsmodelle im Online-Musikbereich sind zahlreich und lassen sich, keinesfalls abschließend, in folgende Kategorien einteilen:

1. Download-Angebote

Das Bereitstellen von Audiodateien zum Download kann als das älteste und klassischste Geschäftsmodell im Online-Musikbereich bezeichnet werden. In Deutschland startete ein solcher Dienst unter der Schirmherrschaft der Deutschen Telekom bereits Ende der 1990er Jahre[26]. Im Rahmen eines solchen Dienstes hält der jeweilige Anbieter auf einem Server Audiodateien vor. Im Rahmen einer vertraglichen Beziehung zu einem Nutzer wird diesem dann die Möglichkeit eingeräumt, einzelne Titel oder Alben herunterzuladen. Je nach konkretem Geschäftsmodell zahlt der Nutzer dabei einen Betrag pro heruntergeladener Audiodatei oder ihm steht gegen einen periodisch zu entrichtenden Betrag das

24 Übersicht der Anbieter einsehbar unter www.pro-music.org/legal-music-services-europe.php, zuletzt abgerufen am 31. Oktober 2014.

25 *Rainer*, S. 18.

26 *Wolf*, ZUM 1998, 303 ff.

gesamte Musikrepertoire des Anbieters zur Verfügung. Zudem variieren auch die Verwendungsmöglichkeiten der Audiodateien. In einigen Fällen steht dem Nutzer die Datei im Anschluss vollständig zur Verfügung. In diesem Fall kann er mit ihr nach Belieben verfahren und sie beispielweise auf weitere Endgeräte übertragen. In anderen Fällen ist die Verwendungsmöglichkeit durch die Verwendung von DRM-Systemen beschränkt[27]. In diesem Fall können die heruntergeladenen Audiodateien nicht auf dritte Endgeräte überspielt werden oder sind mit einem Verfallsdatum versehen.

Download-Dienste bilden derzeit den umsatzstärksten Zweig des Online-Musikbereichs. Weltweit machen sie 67 % der Gesamteinkünfte des digitalen Musikgeschäftes aus, in Deutschland sind es sogar 77,4 %[28]. Sie sind damit die populärste Art des Zugangs zu digitaler Musik. Mit Blick auf die enormen Wachstumsraten von Streaming-Angeboten ist allerdings davon auszugehen, dass Download-Angebote in Zukunft an Bedeutung für den Online-Musikbereich einbüßen werden. Derartige Tendenzen sind bereits erkennbar. So war der Download-Umsatz im Jahr 2013 weltweit erstmals mit 2.1 % leicht rückläufig[29]. Auch in Deutschland verzeichnen die Downloadumsätze im Jahr 2013 nur noch ein leichtes Wachstum von 0,8 %[30].

2. *Streaming-Angebote*

Da durch die fortschreitende technische Entwicklung Online-Dienste nicht mehr nur am heimischen Computer wahrgenommen werden können, ist der Download einer Audiodatei nicht mehr zwingend notwendig. Weil auch andere Endgeräte wie Smartphones, Tablet-Computer und Fernsehgeräte eigene

---

27 Zum Begriff des Digital Rights Management-Systems *Arlt*, GRUR 2004, 548 ff.; *Rehbinder*, Rn. 908; *Dreyer*, in: Dreyer/Kotthoff/Meckel, § 95a UrhG Rn. 2.

28 Jahrbuch BVMI 2013, S. 11 und 51, abrufbar unter: http://www.musikindustrie.de/fileadmin/piclib/statistik/branchendaten/jahreswirtschaftsbericht-2013/download/140325_BVMI_2013_Jahrbuch_ePaper.pdf; IFPI, Digital Music Report 2014, S. 7, abrufbar unter: http://www.ifpi.org/downloads/Digital-Music-Report-2014.pdf, beide zuletzt abgerufen am 31. Oktober 2014.

29 IFPI, Digital Music Report 2014, S. 7, abrufbar unter: http://www.ifpi.org/downloads/Digital-Music-Report-2014.pdf; Jahrbuch BVMI 2013, S. 51, abrufbar unter: http://www.musikindustrie.de/fileadmin/piclib/statistik/branchendaten/jahreswirtschaftsbericht-2013/download/140325_BVMI_2013_Jahrbuch_ePaper.pdf, beide zuletzt abgerufen am 31. Oktober 2014.

30 Jahrbuch BVMI 2013, S. 11, abrufbar unter: http://www.musikindustrie.de/fileadmin/piclib/statistik/branchendaten/jahreswirtschaftsbericht-2013/download/140325_BVMI_2013_Jahrbuch_ePaper.pdf, zuletzt abgerufen am 31. Oktober 2014.

Internetzugänge haben, reicht es vielfach aus, musikalische Werke durch sog. Streaming zu konsumieren. Ein Download mit anschließender Überspielung auf ein portables Endgerät ist in diesem Fall entbehrlich. Unter dem Begriff Streaming versteht man ein Verfahren, bei dem ein Datenfluss gezielt vom Server verschickt wird und dieser Datenfluss vor seiner Nutzungsmöglichkeit nicht zunächst vollständig geladen, sondern schon ab Übertragungsbeginn audiovisuell wiedergegeben wird[31]. Es handelt sich dabei regelmäßig um eine flüchtige Speicherung im Arbeitsspeicher, mit der Folge, dass der Endnutzer keine dauerhafte Kopie des Werkes auf seiner Festplatte behält[32]. Der Nutzer kann somit in der Datenbank seines Providers surfen und beliebige Lieder auf sein jeweiliges Endgerät streamen oder eine Wiedergabeliste entwerfen, die mehrere von ihm ausgewählte Lieder hintereinander streamt.

Die Anzahl und Geschäftsmodelle der in den letzten Jahren gegründeten Streaming-Dienste können kaum mehr überblickt werden. Allein in Deutschland kann der Nutzer derzeit zwischen 17 Streaming-Diensten wählen[33]. Die einzelnen Modelle reichen dabei von einer unentgeltlichen, werbefinanzierten Nutzung mit begrenzten Funktionsumfang bis hin zu Premium-Streaming-Diensten, bei denen sogar die Möglichkeit besteht, den Dienst von verschiedenen Endgeräten zu nutzen, Werke im Offline-Modus zu konsumieren oder temporär auf einem Endgerät zu speichern.

Streaming-Anbieter gehören zu der am schnellsten wachsenden Gruppe innerhalb des schnell wachsenden Online-Musikbereichs. Im Jahr 2013 steigerten sie ihren Umsatz weltweit um 51,3 % und machen nun bereits 27 % des gesamten Online-Musikbereichs aus[34]. In Deutschland steigerte sich der Umsatz im Jahr 2013 mit 91,2 % sogar noch rapider und repräsentiert inzwischen 20,6 % des nationalen Online-Musikbereichs[35]. Das bekannteste und größte Streaming-Portal

---

31 *Bullinger*, in: Wandtke/Bullinger, § 19a UrhG Rn. 34; *Loewenheim*, in: Loewenheim, § 20 Rn. 15.

32 *Stolz*, MMR 2013, 355 (354); *Bortloff*, GRUR Int. 2003, 669 (670); *Schack*, GRUR 2007, 639 (641).

33 Jahrbuch BVMI 2013, S. 12, abrufbar unter: http://www.musikindustrie.de/fileadmin/piclib/statistik/branchendaten/jahreswirtschaftsbericht-2013/download/140325_BVMI_2013_Jahrbuch_ePaper.pdf, zuletzt abgerufen am 31. Oktober 2014.

34 IFPI, Digital Music Report 2014, S. 7, abrufbar unter: http://www.ifpi.org/downloads/Digital-Music-Report-2014.pdf, zuletzt abgerufen am 31. Oktober 2014.

35 Jahrbuch BVMI 2013, S. 53 f., abrufbar unter: http://www.musikindustrie.de/fileadmin/piclib/statistik/branchendaten/jahreswirtschaftsbericht-2013/download/140325_BVMI_2013_Jahrbuch_ePaper.pdf, zuletzt abgerufen am 31. Oktober 2014.

ist YouTube[36]. Auch wenn der Dienst nicht nur für musikalische Rechte relevant ist, liegt im musikalischen Bereich seine größte Bedeutung. In der Geschichte dieses Online-Dienstes sind in der Liste der zehn meistgesehenen Videos neun Videos mit musikalischem Bezug vertreten[37].

3. *Webradio-Angebote*

Weitere Geschäftsmodelle im Online-Musikbereich stellen Webradio-Dienste dar. Auch hier bedienen sich die Anbieter der Technik des Streamings. Erfolgt das Streaming zeitgleich zu der herkömmlichen Rundfunksendung, spricht man von Simulcasting[38]. Wird das Programm allein für das Internet produziert, spricht man von Webcasting[39]. Im Gegensatz zu anderen Streaming-Diensten kann der Nutzer hier keinen Einfluss auf die Abfolge der Lieder nehmen, sondern konsumiert eine vorgegebene Programmabfolge[40]. In Deutschland sind derzeit 266 Webradio-Dienste bei den Landesmedienanstalten angemeldet[41].

4. *Audiovisuelle Angebote*

Der Online-Musikbereich beheimatet nicht nur klassische musikalische Online-Dienste. Auch Produktionen im audiovisuellen Bereich wie Kinofilme, Fernsehproduktionen oder Computerspiele, nutzen musikalische Werke. Im Einzelfall kommt eine Verwendung als Hintergrundmelodie, Titelmelodie oder eine Verwendung in einem Trailer in Betracht. Die audiovisuelle Produktion kommt mithin nicht ohne die Massennutzung von Musikrechten aus[42]. Mit Blick auf die fortschreitende Konvergenz der Medien kommen auch derartige Produktionen

---

36 *Wandtke/von Gerlach*, GRUR 2013, 676; *Bäcker/Höfinger*, ZUM 2013, 623 (625).

37 IFPI, Digital Music Report 2013, S. 16, abrufbar unter: www.ifpi.org/content/library/dmr2013.pdf, zuletzt abgerufen am 31. Oktober 2014.

38 *Schack*, GRUR 2007, 639 (641); *Schwarz/Hansen*, in: v. Hartlieb/Schwarz, Kap. 260 Rn. 2.

39 *Schack*, GRUR 2007, 639 (641); *Schwarz/Hansen*, in: v. Hartlieb/Schwarz, Kap. 260 Rn. 2.

40 *Ullrich*, ZUM 2010, 853 (854); *Heine*, S. 14; *v. Ungern-Sternberg*, in: Schricker/Loewenheim, Vor §§ 20 ff. UrhG Rn. 7; *Ehrhardt*, in: Wandtke/Bullinger, § 20 UrhG Rn. 4.

41 http://www.vprt.de/thema/marktentwicklung/marktdaten/angebote/online-und-mobile-angebote/webradio-angebote/content/za-0?c=1, zuletzt abgerufen, am 31. Oktober 2014.

42 *Krogmann*, ZUM 2013, 180; *Krause*, ZUM 2011, 21 (24 f.).

allein mit der Lizensierung von Offline-Rechten nicht mehr aus. Denn auch im audiovisuellen Bereich ist von einer ausschließlichen Offline-Nutzung der produzierten Inhalte nicht mehr auszugehen. Auch der Konsum audiovisueller Produktionen findet zunehmend online statt[43]. Dies gilt sowohl für Fernsehproduktionen als auch für Kinoproduktionen.

Im Bereich von Fernsehproduktionen verschwimmt die Grenze zwischen traditionellem Fernsehkonsum und internetbasiertem Fernsehkonsum zunehmend[44]. Dies wird beispielsweise immer dann deutlich, wenn ein Rundfunkveranstalter auf der Senderhomepage eine programmbegleitende Mediathek unterhält. Mit Hilfe einer Mediathek kann der einzelne Zuschauer bestimmte ausgestrahlte Sendeinhalte online im Wege eines Streams nachkonsumieren[45]. So kann der Rundfunkbeitrag bereits wenige Stunden nach seiner Ausstrahlung online nachverfolgt werden. Dies kann oftmals sogar direkt am Fernsehgerät geschehen, da inzwischen 32 % aller deutschen Haushalte über ein internetfähiges Fernsehgerät verfügen[46]. Solche Geräte ermöglichen eine Navigation vom laufenden Rundfunkprogramm zu einer Mediathek binnen weniger Sekunden. Neben der Mediathek sind einige Rundfunkveranstalter bereits dazu übergegangen, ihr jeweiliges Live-Signal ins Internet zu streamen[47]. Dieser Simulcasting-Stream kann dann auf den Websites der Sender oder über sendereigene Applikationen auf mobilen Endgeräten, wie einem Smartphone oder einem Tablet-Computer, live konsumiert werden. Auch bei Rundfunkveranstaltern ohne eigenen Simulcasting-Stream ist ein entsprechender Konsum oft möglich. In diesen Fällen sorgen dritte Online-Dienste für eine öffentliche Online-Wiedergabe, die zeitgleich zum Termin der Rundfunkausstrahlung erfolgt[48].

---

43 *Maier-Hauff*, ZUM 2013, 182; *Krogmann*, ZUM 2013, 180 (181); *Schmidt*, ZUM 2011, 457 (457 f.).

44 *Krogmann*, ZUM 2013, 180 (182); *Maier-Hauff*, ZUM 2013, 182; *Schwarz/Hansen*, in: v. Hartlieb/Schwarz, Kap. 259 Rn. 5; *Janik*, in: Schwartmann, Kap. 8 Rn. 40.

45 *Grewenig*, ZUM 2011, 27 (28).

46 Studie Deloitte Consulting 2013 „*The State of the Media Democracy*", S. 7, (unveröffentlicht).

47 Zum Beispiel ARD und ZDF auf ihren jeweiligen Websites, abrufbar unter: http://www.daserste.de/live/index.html?context=livestream und http://www.zdf.de/ZDFmediathek/beitrag/live/1822600/Das-ZDF-im-Livestream#/beitrag/livevideo/1822600/Das-ZDF-im-Livestream, beide zuletzt abgerufen am 31. Oktober 2014.

48 Derartige Wiedergaben werden beispielsweise über die Online-Dienste Zattoo TV (Funktionsweise dargelegt vom LG Hamburg, ZUM 2009, 582 (583)) oder Magine TV angeboten.

Auch im Bereich von Kinoproduktionen, die nicht primär für das Fernsehen gedacht sind, kann nicht mehr von einer reinen Offline-Nutzung der Werke ausgegangen werden. Auch in diesem Bereich existieren mittlerweile zahlreiche sog. *Video-on-Demand* Anbieter[49]. Diese funktionieren ähnlich, wie die Streaming-Anbieter im Musikbereich. Auch hier registriert sich ein Nutzer bei dem maßgeblichen Dienst und kann fortan von diversen Endgeräten auf die Filmdatenbank des Anbieters online zugreifen.

III. Einschlägige Verwertungsrechte

Trotz der mannigfaltigen Erscheinungsformen von Online-Diensten basieren alle auf der Verwertung urheberrechtlich geschützter Werke. Das Urheberrecht gewährt jedoch in § 15 Urheberrechtsgesetz (UrhG) grundsätzlich allein dem Rechteinhaber das ausschließliche Recht, Werke in körperlicher oder unkörperlicher Form zu verwerten. Will eine andere Person eine Verwertung vornehmen, muss sie sich gem. § 31 Abs. 1 UrhG die diesbezüglichen Nutzungsrechte einräumen lassen[50]. Damit muss jeder Online-Anbieter grundsätzlich für eine rechtmäßige Nutzung entsprechende Nutzungsrechte einholen. Ein einheitliches Online-Verwertungsrecht sieht das Urheberrecht dabei allerdings nicht vor[51]. Daher muss der Online-Dienst, je nach konkretem Geschäftsmodell, ein Bündel unterschiedlicher Nutzungsrechte erwerben[52].

1. Recht der Vervielfältigung gem. § 16 Abs. 1 UrhG

Gem. § 15 Abs. 1 Nr. 1 UrhG in Verbindung mit § 16 Abs. 1 UrhG hat der Urheber das ausschließliche Recht, sein Werk zu vervielfältigen. Unter den Begriff der Vervielfältigung fällt jede körperliche Festlegung des Werkes, die geeignet ist, das Werk den menschlichen Sinnen auf irgendeine Weise mittelbar oder unmittelbar wahrnehmbar zu machen[53]. Auch wenn diese historische Definition

---

49 Übersicht über die verschiedenen *Video-on-Demand* Anbieter in Deutschland in der VPRT Präsentation Marktüberblick TV und VoD in Deutschland, S. 14, abrufbar unter: http://www.vprt.de/thema/marktentwicklung/marktdaten/mediennutzung/web-tv-und-vod-nutzung/content/der-video-demand-mark?c=3, zuletzt abgerufen am 31. Oktober 2014.

50 *Lettl*, § 5 Rn. 9; *Rehbinder*, Rn. 542; *Ullrich*, ZUM 2010, 311 (313).

51 *Dreier/Buhrow*, in: Moritz/Dreier, S. 295; *Heine*, S. 17; *Altemark*, S. 64.

52 *Wandtke/Grunert*, in: Wandtke/Bullinger, Vor §§ 31 ff. UrhG Rn. 74 ff.

53 BT-Drucks. 4/270, S. 47; BGH, GRUR 1991, 449 (453) – *Betriebssystem*; BGH, GRUR 1983, 28 (29) – *Presseberichterstattung und Kunstwerkwiedergabe II.*

nicht auf den digitalen Rechtsverkehr gemünzt ist, erweist sie sich dennoch auch in diesem Bereich als handhabbar. Denn unter den Begriff der Wahrnehmbarkeit fällt auch die Wahrnehmbarkeit unter Zuhilfenahme technischer Einrichtungen[54]. Damit können auch Vorgänge im Rahmen der Digitalisierung in den Schutzbereich dieses Verwertungsrechts fallen.

Vor diesem Hintergrund benötigt der Online-Dienst bereits dann das Vervielfältigungsrecht, wenn er die Werke auf einen Internetserver überspielt (sog. Upload), um damit eine Abrufmöglichkeit für die Nutzer zu schaffen[55]. In diesem Fall liegt eine Festlegung auf einen Datenträger (dem Server) vor, die geeignet ist, das Werk mittelbar den menschlichen Sinnen wahrnehmbar zu machen[56]. Muss der Online-Anbieter vor dem Hochladeprozess die einzelnen Werke noch selbständig digitalisieren (also in einen Binärcode umwandeln), liegt eine weitere Vervielfältigungshandlung vor[57]. Auch hier liegt eine körperliche Festlegung des Werkes vor, die eine menschliche Wahrnehmbarkeit ermöglicht[58].

Infolgedessen benötigt jeder Online-Dienst zum Betrieb die Einräumung des Vervielfältigungsrechts, um den Dienst rechtmäßig betreiben zu können. Mit der Einräumung des Vervielfältigungsrechts allein, kann der Anbieter jedoch seinen Dienst noch nicht rechtmäßig betreiben. In diesem Fall bliebe der dem Upload folgende Übermittlungsaspekt des Dienstes unberücksichtigt. Je nach konkreter Ausgestaltung des Dienstes muss in diesem Zusammenhang noch das Senderecht gem. § 20 UrhG oder das Recht zur öffentlichen Zugänglichmachung gem. § 19a UrhG lizensiert werden. Eine Konsumtion des Vervielfältigungsrechts durch diese nachgelagerten Verwertungsrechte findet insoweit unstreitig nicht statt[59]. Höchst streitig ist in diesem Zusammenhang jedoch die benachbarte

---

54 *Schack*, Rn. 417; BGH, GRUR 2010, 616 (619) – *Marions-Kochbuch.de*.

55 *Spohn/Hullen*, GRUR 2010, 1053 (1053 f.); *Dreyer*, in: Dreyer/Kotthoff/Meckel, § 16 UrhG Rn. 30.

56 *Loewenheim*, in Schricker/Loewenheim, § 16 UrhG Rn. 23; *Schulze*, in Dreier/Schulze, § 16 UrhG Rn. 7; *Dreyer*, in: Dreyer/Kotthoff/Meckel, § 16 UrhG Rn. 30; *Koch*, GRUR 1997, 417 (425).

57 *Heerma*, in: Wandtke/Bullinger, § 16 UrhG Rn. 16; *Dreyer*, in: Dreyer/Kotthoff/Meckel, § 16 UrhG Rn. 28; zu Einzelheiten des Digitalisierungsvorgangs siehe *Heine*, S. 24.

58 *Loewenheim*, in: Loewenheim, § 20 Rn. 13; *Wiebe*, in: Spindler/Schuster, § 16 UrhG Rn. 4; *Altemark*, S. 67.

59 *Dreier*, in: Dreier/Schulze, § 19a UrhG Rn. 1; *Jani*, ZUM 2009, 722 (723); *Schaefer*, ZUM 2010, 150.

Frage, ob es sich bei einer derartigen vorbereitenden Vervielfältigung um eine eigenständige (und damit dinglich abspaltbare) Nutzungsart handelt[60].

2. Senderecht gem. § 20 UrhG

Gem. § 15 Abs. 2 Nr. 2 UrhG in Verbindung mit § 20 UrhG steht dem Urheber auch ausschließlich das Recht zu, das Werk durch Funk der Öffentlichkeit zugänglich zu machen. Unter den Begriff Funk fallen sämtliche an die Öffentlichkeit gerichtete Übertragungen von Zeichen, Tönen und Bildern durch elektromagnetische Wellen, die von einer Sendestelle ausgesandt werden und an anderen Orten von einer Mehrzahl von Empfangsanlagen aufgefangen und wieder in Zeichen, Töne oder Bilder zurückverwandelt werden können[61]. Das Verwertungsrecht wird für diejenigen Online-Dienste relevant, die ihren Nutzern ein vorgegebenes Programm anbieten wollen.

Das Senderecht weist gerade bei einer Anwendung auf Online-Dienste gewisse Parallelen zu dem Recht der Öffentlichen Zugänglichmachung gem. § 19a UrhG auf, welches dem Urheber ebenfalls ausschließlich zusteht. In beiden Fällen werden Werke über einen Übertragungsweg der Öffentlichkeit zugänglich gemacht. Maßgebliches Unterscheidungskriterium ist die Wahlmöglichkeit der Nutzer. Bei dem Recht der öffentlichen Zugänglichmachung muss das Werk gem. § 19a UrhG den Nutzern *„zu Zeiten ihrer Wahl zugänglich"* sein. Abgrenzungskriterium ist daher die Frage, ob der angebotene Dienst interaktiv oder linear ausgestaltet ist[62]. Von einem interaktiven Dienst ist dann auszugehen, wenn der Nutzer den Zeitpunkt des Übertragungsbeginns und die konkrete Programmabfolge frei wählen und damit auf die Übertragung Einfluss nehmen kann[63]. Nur wenn dem Nutzer eine solche Möglichkeit der Einflussnahme fehlt, liegt eine lineare (nicht interaktive) Nutzung vor und das Senderecht ist betroffen.

Diese dogmatischen Grundsätze auf die immer vielschichtiger werdende Welt der Online-Geschäftsmodelle anzuwenden, fällt bisweilen schwer. Dennoch kann eine genaue Einordnung der einschlägigen Nutzungsrechte bereits

---

60 Zu der Frage der Eigenständigkeit des Uploads siehe unten S. 101 ff.

61 BT-Drucks. 4/270, S. 50; *Schwarz/Reber*, in: Loewenheim, § 21 Rn. 75; *Rehbinder*, Rn. 350; *v. Ungern-Sternberg*, in: Schricker/Loewenheim, § 20 UrhG Rn. 3; *Wiebe*, in: Spindler/Schuster, § 20 UrhG Rn. 2.

62 *Spohn/Hullen*, GRUR 2010, 1053; *Müller*, ZUM 2009, 121; *Poll*, GRUR 2007, 476 (480).

63 OLG Stuttgart, GRUR-RR 2008, 289 – *Music-on-demand-Dienst*.

aus wirtschaftlichen Gründen nicht unterbleiben. Denn sofern der angebotene Dienst dem Senderecht unterfällt, gewährt das Urheberrecht den ausübenden Künstlern und Tonträgerherstellern gem. § 78 Abs. 2 Nr. 1 UrhG in Verbindung mit § 86 UrhG nur einen Vergütungsanspruch und kein Verbotsrecht, wenn der Tonträger schon erschienen oder öffentlich zugänglich gemacht wurde (sog. Sendeprivileg)[64].

Vor diesem Hintergrund ist das Senderecht jeweils bei Angeboten im Bereich des Webcastings und Simulcastings betroffen[65]. Entgegen anderslautender Ansichten kann auch bei einem sog. Near-on-Demand-Angebot nichts anderes gelten[66]. Darunter werden solche Dienste verstanden, die ihr Programm in feststehenden Intervallen ablaufen lassen. Auch hier hat der einzelne Konsument weder Einfluss auf die vom Anbieter festgelegten Anfangszeiten der Übertragung noch auf die Zusammensetzung des Programms, weshalb keine Veranlassung besteht, von den skizzierten Wertungen abzuweichen[67]. Dies gilt unabhängig von der Frage, wie kurz das Sendeintervall im Einzelfall ausgestaltet sein mag[68].

3. *Recht der öffentlichen Zugänglichmachung § 19a UrhG*

Dem Urheber steht nach § 15 Abs. 2 Nr. 2 UrhG in Verbindung mit § 19a UrhG auch das ausschließliche Recht zu, sein Werk der Öffentlichkeit zugänglich zu machen. Hierunter versteht der Gesetzestext das Recht,

> *„das Werk drahtgebunden oder drahtlos der Öffentlichkeit in einer Weise zugänglich zu machen, dass es Mitgliedern der Öffentlichkeit von Orten und zu Zeiten ihrer Wahl zugänglich ist“.*

Wird der Online-Dienst auf Grundlage der oben skizzierten Abgrenzung auf eine Art betrieben, die es dem einzelnen Nutzer ermöglicht, auf ein bestimmtes Werk zu Zeiten seiner Wahl zuzugreifen, liegt eine interaktive Online-Nutzung

---

64 *Castendyk*, in: Hilty/Drexl/Nordemann, S. 34; *Schack*, GRUR 2007, 639 (641); *Krause*, ZUM 2011, 21 (22).

65 *Schack*, GRUR 2007, 639 (641); *Poll*, GRUR 2007, 476 (480).

66 So aber *Dreier*, in: Dreier/Schulze, § 19a UrhG Rn. 10; auf das jeweilige Sendeintervall abstellend *Bullinger*, in: Wandtke/Bullinger, § 19a UrhG Rn. 19 ff.; *Schulze*, ZUM 2011, 2 (8).

67 *Castendyk*, in: Hilty/Drexl/Nordemann, 31 (41); *v. Ungern-Sternberg*, in: Schricker/Loewenheim; § 20 UrhG Rn. 9, *Schack*, GRUR 2007, 639 (641); *Dreier*, in: Dreier/Schulze, § 20 UrhG Rn. 16.

68 *Schack*, GRUR 2007, 639 (641); *Bauer/v. Einem*, MMR 2007, 698 (699).

vor. In diesem Fall wird neben dem Recht der Vervielfältigung auch das Recht der öffentlichen Zugänglichmachung benötigt. Dabei ist unerheblich, ob es sich um ein Angebot handelt, das einen Download ermöglicht oder nur den Konsum der vorgehaltenen Werke im Wege eines Streams vorsieht[69]. Demnach muss dieses Nutzungsrecht sowohl von Download-Anbietern als auch von jeglichen On-Demand-Anbietern eingeholt werden.

IV. Der Weg des Werkes bis zur Online-Nutzung

Bevor ein musikalisches Werk durch einen Nutzer im Rahmen eines der skizzierten Online-Geschäftsmodelle konsumiert werden kann, muss das Werk zunächst eine Verwertungskette durchlaufen haben. Diese beginnt mit der Schöpfung und endet mit der Online-Übermittlung an den privaten Nutzer. Zwischen diesen Stationen sind diverse Protagonisten in die Verwertungskette involviert, deren Urheber- und Leistungsschutzrechte im Rahmen der Lizensierung berücksichtigt werden müssen.

1. Schöpfung des Werkes

Geburtsstunde jedes musikalischen Werkes ist die Komposition einer Melodie und (in den meisten Fällen) die Schöpfung eines dazugehörigen Liedtextes. Dies ist der schöpferische Ursprung der Verwertungskette, an dem mindestens ein Urheber ein Werk hervorbringt. Wenn Komponist und Texter auseinanderfallen, ist der Komponist der Urheber der Melodie gem. § 2 Abs. 1 Nr. 2 UrhG und der Textdichter ist Urheber des Liedtextes gem. § 2 Abs. 1 Nr. 1 UrhG[70]. In diesem Fall liegt regelmäßig ein verbundenes Werk im Sinne von § 9 UrhG vor[71]. Wenn mehrere Personen innerhalb der Komposition oder des Textes zusammengearbeitet haben, handelt es sich um Miturheber im Sinne von § 8 Abs. 1 UrhG.

2. Einspielen des Werkes

Der nächste Schritt auf dem Weg des Werkes zum Online-Konsum ist das Einspielen des Werkes, das bislang nur in Form von Noten und Text fixiert ist. Dies geschieht durch Musiker, die das bestehende Werk interpretieren. Diese

---

69 *Müller*, ZUM 2009, 121 (122); *Bullinger*, in: Wandtke/Bullinger, § 19a UrhG Rn. 11; *Altemark*, S. 64.

70 *Schunke*, in: Wandtke, Band 2, Kap. 3 Rn. 7; *Homann*, S. 227.

71 BGH, GRUR 1982, 41 (42) – *Musikverleger* III; Dreyer, in: Dreyer/Kotthoff/Meckel, § 9 UrhG Rn. 14; *Loewenheim*, in: Schricker/Loewenheim, § 9 UrhG Rn. 5; *Rehbinder*, Rn. 266; *Schack*, Rn. 327.

Interpretation ist eine eigene künstlerische Leistung und in wirtschaftlicher Hinsicht gerade im Bereich populärer Musik für den Erfolg des Werkes oftmals entscheidend[72]. Aus schöpferischer Sicht ist diese künstlerische Leistung jedoch nicht auf Augenhöhe mit der Leistung der Urheber[73]. Es findet eine Vermittlung eines Werkes statt und keine eigenständige Schöpfung[74]. Aus diesem Grund gewährt das UrhG den ausübenden Künstlern allein ein im Vergleich zum Urheberrecht schwächeres Leistungsschutzrecht gem. §§ 73 ff. UrhG. Dogmatisch handelt es sich bei diesen Leistungsschutzrechten, im Gegensatz zum Urheberrecht, nicht um ein einheitliches und umfassendes Recht, sondern um einzelne Rechte, die dem Inhaber enumerativ zugebilligt werden[75]. Im Falle des ausübenden Künstlers handelt es sich gem. §§ 77 und 78 UrhG unter anderem um das Recht zur Aufnahme, Vervielfältigung, Verbreitung, Sendung und öffentlichen Zugänglichmachung. Handelt es sich bei den ausübenden Künstlern gleichzeitig um die Urheber des Werkes, steht ihnen neben diesem Leistungsschutzrecht auch das Urheberrecht zu.

3. *Fixierung des Werkes auf einem Tonträger*

Auch wenn das musikalische Werk überwiegend digital konsumiert werden soll, besteht der nächste Schritt zwangsläufig darin, das Werk auf einem Tonträger zu fixieren, von dem alle weiteren Vervielfältigungen reproduziert werden[76]. Auch Musik, die später digital genutzt werden soll, muss zuvor unter derartigem wirtschaftlichem und organisatorischem Aufwand produziert werden[77]. An dieser Stelle treten Plattenfirmen in die Verwertungskette eines musikalischen Werkes ein. Der Markt der Plattenfirmen ist durch vier große Major-Plattenfirmen EMI Music Publishing, Sony BMG Music Entertainment, Universal Music Group und Warner Music Group geprägt, die zusammen einen Marktanteil von 80 % repräsentieren[78]. Wenn die Plattenfirma die Aufnahmen so gestaltet, dass sie die organisatorische und wirtschaftliche Hoheit über sie besitzt, ist sie als Tonträgerhersteller

72 *Düsing*, S. 12; *Schack*, Rn. 657.

73 *Meckel*, in: Dreyer/Kotthoff/Meckel, § 73 UrhG Rn. 1.

74 *Schack*, Rn. 657; *Schulze*, in: Dreier/Schulze, § 73 UrhG Rn. 1; *Vogel*, in: Loewenheim, § 38 Rn. 1.

75 *Jani*, in: Wandtke, Band 2, Kap. 1 Rn. 11; *Schack*, Rn. 658; *Schwarz/Reber*, in: Schwarz-Peschel-Mehner, Kap. 4-G 2 Rn. 2.

76 Die Erstfestlegung erfolgt zumeist auf einem sog. Master, zu Einzelheiten der Tonträgerherstellung siehe *Schaefer*, in: Wandtke/Bullinger, § 85 UrhG Rn. 4 f.

77 *Heine*, S. 26.

78 *Nicklas/Wolf*, in: Kreile/Becker/Riesenhuber, Kap. 15 Rn. 70; *v. Einem*, S. 44.

im Sinne von § 85 Abs. 1 UrhG zu werten[79]. Diese Produktionsart kann im Bereich der großen Plattenfirmen angenommen werden. Damit erlangen auch die meisten Plattenfirmen ein Leistungsschutzrecht im Prozess der Produktion. Infolgedessen stehen ihnen gem. § 85 Abs. 1 UrhG das Vervielfältigungsrecht, das Verbreitungsrecht und das Recht der öffentlichen Zugänglichmachung zu.

4. Rechtewahrnehmung durch Verwertungsgesellschaften

Das Musikgeschäft wäre ohne die die gegenseitige Einräumung urheberrechtlicher Nutzungsrechte und Leistungsschutzrechte nicht denkbar. Dies gilt sowohl für die Produktion als auch für die spätere kommerzielle Verwertung der produzierten Musik. Die maßgeblichen Rechte werden von den Urhebern und Leistungsschutzberechtigten jedoch regelmäßig nicht selbst wahrgenommen, sondern Verwertungsgesellschaften zur treuhänderischen Wahrnehmung eingeräumt. Die im Musikgeschäft maßgeblichen Verwertungsgesellschaften sind die GEMA[80] und die GVL[81]. Die GEMA repräsentiert neben den Urhebern, also Liedtextern und Komponisten, auch die Musikverlage. Die GVL vertritt die Inhaber von Leistungsschutzrechten, also ausübende Künstler und Tonträgerhersteller.

Die Arbeit der Verwertungsgesellschaften beginnt bereits im Produktionsbereich. Ein Tonträgerhersteller kann beispielsweise nicht ohne die vorherige Einholung der urheberrechtlichen Nutzungsrechte einen Tonträger produzieren. In diesem Zusammenhang muss der Tonträgerhersteller mindestens das Vervielfältigungsrecht gem. § 16 Abs. 1 UrhG und (anders als der Online-Verwerter[82]) das Verbreitungsrecht gem. § 17 Abs. 1 UrhG von der GEMA beziehungsweise von einem Musikverlag[83] einholen, bevor er mit der Produktion beginnen kann[84]. Die Rechte der ausübenden Künstler lässt sich der Tonträgerhersteller in der Regel direkt von den Musikern einräumen, normalerweise im Rahmen eines Künstlerexklusivvertrags oder eines Bandübernahmevertrags[85].

---

79 BGH, GRUR 2004, 421 (423) – *Tonträgerpiraterie durch CD-Export*; *Meckel*, in: Dreyer/Kotthoff/Meckel, § 85 UrhG Rn. 2; *Schaefer*, in: Wandtke/Bullinger, § 85 UrhG Rn. 8.

80 Gesellschaft für musikalische Aufführungs- und mechanische Vervielfältigungsrechte.

81 Gesellschaft zur Verwertung von Leistungsschutzrechten.

82 Zu den für Online-Verwerter relevanten Nutzungsrechten siehe oben S. 13 ff.

83 Zu der Bedeutung des Musikverlags in der Verwertungskette siehe sogleich S. 20 f.

84 *Waldhausen*, in: Schwartmann, Kap. 30 Rn. 23; *Nicklas/Wolf*, in: Kreile/Becker/Riesenhuber, Kap. 15 Rn. 75.

85 *Düsing*, S. 13; zu den vertraglichen Konstellationen *Waldhausen*, in: Schwartmann, Kap. 30 Rn. 110 und 129; *Rossbach*, in: Loewenheim, § 69 Rn. 12 ff. und Rn. 62 ff.

Noch wichtiger wird die Arbeit der Verwertungsgesellschaften jedoch nach Abschluss der Produktion. Je nach Erfolg der Produktion existieren dann zahlreiche Interessenten, die das Werk im Rahmen der Zweitverwertung nutzen wollen. Ab diesem Zeitpunkt wäre eine individuelle Rechtewahrnehmung durch die einzelnen Rechteinhaber nicht mehr interessengerecht. Die Verwertungsgesellschaften nehmen eine Stellung als Bindeglied zwischen Rechteinhabern und Verwertern ein und sind ein übergeordneter Ansprechpartner für alle Interessenten[86]. Damit muss der Online-Anbieter nicht für jedes Lied die maßgeblichen Rechteinhaber ausfindig machen und mit ihnen in Vertragsverhandlungen treten, sondern kann allein mit den Verwertungsgesellschaften verhandeln[87].

5. *Rechtewahrnehmung durch Musikverlage*

Für die Urheber besteht nicht allein die Möglichkeit, ihre Interessen von einer Verwertungsgesellschaft wahrnehmen zu lassen. Sie können auch mit einem Musikverlag zusammenarbeiten. Den Musikverlagen kommt dabei die Funktion zu, für die Urheber die kommerzielle Verwertung der Werke voranzutreiben[88]. Damit gehören Promotion und Verkaufsförderung zu den Hauptaufgaben eines Verlags. Aufgaben, die eine Verwertungsgesellschaft nicht in dieser Form wahrnimmt. Musikverlage verbinden im Zuge dieser Aufgabe die kreative Seite der Urheber mit der Vermarktungsseite[89]. Im Gegenzug lässt sich der Verlag Nutzungsrechte zur treuhänderischen Wahrnehmung einräumen.

Angesichts einer Vorausabtretungsklausel in den Wahrnehmungsverträgen[90], die die Rechteinhaber bei einer Kooperation mit der GEMA unterzeichnen müssen, können Urheber, die schon Mitglieder der GEMA sind, einem Verlag nur diejenigen Rechte einräumen, die nicht vom Berechtigungsvertrag erfasst werden[91]. Dies sind regelmäßig Nutzungsrechte mit einem starken Urheberpersönlichkeitsbezug, die von einer auf Massenverwertung ausgelegten Verwertungsgesellschaft nicht adäquat wahrgenommen werden können. Betroffen sind

86 *Heine*, S. 57; *Schunke*, in: Wandtke, Band 2, Kap. 3 Rn. 31; *Becker*, in: Kreile/Becker/Riesenhuber, Kap. 4 Rn. 2.

87 Zu der Funktion einer Verwertungsgesellschaft als zentraler Ansprechpartner siehe unten S. 33 f.

88 *Schunke*, in: Wandtke, Band 2, Kap. 3 Rn. 18; *Schulze*, in: Dreier/Schulze, Vor § 31 UrhG Rn. 224; *Altemark*, S. 73; *Heine*, S. 37.

89 *Düsing*, S. 17; *Altemark*, S. 73.

90 Zu Einzelheiten des Wahrnehmungsvertrags siehe unten S. 39 ff.

91 *Altemark*, S. 74; OLG München, ZUM 2006, 473 (477); *Müller*, ZUM 2009, 121 (122).

das Bearbeitungsrecht, Werberechte, bestimmte Synchronisationsrechte oder das sog. große Recht der bühnenmäßigen Aufführung[92].

Ist der Urheber kein Mitglied der GEMA, kann er seine gesamten Nutzungsrechte auf den Verlag übertragen. Wenn einem Musikverlag Nutzungsrechte übertragen werden, nimmt er sie mangels eigenen Kontrollapparates nicht vollkommen eigenständig wahr, sondern räumt sie der GEMA zur treuhänderischen Wahrnehmung ein[93]. Daher kommt Verlagen im Musikgeschäft eine Zwitterstellung zu. Einerseits nehmen sie selbst Rechte von den Musikautoren wahr. Andererseits sind die Verlage in Bezug auf Rechte, die sie selbst nicht adäquat wahrnehmen können Mitglieder der GEMA und gehören damit auch zu den Wahrnehmungsberechtigten.

6. *Lizensierung des Werkes*

Wollen Online-Anbieter die auf diese Art produzierten musikalischen Werke in ihre Geschäftsmodelle integrieren, benötigen sie sowohl Nutzungsrechte urheberrechtlicher Natur als auch leistungsschutzrechtlicher Natur. Folglich müssen sie mit beiden musikalischen Verwertungsgesellschaften Kontakt aufnehmen und sich die entsprechenden Rechte einräumen lassen. Aufgrund eines gesetzlichen Abschlusszwangs sind beide Verwertungsgesellschaften verpflichtet, Nutzungsrechte auf Basis vorher aufgestellter Tarife an Interessenten zu angemessenen Bedingungen einzuräumen[94]. Dabei erhalten die Online-Anbieter eine Blankolizenz, die es ihnen erlaubt, das gesamte Repertoire der Verwertungsgesellschaften zu nutzen[95]. Die auf diese Weise entstehenden Einnahmen schütten die Verwertungsgesellschaften dann nach Abzug der Verwaltungskosten nach einem differenzierten Verteilungsplan aus[96].

7. *Konsum des Werkes durch den Endnutzer*

Auf letzter Stufe der Verwertungskette konsumiert der Nutzer die Musik im Rahmen des digitalen Geschäftsmodells des Online-Anbieters auf seinem Endgerät. Dies kann im Wege eines Streams oder eines Downloads erfolgen. Einer Rechteeinholung des Endnutzers bedarf es hierfür grundsätzlich nicht. Sofern der Konsum

---

92 *Waldhausen*, in: Schwartmann, Kap. 30 Rn. 96.

93 *Waldhausen*, in: Schwartmann, Kap. 30 Rn. 14.

94 Zu Einzelheiten dieses Abschlusszwangs im UrhWahrnG siehe unten S. 50 f.

95 *Melichar*, in: Loewenheim, § 48 Rn. 1.

96 Zu Einzelheiten des GEMA Verteilungsplans *Hertin*, GRUR 2013, 469 f.; *Müller*, in: Kreile/Becker/Riesenhuber, Kap. 11; *Riesenhuber*, in: Kreile/Becker/Riesenhuber, Kap. 12.

des Endnutzers nicht schon über den Lizensierungsvorgang des Online-Verwerters mit abgedeckt ist, streiten für den Endnutzer Schrankenbestimmungen[97].

Geschieht der Konsum in Gestalt eines Downloads, tätigt der Nutzer eine Vervielfältigung, da hier eine Abspeicherung des Werkes auf einem Datenträger erfolgt. Diese Vervielfältigung ist jedoch durch die Schranke der Privatkopierfreiheit gem. § 53 Abs. 1 Satz 1 UrhG gedeckt, sofern es sich bei dem Online-Anbieter um keinen offensichtlich rechtswidrig agierenden Anbieter handelt und die Vervielfältigung zu privaten Zwecken im vorgegebenen Umfang erfolgt[98].

Im Falle des Konsums in Gestalt eines nicht offensichtlich rechtswidrigen Streams ist das Ergebnis zwar identisch; viele Details sind hingegen unklar. Problematisch ist einerseits die Frage, ob Streaming überhaupt eine nachvollziehbare urheberrechtlich relevante Nutzungshandlung darstellt. Darüber hinaus ist fraglich, ob sich derartige Nutzungshandlungen über urheberrechtliche Schranken decken lassen.

Als Nutzungshandlung kommt eine Vervielfältigung in Betracht. Bei dem Konsum einer Streaming-Datei werden Werkteile übertragen, die beim Empfänger kurzzeitig zwischengespeichert werden[99]. Dies soll eine verzögerungsfreie Wiedergabe des Streams ermöglichen, nach der die Daten im Regelfall alsbald wieder gelöscht werden[100]. Da eine Vervielfältigung keine Dauerhaftigkeit erfordert, steht die Flüchtigkeit dieses Vorgangs der Annahme einer Vervielfältigung nicht entgegen[101]. Die rechtliche Einordnung erschwert sich aber dadurch, dass bei einem konventionellen Streaming-Angebot nie das gesamte Werk zwischengespeichert wird, sondern immer nur einzelne Fragmente des Werkes, die alsbald wieder gelöscht und durch neue Teile ersetzt werden. Zwar kann auch bei einer Verwendung von Werkfragmenten eine Vervielfältigung vorliegen. Dies setzt aber voraus, dass das Werkfragment seinerseits Werkcharakter aufweist[102]. Bei musikalischen Werken können hierfür wenige Sekunden ausreichen. Doch

---

97 *Müller*, GRUR 2011, 26 (30).

98 *Altemark*, S. 79; *Reber*, in: Schwarz Peschel-Mehner, Kap. 4-A Rn. 11; *Schunke*, in: Wandtke, Band 2, Kap. 3 Rn. 132.

99 *Stieper*, MMR 2012, 12 (13); *Altemark*, S. 69; *Busch*, GRUR 2011, 496 (497 f.).

100 *Fangerow/Schulz*, GRUR 2010, 677 (678); *Stolz*, MMR 2013, 353 (354).

101 *Loewenhein*, in: Schricker, § 16 Rn. 6; *Heerma*, in: Wandtke/Bullinger, § 16 UrhG Rn. 5.

102 BGH, GRUR 1988, 533 (535) – *Vorentwurf II*; *Heerma*, in: Wandtke/Bullinger, § 16 UrhG Rn. 6; *Dreyer*, in: Dreyer/Kotthoff/Meckel, § 16 UrhG Rn. 15; *Loewenheim*, in: Schricker/Loewenheim, § 16 UrhG Rn. 14; *Schulze*, in: Dreier/Schulze, § 16 UrhG Rn. 9.

lässt sich faktisch unmöglich nachvollziehen, welche Teilstücke eines Werkes sich wann und in welcher Größe im Zwischenspeicher des Empfängers befanden haben. Das Problem verschärft sich dadurch, dass das Speicherintervall, je nach Konfiguration und Software, variieren kann[103].

Verschiedentlich wird daher der Versuch unternommen, die Vervielfältigung unabhängig vom Zwischenspeicherungsintervall anzunehmen. Eine Vervielfältigung wird dann mit der Begründung angenommen, dass in der Summe das gesamte Werk temporär zwischengespeichert werde, wenn auch nicht zeitgleich (sog. sequenzieller Vervielfältigungsbegriff)[104]. Diese Auslegung des Vervielfältigungsrechts verstößt jedoch gegen Art. 2 lit. a) der Richtlinie zur Harmonisierung bestimmter Aspekte des Urheberrechts und der verwandten Schutzrechte in der Informationsgesellschaft (sog. Info-RL)[105], da der Europäische Gerichtshof in ähnlicher Konstellation auf die zwischengespeicherten Fragmente und nicht auf das in der Summe zwischengespeicherte Gesamtwerk abstellt[106]. Vor diesem Hintergrund liegt nur dann eine Vervielfältigungshandlung vor, wenn das zwischengespeicherte Fragment seinerseits Werkqualität aufweist[107].

Es ist mithin in jedem Einzelfall gesondert zu prüfen, ob beim Streaming eine Vervielfältigung stattgefunden hat. Dies ist aber in der Praxis unmöglich, weil die maßgeblichen Fragmente in unüberschaubaren Dimensionen zwischengespeichert und regelmäßig direkt nach der Wiedergabe wieder gelöscht werden[108]. Auch wenn daher eine Vervielfältigungshandlung naheliegt, kann sie im Einzelfall nicht nachvollzogen werden. Einfacher zu beantworten ist diese Frage allein mit Blick auf die ebenfalls betroffenen Rechte der Tonträgerhersteller. Hier genügt bereits die Zwischenspeicherung eines minimalen Tonfetzens, um eine Vervielfältigung annehmen zu können[109].

Im Ergebnis kommt es auf die komplizierte Frage der (nachvollziehbaren) Vervielfältigungshandlung jedoch nicht an. Denn in jedem Fall sind die

---

103 *Busch*, GRUR 2011, 496 (499); *Stieper*, MMR 2012, 12 (13).

104 *Ensthaler*, NJW 2014, 1553 (1554); *Fangerow/Schulz*, GRUR 2010, 677; *Stolz*, MMR 2013, 353 (355).

105 Richtlinie (2001/29/EG) zur Harmonisierung bestimmter Aspekte des Urheberrechts und der verwandten Schutzrechte in der Informationsgesellschaft vom 22. Mai 2001, ABl. Nr. L 167/10 vom 22. Juni 2001.

106 EuGH, ZUM 2011, 803 (817) – *Football Association Premiere League*; *Stieper*, MMR 2012, 12 (14).

107 *Stieper*, MMR 2012, 12 (14); *Dreyer*, in: Dreyer/Kotthoff/Meckel, § 16 UrhG Rn. 30.

108 *Wandtke/v. Gerlach*, GRUR 2013, 676 (678); *Stieper*, MMR 2012, 12 (14).

109 BGH, MMR 2009, 253 (255) – *Metall auf Metall*.

Schrankenregelungen des § 44a Nr. 2 UrhG bzw. des § 53 Abs. 1 Satz 1 UrhG einschlägig[110]. Selbst wenn eine Vervielfältigung bejaht werden kann, bedarf es daher keines Nutzungsrechts für den Konsum des Werkes.

Dem Europäischen Gerichtshof vorgelegt[111] und äußerst umstritten ist indes die Frage, ob dieses Ergebnis auch dann bestehen kann, wenn es sich um einen offensichtlich rechtswidrigen Streaming-Dienst handelt[112]. Mit Blick auf den eindeutigen Wortlaut des § 53 Abs. 1 Satz 1 UrhG käme hier allein die Anwendung von § 44a Nr. 2 UrhG in Betracht. Ob diese Schranke allerdings tatsächlich auch im Falle eines offensichtlich rechtswidrigen Streaming-Dienstes Anwendung finden kann, ist bislang jedoch weitestgehend unklar. Da die Arbeit den Fokus auf die rechtmäßige Musikverwertung legt, soll diese Frage allerdings nicht vertieft werden.

V. Urhebervertragsrechtliche Aspekte der Verwertung

Wie die oben skizzierte Darstellung der Verwertungskette im Musikgeschäft zeigt, können die einzelnen Akteure nur im Zusammenspiel mit den anderen Akteuren ein musikalisches Werk erfolgreich verwerten. Rechteinhaber, Tonträgerindustrie und Verwerter sind aufeinander angewiesen. Komponisten oder Liedtexter können ihre Schöpfungen regelmäßig nicht allein produzieren und auch die ausübenden Künstler und Tonträgerhersteller sind auf einen Transport des produzierten Werkes in die Öffentlichkeit durch Rundfunkveranstalter oder Online-Anbieter angewiesen[113]. In rechtlicher Hinsicht muss bei der Zusammenarbeit dieser Akteure berücksichtigt werden, dass Urheber- und Leistungsschutzrechte in nahezu jedem Verwertungsschritt relevant werden. Rechtlich gestalten lässt sich eine Zusammenarbeit in diesem Bereich durch das Urhebervertragsrecht.

---

110 EUGH, GRUR 2014, 654 ff. – *Public Relations Consultants Association Ltd/Newspaper Licensing Agency Ltd ua*; *Galetzka/Stamer*, MMR 2014, 292 (297); *Hilgert/Hilgert*, MMR 2014, 85 (87 f.); *Stolz*, MMR 2013, 353 (355); *Stieper*, MMR 2012, 12 (17); Pressemitteilung des Bundesministeriums für Justiz und Verbraucherschutz, abrufbar unter: http://blog.wawzyniak.de/wp-content/uploads/2014/01/KAAntwort-Redtube-Abmahnungen.pdf, zuletzt abgerufen am 31. Oktober 2014; zum Verhältnis der beiden Schrankenbestimmungen *Müller*, ZUM 2014, 11 (16).

111 Vorlage des ÖstOGH, GRUR Int. 2012, 934 – *kino.to./. UPC.*

112 *Stolz*, MMR 2013, 353 (355 ff.); *Wandtke/v. Gerlach*, GRUR 2013, 676 (678 ff.); *Stieper*, MMR 2012, 12 (14 ff.).

113 *Loewenheim/Nordemann*, in: Loewenheim, § 24 Rn. 1.

1. Dogmatische Ausgangslage

Immer, wenn die beabsichtigte Verwertungshandlung eine urheberrechtlich relevante Nutzungshandlung darstellt, müssen die diesbezüglichen Rechte beim Rechteinhaber oder dessen Verwertungsgesellschaft eingeholt werden. Dabei kann das Urheberrecht selbst gem. § 29 Abs. 1 UrhG weder als Ganzes noch in Teilen übertragen werden. Dies gilt auch für Verwertungsrechte als integralen Bestandteil des Urheberrechts[114]. Dem liegt die im deutschen Urheberrecht dominierende monistische Theorie zu Grunde, nach der das Urheberrecht ein einheitliches Recht ist, in welchem persönlichkeitsrechtliche und vermögensrechtliche Befugnisse untrennbar miteinander verwoben sind[115]. Infolgedessen kann das Urheberrecht im geschäftlichen Verkehr gem. § 29 Abs. 2 Satz 1 UrhG allein in Form von Nutzungsrechten im Sinne des § 31 Abs. 1 UrhG umlauffähig gemacht werden[116].

Bei den im Falle der Musikverwertung betroffenen Leistungsschutzrechten stellt sich die dogmatische Ausgangslage weniger aufwändig dar. Die Rechte der ausübenden Künstler sind gem. § 79 Abs. 1 Satz 1 UrhG voll übertragbar. Gleiches gilt für die Rechte der Tonträgerhersteller gem. § 85 Abs. 2 Satz 1 UrhG. Daneben steht beiden Gruppen von Akteuren gem. § 79 Abs. 2 UrhG bzw. § 85 Abs. 2 Satz 2 UrhG auch die Möglichkeit zu, einfache Nutzungsrechte einzuräumen[117]. Damit können die in der Verwertungskette maßgeblichen Inhaber von Leistungsschutzrechten zwischen der Übertragung und der Einräumung eines Leistungsschutzrechtes wählen.

2. Die Rechteeinräumung (Lizensierung)

In der Praxis geschieht eine Zusammenarbeit der Beteiligten damit größtenteils auf der Grundlage von vertraglich eingeräumten Nutzungsrechten, die oftmals als Lizenzen bezeichnet werden[118].

---

114 *Schack*, Rn. 346; *Kotthoff*, in: Dreyer/Kotthoff/Meckel, § 29 UrhG Rn. 5; *Lettl*, § 5 Rn. 3.

115 *Rehbinder*, Rn. 31; *Berger*, in: Berger/Wündisch, § 1 Rn. 20; *Schricker/Loewenheim*, in Schricker/Loewenheim, § 29 UrhG Rn. 11; *Schack*, Rn. 343 ff.; *Lettl*, § 1 Rn. 51.

116 Zu der Terminologie des Nutzungsrechts bzw. der Lizenz siehe sogleich S. 25.

117 *Berger*, in: Berger/Wündisch, § 1 Rn. 23.

118 Zu dem Begriff *Schricker/Loewenheim*, in: Schricker/Loewenheim, Vor § 28 UrhG Rn. 49; *Berger*, in: Berger/Wündisch, § 1 Rn. 30; *Soppe*, in: Ahlberg/Götting, § 31 UrhG Rn. 61.

a) Rechtsnatur des Nutzungsrechts

Gem. § 31 Abs. 1 Satz 1 UrhG kann der Urheber einem anderen ein Nutzungsrecht einräumen, also ein Recht, das Werk auf einzelne oder alle Nutzungsarten zu nutzen. Dem Inhaber des eingeräumten Nutzungsrechts, steht fortan ein Ausschnitt der Verwertungsrechte zu, er handelt rechtmäßig, wenn er das Werk anschließend auf die entsprechende Weise nutzt[119]. Das Urheberrecht an sich verbleibt jedoch bei der Einräumung unangetastet bei dem Urheber[120]. So entsteht konstitutiv ein Recht am Urheberrecht[121]. Bildlich kann insofern von dem Urheberrecht als „Mutterrecht" und dem Nutzungsrecht als „Tochterrecht" gesprochen werden[122].

Die Einräumung erfolgt formlos in entsprechender Anwendung von §§ 398, 413 Bürgerliches Gesetzbuch (BGB). Eine Übertragung des eingeräumten Nutzungsrechts an einen Dritten kann gem. § 34 Abs. 1 Satz 1 UrhG grundsätzlich nur mit Zustimmung des Urhebers durchgeführt werden. Erlischt das Nutzungsrecht aus einem Grund, fällt die Belastung des Urheberrechts durch Heimfall automatisch weg (sog. Konsolidierung)[123].

b) Erscheinungsformen von Nutzungsrechten

Da der Rechteinhaber regelmäßig nicht mehr Rechte vergeben will, als für das Vorhaben seines Vertragspartners notwendig sind, bestehen verschiedene Möglichkeiten, Nutzungsrechte auf die persönlichen Bedürfnisse der Parteien zuzuschneiden.

aa) Ausschließliche und einfache Nutzungsrechte

Nutzungsrechte können gem. § 31 Abs. 1 Satz 2 UrhG einfach oder ausschließlich eingeräumt werden. Gem. § 31 Abs. 3 Satz 1 UrhG ist der Verwerter bei einem ausschließlichen Nutzungsrecht unter Ausschluss aller anderen Personen berechtigt, das Werk auf die ihm erlaubte Weise zu nutzen. Bei einem

---

119 *Kotthoff*, in: Dreyer/Kotthoff/Meckel, § 31 UrhG Rn. 99; *Berger*, in: Berger/Wündisch, § 1 Rn. 45.

120 *Schack*, Rn. 594; *Wandtke/Grunert*, in: Wandtke/Bullinger, Vor §§ 31 ff. UrhG Rn. 22; *Jani*, in: Wandtke, Band 2, Kap. 1 Rn. 199; *Kuck*, in: Schwartmann, Kap. 24 Rn. 201.

121 *Loewenheim/Nordemann*, in: Loewenheim, § 24 Rn. 4.

122 Begriffe zurückgehend auf *Schricker/Loewenheim*, in: Schricker/Loewenheim, § 31 UrhG Rn. 6.

123 *Wandtke/Grunert*, in: Wandtke/Bullinger, Vor §§ 31 ff. UrhG Rn. 49; *Rehbinder*, Rn. 554; *Schack*, Rn. 595; *Soppe*, in: Ahlberg/Götting, § 31 UrhG Rn. 58; *Kuck*, in: Schwartmann, Kap. 24 Rn. 201.

ausschließlichen Nutzungsrecht erlangt der Verwerter mithin ein Exklusivrecht[124]. Sofern die Parteien nichts anderes vereinbaren, darf selbst der Urheber das Werk weder auf diese Weise nutzen noch darf er ein zweites Nutzungsrecht an einen Dritten einräumen. Bei Verstößen Dritter, kann der Verwerter neben dem Urheber eigenständig gegen Verletzer vorgehen[125].

Gem. § 31 Abs. 2 UrhG ist der Verwerter bei einem einfachen Nutzungsrecht berechtigt, das Werk auf die ihm erlaubte Weise zu nutzen, ohne dass eine entsprechende Nutzung durch andere ausgeschlossen ist. Damit kann der Inhaber eines einfachen Nutzungsrechts zwar das Werk nutzen, aber niemanden von einer parallelen Nutzung ausschließen. Der Urheber ist somit nicht daran gehindert, dass Werk selber in gleicher Weise zu nutzen oder einem weiteren Verwerter ein gleiches Nutzungsrecht einzuräumen[126].

bb) Beschränkte Nutzungsrechte

Gem. § 31 Abs. 1 Satz 2 UrhG kann ein Nutzungsrecht sowohl in räumlicher und zeitlicher Hinsicht als auch in inhaltlicher Hinsicht beschränkt eingeräumt werden. Damit können die Parteien, innerhalb gewisser Grenzen, Nutzungsrechte auf ihre persönlichen Bedürfnisse zurechtschneiden[127]. Die rechtmäßige Beschränkung eines Nutzungsrechts wirkt dinglich. Damit ist ein Verstoß gegen eine vereinbarte Beschränkung nicht nur eine Verletzung des einer Einräumung zugrunde liegenden schuldrechtlichen Vertrags, sondern auch eine Verletzung des Urheberrechts, die ein Vorgehen nach §§ 97 ff. UrhG auslösen kann[128].

Eine Einräumung von Nutzungsrechten kann so gestaltet werden, dass die Nutzungsrechte spiegelbildlich zu den gesetzlichen Verwertungsrechten des § 15 UrhG vergeben werden. Dies ist jedoch gerade bei einer Lizensierung an einen Verwerter nicht zwingend. Hier wird regelmäßig eine inhaltliche Beschränkung durchgeführt und das Verwertungsrecht in einzelne Nutzungsarten aufgespalten. Eine Nutzungsart ist jede, durch die Verkehrsauffassung als hinreichend klar abgrenzbar angesehene, wirtschaftlich-technische Form der Verwertung

---

124 *Berger*, in: Berger/Wündisch, § 1 Rn. 46; *Paul*, in: Hoeren/Sieber/Holznagel, Teil 7.4 Rn. 18.

125 *Loewenheim/Nordemann*, in: Loewenheim, § 25 Rn. 4; *Schricker/Loewenheim*, in: Schricker/Loewenheim, § 31 UrhG Rn. 13; BGH, GRUR 1999, 984 (985) – *Laras Tochter*.

126 *Wandtke/Grunert*, in: Wandtke/Bullinger, § 31 UrhG Rn. 28; *Kotthoff*, in: Dreyer/Kotthoff/Meckel, § 31 UrhG Rn. 102; *Berger*, in: Berger/Wündisch, § 1 Rn. 51.

127 *Schack*, Rn. 605; *Paul*, in: Hoeren/Sieber/Holznagel, Teil 7.4 Rn. 14.

128 *Berger*, in: Berger/Wündisch, § 1 Rn. 147; *Kuck*, in: Schwartmann, Kap. 24 Rn. 210.

eines Werks[129]. Werden diese Grenzen der dinglichen Aufspaltbarkeit von den Parteien überschritten, wirkt dies mit Blick auf die Schutzbedürftigkeit des Rechtsverkehrs nicht mehr dinglich, sondern nur zwischen den Parteien[130].

VI. Kollisionsrechtliche Aspekte im Online-Musikbereich

Bei der Verwertung musikalischer Werke im Online-Musikbereich entstehen oft Kollisionsfälle zwischen verschiedenen Rechtsordnungen. Dies liegt einerseits daran, dass moderne Popularmusik ein Produkt ist, das weltweit konsumiert wird und auch in dieser Absicht produziert wird. Andererseits potenziert die Online-Verwertung die ohnehin schon kollisionsträchtige Ausgangslage noch weiter. Denn wenn ein Werk im Internet abrufbar ist, kann ein Zugriff hierauf grundsätzlich weltweit erfolgen. Das Internet ist ein globales Netzwerk von Rechnern, das auf Landesgrenzen grundsätzlich keine Rücksicht nimmt. Zwar haben sich inzwischen technische Lösungen zur Verfügbarkeitsbegrenzung wie das sog. *Geoblocking* etabliert, mit denen versucht wird, anhand der IP-Adresse des Users dessen Standpunkt zu ermitteln, um diesem im Bedarfsfall Inhalte vorenthalten zu können[131]. Derartige technische Lösungen werden jedoch nicht durchgängig angewandt und können zudem ohne unzumutbaren Aufwand (beispielsweise durch Verwendung von VPN-Tunneln oder Proxy-Diensten) umgangen werden[132]. Damit sorgen sowohl das Musikstück als auch die Online-Verwertung für eine enorme Ubiquität und infolgedessen auch für viele Kollisionssachverhalte.

1. Urheberrechtsstatut

Diese Unabhängigkeit von Landesgrenzen ist jedoch problematisch, weil Verständnis und konkrete Ausgestaltung des Urheberrechts sowohl international als auch europaweit stark divergieren[133]. Allein einige internationale Vereinbarungen

---

129 BGH, GRUR 2005, 937 (939) – *Der Zauberberg*; BGH, GRUR 2002, 248 (251) – *Spiegel CD Rom*; *Schwarz/Hansen*, in: Schwarz/Peschel-Mehner, Kap. 4-G 6 Rn. 11.

130 BGH, BGHZ 152, 233 (239) – *CPU Klausel*; *Jani*, in: Wandtke, Band 2, Kap. 1 Rn. 203.

131 *v. Albrecht/Mutschler-Siebert/Bosch*, ZUM 2012, 93 (95 f.); *Mitsdörffer/Gutfleisch*, MMR 2009, 731; *Depprich*, in: Schwartmann, Kap. 29 Rn. 25 Fn. 52.

132 *Schwarz/Hansen*, in: v. Hartlieb/Schwarz, Kap. 260 Rn. 5; *Hoeren*, MMR 2007, 3 (6); *Haunss*, Was wird aus den Verwertungsgesellschaften?, abrufbar unter: http://irights.info/artikel/was-wird-aus-den-verwertungsgesellschaften/19149, zuletzt abgerufen am 31. Oktober 2014.

133 *Kotthoff*, in: Dreyer/Kotthoff/Meckel, § 120 UrhG Rn. 4.

wie die RBÜ[134] oder das TRIPS-Abkommen[135] schaffen auf internationaler Ebene eine gewisse Vereinheitlichung[136]. Infolgedessen kommt der Frage, welches Recht im Kollisionsfall Anwendung findet, enorme Bedeutung für verschiedene rechtliche Fragestellungen zu.

Ganz überwiegend geht man sowohl in der Lehre[137] als auch in der Rechtsprechung[138] davon aus, dass es kein weltweit einheitliches Urheberrecht gibt, sondern das Urheberrecht von Beginn an auf ein bestimmtes Territorium begrenzt ist (sog. Territorialitätsprinzip). Dem Rechteinhaber steht demnach nicht ein Urheberrecht zu, sondern ein Kanon nationaler Urheberrechte. Er hat danach grundsätzlich in jedem Land diejenigen Rechte, die das nationale Urheberrecht statuiert.

Die Frage, welches der vielen Urheberrechtsregime im Kollisionsfall Anwendung findet, beantwortet das Schutzlandprinzip[139]. Danach gilt in Fällen von Urheberrechtsverletzungen das Recht desjenigen Landes, für dessen Gebiet Schutz in Anspruch genommen wird. Die rechtlichen Rahmenbedingungen des Ursprungslands sind mithin irrelevant. Dieses Prinzip hat inzwischen auf europäischer Ebene eine ausdrückliche Regelung in Art. 8 Abs. 1 Rom II-VO[140] erfahren.

2. *Vertragsstatut*

Der Anwendungsbereich des Schutzlandprinzips erstreckt sich jedoch nicht auf die Kollisionsfälle im Bereich des Urhebervertragsrechts. Bei der weltweiten

---

134 Berner Übereinkunft zum Schutz von Werken der Literatur und Kunst vom 09. September 1886, BGBl. 1973 II, S. 1071; geändert durch Beschluss vom 02. Oktober 1979, BGBl. 1985 II, S. 81.

135 Übereinkommen über die handelsbezogenen Aspekte der Rechte des geistigen Eigentums vom 15. April 1994, BGBl. II, S. 1730, ABl. EG L 336/213.

136 *Ginsburg*, GRUR Int. 2000, 97 (98 ff.); *Hoeren*, in: Hoeren/Sieber/Holznagel, Teil 7.8 Rn. 6 f.

137 *Katzenberger*, in: Schricker/Loewenheim, Vor §§ 120 ff. UrhG Rn. 120 ff.; *Walter*, in: Loewenheim, § 58 Rn. 24; *Kotthoff*, in: Dreyer/Kotthoff/Meckel, § 120 UrhG Rn. 4; Das noch einzeln vertretene (*Schack*, Rn. 919 ff.) Universalprinzip hat sich insoweit nicht durchsetzt.

138 BVerfG, BVerfGE 81, 208 (223) – *Bob Dylan*; BGH, GRUR 1994, 798 (799) – *Folgerecht bei Auslandsbezug*; BGH, GRUR 2005, 48 (49) – *man spricht deutsh.*

139 BGH, GRUR 2007, 691 (692) – *Staatsgeschenk*; BGH, GRUR 2004, 421 (422 f.) – *Tonträgerpiraterie durch CD Export*; BGH, GRUR 2003, 876 (877) – *Sendeformat.*

140 Verordnung (EG/864/2007) des Europäischen Parlaments und des Rates über das auf außervertragliche Schuldverhältnisse anzuwendende Recht vom 11. Juli 2007, ABl. Nr. L 199/40 vom 31. Juli 2007.

Verwertung von Musik entstehen jedoch auch in diesem Bereich ähnlich viele Kollisionen verschiedener Rechtsordnungen. Schließlich sind bilaterale Urheberrechtsverträge notwendig, damit ein Online-Dienst nicht nur die nationalen Musikstücke in sein Repertoire aufnehmen kann.

Im immaterialgüterrechtlichen Vertragsrecht innerhalb der Union liegt der Fokus stärker auf der Privatautonomie der Parteien, da hier keine allgemein gültigen Regelungen zum Schutz des Rechtsverkehrs etabliert werden müssen. Infolgedessen ermöglicht Art. 3 Abs. 1 Rom I-VO[141] eine freie Rechtswahl der Parteien. Wird eine solche Rechtswahl nicht getroffen, gilt nach Art. 4 Abs. 2 Rom I-VO das Recht des Staates, in dem die Partei, welche die charakteristische Leistung zu erbringen hat, während des Vertragsschlusses ihren Aufenthaltsort hatte. Bei wem diese charakteristische Leistung in Verträgen über Nutzungsrechte im musikalischen Bereich liegt, hängt vom Lizenzvertrag ab. Werden Nutzungsrechte einer Verwertungsgesellschaft oder einem Verlag eingeräumt, damit eine effektive Verwertung stattfinden kann, liegt die charakteristische Leistung bei der Verwertungsgesellschaft bzw. dem Verlag, weil diese die Rechte aufgrund ihrer Wahrnehmungs- oder Verwertungspflichten verwerten müssen[142]. Geht es hingegen um die Einräumung eines einfachen Nutzungsrechts gegen Entgelt im Massenverkehr, liegt diese charakteristische Leistung bei dem Anbieter des Nutzungsrechts[143].

Auch nach der Einführung der Rom I-VO ist hingegen weiter ungeklärt und umstritten, worauf sich das auf diese Art ermittelte Vertragsstatut im Einzelfall bezieht. Da aus deutscher Perspektive Urheberrechtsverträge aus einem Verpflichtungs- und einem Verfügungsgeschäft bestehen, wollen einige das Vertragsstatut auf beiden Ebenen anwenden (sog. Einheitstheorie)[144]. Nur bestimmte, das Urheber- oder Leistungsschutzrecht selbst betreffende, Fragen wie etwa Entstehung, Übertragbarkeit oder Inhaberschaft sollen nach dem

141 Verordnung (EG/593/2008) über das auf vertragliche Schuldverhältnisse anzuwendende Recht vom 17. Juni 2008 – *Rom I-VO*, ABl. Nr. L 177/6 vom 04. Juli 2008.

142 *Obergfell*, in: Reithmann/Martiny, Rn. 2025; *Schack*, Rn. 1287; *Martiny*, in: Rixecker/Säcker, Band 10, Art. 4 Rom I-VO Rn. 209; BGH, GRUR 2001, 1134 (1136) – *Lepo Sumera*.

143 *Kotthoff*, in: Dreier/Kotthoff/Meckel, § 31 Rn. 22; *Nordemann/Schiffel*, in: Nordemann/Nordemann/Nordemann, Vor §§ 120 UrhG Rn. 90.

144 OLG Frankfurt a. M., GRUR 1998, 141 (142) – *Mackintosh-Entwürfe, OLG München,* ZUM 2003, 141 (141 ff.); *Katzenberger*, in: Schricker/Loewenheim, Vor. §§ 120 ff. UrhG Rn. 149; *Walter*, in: Loewenheim, § 57 Rn. 200; *Dreier*, in: Dreier/Schulze, Vor §§ 120 ff. UrhG Rn. 50.

Schutzlandprinzip bewertet werden[145]. Diese Vorgehensweise böte den Vorteil, im internationalen Urheberrechtsverkehr verhältnismäßig einheitliche Vertragsgestaltungen nutzen zu können. Ein Beteiligter im Verwertungsprozess könnte so nach entsprechender Rechtswahl weltweit alle Verträge nach diesem Vertragsrecht abwickeln.

Andere Auffassungen wollen das Vertragsstatut nur für den schuldrechtlichen Teil des Verpflichtungsgeschäfts anwenden (sog. Spaltungstheorie)[146]. Damit unterläge die Ebene des Verfügungsgeschäfts vollständig dem Vertragsrecht des jeweiligen Schutzlandes und für einen Vertrag müssten unter Umständen zwei verschiedene Vertragsrechte berücksichtigt werden.

Die Spaltungstheorie beinhaltet den Vorteil, dass sich die Privatautonomie nicht auf die Verfügungsebene bezieht. Dies mag den Rechteinhaber im Einzelfall vor einer nachteilhaften Verfügung unter Wettbewerbsdruck bewahren. Dennoch ist von einer einheitlichen kollisionsrechtlichen Bewertung von Verpflichtungs- und Verfügungsgeschäft auszugehen. Einerseits sind grundlegende urheberrechtliche Fragen ohnehin schon nach dem Schutzlandprinzip zu bewerten. Zu vollkommen unbilligen Diskrepanzen kann es somit auch bei Anwendung der Einheitstheorie nicht kommen. Zudem darf die Notwendigkeit einer praktikablen Handhabung nicht außer Acht gelassen werden. Eine Lösung, die zu einer Zersplitterung einheitlicher Verträge führt, kann nicht im Sinne der weltweiten Verwertung von Musikrechten sein[147]. Hinzu kommt, dass die Spaltungstheorie mit einer Aufspaltung von obligatorischem und dinglichem Geschäft einhergeht. Dieses Vorgehen ist im deutschen Recht aufgrund des Trennungsprinzips problemlos möglich. Eine derartige Aufspaltung ist jedoch in den Rechtssystemen anderer Unionsländer nicht angelegt[148].

VII. Zusammenfassung

Der Online-Bereich gewinnt zunehmend an Bedeutung für das weltweite Musikgeschäft. Mit Blick auf die Innovationskraft von Online-Diensten und

---

145 *Loewenheim*, ZUM 1999, 923 (925); BGH, GRUR Int. 1998, 427 (429) – *Spielbankaffaire*; *Katzenberger*, in: Schricker/Loewenheim, Vor §§ 120 ff. UrhG Rn. 150.

146 *Martiny*, in: Rixecker/Säcker, Band 10, Art. 4 Rom I-VO Rn. 203; *Obergfell*, in: Reithmann/Martiny, Rn. 1815; *v. Welser*, in: Wandtke/Bullinger, Vor §§ 120 UrhG Rn. 22.

147 Mit ähnlichen Begründungen, *Walter*, in: Loewenheim, § 57 Rn. 200; *Katzenberger*, in: Schricker/Loewenheim, Vor §§ 120 ff. UrhG Rn. 149.

148 *Hausmann*, in: Armbrüster/Hausmann/Magnus/Winkler von Mohrenfeld, Art. 14 Rom I-VO, Rn. 224 mit Beispielen.

Endgeräte-Herstellern ist ein Ende dieser Entwicklung vorerst nicht abzusehen. Bereits jetzt existieren im Online-Musikbereich derart viele Geschäftsmodelle, dass sie sich nur schwerlich kategorisieren lassen. Die Bandbreite reicht vom klassischen Download-Anbieter, bis hin zu besonders innovativen Streaming-Diensten, oder Anbietern audiovisueller Inhalte. Jeder dieser Dienste muss für seine Tätigkeit entsprechende Nutzungsrechte erwerben, da in verschiedene Verwertungsrechte eingegriffen wird. Je nach konkreter Ausgestaltung handelt es sich um das Vervielfältigungsrecht flankiert vom Senderecht oder dem Recht der öffentlichen Zugänglichmachung.

Bevor ein musikalisches Werk im Online-Bereich genutzt werden kann, muss erst ein langwieriger Schöpfungsprozess durchlaufen werden, im Zuge dessen viele Beteiligte Urheber- und Leistungsschutzrechte erlangen. Dies führt dazu, dass sowohl im Produktions- als auch Verwertungsbereich die für die jeweilige Verwertungsstufe maßgeblichen Rechte eingeholt werden müssen. Dies geschieht im urheberrechtlichen Bereich durch die Einräumung von Nutzungsrechten. Verwertungsgesellschaften fungieren bei deren Erwerb als zentrale Ansprechpartner für die Online-Anbieter.

Der Online-Musikbereich ist enorm kollisionsträchtig. Dies liegt einerseits an dem produzierten Gut und andererseits an der Grenzenlosigkeit des Internets. Nach dem Schutzlandprinzip ist bei Rechtsverletzungen immer das Recht des Landes anzuwenden, für dessen Gebiet Schutz beansprucht wird. Dies gilt jedoch nicht für die urhebervertraglichen Aspekte, hier können die Parteien das Recht selbständig wählen. Dieses Vertragsstatut gilt nach zutreffender Ansicht sowohl für das Verpflichtungsgeschäft als auch für das Verfügungsgeschäft (sog. Einheitstheorie). Nur einige besonders grundlegende Fragen, die das Urheberrecht selbst betreffen, werden nach dem Schutzlandprinzip bewertet.

B. Rechtsrahmen für die kollektive Rechtewahrnehmung in Deutschland

Das System der kollektiven Rechtewahrnehmung durch Verwertungsgesellschaften hat sowohl in Deutschland als auch in Europa Tradition. In Frankreich begann die erste Verwertungsgesellschaft im heutigen Sinne bereits in der Mitte des 19. Jahrhunderts damit, Rechte kollektiv wahrzunehmen[149]. In Deutschland bildeten sich Anfang des 20. Jahrhunderts erste derartige Organisationen[150]. Bereits

149 *Melichar*, S. 74 ff.; *Seifert*, in: Kreile/Becker/Riesenhuber, Kap. 15 Rn. 1 ff.; *Reber*, GRUR 2000, 203; *Gerlach*, in: Wandtke/Bullinger, Vor §§ 1 ff. WahrnG Rn. 2.

150 *Melichar*, in: Loewenheim, § 45 Rn. 10 ff.; *Schack*, Rn. 1301.

zu dieser Zeit bestand ein Bedürfnis des einzelnen Rechteinhabers, Nutzungsvorgänge durch eine Organisation kontrollieren und lizensieren zu können[151].

I. Bedeutung von Verwertungsgesellschaften

An diesem Bedürfnis der Rechteinhaber hat sich bis zum heutigen Tag wenig geändert. In Zeiten der Massennutzung urheberrechtlich geschützter Werke, ist die kollektive Rechtewahrnehmung für einen modernen Umgang mit Nutzungsrechten vielmehr noch essenzieller als im 19. Jahrhundert. In der modernen Informationsgesellschaft kann ein einzelner Rechteinhaber aufgrund massenhafter Werknutzungen seine Rechte allein nicht mehr effektiv verwalten[152]. Für ihn ist in der Regel nicht nachvollziehbar, wann welches seiner Werke an einem bestimmten Ort in urheberrechtlich relevanter Weise genutzt wird. Er wird zudem nicht mit jedem potentiellen Verwerter in Lizensierungsverhandlungen treten können und wollen. Ohne eine Organisation, die seine Rechte lizensiert und über sie wacht, wäre er mithin weitestgehend schutzlos[153].

Ein ähnliches Problem besteht auch auf der nächsten Stufe der Verwertungskette. Um als Verwerter ein Geschäft mit Lizenzen rechtmäßig betreiben zu können, müssen für alle genutzten Werke die jeweils maßgeblichen Nutzungsrechte von den jeweiligen Rechteinhabern eingeholt werden. Da dies, je nach Geschäftsmodell, schwierig bis unmöglich ist, benötigt auch der Verwerter eine Organisation, welche die notwendigen Nutzungsrechte zentral lizensiert. So kann er mit niedrigen Transaktionskosten unkompliziert und rechtssicher Lizenzen erwerben.

Die Zwischenschaltung von Verwertungsgesellschaften an der Schnittstelle von Rechteinhabern und Verwertern ist von elementarer Bedeutung. Auf diese Art ermöglichen Verwertungsgesellschaften als unverzichtbare Institutionen ein funktionierendes Urheberecht in der modernen Informationsgesellschaft[154]. Die Hauptbedeutung einer Verwertungsgesellschaft liegt mithin darin, die moderne massenhafte Werknutzung zu ermöglichen und eine gleichzeitige Partizipation der Rechteinhaber sicherzustellen. Ohne sie wäre eine Lizensierung derart mühsam, dass mit einer Verringerung legaler Angebote zu rechnen wäre. Dies ginge dann sowohl zu Lasten von Urhebern als auch zu Lasten von Verwertern und Endnutzern.

---

151 *Gerlach*, in: Wandtke/Bullinger, Vor §§ 1 ff. WahrnG Rn. 2.

152 *Altemark*, S. 86; *Rehbinder*, Rn. 727; *Enzinger*, GRUR Int. 2006, 985 (986).

153 *v. Lucius*, ZUM 2008, 925 (926).

154 *Melichar*, in: Loewenheim, § 45 Rn. 3; *Lerche*, in: Kreile/Becker/Riesenhuber, Kap. 3 Rn. 6.

Bei der Verwertung von Musikrechten ist diese Funktion von Verwertungsgesellschaften noch wichtiger, als bei der Verwertung von Werken anderer Gattungen. Denn für viele oben beschriebene Geschäftsmodelle benötigen die Verwerter massenhaft Lizenzen. Dabei reicht es auch nicht aus, sich einmal mit den maßgeblichen Lizenzen einzudecken. Vielmehr ist das Lizenzbegehren der Verwerter ein ständiger Prozess. Dies gilt gerade im Bereich der Populärmusik, wo kein Monat vergeht, ohne dass neue Werke veröffentlicht werden, die Verwerter in ihr Portfolio aufnehmen müssen, um es für Konsumenten attraktiv zu halten.

Wie bedeutend die Arbeit von Verwertungsgesellschaften allgemein und gerade im musikalischen Bereich ist, wird insbesondere bei einem Blick auf das Haushaltsvolumen der 12 inländischen Verwertungsgesellschaften deutlich[155]. Im Jahr 2012 erwirtschafteten diese insgesamt EUR 1,27 Mrd. Der Großteil von EUR 967,16 Mio. entfiel dabei auf die im musikalischen Bereich tätigen Verwertungsgesellschaften GEMA und GVL[156].

II. Aufgaben von Verwertungsgesellschaften

Um ihrer Bedeutung für ein modernes Urheberrecht gerecht zu werden, übernehmen Verwertungsgesellschaften verschiedene Aufgaben. Die Hauptaufgabe liegt in der kollektiven Wahrnehmung von Rechten, die aus faktischen Gründen nicht individuell wahrgenommen werden können. Hinzu kommt die kollektive Wahrnehmung derjenigen Rechte, die aus rechtlichen Gründen nicht individuell wahrgenommen werden können. Dies ist immer dann der Fall, wenn der Gesetzgeber bestimmte Vergütungsansprüche verwertungsgesellschaftspflichtig ausgestaltet hat[157]. Im Zuge der kollektiven Wahrnehmung schließen Verwertungsgesellschaften Lizenzverträge mit Verwertern, überwachen die Werknutzung und organisieren die Einziehung und Ausschüttung der Entgelte.

Das Aufgabenfeld von Verwertungsgesellschaften ist jedoch nicht auf die kollektive Rechtewahrnehmung beschränkt. Verwertungsgesellschaften übernehmen auch kultur- und sozialpolitische Aufgaben. Im Zuge dessen privilegieren Verwertungsgesellschaften intern kulturell bedeutende Werke oder unterhalten Stiftungen und Versorgungswerke. Zur Erfüllung dieser Aufgaben stellte allein

155 Übersicht der inländischen Verwertungsgesellschaften bei *Schack*, Rn. 1303; *Rehbinder*, Rn. 882 ff.

156 Zahlen veröffentlicht im Jahresbericht 2013 des DPMA, S. 43, abrufbar unter: http://www.dpma.de/docs/service/veroeffentlichungen/jahresberichte/dpma_jb_2013.pdf, zuletzt abgerufen am 31. Oktober 2014.

157 In Deutschland beispielsweise §§ 26, 27, 45a, 49, 52a, 52b, 53a, 54, 54c, 137l UrhG.

die GEMA für das Geschäftsjahr 2012 EUR 46,82 Millionen zur Ausschüttung bereit[158]. Eine weitere, nicht normierte, Aufgabe besteht darin, die Interessen der Rechteinhaber im öffentlichen Diskurs zu vertreten[159]. Die GEMA unterhält zu diesem Zweck Verbindungsbüros für politische Kommunikation in Berlin und Brüssel. Mit Blick auf das zunehmende Interesse, mit dem in der Bevölkerung politische und gesellschaftsrechtliche Vorgänge im informationsrechtlichen Bereich verfolgt werden, ist diese Aufgabe nicht zu unterschätzen. Auch die GEMA beschreibt die Arbeit ihrer Verbindungsbüros als *„wichtige Lobbyarbeit mit den Entscheidungsträgern aus Bundesrepublik und Europäischer Union“*[160].

Der Aufgabenkanon von Verwertungsgesellschaften geht damit weit über die in der Öffentlichkeit oftmals eindimensional wahrgenommene Inkasso- und Verteilungstätigkeit hinaus[161]. Dadurch, dass sie eine Rechtsdurchsetzung ermöglichen und teilweise sozialstaatliche Aufgaben wahrnehmen, übernehmen sie auch staatsentlastende Tätigkeiten[162]. Aufgrund dieses besonderen Charakters von Verwertungsgesellschaften werden sie oft als Unternehmen sui generis wahrgenommen[163]. Eine undifferenzierte Anwendung wirtschaftsrechtlicher Bestimmungen, beispielsweise aus dem Bereich des Wettbewerbsrechts, wird vor diesem Hintergrund oft als unbillig empfunden[164].

III. Struktur und Funktionsweise von Verwertungsgesellschaften

Die Darstellung von Binnenstruktur und Funktionsweise von Verwertungsgesellschaften soll hier am Beispiel der GEMA erfolgen, da sie die größte und bedeutendste deutsche Verwertungsgesellschaft darstellt[165].

---

158 Einsehbar im GEMA Jahrbuch 2013/2014, S. 51, abrufbar unter: https://www.gema.de/fileadmin/user_upload/Presse/Publikationen/Jahrbuch/gema_jahrbuch_2013-14.pdf, zuletzt abgerufen am 31. Oktober 2014.

159 Auch der damalige Gesetzgeber ging davon aus, dass die „Wahrung berufsständischer Belange“ zu dem Aufgabenkanon einer Verwertungsgesellschaft gehört, BT-Drucks. 4/271, S. 19.

160 Beschreibung der Verbindungsbüros auf der Website der GEMA, abrufbar unter: www.gema.de/recht-politik.html, zuletzt abgerufen am 31. Oktober 2013.

161 *Flechsig*, ZUM 2013, 745.

162 *Becker*, in: Kreile/Becker/Riesenhuber, Kap. 4 Rn. 7 ff.; *Bing*, S. 152; *Schack*, Rn. 1306.

163 *v. Einem*, S. 85; *Lerche*, in: Kreile/Becker/Riesenhuber, Kap. 3 Rn. 1 ff.

164 *Düsing*, S. 168 ff.; *v. Einem*, MMR 2006, 647 (651); Schlussbericht der Enquete-Kommission des Deutschen Bundestags, Kultur in Deutschland, 2007, 414 – BT Drucks. 16/7000, S. 278 f.

165 *Gerlach*, in: Wandtke/Bullinger, Vor. §§ 1 ff. WahrnG Rn. 4; *Altemark*, S. 103.

1. Struktur von Verwertungsgesellschaften

Das für Verwertungsgesellschaften maßgebliche Urheberrechtswahrnehmungsgesetz (UrhWahrnG) sieht keine Pflicht vor, Verwertungsgesellschaften in einer bestimmten Rechtsform zu betreiben. Die Gesetzeslage ließe sogar eine Gründung durch eine natürliche Person zu[166]. Die nationalen Verwertungsgesellschaften haben von dieser Freiheit jedoch nur in zwei Richtungen Gebrauch gemacht. Die Verwertungsgesellschaften GEMA, VG WORT, VG Musikedition und VG Bild-Kunst sind rechtsfähige Vereine kraft Verleihung gem. § 22 BGB[167]. Die übrigen Verwertungsgesellschaften werden in Form einer GmbH betrieben[168].

Die GEMA hat sich für die Rechtsform des Vereins entschieden. Diese Konstruktion bietet den Vorteil, dass eine persönliche Haftung der vielen Berechtigten ausgeschlossen ist, es aber dennoch möglich ist, Mitglied zu werden und Mitbestimmungsrechte auszuüben, ohne dass bei jeder Neuaufnahme die Anpassung eines Gesellschaftsvertrags notwendig wird[169]. Hinzu kommen Freiheiten bei der Ausgestaltung der Satzung, da das für Vereine maßgebliche BGB neben einigen notwendigen Vorgaben viel Raum lässt, Satzungen auf die persönlichen Bedürfnisse des Vereins zuzuschneiden[170]. Wie sehr die GEMA von dieser Gestaltungsmöglichkeit Gebrauch gemacht hat, wird bei einer Auseinandersetzung mit ihrer Satzung schnell sichtbar[171]. Die Satzung ist genau auf die im Innenleben der GEMA auftretenden Problemstellungen zugeschnitten.

Eine dieser internen Problemstellungen liegt darin, dass für die GEMA nicht alle Rechteinhaber von gleicher Bedeutung sind. In der Summe der Berechtigten überwiegen diejenigen Komponisten und Textdichter, deren Repertoire nur sporadisch frequentiert wird. Auf der anderen Seite stellen diejenigen Komponisten und Textdichter, deren Repertoire regelmäßig und gewinnbringend genutzt wird, nur eine Minderheit innerhalb der GEMA dar[172]. Da demnach eine Minderheit für das wirtschaftliche Fundament verantwortlich ist, muss diese

166 *Riesenhuber*, ZUM 2008, 625 (627); *Reinbothe*, in: Schricker/Loewenheim, § 1 WahrnG Rn. 14; *Schack*, Rn. 1304; *Nordemann*, in: Nordemann/Nordemann/Nordemann, § 1 UrhWahrnG Rn. 1.

167 *Pfennig*, ZUM 2014, 484; *Reinbothe*, in: Schricker/Loewenheim, § 1 WahrnG Rn. 10.

168 *Gerlach*, in: Wandtke/Bullinger, Vor §§ 1 ff. WahrnG Rn. 4 ff.; *Schack*, Rn. 1304.

169 *Schulze*, NJW 1991, 3264.

170 *v. Steinau-Steinrück/Wohlgemuth*, in: Kreile/Becker/Riesenhuber, Kap. 8 Rn. 2.

171 Satzung der GEMA einsehbar im GEMA-Jahrbuch 2013/2014, S. 167, abrufbar unter: https://www.gema.de/fileadmin/user_upload/Presse/Publikationen/Jahrbuch/gema_jahrbuch_2013-14.pdf, zuletzt abgerufen am 31. Oktober 2014.

172 Mit Zahlen belegt bei *Schack*, Rn. 1308.

Minderheit jeweils mit vollen Rechten ausgestattet werden, ohne Gefahr zu laufen, von anderen Rechteinhabern bei richtungsweisenden Entscheidungen überstimmt zu werden[173]. Dies stellt die Satzung in § 6 sicher. Dort nimmt sie eine differenzierte Unterscheidung zwischen unterschiedlichen Mitgliedschaftsmodellen vor. Es wird zwischen ordentlichen Mitgliedern, außerordentlichen Mitgliedern und angeschlossenen Mitgliedern unterschieden. Dabei hat der jeweilige Mitgliedsstatus Auswirkungen auf die Mitbestimmungsrechte in der Mitgliederversammlung, die grundsätzlich nur ordentlichen Mitgliedern offensteht. Die Satzung skizziert auch den Weg zur Erlangung der ordentlichen Mitgliedschaft. Das angeschlossene Mitglied muss zuerst eine außerordentliche Mitgliedschaft anstreben. Das hierfür vorgesehene Aufnahmeverfahren ist in § 6 der Satzung in Verbindung mit der Geschäftsordnung für das Aufnahmeverfahren festgelegt. Eine sich daran anschließende ordentliche Mitgliedschaft setzt nach § 7 Ziffer 1 der Satzung eine außerordentliche Mitgliedschaft von gewisser Zeit mit gewissem Mindestaufkommen voraus.

Bei einer derartigen Konzeption der Satzung müssen Verwertungsgesellschaften jedoch auch auf § 6 Abs. 2 UrhWahrnG achten. Danach ist zur angemessenen Wahrung der Belange nicht vollwertiger Mitglieder eine gemeinsame Vertretung dieser zu etablieren. Eine dieser Norm Rechnung tragende Regelung stellt § 12 Ziffer 2 der Satzung dar. Danach dürften die nicht zur Mitgliederversammlung geladenen Mitglieder ein Kontingent von bis zu 64 Delegierten in die Mitgliederversammlung entsenden. Diesen Delegierten stehen dort gem. § 12 Ziffer 3 der Satzung alle Rechte eines ordentlichen Mitglieds in der Hauptversammlung zu, mit Ausnahme des passiven Wahlrechts. Ob diese Norm der GEMA Satzung der gesetzlichen Vorgabe gerecht wird, wurde in der Vergangenheit jedoch unterschiedlich beurteilt[174].

Die GEMA sieht sich jedoch nicht nur der Gefahr ausgesetzt, dass eine Mehrheit von wirtschaftlich unbedeutenden Mitgliedern die Entscheidungsfindung dominiert. Es besteht zudem die Gefahr, dass es zu Interessenkonflikten der einzelnen Berufsgruppen kommt. Die GEMA beheimatet mit Komponisten, Textdichtern und Verlegern drei Berufsgruppen. Um das Gleichgewicht dieser Berufsgruppen zu bewahren, sieht die Satzung in § 11 b) das sog. Kuriensystem vor. Danach hat jede Berufsgruppe eine Stimme. Bei Entscheidungen mit großer

---

173 *v. Steinau-Steinrück/Wohlgemuth*, in: Kreile/Becker/Riesenhuber, Kap. 8 Rn. 27; *Melichar*, in Loewenheim, § 47 Rn. 1; *Reinbothe*, in: Schricker/Loewenheim, § 6 WahrnG Rn. 14.

174 Ablehnend *Rehbinder*, DVBl. 1992, 216 (220 ff.); bejahend *Nordemann*, GRUR 1992, 584 (589 ff.).

Tragweite ist gem. § 11 b) der Satzung Einstimmigkeit der drei Berufsgruppen notwendig, wobei innerhalb einer Berufsgruppe Zweidrittelmehrheit erforderlich ist.

2. Funktionsweise von Verwertungsgesellschaften

Die Funktionsweise von Verwertungsgesellschaften lässt sich vereinfacht in drei Schritte untergliedern. Verwertungsgesellschaften erwerben zunächst ein möglichst großes Rechterepertoire, lizensieren dieses Repertoire anschließend an Verwerter und verteilen die daraus resultierenden Einnahmen.

a) Rechteerwerb

Notwendig für die kollektive Rechteverwaltung durch Verwertungsgesellschaften ist zunächst der Erwerb eines möglichst großen Rechterepertoires. Dieser Rechteerwerb geschieht über zwei unterschiedliche Wege. Einerseits erfolgt ein Rechteerwerb über Wahrnehmungsverträge mit den Rechteinhabern. Andererseits erfolgt ein Rechteerwerb über Gegenseitigkeitsverträge mit ausländischen Schwestergesellschaften.

aa) Rechteerwerb durch Wahrnehmungsvertrag

Im Falle eines Wahrnehmungsvertrags schließt ein Rechteinhaber mit einer Verwertungsgesellschaft einen gesetzlich nicht geregelten Vertrag. Dieser Vertragstyp enthält Facetten eines Auftrags, sowie Facetten von Gesellschafts-, Dienst- und Geschäftsbesorgungsverträgen, weshalb er auch als urheberrechtlicher Nutzungsvertrag sui generis bezeichnet wird[175]. In den Wahrnehmungsverträgen versuchen die Verwertungsgesellschaften sich ein breites Repertoire dadurch aufzubauen, dass sie sich möglichst viele, räumlich und zeitlich unbeschränkte, bestehende und entstehende Rechte einräumen lassen[176].

Der Wahrnehmungsvertrag der GEMA stellt zu diesem Grundsatz, mit Ausnahme seiner Bezeichnung als Berechtigungsvertrag (BerV), keine Ausnahme dar[177]. In der Kernregelung des § 1 BerV überträgt der Berechtigte

175 BGH, GRUR 1966, 567 (569) – *GELU*; BGH, GRUR 1968, 321 (327) – *Haselnuss*; BGH, GRUR 1982, 308 (309) – *Kunsthändler*; *Reinbothe*, in: Schricker/Loewenheim, § 6 WahrnG Rn. 4.

176 *Vogel*, GRUR 1993, 513 (525); *Meyer*, S. 80.

177 Berechtigungsvertrag der GEMA einsehbar im GEMA-Jahrbuch 2013/2014, S. 185, abrufbar unter: https://www.gema.de/fileadmin/user_upload/Presse/Publikationen/Jahrbuch/gema_jahrbuch_2013-14.pdf, zuletzt abgerufen am 31. Oktober 2014.

„der GEMA als Treuhänderin für alle Länder alle ihm gegenwärtig zustehenden und während der Vertragsdauer noch zuwachsenden, zufallenden, wieder zufallenden oder sonst erworbenen Urheberrechte in folgendem Umfang zur Wahrnehmung nach Maßgabe der folgenden Bestimmungen: (...)".

Anschließend zählt der Berechtigungsvertrag in den Buchstaben a)-m) die jeweils übertragenen Einzelrechte auf. Dieser Katalog umfasst mit dem Buchstaben l) auch eine Regelung, welche die Weiterentwicklung bekannter Nutzungsarten ebenso umfasst, wie neue Nutzungsarten, die bei Vertragsschluss noch unbekannt waren. Auch diese werden der GEMA nach Maßgabe des § 31a Abs. 1 UrhG im Voraus eingeräumt.

Die in der Klausel verwendeten Begriffe sind rechtlich nicht immer korrekt und bedürfen teilweise einer historischen Auslegung[178]. Der in der Klausel genannte Begriff Treuhänderin wird dahingehend ausgelegt, dass der Berechtigte der GEMA gem. § 31 Abs. 3 Satz 1 UrhG ein ausschließliches Nutzungsrecht einräumt[179]. Dies hat zur Folge, dass der Berechtigte nach Abschluss des Berechtigungsvertrags selbst nicht mehr über seine Rechte verfügen kann. Ein nach Vertragsschluss erteiltes Einverständnis gegenüber einem Verwerter hinsichtlich beabsichtigter Nutzungen ist daher irrelevant[180]. Nur die GEMA kann eine Verwertung ermöglichen und zwar durch die Einräumung einfacher Nutzungsrechte gem. § 31 Abs. 2 UrhG[181]. Da der GEMA die maßgeblichen Rechte zur Wahrnehmung eingeräumt wurden, ist bei den anschließenden Lizensierungen gem. § 35 Abs. 1 Satz 2 UrhG auch keine Zustimmung des Berechtigten einzuholen[182].

Die Klausel enthält zudem eine Vorausverfügung. Diese umfasst einerseits künftige Rechte und Ansprüche an neuen eigenen Werken und andererseits Rechte und Ansprüche, die dem Berechtigten künftig an sonstigen Werken zustehen werden. Diese Vorausverfügung hat aus Sicht der Berechtigten den Vorteil, dass die Berechtigungsverträge nicht fortlaufend aktualisiert werden müssen und trägt so zu niedrigeren Verwaltungskosten der Verwertungsgesellschaft

---

178 *Staudt*, in: Kreile/Becker/Riesenhuber, Kap. 10 Rn. 29; *Riesenhuber*, GRUR 2005, 712.

179 BGH, GRUR 1968, 321, (325 f.) – *Haselnuss*; *Staudt*, S. 80.

180 *Goldmann*, S. 298 f.

181 Die Einräumung eines ausschließlichen Nutzungsrechts scheitert hingegen bereits mit Blick auf den Abschlusszwang gegenüber anderen Verwertern gem. § 11 Abs. 1 UrhWahrnG.

182 *Schricker/Loewenheim*, in: Schricker/Loewenheim, § 35 UrhG Rn. 17; *Schulze*, in: Dreier/Schulze, § 35 UrhG Rn. 14; *Wandtke/Grunert*, in: Wandtke/Bullinger, § 35 UrhG Rn.12.

bei, von denen der Berechtigte wiederum profitiert[183]. Angesichts der in § 40 Abs. 1 UrhG eindeutig zugelassenen Möglichkeit Vorausverfügungen zu treffen und angesichts der Vorteile für die praktische Durchführung der kollektiven Rechtewahrnehmung, wird eine solche Klausel vielfach für wirksam gehalten, auch wenn sie sich in Einzelfällen als nachteilhaft für den Berechtigten erweisen kann[184].

Die für einen Wahrnehmungsvertrag charakteristischen Pflichten der GEMA ergeben sich aus § 3 BerV, wonach diese unter anderem berechtigt ist, die ihr übertragenen Rechte im eigenen Namen auszuüben, sie auszuwerten, Gegenzahlungen in Empfang zu nehmen, die Rechte ganz oder zum Teil weiter zu übertragen, Unbefugten die Benutzung zu untersagen oder die Rechte gerichtlich im eigenem Namen geltend zu machen.

Gem. § 6 lit. a) BerV sind sowohl die Satzung als auch der Verteilungsplan der GEMA in der jeweils gültigen Form in den Berechtigungsvertrag mit einbezogen. Um alle geschlossenen Verträge möglichst uniform zu halten, sieht der Berechtigungsvertrag in dieser Norm zudem einen Mechanismus vor, den Berechtigungsvertrag während der Laufzeit zu verändern.

bb) Rechteerwerb durch Gegenseitigkeitsvertrag

Das Repertoire der Verwertungsgesellschaften wird nicht allein durch Wahrnehmungsverträge gespeist. Ihre Repertoires werden auch durch bilaterale Verträge erweitert[185]. Ein Gegenseitigkeitsvertrag ist ein solcher Vertrag zwischen zwei Verwertungsgesellschaften, durch den diese einander das Recht gewähren, in dem Gebiet, in dem sie tätig sind, für die lizenzpflichtige Nutzung von Werken aus dem Repertoire der anderen Verwertungsgesellschaft, die erforderliche Erlaubnis zu erteilen und die urheberrechtliche Vergütung zu kassieren und abzurechnen[186]. Die Verwertungsgesellschaft wird damit auch

183 *Vogel*, GRUR 1993, 513 (525); *Staudt*, S. 83.

184 *Gerlach*, in: Wandtke/Bullinger, § 6 WahrnG Rn. 5, *Reinbothe*, in: Schricker/Loewenheim, § 6 WahrnG Rn. 5; eine derartige Klausel für unangemessen haltend *Schack*, Rn. 1352.

185 Mustervertrag für das Aufführungs- und Senderecht gem. CISAC-Standartvertrag und Mustervertrag für das Vervielfältigungsrecht gem. BIEM-Standartvertrag, dargestellt im GEMA-Jahrbuch 2013/2014, S. 258 ff., abrufbar unter: https://www.gema.de/fileadmin/user_upload/Presse/Publikationen/Jahrbuch/gema_jahrbuch_2013-14.pdf, zuletzt abgerufen am 31. Oktober 2014.

186 *Karbaum/Oeller*, in: Kreile/Becker/Riesenhuber, Kap. 17 Rn. 2.

zuständig für die Verfolgung von Urheberrechtsverletzungen des fremden Repertoires im eigenen Gebiet.

Die GEMA hat Gegenseitigkeitsverträge mit über 70 ausländischen Verwertungsgesellschaften abgeschlossen und so ein globales Netzwerk geschaffen[187]. Dadurch ist die GEMA prinzipiell in der Lage, auch über ausländische Rechte zu verfügen und zwar ohne Kontrollapparate in fremden Ländern unterhalten zu müssen. Sie kann somit grundsätzlich in Deutschland das Weltrepertoire lizensieren[188].

b) Lizensierung

Um die durch Wahrnehmungs- und Gegenseitigkeitsverträge erworbenen Nutzungsrechte bestmöglich verwerten zu können, schließen die Verwertungsgesellschaften im nächsten Schritt Lizenzverträge mit Interessenten.

aa) Grundlagen der Lizensierung

Als Basis eines Lizenzvertrags kommen Tarife oder Gesamtverträge in Betracht. Tarife sind festgelegte Vergütungen für die Lizensierung der von einer Verwertungsgesellschaft wahrgenommenen Rechte. Sie werden von den Verwertungsgesellschaften aufgestellt und im Bundesanzeiger veröffentlicht. Die Tarife müssen angemessen sein, werden nach dem geldwerten Vorteil des Nutzers errechnet und sollen eine gleichmäßige Behandlung aller gleichgelagerten Fälle gewährleisten[189]. Da die Nutzungsmöglichkeiten im Informationszeitalter vielschichtig sind, weisen auch die Tarifregelungen der Verwertungsgesellschaften eine enorme Komplexität auf. Allein die GEMA verwendet derzeit 65 verschiedene Tarife, mit denen sie versucht, möglichst vielen Sachverhalten gerecht zu werden[190].

Ein veröffentlichter Tarif ist jeweils als Preisliste einer Verwertungsgesellschaft zu verstehen[191]. Hält ein Verwerter den vorgegebenen Tarif für nicht angemessen,

---

187 Gegenseitigkeitsverträge der GEMA einsehbar im GEMA Jahrbuch 2013/2014, S. 197 ff., abrufbar unter: https://www.gema.de/fileadmin/user_upload/Presse/Publikationen/Jahrbuch/gema_jahrbuch_2013-14.pdf, zuletzt abgerufen am 31. Oktober 2014.

188 Zu den besonderen Gegebenheiten im Online-Musikbereich siehe unten S. 107 ff.

189 Zu der Tarifberechnung *Steden*, S. 108 ff.; *Schulze*, in: Dreier/Schulze, § 13 UrhWG Rn. 13 ff.

190 Die von der GEMA verwendeten Tarife sind auf der GEMA Website einsehbar, abrufbar unter: http://www.gema.de/ad-tarife, zuletzt abgerufen am 31. Oktober 2014.

191 *Reinbothe*, in: Schricker/Loewenheim, § 13 WahrnG Rn. 2; *Gerlach*, in: Wandtke/Bullinger, § 13 WahrnG Rn. 3; *Zeisberg*, in: Dreyer/Kotthoff/Meckel, § 13 WahrnG Rn. 3.

kann er grundsätzlich einen Versuch unternehmen, die Tarife nachzuverhandeln. Mit Blick auf die Gleichbehandlungsverpflichtung der Verwertungsgesellschaften, ist hierfür jedoch nur wenig Raum. Dem Verwerter bleibt aber die Möglichkeit bei strittiger Angemessenheit eines Tarifs Schiedsstellen und Gerichte anzurufen[192]. Während eines Streits über die Angemessenheit eines Tarifs kann er die gewünschte Lizenz gem. § 11 Abs. 2 UrhWahrnG trotzdem erhalten, wenn er den anerkannten Betrag zahlt und den strittigen überschießenden Teil unter Vorbehalt zahlt oder hinterlegt[193]. Ist er bereit, zu den vorgegebenen Bedingungen zu lizensieren, erhält er in der Regel eine Blankolizenz für das gesamte Repertoire der Verwertungsgesellschaft. Es bleibt somit für den Vertragszeitraum ihm überlassen, wie er das Repertoire der Verwertungsgesellschaft nutzt[194].

In vielen Fällen schließen die Parteien Lizenzverträge auf Basis von Gesamtverträgen. Ein Gesamtvertrag ist ein Rahmenvertrag zwischen einer Verwertungsgesellschaft und einer Vereinigung von Nutzern. Gesamtverträge regeln selbst keine Nutzungsvorgänge, bilden jedoch einen Rahmen für spätere Lizenzverträge mit den Mitgliedern der Vereinigung[195]. Diese Praxis ist für beide Parteien vorteilhaft. Für die Mitglieder der Nutzervereinigung wird vor dem Hintergrund eines Gesamtvertrags regelmäßig ein Nachlass auf den ansonsten einschlägigen Tarif gewährt. Als üblich kann ein Gesamtvertragsrabatt von 20 % bezeichnet werden[196]. Zudem reduziert dieses Vorgehen den Verwaltungsaufwand auf beiden Seiten. Die Details des einzelnen Lizenzvertrages müssen nicht mit jedem Verwerter ausverhandelt werden, da diesbezüglich auf den ausverhandelten Gesamtvertrag Bezug genommen werden kann[197]. Der Lizensierung auf Basis von Gesamtverträgen kommt in der Lizensierungspraxis der GEMA große Bedeutung zu, was bereits dadurch deutlich wird, dass sie Gesamtverträge mit 517 Vereinigungen abgeschlossen hat[198].

---

192 *Melichar*, in: Loewenheim, § 49 Rn. 1 ff.; *Zeisberg*, in: Dreyer/Kotthoff/Meckel, § 12 WahrnG Rn. 18; *Freudenberg*, in: Ahlberg/Götting, § 13 WahrnG Rn. 23.

193 Zu Einzelheiten der Hinterlegungspflicht nach § 11 Abs. 2 UrhWahrnG siehe unten S. 51 f.

194 *Melichar*, in: Loewenheim, § 48 Rn. 6.

195 *Heine*, S. 63 f.; *Gerlach*, in: Wandtke/Bullinger, § 12 WahrnG Rn. 3; *Sporn*, in: Schwartmann, Kap. 25 Rn. 14; *Zeisberg*, in: Dreyer/Kotthoff/Meckel, § 12 Rn. 3.

196 OLG München, ZUM 2003, 319 (323); *Freudenberg*, in: Ahlberg/Götting, § 12 WahrnG Rn. 7.

197 *Schulze*, in: Dreier/Schulze, § 12 UrhWG Rn. 2; *Reinbothe*, in: Schricker/Loewenheim, § 13 WahrnG Rn. 1; *Gerlach*, in: Wandtke/Bullinger, § 12 WahrnG Rn. 3.

198 Tabelle mit sämtlichen GEMA-Gesamtvertragspartnern einsehbar auf der Website der GEMA, abrufbar unter: https://www.gema.de/musiknutzer/lizenzieren/meine-lizenz/gesamtvertragspartner.html, zuletzt abgerufen am 31. Oktober 2014.

bb) Lizensierungsanreize

Um die Lizensierungspraxis durch die GEMA zu fördern, kommen der GEMA zwei, von der Rechtsprechung entwickelte, Institute zu Gute. Einerseits profitiert die GEMA von der sog. GEMA-Vermutung. Hiernach wird mit Blick auf das umfassende Repertoire der GEMA vermutet, dass die GEMA wahrnehmungsbefugt ist[199]. Im Streitfall muss mithin der Nutzer beweisen, dass er musikalische Werke genutzt hat, die außerhalb des GEMA Repertoires liegen[200]. Andererseits profitiert die GEMA von dem sog. GEMA-Kontrollzuschlag, wonach bei nicht genehmigten Aufführungen und Wiedergaben ein 100 %iger Verletzerzuschlag fällig wird. So soll die nicht genehmigte Musikaufführung mit dem Risiko der doppelten Zahlung versehen werden, was einen Lizensierungsanreiz schaffen soll[201]. Wie schon die GEMA-Vermutung ist auch der Verletzerzuschlag durch die ständige Rechtsprechung akzeptiert[202].

c) Verteilung der Einnahmen

Die Einnahmen, die Verwertungsgesellschaften aus der Verwertung von Nutzungsrechten und urheberechtlichen Vergütungsansprüchen erwirtschaften, werden an die Mitglieder nach Maßgabe von Verteilungsplänen ausgeschüttet.

Ein Verteilungsplan folgt dabei immer dem Grundsatz, die von der Verwertungsgesellschaft erwirtschafteten Erträge nach Abzug der Verwaltungskosten und der Kosten für den Unterhalt der jeweiligen Kultur- und Sozialeinrichtungen möglichst gerecht an die einzelnen Rechteinhaber auszuschütten[203]. Er wird regelmäßig über den Wahrnehmungsvertrag in das Verhältnis zwischen der Verwertungsgesellschaft und den Rechteinhabern integriert. Ausgangspunkt ist jeweils das Ideal einer Anknüpfung der Ausschüttung an die konkrete Nutzung des Werkes. In der Praxis müssen die Rechteinhaber jedoch Abstriche von diesem Ideal hinnehmen, da eine ausnahmslose Anknüpfung der Ausschüttung an getätigte Nutzungsvorgänge entweder gar nicht oder nur mit unverhältnismäßigen Mitteln möglich ist[204]. Aus diesem Grund ist auch in der Rechtsprechung

199 BGH, NJW 1955, 1356; ausführlich Schneider, GRUR 1986, S. 657 ff.

200 Zu aktuellen Herausforderungen der GEMA-Vermutung *Peifer*, ZUM 2014, 453 (459).

201 *Dreier*, in: Dreier/Schulze, § 97 UrhG Rn. 71 f.; *Wandtke*, GRUR 2000, 942 (945); *Nordemann*, in: Nordemann/Nordemann/Nordemann, § 97 UrhG Rn. 100.

202 BGH, GRUR 1973, 379 – *Doppelte Tarifgebühr*; BGH, NJW 1955, 1356 (1357).

203 *Zeisberg*, in: Dreyer/Kotthoff/Meckel, § 7 WahrnG Rn. 10; *Sporn*, in: Schwartmann, Kap. 25 Rn. 19.

204 *Melichar*, in: Loewenheim, § 47 Rn. 38; *Sporn*, in: Schwartmann, Kap. 25 Rn. 19.

anerkannt, dass ein Rechteinhaber Pauschalisierungen und Verteilungen, die lediglich an tatsächliche Nutzungsvorgänge angelehnt sind, hinzunehmen hat, auch wenn ihn dies im Einzelfall benachteiligt[205].

Die GEMA verwendet in ihrem Verteilungsplan[206] ein differenziertes zweistufiges System, das Vergütungen nach konkreter Nutzung und Pauschalvergütungen miteinander verquickt[207]. Auf der ersten Stufe, der sog. Verrechnung, findet eine Ausschüttung statt, die sich auf unterschiedliche Art und Weise an den erfolgten Verwertungen der Werke orientiert. Auf der zweiten Stufe, der sog. Wertung, findet keine ertragsabhängige Ausschüttung statt. Hier wird zwischen ernster Musik (E-Musik) und Unterhaltungsmusik (U-Musik) sowie zwischen Verlegern, Komponisten und Textdichtern unterschieden, wodurch dem Gebot der kulturellen Förderung nachgekommen werden soll[208].

IV. Regulierung von Verwertungsgesellschaften nach deutschem Recht

Die Regulierung von Verwertungsgesellschaften erfolgt in Deutschland auf verschiedenen Ebenen. Dabei wird eine spezifische wahrnehmungsrechtliche Regulierung von einer kartellrechtlichen und einer gewerbe- bzw. gesellschaftsrechtlichen Regulierung flankiert.

1. Regulierung durch das UrhWahrnG

Ihre hauptsächliche Regulierung erfahren deutsche Verwertungsgesellschaften durch das UrhWahrnG, welches gleichzeitig mit dem UrhG am 09. September 1965 verabschiedet wurde.

---

205 BGH, ZUM 2005, 739 (742) – *PRO-Verfahren*; BGH, NJW-RR 1988, 1187 – *GEMA-Wertungsverfahren*; BGH, GRUR 2004, 767 (769) – *Verteilung des Vergütungsaufkommens.*

206 Verteilungsplan der GEMA einsehbar im GEMA Jahrbuch 2013/2014, S. 303 ff., abrufbar unter: https://www.gema.de/fileadmin/user_upload/Presse/Publikationen/Jahrbuch/gema_jahrbuch_2013-14.pdf, zuletzt abgerufen am 31. Oktober 2014.

207 Zu Einzelheiten *Riesenhuber*, GRUR 2014, 443 ff.; *Hertin*, GRUR 2013, 469 f., *Müller*, in: Kreile/Becker/Riesenhuber, Kap. 11; *Riesenhuber*, in: Kreile/Becker/Riesenhuber, Kap. 12.

208 *Bezzenberger/Riesenhuber*, GRUR 2000, 1005 (1006).

a) Entstehungshintergrund

Bereits während des Gesetzgebungsverfahrens zum UrhWahrnG erkannte der historische Gesetzgeber Chancen und Risiken der kollektiven Rechtewahrnehmung durch Verwertungsgesellschaften und versuchte beide in diesem Gesetz in Einklang zu bringen. Aus den Gesetzesmaterialien geht hervor, dass der Gesetzgeber die Arbeit von Verwertungsgesellschaften bereits zu dieser Zeit als notwendig für Rechteinhaber und Verwerter ansah[209]. Der Gesetzgeber war sich jedoch auch bewusst, dass eine funktionierende kollektive Rechtewahrnehmung zwangsläufig mit einer beträchtlichen Marktmacht einhergeht. Das UrhG gewährt dem Urheber ein ausschließliches Nutzungsrecht und damit auch ein Monopol[210]. Räumen alle Urheber einer Werkgattung diese ausschließlichen Nutzungsrechte einer Verwertungsgesellschaft ein, erlangt diese ein faktisches Monopol, das im Zusammenhang mit einem dichten Netz aus Gegenseitigkeitsverträgen zu einem Weltmonopol in ihrem Gebiet führen kann[211]. Im Gegensatz zu anderen wirtschaftlichen Bereichen ist diese Marktmacht jedoch im Bereich der kollektiven Rechtewahrnehmung vorteilhaft. Denn nur eine mit beträchtlicher Marktmacht ausgestattete Verwertungsgesellschaft kann wirtschaftlich Nutzungen überwachen, Gelder einziehen und sich als zentraler Ansprechpartner von Verwertern etablieren[212]. Doch auch, wenn der Gesetzgeber die Markmacht im Fall einer Verwertungsgesellschaft durchaus als gewollt und nützlich anerkannte, änderte sich aus seiner Sicht nichts an den Missbrauchsgefahren dieser Marktmacht[213]. Schließlich können auch erwünschte Monopolisten ihre Marktmacht missbrauchen.

Dieser Grundkonflikt, welcher der kollektiven Rechtewahrnehmung immanent ist, soll im UrhWahrnG austariert werden. Es toleriert einerseits die an sich vorteilhaften quasi Monopole der Verwertungsgesellschaften, versucht aber andererseits, den dadurch entstehenden Missbrauchsgefahren entgegenzuwirken. Im Zuge dessen normiert das Gesetz eine Erlaubnispflicht und einen umfassenden Pflichtenkatalog für Verwertungsgesellschaften, dessen Einhaltung durch eine staatliche Aufsichtsbehörde überwacht wird.

---

209 BT-Drucks. 4/271, S. 9.

210 *Schack*, Rn. 150; *Loewenheim*, in: Schricker/Loewenheim, Einleitung Rn. 59; *Dreier*, in: Dreier/Schulze, Einleitung Rn. 51.

211 BT-Drucks. 4/271, S. 9; *Bing*, S. 155; *v. Einem*, S. 60.

212 BT-Drucks. 4/271, S. 9; *Müller*, in: Hoeren/Sieber/Holznagel, Teil 7.5 Rn. 12; zu Einzelheiten des ökonomischen Aspektes *Hansen/Schmidt-Bischoffshausen*, GRUR Int. 2007, 461 ff.

213 BT-Drucks. 4/271, S. 9 f.

Die Schaffung eines gesetzlichen Monopols für Verwertungsgesellschaften sieht das Gesetz hingegen aus verfassungsrechtlichen Gründen nicht vor, obwohl dieses noch in § 4 Abs. 2 des Referentenentwurfs geplant war und von den beteiligten Kreisen begrüßt wurde[214]. Grund hierfür war das als Apothekerurteil bekannt gewordene Urteil des Bundesverfassungsgerichts. In diesem Urteil stellte das Bundesverfassungsgericht klar, dass objektive Berufszulassungsschranken, wie beispielsweise ein gesetzliches Monopol, nur dann einen rechtmäßigen Eingriff in die Berufsfreiheit darstellen, wenn sie zur Abwehr nachweisbarer oder höchstwahrscheinlicher schwerer Gefahren für ein überragend wichtiges Gemeinschaftsgut notwendig sind[215]. Die Effizienz der kollektiven Rechtewahrnehmung durch Verwertungsgesellschaften sah der Gesetzgeber jedoch als kein hinreichend hochwertiges Rechtsgut an, das nachweislich derart stark bedroht ist[216].

b) Erlaubnispflicht

Anstelle des einst angedachten gesetzlichen Monopols hat eine Erlaubnispflicht Eingang in das Gesetz gefunden. Gem. § 1 Abs. 1 UrhWahrnG bedarf einer Erlaubnis,

> *„wer Nutzungsrechte, Einwilligungsrechte oder Vergütungsansprüche, die sich aus dem Urheberrechtsgesetz vom 9. September 1965 (Bundesgesetzbl. I S. 1273) ergeben, für Rechnung mehrerer Urheber oder Inhaber verwandter Schutzrechte zur gemeinsamen Auswertung wahrnimmt, (...), gleichviel, ob die Wahrnehmung in eigenem oder fremdem Namen erfolgt“.*

Zuständig für die Erteilung der Erlaubnis ist gem. § 2 Satz 1 in Verbindung mit § 18 Abs. 1 und Abs. 3 UrhWahrnG das Deutsche Patent- und Markenamt (damals noch Patentamt) im Einvernehmen mit dem Bundeskartellamt. § 3 Abs. 1 UrhWahrnG normiert im Umkehrschlusses, dass ein Anspruch auf die Erteilung der Erlaubnis besteht, wenn die Satzung der Verwertungsgesellschaft den Vorschriften des UrhWahrnG entspricht, die Zuverlässigkeit für die Ausübung der Tätigkeit gegeben ist und die Verwertungsgesellschaft über eine wirtschaftliche Grundlage verfügt, die eine wirksame Wahrnehmung der ihr anvertrauten Rechte oder Ansprüche erwarten lässt[217]. Kein Versagungsgrund ist demnach

214 BT-Drucks. 4/271, S. 11; *Riesenhuber*, ZUM 2008, 625.

215 BVerfG, BVerfGE 7, 377 ff.

216 BT-Drucks. 4/271, S. 11.

217 *Himmelmann*, in: Kreile/Becker/Riesenhuber, Kap. 18 Rn. 31; *Gerlach*, in: Wandtke/Bullinger, § 3 WahrnG Rn. 1; *Zeisberg*, Dreyer/Kotthoff/Meckel, § 3 Wahrng Rn. 1.

die bloße Existenz einer Verwertungsgesellschaft in dem angestrebten Sektor[218]. Diese gesetzliche Wertung lässt sich auch nicht dadurch umgehen, dass einer neu gegründeten Verwertungsgesellschaft in derartigen Fällen die Erlaubnis nach § 3 Abs. 1 Nr. 3 UrhWahrnG mangels hinreichender wirtschaftlicher Grundlage verweigert wird[219]. Anzuerkennen ist jedoch die Anwendung eines strengeren Prüfungsmaßstabes in Bezug auf die hinreichende wirtschaftliche Grundlage für den Fall, dass bereits eine Verwertungsgesellschaft im angestrebten Sektor tätig ist[220].

Gem. § 4 Abs. 1 UrhWahrnG kann eine einmal erteilte Erlaubnis auch wieder widerrufen werden, wenn Versagungsgründe bekanntwerden bzw. eintreten, oder die Verwertungsgesellschaft einer ihr nach diesem Gesetz obliegenden Verpflichtung trotz Abmahnung durch die Aufsichtsbehörde wiederholt zuwiderhandelt.

c) Wahrnehmungszwang

Ein weiterer Ausgleich für die Toleranz des Gesetzgebers gegenüber faktischen Monopolen der Verwertungsgesellschaften ist der Wahrnehmungszwang. Der einzelne Urheber ist auf die kollektive Verwertung durch Verwertungsgesellschaften angewiesen. Oft scheidet eine individuelle Wahrnehmung aus faktischen oder, bei verwertungsgesellschaftspflichtigen Ansprüchen, sogar aus rechtlichen Gründen aus. Bereits zu Zeiten der Gesetzesentstehung stand daher fest, dass ein dem Rechteinhaber verweigerter Wahrnehmungsvertrag zu schwerwiegenden wirtschaftlichen Schäden führen kann[221]. Als Missbrauchsbekämpfungselement durchbricht das UrhWahrnG daher punktuell die Vertragsfreiheit von Verwertungsgesellschaften gegenüber den Rechteinhabern. Verwertungsgesellschaften sind gem. § 6 Abs. 1 Satz 1 UrhWahrnG verpflichtet,

> *„die zu ihrem Tätigkeitsbereich gehörenden Rechte und Ansprüche auf Verlangen der Berechtigten zu angemessenen Bedingungen wahrzunehmen, wenn diese Deutsche im Sinne des Grundgesetzes oder Staatsangehörige eines anderen Mitgliedstaates der Europäischen Union oder eines anderen Vertragsstaates des Abkommens über den Europäischen*

---

218 BT-Drucks. 4/271, S. 12; *Gerlach*, in: Wandtke/Bullinger, § 3 WahrnG Rn. 4; *Nordemann*, in: Nordemann/Nordemann/Nordemann, § 3 UrhWahrnG Rn. 5; *Schack*, Rn. 1331.

219 *Reinbothe*, in Schricker/Loewenheim, § 3 WahrnG Rn. 10; *Schulze*, in: Dreier/Schulze, § 4 UrhWG Rn. 5; *Steden*, S. 32; *Zeisberg*, in: Dreyer/Kotthoff/Meckel, § 3 WahrnG Rn. 10.

220 *Gerlach*, in: Wandtke/Bullinger, § 3 WahrnG Rn. 5, *Melichar*, in: Loewenheim, § 50 Rn. 6.

221 BT-Drucks. 4/271, S. 15.

Wirtschaftsraum sind oder ihren Wohnsitz im Geltungsbereich dieses Gesetzes haben und eine wirksame Wahrnehmung der Rechte oder Ansprüche anders nicht möglich ist".

Neben den Beschränkungen und Voraussetzungen der Norm ist das Merkmal der angemessenen Wahrnehmungsbedingungen ausschlaggebend. Wann eine Wahrnehmung zu angemessenen Bedingungen erfolgt, ist im Gesetz nicht geregelt. Die Gesetzesbegründung erschöpft sich darin, in der Regel diejenigen Wahrnehmungsbedingungen für angemessen zu halten, die Verwertungsgesellschaften auch allgemein ihren Mitgliedern auferlegen[222]. Die Definition erfasst mithin nur einfache Wahrnehmungsberechtigte und keine Mitglieder. Wahrnehmungsbedingungen können jedoch auch gegenüber Mitgliedern im Einzelfall unangemessen sein[223]. Die Tatsache, dass Mitglieder auf ihre Wahrnehmungsbedingungen, je nach Rechtsform der Verwertungsgesellschaft, Einfluss nehmen können, führt nicht automatisch zu angemessenen Bedingungen. Dafür gibt es auch zwischen den Mitgliedern einer Verwertungsgesellschaft zu unterschiedlich gelagerte Interessen[224]. Daher greift die Definition in der Gesetzesbegründung zu kurz[225]. Nach überwiegender Meinung sollen daher solche Bedingungen angemessen sein, die ausgewogen und verhältnismäßig sind, zur Äquivalenz von Leistung und Gegenleistung führen und das Gleichbehandlungsgebot beachten[226]. Angesichts dieser Definition voller unbestimmter Rechtsbegriffe ist eine Einzelfallprüfung unumgänglich. Bei einer derartigen Prüfung darf jedoch nicht unberücksichtigt bleiben, dass im Einzelfall zu einer angemessenen Wahrnehmung auch Pauschalisierungen gehören. Auch ein möglichst geringer Verwaltungsaufwand gehört zu den angemessenen Bedingungen[227].

Vom Wahrnehmungszwang nicht erfasst ist die Aufnahme als vollwertiges Mitglied[228]. Ansonsten bestünde für die Verwertungsgesellschaft die Gefahr, dass

222 BT-Drucks. 4/271, S. 15 f.

223 *Himmelmann*, in: Kreile/Becker/Riesenhuber, Kap. 18 Rn. 64; *Reinbothe*, in: Schricker/Loewenheim, § 6 WahrnG Rn. 13.

224 A. A. *Schulze*, in: Mestmäcker/Schulze, § 6 UrhWG Anmerkung 2.

225 *Nordemann*, in: Nordemann/Nordemann/Nordemann, § 6 UrhWahrnG Rn. 8.

226 *Reinbothe*, in: Schricker/Loewenheim, § 6 WahrnG Rn. 13; *Nordemann*, in: Nordemann/Nordemann/Nordemann, § 6 UrhWahrnG Rn. 9; *Gerlach*, in: Wandtke/Bullinger, § 6 WahrnG Rn. 16; *Schack*, Rn. 1346; *Zeisberg*, in:Dreyer/Kotthoff/Meckel, § 6 WahrnG Rn. 52.

227 *Gerlach*, in: Wandtke/Bullinger, § 6 WahrnG Rn. 16; *Melichar*, in: Loewenheim, § 47 Rn. 14.

228 BT-Drucks. 4/271, S. 16; *Schulze*, in: Dreier/Schulze, § 6 UrhWG Rn. 28; *Melichar*, in: Loewenheim, § 47 Rn. 4; *Gerlach*, in: Wandtke/Bullinger, § 6 WahrnG Rn. 17.

zu viele Rechteinhaber an den richtungsweisenden Entscheidungen der Gesellschaft partizipieren könnten, auch wenn ihre Mitgliedschaft keine wirtschaftliche Bedeutung für die Verwertungsgesellschaft hat[229]. Für diesen Fall schreibt § 6 Abs. 2 Satz 1 UrhWahrnG allerdings vor, dass die Belange dieser Rechteinhaber durch eine gemeinsame Vertretung angemessen gewahrt werden müssen. Diese gemeinsame Vertretung muss dann in die Entscheidungsprozesse der Mitglieder einbezogen werden.

d) Abschlusszwang

Als weitere Folge der legislativen Toleranz der faktischen Monopole der Verwertungsgesellschaften sieht das Gesetz auch einen Abschlusszwang vor. Der Grund für diesen Abschlusszwang liegt wiederum in der Verhinderung des Marktmachtmissbrauchs[230]. Aufgrund der quasi Monopolstellung der Verwertungsgesellschaften ist auch der einzelne Verwerter auf einen Vertragsabschluss angewiesen. Ohne die Einräumung der maßgeblichen Nutzungsrechte kann der Verwerter sein Geschäftsmodell nicht legal betreiben. Als weiteres Missbrauchsbekämpfungselement durchbricht das UrhWahrnG daher auch die Vertragsfreiheit von Verwertungsgesellschaften gegenüber jeglichen Nutzern. Eine Verwertungsgesellschaft ist daher gem. § 11 Abs. 1 UrhWahrnG verpflichtet,

> *„auf Grund der von ihr wahrgenommenen Rechte jedermann auf Verlangen zu angemessenen Bedingungen Nutzungsrechte einzuräumen".*

Damit wird die Vertragsfreiheit von Verwertungsgesellschaften neben der Einschränkung gegenüber Rechteinhabern auch gegenüber Verwertern eingeschränkt. Sie unterliegen damit einem doppelten Kontrahierungszwang[231]. Durch diesen Abschlusszwang kann die einzelne Verwertungsgesellschaft nach dem Abschluss eines Wahrnehmungsvertrags grundsätzlich nicht mehr entscheiden, wem Nutzungsrechte eingeräumt werden und wem nicht. Dieser Zustand lässt sich jedoch nicht mit einer gesetzlichen Lizenz vergleichen, da der Verwerter jedenfalls noch eine Einwilligung der Verwertungsgesellschaft benötigt, um keine Urheberrechtsverletzung zu begehen[232].

---

229 *Heine*, S. 72; *Schulze*, in: Dreier/Schulze, § 6 UrhWG Rn. 28; *v. Einem*, S. 55 f.

230 BT-Drucks. 4/271, S. 17; *Gerlach*, in: Wandtke/Bullinger, § 11 WahrnG Rn. 1; *Meyer*, S. 106.

231 *Zeisberg*, in: Dreyer/Kotthoff/Meckel, § 11 WahrnG Rn. 1; *Altemark*, S. 88.

232 BGH, GRUR 2002, 248 (252) – *Spiegel-CD-ROM*; OLG Dresden, ZUM 2003, 490 (493).

Was unter dem Begriff der Angemessenheit zu verstehen ist, präzisiert das UrhWahrnG auch an dieser Stelle nicht. Es kann jedoch auf die oben genannte Definition[233] zurückgegriffen werden, wonach Leistung und Gegenleistung in einem ausgewogenen Verhältnis zueinander stehen müssen[234].

e) Hinterlegungspflicht

Den Abschlusszwang flankiert eine Hinterlegungsregelung. Nach § 11 Abs. 2 UrhWahrnG, gilt ein Nutzungsrecht als eingeräumt,

> *„wenn die Vergütung in Höhe des vom Nutzer anerkannten Betrages an die Verwertungsgesellschaft gezahlt und in Höhe der darüber hinausgehenden Forderung der Verwertungsgesellschaft unter Vorbehalt an die Verwertungsgesellschaft gezahlt oder zu ihren Gunsten hinterlegt worden ist“.*

Durch diese Vorschrift soll sichergestellt werden, dass sich Verwertungsgesellschaften nicht dem in § 11 Abs. 1 UrhWahrnG normierten Abschlusszwang durch überhöhte Vergütungsforderungen entziehen können[235]. Ansonsten könnten die Verwertungsgesellschaften bis zu einer Klärung durch die Schiedsstelle oder ein Gericht dem Nutzer jegliche Lizensierung verweigern, was diesen faktisch dazu zwänge, den geforderten Preis zu zahlen, wenn er nicht auf unabsehbare Zeit auf die Einräumung dieser Nutzungsrechte verzichten will[236].

f) Sonstige Pflichten

Diese besonders herausragenden Pflichten werden flankiert von weiteren Pflichten, die allesamt einem Missbrauch von Marktmacht entgegenwirken sollen. Gem. § 12 UrhWahrnG sind Verwertungsgesellschaften verpflichtet, mit Nutzervereinigungen Gesamtverträge zu angemessenen Bedingungen abzuschließen, wenn die jeweilige Vereinigung nicht zu unbedeutend hierfür ist[237]. Diese Norm führt zu einem weiteren Fall von Kontrahierungszwang[238]. Gem. § 13 UrhWahrnG sind Verwertungsgesellschaften zudem verpflichtet, Tarife über die Vergütung der von ihnen wahrgenommenen Rechte aufzustellen und diese

---

233 Zu der Definition der Angemessenheit im Rahmen des Wahrnehmungszwangs siehe oben S. 48 ff.

234 *Riesenhuber/Vogel*, in: Kreile/Becker/Riesenhuber, Kap. 14 Rn. 46; *Schulze*, in: Dreier/Schulze, § 11 UrhWG Rn. 10; *Meyer*, S. 108.

235 BT-Drucks. 4/271, S. 17; BGH, GRUR 2000, 872 (874) – *Schiedsstellenanrufung*.

236 *Meyer*, S. 111; *Zeisberg*, in: Dreyer/Kotthoff/Meckel, § 11 WahrnG Rn. 14.

237 Zu dem Begriff und weiteren Einzelheiten des Gesamtvertrags siehe oben S. 42 f.

238 *Gerlach*, in: Wandtke/Bullinger, § 12 WahrnG Rn. 1; *Freudenberg*, in: Ahlberg/Götting, § 12 WahrnG Rn. 1; *Zeisberg*, in: Dreyer/Kotthoff/Meckel, § 12 WahrnG Rn. 1.

nebst Änderungen im Bundesanzeiger zu veröffentlichen. Damit soll sichergestellt werden, dass die Verwertungsgesellschaft gleiche Sachverhalte auch gleich behandelt[239]. Gem. § 10 UrhWahrnG sind Verwertungsgesellschaften zudem unter gewissen Voraussetzungen verpflichtet, Auskünfte über ihre Repertoires zu erteilen.

Ferner verpflichtet § 7 Satz 1 UrhWahrnG die Verwertungsgesellschaften zur Aufstellung von Verteilungsplänen. Hierfür lässt die Norm den Verwertungsgesellschaften bei der inhaltlichen Ausgestaltung großzügigen Freiraum. § 7 Satz 1 UrhWahrnG legt nur fest, dass es einen Verteilungsplan geben muss, der Willkür ausschließt und die Förderung von kulturell bedeutenden Werken und Leistungen gewährleistet. Ob daraus auch der Schluss zu ziehen ist, dass die Bedingungen nicht nur willkürfrei sondern auch angemessen sein müssen, wird seit jeher unterschiedlich bewertet[240].

Schließlich schreibt das UrhWahrnG in § 7 Satz 2 die Förderung kulturell bedeutsamer Werke vor und in § 8 UrhWahrnG die Einrichtung von Vorsorge- und Unterstützungseinrichtungen. Aufgrund verfassungsrechtlicher Bedenken hat der Gesetzgeber beide Normen als Soll-Vorschriften ausgestaltet[241]. Vor diesem Hintergrund ist für beide Normen jeweils umstritten, inwiefern eine Verpflichtung der Verwertungsgesellschaften zur Einhaltung dieser Normen besteht und inwiefern die Einhaltung dieser Normen beaufsichtigt werden kann[242].

g) Aufsicht und Erledigung von Streitfällen

Um zu gewährleisten, dass Verwertungsgesellschaften diesen Pflichtenkatalog berücksichtigen, sieht das UrhWahrnG eine spezielle Aufsicht vor. Gem. § 19 Abs. 1 UrhWahrnG hat diese Aufsicht über die Beachtung der im UrhWahrnG normierten Pflichten zu wachen. Aufsichtsbehörde für die Tätigkeit der Verwertungsgesellschaften ist gem. § 18 Abs. 1 UrhWahrnG das Deutsche Patent- und Markenamt (DPMA). Damit ist das DPMA zuständig für Erlaubniserteilung und Erlaubnisentziehung, sowie für die Überwachung der bereits etablierten

239 *Gerlach*, in: Wandtke/Bullinger, § 13 WahrnG Rn. 1; *Sporn*, in: Schwartmann, Kap. 25 Rn. 10.

240 Unterschiedliche Auffassungen dargestellt bei *Reber*, GRUR 2000, 203 (208 f.).

241 BT-Drucks. 4/271, S. 16.

242 Unterschiedliche Auffassungen hinsichtlich § 7 Satz 2 UrhWahrnG dargestellt bei *Freudenberg*, in: Ahlberg/Götting, § 7 WahrnG Rn. 7 f.; Streit hinsichtlich § 8 UrhWahrnG dargestellt bei *Reinbothe*, in: Schricker/Loewenheim, § 8 WahrnG Rn. 2 ff.

Verwertungsgesellschaften. Die Aufsicht umfasst sowohl das Verhältnis zu den Nutzern als auch zu den Wahrnehmungsberechtigten[243].

Zur Ausführung der Aufsichtspflicht gewähren die §§ 19 Abs. 3, 4 und 20 UrhWahrnG dem DPMA Auskunfts- und Informationsrechte und legen den Verwertungsgesellschaften Unterrichtungspflichten auf. Die Instrumente, mit denen das DPMA ausgestattet ist, sind indes übersichtlich. Neben der formlosen Beanstandung und der Abmahnung gewährt das Gesetz der Aufsichtsbehörde nur den Entzug der Erlaubnis gem. § 4 Abs. 1 UrhWahrnG als ultima ratio. Ein anderes ergibt sich auch nicht aus der Generalklausel des § 19 Abs. 2 Satz 2 UrhWahrnG, wonach die Aufsichtsbehörde alle erforderlichen Maßnahmen treffen kann, um eine Erfüllung des Pflichtenkanons zu erwirken. Hieraus ergibt sich kein Recht, unmittelbar in die Geschicke der Verwertungsgesellschaft einzugreifen und Entscheidungen zu ersetzen[244]. Daher stellt in der Praxis die formlose Beanstandung die häufigste Form der Intervention dar[245]. Mit Blick auf die Kooperationsbereitschaft der Verwertungsgesellschaften reicht diese Form der Intervention jedoch bislang aus, um abweichenden Rechtsansichten zu begegnen[246].

Ob ein subjektiv-öffentliches Recht der Wahrnehmungsberechtigten gegen die Aufsichtsbehörde auf ein Einschreiten der Behörde besteht, ist bislang nicht geklärt. Während das DPMA bislang nicht von einem solchen Recht ausgeht, wird diese Frage in der Literatur uneinheitlich beantwortet[247].

Zur Erledigung von Streitfällen zwischen der Verwertungsgesellschaft und den Verwertern ist bei der Aufsichtsbehörde eine Schiedsstelle eingerichtet. Diese Einrichtung soll einerseits die Gerichte entlasten und andererseits ihr besonderes Sachwissen in den Konflikt einbringen[248]. Je nach konkretem Streitgegenstand ist die Anrufung dieser Schiedsstelle fakultativ oder eine Prozessvoraussetzung für ein späteres Zivilgerichtsverfahren[249]. Die Schiedsstelle ist

---

243 *Schulze*, in: Dreier/Schulze, § 19 UrhWG Rn. 5; *Himmelmann*, in: Kreile/Becker/Riesenhuber, Kap. 18 Rn. 49; *Gerlach*, in: Wandtke/Bullinger, § 19 WahrnG Rn. 3.

244 *Reinbothe*, in: Schricker/Loewenheim, § 19 WahrnG Rn. 2; *Himmelmann*, in: Kreile/Becker/Riesenhuber, Kap. 18 Rn. 152; *Schulze*, in: Dreier/Schulze, § 19 UrhWG Rn. 11.

245 *Vogel*, GRUR 1999, 513 (530); *Schulze*, in: Dreier/Schulze, § 19 UrhWG Rn. 14.

246 *Schack*, Rn. 1336; *Himmelmann*, in: Kreile/Becker/Riesenhuber, Kap. 18 Rn. 153.

247 Zu Einzelheiten des Streitstands *Himmelmann*, in: Kreile/Becker/Riesenhuber, Kap. 18, Rn. 164 ff.; *Melichar*, in: Loewenheim, § 50 Rn. 21 ff.

248 *Schulze*, in: Dreier/Schulze, § 14 UrhWG Rn. 1.

249 *Melichar*, in: Loewenheim, § 49 Rn. 3 ff.; *Sporn*, in: Schwartmann, Kap. 25 Rn. 28.

kein Teil der Rechtsprechung, sondern ein justizförmiges Schlichtungsverfahren vor einem Verwaltungsorgan, das einem gerichtlichen Verfahren vorgeschaltet ist[250]. Die Schiedsstelle trifft daher keine Entscheidung, sondern macht einen Einigungsvorschlag. Nach Maßgabe des § 14a Abs. 3 Satz 1 UrhWahrnG kann dieser Einigungsvorschlag jedoch Bindungswirkung entwickeln. In derartigen Fällen kann gem. § 14a Abs. 4 UrhWahrnG aus dem Einigungsvorschlag die Zwangsvollstreckung stattfinden.

Die Akzeptanz für die Arbeit der Schiedsstelle ist groß[251]. Seit Bestehen des UrhWahrnG hat der Gesetzgeber den Tätigkeitsbereich der Schiedsstelle stetig erweitert. In nachgelagerten gerichtlichen Verfahren wird den Einigungsvorschlägen der Schlichtungsstellen hohes Gewicht beigemessen[252]. Zudem verzeichnet das DPMA seit einigen Jahren eine konstant hohe Zahl an eingehenden Anträgen[253].

Neben der Konflikterledigung mit Hilfe der Schiedsstelle bleibt sowohl den Verwertern als auch den Mitgliedern die Möglichkeit, Konflikte mit Verwertungsgesellschaften vor einem ordentlichen Gericht auszutragen.

2. *Regulierungen durch andere Gesetze*

Die spezielle Aufsicht des DPMA über die Einhaltung der Pflichten aus dem UrhWahrnG wird durch eine allgemeine Aufsicht auf Basis gewerbe- oder gesellschaftsrechtlicher Vorschriften und durch eine kartellbehördliche Aufsicht komplettiert.

Erstere richtet sich danach, welche Rechtsform die Verwertungsgesellschaft gewählt hat. Insofern kommt eine vereinsrechtliche Aufsicht gem. §§ 22, 33 und 55 ff. BGB oder eine gewerberechtliche Aufsicht gem. §§ 15 Abs. 2 Satz 1 und 35 Abs. 1 Satz 1 Gewerbeordnung (GewO) in Betracht[254]. Will eine dieser Behörden einschreiten muss sie sich mit dem DPMA gem. § 18 Abs. 2 UrhWahrnG ins Benehmen setzen, was einer Anhörung gleichkommt. Ein Einvernehmen mit

---

250 *Reinbothe*, in: Schricker/Loewenheim, Vor. § 14 WahrnG Rn. 2.

251 *Meyer*, S. 144; *Melichar*, in: Loewenheim, § 49 Rn. 11; Gerlach, in: Wandtke/Bullinger, § 14 WahrnG Rn. 3; Zeisberg, in: Dreyer/Kotthoff/Meckel, Einführung WahrnG, Rn. 8.

252 Beispielsweise BGH, GRUR 2012, 715 (716) – *Bochumer Weihnachtsmarkt*.

253 Antragseingänge der letzten Jahre einsehbar im Jahresbericht des DPMA 2013, S. 49, abrufbar unter: http://www.dpma.de/docs/service/veroeffentlichungen/jahresberichte/dpma_jb_2013.pdf, zuletzt abgerufen am 31. Oktober 2014.

254 *Schulze*, in: Dreier/Schulze, § 18 UrhWG Rn. 3; *Zeisberg*, in: Dreyer/Kotthoff/Meckel, § 18 WahrnG Rn. 4; *Gerlach*, in: Wandtke/Bullinger, § 18 WahrnG Rn. 4.

dem DPMA ist mithin im Gesetz nicht vorgesehen[255]. Dies geschah vor dem Hintergrund, dass eine verfassungsrechtlich problematische Mischverwaltung zwischen dem Bund und den Ländern, welche diese Aufsichten unterhalten, vermieden werden sollte[256].

Da Verwertungsgesellschaften in der Regel marktbeherrschende Unternehmen im Sinne des deutschen und europäischen Wettbewerbsrechts sind, unterliegen sie auch einer kartellbehördlichen Aufsicht[257]. Die Aufsicht des DPMA und des Bundeskartellamtes stehen dabei nebeneinander[258]. Das Bundeskartellamt ist mit zuständig für das Zulassungs- und Widerrufsverfahren und allein zuständig für die allgemeine kartellbehördliche Aufsicht. Im Rahmen des Zulassungs- und Widerrufsverfahrens kann das DPMA gem. § 18 Abs. 3 UhrWahrnG nur *„im Einvernehmen"* mit dem Bundeskartellamt entscheiden, was faktisch einem Zustimmungszwang gleichkommt[259]. Auf diese Weise sollen kartellrechtliche Belange bei der Zulassung Berücksichtigung finden[260]. Da aber bereits das UrhWahrnG eine Marktbeherrschung von Verwertungsgesellschaften im Grunde anerkennt, kann das Bundeskartellamt sein Einvernehmen nicht allein aus diesem Grund verweigern[261].

Bei der allgemeinen kartellbehördlichen Aufsicht muss berücksichtigt werden, dass Verwertungsgesellschaften weder auf nationaler noch auf europäischer Ebene gesetzlich privilegiert sind[262]. Im deutschen Recht ist nach der 7. GWB-Novelle[263] die Bereichsausnahme für Verwertungsgesellschaften entfallen. Dennoch sollten durch die Streichung dieser Bereichsausnahme Verwertungsgesellschaften nicht dem Kartellverbot unterfallen[264]. Die Bildung und der Betrieb einer Verwertungsgesellschaft werden daher nicht grundsätzlich infrage

---

255 BT-Drucks. 4/271, S. 20; *Gerlach*, in: Wandtke/Bullinger, § 18 WahrnG Rn. 4.

256 BT-Drucks. 4/271, S. 20; *Freudenberg*, in: Ahlberg/Götting, § 18 WahrnG Rn. 4.

257 BT-Drucks. 4/271, S. 9, 11, 12, 17; *Gerlach*, in: Wandtke/Bullinger, § 24 WahrnG Rn. 1.

258 BGH, ZUM 1989, 80 (82) – *GEMA-Wertungsverfahren*.

259 *Himmelmann*, in: Kreile/Becker/Riesenhuber, Kap. 18 Rn. 182.

260 *Melichar*, in: Loewenheim, § 50 Rn. 27; *Reinbothe*, in: Schricker/Loewenheim, § 18 WahrnG Rn. 5.

261 *Meyer*, S. 62.

262 *Flechsig*, ZUM 2013, 745 (752); alte Rechtslage *Loewenheim*, in: Loewenheim, § 50 Rn. 28 ff.

263 Siebtes Gesetz zur Änderung des Gesetzes gegen Wettbewerbsbeschränkungen vom 07. Juli 2005 (BGBl. I S. 1954); *Flechsig*, ZUM 2013, 745 (752).

264 BT-Drucks. 15/3640, S. 49, auszugsweise abgedruckt bei *Himmelmann*, in: Kreile/Becker/Riesenhuber, Kap. 18 Rn. 177; *Schulze*, in: Dreier/Schulze, § 24 UrhWG

gestellt[265]. Die nationalen Missbrauchsregelungen der §§ 19 und 20 Gesetz gegen Wettbewerbsbeschränkungen (GWB) finden jedoch uneingeschränkte Anwendung auf Verwertungsgesellschaften. Ihr Anwendungsbereich neben den spezielleren Regeln des UrhWahrnG ist jedoch gering[266].

Auf europäischer Ebene finden Verwertungsgesellschaften ein ähnliches Umfeld vor. Gesetzliche Privilegierungen erfahren sie auch hier keine. Sie fallen weder unter Art. 106 Abs. 2 des Vertrages über die Arbeitsweise der Europäischen Union (AEUV) noch ist eine Freistellung für sie nach Art. 101 Abs. 3 AEUV vorgesehen[267]. Dessen ungeachtet ist ihre Daseinsberechtigung auch auf europäischer Ebene anerkannt[268]. Dies entbindet Verwertungsgesellschaften jedoch nicht von der Verpflichtung zur Achtung des Unionsrechts insbesondere von Art. 102 AEUV[269].

V. Regulierung ausländischer Verwertungsgesellschaften in Deutschland

Die vorstehend skizzierte Regulierung von Verwertungsgesellschaften in Deutschland gilt dem Grunde nach auch für ausländische Verwertungsgesellschaften, die in Deutschland tätig werden. Dieser Befund ergibt sich jedenfalls dann, wenn die Grundfreiheiten und die (an späterer Stelle ausführlich thematisierte) Dienstleistungsrichtlinie[270] zunächst unberücksichtigt bleiben[271].

Rn. 1; *Nordemann*, GRUR 2007, 203 (213); *Gerlach*, in: Wandtke/Bullinger, § 24 WahrnG Rn. 1.

265 BT-Drucks. 15/3640, S. 49.

266 *Goldmann*, S. 218.

267 *Goldmann*, S. 226; *Wünschmann*, S. 66 ff.; *Düsing*, S. 55 ff.; *Müller*, in: Hoeren/Sieber/Holznagel, Teil 7.5 Rn. 18.

268 EUGH – BRT/SABAM, abrufbar unter: www.eur-lex.europa.eu/LexUriServ/LexUriServ.do?uri=CELEX:61973CJ0127(01):DE:NOT, zuletzt abgerufen am 31. Oktober 2014; EUGH, GRUR Int. 1990, 622 (625)- *Ministère Public/Tourni*; *Müller*, in: Hoeren/Sieber/Holznagel, Teil 7.5 Rn. 19; *Flechsig*, ZUM 2013, 745 (752).

269 *Stollwerk*, in: Ahlberg/Götting, Europäisches Urheberrecht Rn. 31; *Loewenheim*, in: Loewenheim, § 50 Rn. 33; *Flechsig*, ZUM 2013, 745 (753); *Gerlach*, in: Wandtke/Bullinger, § 24 WahrnG Rn. 8.

270 Richtlinie (2006/123/EG) des europäischen Parlaments und des Rates über Dienstleistungen im Binnenmarkt vom 12. Dezember 2006, ABl. Nr. L 367/36 vom 27. Dezember 2006.

271 Zu der bislang problematischen Frage der Anwendbarkeit des UrhWahrnG unter Berücksichtigung der Dienstleistungsrichtlinie siehe unten S. 122 ff.

Die urheberrechtliche Regulierung nach dem UrhWahrnG erfolgt unabhängig von Herkunft und Sitz der Verwertungsgesellschaft. Gem. § 1 Abs. 1 UrhWahrnG ist jedermann von dem Regelungsregime erfasst, sofern er unter anderem

> *„Nutzungsrechte, Einwilligungsrechte oder Vergütungsansprüche, die sich aus dem Urheberrechtsgesetz (...) ergeben,"*

wahrnimmt. Daraus gehen keine Beschränkungen hinsichtlich der Nationalität der Handelnden hervor. Das UrhWahrnG ist mithin grundsätzlich auch dann anwendbar, wenn eine ausländische Verwertungsgesellschaft in dessen Geltungsbereich eine Tätigkeit nach § 1 Abs. 1 UrhWahrnG entfaltet[272]. Auf eine Niederlassung in Deutschland kommt es in dem Fall nicht an. Damit gilt der im materiellen Urheberrecht dominierende Territorialitätsgrundsatz grundsätzlich auch auf der Ebene des Wahrnehmungsrechts[273].

Auch die oben skizzierten deutschen und europäischen kartellrechtlichen Regelungen, die das UrhWahrnG flankieren, gelten für ausländische Verwertungsgesellschaften mit deutschem Tätigkeitsfeld. Dies gilt unabhängig von der Frage, ob sie aus dem Unionsgebiet oder einem Drittland stammen. Sowohl im Kartellrecht der Union als auch im deutschen Kartellrecht ist das Auswirkungsprinzip (*effects doctrine*) anerkannt. Danach wird eine Anwendbarkeit kartellrechtlicher Reglungen immer dann bejaht, wenn eine Auswirkung im Geltungsbereich dieser Regelungen gegeben ist[274]. Ob das jeweilige Verhalten außerhalb des jeweiligen Geltungsbereichs initiiert wurde, ist irrelevant. Bei den europäischen Kartellregeln ergibt sich die Anwendung dieses Prinzips aus einer Auslegung der Art. 101 und 102 AEUV. Sie können den Zweck der Aufrechterhaltung eines unverfälschten Wettbewerbs innerhalb des Binnenmarktes nur dann erreichen, wenn sie auch solche Wettbewerbsbeschränkungen oder Diskriminierungen erfassen, die nicht im Unionsgebiet initiiert wurden, sich aber dort auswirken[275]. Zudem normiert die Kollisionsnorm des Art. 6 Abs. 3 lit. a) Rom II-Verordnung[276] das

---

272 *Riesenhuber*, ZUM 2008, 625 (627); *Meyer*, S. 42; *Dördelmann*, GRUR 1999, 890 (893); *Drexl*, in: Hilty/Geiger, 369 (392); OLG Köln, ZUM 2007, 927 (927 f.) – *Ausländische Verwertungsgesellschaft*.

273 *Drexl*, in: Hilty/Geiger, 369 (392).

274 *Frenz*, Band 2, Rn. 198.

275 *Schumacher*, in: Nettesheim, Art. 101 AEUV Rn. 33; *Glöckner*, Rn. 288.

276 Verordnung (EG/864/2007) des Europäischen Parlaments und des Rates über das auf außervertragliche Schuldverhältnisse anzuwendende Recht vom 11. Juli 2007, ABl. Nr. L 199/40 vom 31. Juli 2007.

Auswirkungsprinzip als Kollisionsrecht und auch Erwägungsgrund 10 der Fusionskontrollverordnung[277] verweist auf das Auswirkungsprinzip. Daraus lässt sich der Schluss ziehen, dass die Unionsorgane grundsätzlich von der Anwendbarkeit des Auswirkungsprinzips ausgehen[278]. Sofern die Kollisionsnorm des deutschen Kartellrechts neben den europäischen Kollisionsregeln zur Anwendung kommt, ist dort das Auswirkungsprinzip in § 130 Abs. 2 GWB ausdrücklich normiert[279].

Allein bei der weniger relevanten rechtsformabhängigen Aufsicht können bei der Regulierung ausländischer Verwertungsgesellschaften Diskrepanzen zur Regulierung deutscher Verwertungsgesellschaften entstehen. So gilt beispielsweise für das Vereinsrecht nach autonomen ungeschriebenen IPR die Rechtsordnung des effektiven Verwaltungssitzes, wenn die Verwertungsgesellschaft als ausländischer Verein organisiert sein sollte[280].

VI. Zusammenfassung

Verwertungsgesellschaften sind Organisationen, die für ein intaktes urheberrechtliches Umfeld in der Informationsgesellschaft alternativlos sind. Ohne sie würden sich gerade im musikalischen Bereich legale Verwertungsmodelle reduzieren. Sie ermöglichen eine Rechtewahrnehmung auch in Situationen, in denen eine individuelle Rechtewahrnehmung faktisch oder rechtlich nicht möglich ist und stellen einen zentralen Ansprechpartner für Verwerter dar. Die Hauptaufgabe von Verwertungsgesellschaften liegt in der kollektiven Rechtewahrnehmung. Zur Erfüllung dieser Aufgabe bauen Verwertungsgesellschaften ein Repertoire auf, lizensieren und überwachen die wahrgenommenen Rechte und verteilen die daraus resultierenden Erträge nach einem Verteilungsplan.

In Deutschland prägt das UrhWahrnG maßgeblich den Rechtsrahmen für Verwertungsgesellschaften. In diesem Gesetz erkennt der Gesetzgeber einerseits Verwertungsgesellschaften als sinnvolle und wünschenswerte Institutionen für Rechteinhaber und Verwerter an. Er reagiert aber auch auf die Missbrauchsgefahren, die mit der kollektiven Rechtewahrnehmung einhergehen. Denn eine funktionierende Verwertungsgesellschaft agiert regelmäßig als faktischer

---

277 Verordnung (EG/139/2004) des Rates über die Kontrolle von Unternehmenszusammenschlüssen vom 20. Januar 2004, ABl. Nr. L 24/1 vom 29. Januar 2004.

278 *Rehbinder*, in: Immenga/Mestmäcker, IntWbR Rn. 3 ff.; *Meesen*, in: Loewenheim/Meessen/Riesenkampff, IntKartR Rn. 62 ff.

279 Zu Einzelheiten des Anwendungsbereichs der nationalen Kollisionsnorm *Immenga*, in: Rixecker/Säcker, Band 11, IntWettbR/IntKartellR Rn. 1 ff.

280 *Kindler*, in: Rixecker/Säcker, Band 11, IntGesR Rn. 743.

Monopolist. Zur Verhinderung des Marktmachtmissbrauchs normiert das UrhWahrnG eine Erlaubnispflicht und einen umfassenden Pflichtenkatalog. Einerseits unterliegen Verwertungsgesellschaften einem Wahrnehmungszwang, wonach sie verpflichtet sind, die Rechte von anfragenden Rechteinhabern zu angemessenen Bedingungen wahrzunehmen. Als Korrelat hierzu unterliegen sie andererseits dem Abschlusszwang nach dem sie verpflichtet sind, Verwertern die von ihnen wahrgenommenen Rechte zu angemessenen Bedingungen einzuräumen. Darüber hinaus sieht das UrhWahrnG Bestimmungen zu Hinterlegungen vor, zum Abschluss von Gesamtverträgen, zur Aufstellung von Tarifen und Verteilungsplänen oder zu Auskunftserteilungen. Über die Einhaltung dieser Pflichten wacht das DPMA als Aufsichtsbehörde.

Neben dem UrhWahrnG können für die Regulierung von Verwertungsgesellschaften noch kartellrechtliche, vereinsrechtliche oder gewerberechtliche Regelungen relevant werden.

C. Rechtsrahmen für die kollektive Rechtewahrnehmung in ausgewählten Mitgliedstaaten

Der europäische Gesetzgeber hat das Urheberrecht durch zahlreiche verschiedene Richtlinien sukzessive auf einen gewissen Harmonisierungsstand gebracht[281]. Diese Richtlinien hatten bis jetzt jedoch primär das materielle Urheberrecht im Blickpunkt und widmeten sich allenfalls am Rande der kollektiven Rechtewahrnehmung. Einzelne Richtlinien stellten sogar ausdrücklich klar, dass sie keine Auswirkungen auf die nationalen Wahrnehmungsgesetze haben[282]. Von der aktuellen Richtlinie abgesehen ist die kollektive Rechtewahrnehmung daher, mit Ausnahme einer unverbindlichen Empfehlung für Online-Musikdienste aus dem Jahr 2005[283], vollkommen ungeregelt und unharmonisiert geblieben[284]. Dies ist insofern bemerkenswert, als die Regulierung von Verwertungsgesellschaften in den Mitgliedstaaten durchaus starken Abweichungen unterliegt. Dies führt

---

281 *Riesenhuber/v. Vogel*, EuZW 2004, 519; Übersicht der bisherigen Richtlinien bei *Podszun*, GPR 2013, 97.

282 So ausdrücklich Erwägungsgrund Nr. 17 und Nr. 18 der Richtlinie 2001/29/EG.

283 Empfehlung (2005/737/EG) für die länderübergreifende kollektive Wahrnehmung von Urheberrechten und verwandten Schutzrechten, die für legale Online-Musikdienste benötigt werden vom 18. Mai 2005, ABl. Nr. L 276/54 vom 21. Oktober 2005.

284 *Staats*, in: Bullinger/Grunert/Ohst/Wöhrn, 211; *Rupp*, MMR 2014, 217 (218); *Podszun*, GPR 2013, 97.

bis zum heutigen Tag zu teilweise erheblichen Wettbewerbsverzerrungen zwischen europäischen Verwertungsgesellschaften im Binnenmarkt[285]. Um diesen Verzerrungen zu begegnen, ist der nunmehr in diesem Bereich unternommene Versuch einer Harmonisierung bereits seit geraumer Zeit gefordert worden[286].

I. Mit dem deutschen Rechtsrahmen vergleichbare Regelungen

Bei einer Sichtung des zu den europäischen Wahrnehmungsgesetzen ergangenen Schrifttums ist häufig der Befund vorzufinden, dass sich kolossale und grundsätzliche Systemunterschiede zwischen den europäischen Wahrnehmungsgesetzen auftun[287]. Dieser Befund mag sicherlich in Bezug auf einzelne Mitgliedstaaten zutreffen. Er verkennt jedoch, dass die Diskrepanzen des deutschen Wahrnehmungsrechts zu vielen anderen europäischen Wahrnehmungsrechten von keiner grundsätzlichen Natur (mehr) sind.

Fasst man die Regelungen des UrhWahrnG dahingehend zusammen, dass die Existenz einer quasi monopolistischen Verwertungsgesellschaft zwar toleriert wird, im Gegenzug aber Missbrauchsgefahren durch verschiedene Missbrauchsbekämpfungselemente kompensiert werden, sind Parallelen zu vielen Mitgliedstaaten erkennbar. Zwar unterscheiden sich in diesen Mitgliedstaaten die genauen Zusammenstellungen der angewandten Missbrauchsbekämpfungselemente sowie ihre konkrete Ausgestaltung. Im Zusammenspiel der dort angewandten Missbrauchsbekämpfungselemente ergibt sich jedoch ein Regulierungsbild, das mit der deutschen Regulierung von Verwertungsgesellschaften vergleichbar ist. In den Rechtsordnungen dieser Mitgliedstaaten unterliegen die Verwertungsgesellschaften einer mehr oder weniger strengen Gründungskontrolle und müssen einen bestimmten Pflichtenkatalog erfüllen. Zu diesem Katalog gehören beispielsweise Wahrnehmungszwänge, Abschlusszwänge oder Informationspflichten gegenüber Werknutzern. Zudem wacht in den Rechtsordnungen dieser Mitgliedstaaten jeweils eine Aufsichtsbehörde über die Einhaltung der aufgestellten Pflichten, die bei Bedarf Sanktionen verhängen kann.

---

285 Zu den bestehenden Wettbewerbsverzerrungen im Binnenmarkt siehe unten S. 119 ff.

286 *Dillenz*, GRUR Int. 1997, 315 (320 ff.); *v. Lewinski*, in: Riesenhuber, 215 (240 f.); *Reinbothe*, in: Ganea/Heath/Schricker, 517 (529 ff.); *Hoeren/Altemark*, GRUR 2010, 16 (22); *Melichar*, in: Loewenheim, § 45 Rn. 19.

287 *Himmelmann*, in: Kreile/Becker/Riesenhuber, Kap. 18 Rn. 184; *v. Lewinski*, in: Riesenhuber, 215 (236 f.); *Heine*, S. 238 ff.; *Katzenberger*, in: Hilty, 1 ff.

Als Beispiele für Mitgliedstaaten mit einem vergleichbaren Regulierungsbild können Österreich[288], Polen[289], Luxemburg[290], Griechenland[291], Spanien[292] und Belgien[293] genannt werden.

II. Mit dem deutschen Rechtsrahmen nicht vergleichbare Regelungen

Auch wenn damit nicht per se von zwangsläufigen Systemunterschieden innerhalb der europäischen Wahrnehmungsgesetze ausgegangen werden kann, so können grundsätzliche Systemunterschiede hinsichtlich bestimmter Mitgliedstaaten nicht von der Hand gewiesen werden. Dies wird bereits bei einer Analyse der Wahrnehmungsgesetze von Frankreich und Großbritannien deutlich. Beide Mitgliedstaaten sind die Heimat bedeutender musikalischer Verwertungsgesellschaften und haben einen weitaus liberaleren Regulierungsansatz gewählt, als der deutsche Gesetzgeber dies getan hat[294].

1. Rechtsrahmen in Frankreich

In Frankreich existiert kein bereits eigenes Gesetz zur Regulierung der kollektiven Rechtewahrnehmung. Einzelne Bestimmungen zu Verwertungsgesellschaften finden sich lediglich im allgemeinen *Code de la propriété intellectuelle* (CPI).

---

288 Österreichisches Verwertungsgesellschaftengesetz; *Handig*, GRUR Int. 2006; 365 (365 ff.).

289 Art. 104-110 pUrhG; *Dietz*, in: Möhring/Schulze/Ulmer/Zweigert, Polen/I, S. 39 ff.

290 Art. 48 lUrhG; *Bungeroth*, in: Möhring/Schulze/Ulmer/Zweigert, Luxemburg/I, S. 14 f.

291 Art. 54-58 gUrhG; *Marinos*, in: Möhring/Schulze/Ulmer/Zweigert, Griechenland/I, S. 18 ff.

292 Art. 142-144 sUrhG; *Müller*, in: Möhring/Schulze/Ulmer/Zweigert, Spanien/I, S. 28 ff.

293 Art. 65-78 bUrhG; *Wachter*, in: Möhring/Schulze/Ulmer/Zweigert, Belgien/I, S. 39 ff.

294 Zu der Bedeutung der musikalischen Verwertungsgesellschaften aus Frankreich und Großbritannien siehe Kommissionsstudie study on a community initiative on the cross-border collective management of copyright, S. 21 f., abrufbar unter: www.ec.europa.eu/internal_market/copyright/docs/management/study-collective-mgmt_en.pdf, zuletzt abgerufen am 31. Oktober 2014.

a) Rechtsform und Erlaubnispflicht

Anders als das deutsche Recht sieht das französische Recht in Art. L. 321-1 Abs. 1 CPI vor, dass die Verwertungsgesellschaften in der vorgegebenen Rechtsform der *société civile* agieren[295].

Ein direkter Erlaubniszwang, wie ihn das deutsche Recht vorsieht, ist im CPI nicht vorgesehen. Im maßgeblichen Art. L. 321-3 Abs. 1 CPI ist jedoch normiert, dass die Verwertungsgesellschaften vor der Aufnahme der geschäftlichen Tätigkeit Satzungen und Geschäftsordnungen dem Kulturminister zuleiten. Bei grundlegenden Bedenken kann dieser innerhalb einer Monatsfrist das *Tribunal de grande instance* anrufen. Gem. Art. L. 321-3 Abs. 3 CPI prüft dieses anschließend die Verwertungsgesellschaft hinsichtlich fachlicher Qualität der Gründer und hinsichtlich menschlicher und materieller Mittel, die im anschließenden Geschäft verwendet werden. Kommt es tatsächlich zu einer derartigen gerichtlichen Prüfung, ist deren Prüfungsschema mit dem Prüfungsschema im deutschen Erlaubnisverfahren nach § 3 UrhWahrnG vergleichbar[296].

Damit ist das französische Recht zwar nicht frei von jeglicher Gründungskontrolle. Es normiert allerdings eine weitaus schwächere Art der Gründungskontrolle als das deutsche Recht. Nach deutschem Wahrnehmungsrecht prüft die Aufsichtsbehörde in jedem Fall die neue Verwertungsgesellschaft im Rahmen des Genehmigungsverfahrens, bevor diese am Markt agieren kann. Nach französischem Wahrnehmungsrecht kommt es hingegen nur dann zu einer solch gründlichen Prüfung, wenn der Kulturminister als Aufsichtsbehörde aus den ihm zugeleiteten Dokumenten objektiv schwerwiegende Gründe gegen die Errichtung einer Verwertungsgesellschaft folgert und binnen einer Monatsfrist das Gericht anruft. Kommt es hierzu nicht, kann die Verwertungsgesellschaft ohne gründliche Prüfung ihre Tätigkeit aufnehmen.

b) Einschränkungen der Privatautonomie

Im Gegensatz zum deutschen Wahrnehmungsrecht sehen die französischen Regelungen zur kollektiven Wahrnehmung keinerlei Einschränkungen der Vertragsfreiheit von Verwertungsgesellschaften vor. Eine Regelung, die dem in Deutschland geltenden doppelten Kontrahierungszwang entspricht, ist im CPI nicht normiert[297]. Verwertungsgesellschaften müssen keine besonderen gesetzlichen Pflichten gegenüber Nutzern oder Verwertern berücksichtigen, die einem Machtmissbrauch

---

295 Zu Einzelheiten dieser Gesellschaftsform siehe *Großerichter*, in: Sonnenberger/Classen, S. 332.

296 *Weichhaus*, S. 43.

297 *Dreier*, in: Möhring/Schulze/Dreier/Zweigert, Frankreich/I, S. 31.

vorbeugen. Die gesetzlichen Regelungen sind liberal und eher durch Gedanken der Selbstregulierung geprägt[298]. Ein anderes ergibt sich auch nicht aus Art. L. 321-7 CPI. Dieser normiert lediglich die Verpflichtung der Verwertungsgesellschaften potenziellen Verwertern ihr Repertoire offenzulegen[299]. Ebenso sieht das französische Recht keine Vorgaben für die Aufstellung bestimmter Tarife vor. Damit muss ein Missbrauch einer marktbeherrschenden Stellung durch Verwertungsgesellschaften mit dem wenig speziellen Wettbewerbsrecht bekämpft werden.

c) Kontrolle

Im Gegensatz zum deutschen Wahrnehmungsrecht existiert auch keine dauernde Aufsicht über Verwertungsgesellschaften durch eine allein für Verwertungsgesellschaften zuständige Behörde. Dennoch sind die Verwertungsgesellschaften auch in Frankreich nicht frei von jeglicher Aufsicht. Einerseits unterliegen Verwertungsgesellschaften der allgemeinen wettbewerbsrechtlichen Kontrolle durch die Kommission[300]. Andererseits findet eine urheberrechtliche Kontrolle durch eine ständige Kontrollkommission (*Commission permanente de contrôle des sociétés de perception et répartition des droits)* statt. Gem. Art. L. 321-13 Abs. 2 CPI überprüft diese Kommission aber lediglich Buchführung und Verwaltung von Verwertungsgesellschaften[301]. Eine unmittelbare Überprüfung von Fragen des Marktmachtmissbrauchs findet durch diese Kommission folglich nicht statt.

Neben der Aufsicht durch die Kontrollkommission findet im französischen Recht eine urheberrechtliche Aufsicht über Verwertungsgesellschaften durch den Kulturminister statt. Nach Art. L. 321-12 Abs. 1 CPI sind die Verwertungsgesellschaften diesem Minister gegenüber zur Rechnungslegung und Anzeige von Veränderungen ihrer Satzungen und Gebührenerhebungs- oder Verteilungsregelungen verpflichtet. In diesem Zusammenhang stehen dem Minister nach Art. L. 321-12 Abs. 3 CPI Einsichts- und Kontrollrechte zu. Er kann nach Art. L. 321-11 Abs. 1 CPI bei dem Gericht einen Antrag auf Auflösung stellen oder nach Art. L. 321-3 Abs. 4 CPI einzelne Bestimmungen der Satzungen der Verwertungsgesellschaften vor Gericht anfechten[302]. In Ermangelung eines normierten Pflichtenkatalogs für Verwertungsgesellschaften durch das französische Recht, kann allerdings

298 *Siiriainen*, in: Hilty/Geiger, 431 (433).

299 *Weichhaus*, S. 66; *Dreier*, in: Möhring/Schulze/Ulmer/Zweigert, Frankreich/I, S. 31.

300 Zu Einzelheiten der Bedeutung des europäischen Wettbewerbsrechts siehe oben S. 55 f.

301 Zu Einzelheiten der ständigen Kontrollkommission, *Markowski*, GRUR Int. 2007, 819 ff.

302 *Markowski*, GRUR Int. 2007, 819 (824) Fn. 90.

durch den Minister keine umfassende Missbrauchskontrolle stattfinden, die mit der Kontrolle durch das deutsche Patent- und Markenamt vergleichbar ist.

2. *Rechtsrahmen in Großbritannien*

Auch die Rechtslage in Großbritannien kennt kein eigenes Gesetz für die Belange von Verwertungsgesellschaften[303]. Hier finden sich einzelne Bestimmungen innerhalb des allgemeinen *Copyright, Designs and Patents Act* (CDPA).

a) Rechtsform und Erlaubnispflicht

In dem für Verwertungsgesellschaften maßgeblichen Teil des CDPA finden sich keine Regelungen hinsichtlich einer bestimmten Rechtsform für Verwertungsgesellschaften[304]. Im Gegensatz zum deutschen Wahrnehmungsrecht sieht der CDPA ferner weder eine Erlaubnispflicht noch eine schwächere Art der Gründungskontrolle vor[305].

b) Einschränkungen der Privatautonomie

In dem für Verwertungsgesellschaften maßgeblichen Teil des CDPA finden sich keine Bestimmungen hinsichtlich einer Einschränkung der Privatautonomie. Ein Instrument, wie der aus dem deutschen Recht bekannte doppelte Kontrahierungszwang ist nicht vorgesehen. Die Verwertungsgesellschaften sind sowohl gegenüber den Verwertern als auch gegenüber den Rechteinhabern in ihrer vertraglichen Gestaltung frei. Ebenso sieht der CDPA keinerlei Bestimmungen für die Aufstellung von Tarifen vor[306]. Damit werden auch in Großbritannien Fälle von Marktmachtmissbrauch durch Verwertungsgesellschaften nicht durch spezielles Wahrnehmungsrecht geregelt.

Erst in jüngster Vergangenheit scheint sich eine Abkehr von diesem System abzuzeichnen. Erstmals hat Großbritannien sog. *Minimum Standards for UK Collecting Societies* eingeführt, so dass Verwertungsgesellschaften in Zukunft ein Minimum an Pflichten gegenüber Rechteinhabern und Verwertern berücksichtigen müssen[307].

---

303 *Cornish*, in: Möhring/Schulze/Ulmer/Zweigert, Großbritannien/I, S. 19; *Wirtz*, S. 127.

304 *Cornish*, in: Möhring/Schulze/Ulmer/Zweigert, Großbritannien/I, S. 19; *Wirtz*, S. 143.

305 *Pfennig*, ZUM 2014, 484.

306 *Weichhaus*, S. 72.

307 *Podszun*, GPR 2013, 97 (102); Minimumstandards abrufbar unter: http://webarchive.nationalarchives.gov.uk/20140603093549/http://www.ipo.gov.uk/hargreaves-minimumstandards.pdf, zuletzt abgerufen am 31. Oktober 2014.

c) Kontrolle

Anders als im deutschen Wahrnehmungsrecht ist in Großbritannien auch keine umfassende Aufsicht für die Tätigkeit der Verwertungsgesellschaften durch eine Behörde vorgesehen[308]. Neben der auch hier geltenden allgemeinen wettbewerbsrechtlichen Kontrolle durch die Kommission, ist im CDPA als einzige vorgesehene Institution das in *Chapter VIII* normierte *Copyright Tribunal* als Kontrollbehörde tätig. In Ermangelung eines normierten Pflichtenkatalogs für Verwertungsgesellschaften kann das *Copyright Tribunal* aber nicht als umfassende Kontrollstelle gegen Marktmachtmissbrauch von Verwertungsgesellschaften verstanden werden. Die Zuständigkeit des *Copyright Tribunal* ist vielmehr gem. Art. 149 CDPA begrenzt auf Streitigkeiten zwischen den Verwertungsgesellschaften und potenziellen Verwertern über die Verhältnismäßigkeit von Lizenzen oder Lizensierungsplänen[309]. Ein Lizensierungsplan ist gem. Art. 116 Abs. 1 CDPA ein Muster, nach dessen Vorbild die Verwertungsgesellschaften unter bestimmten Bedingungen bereit sind, Lizenzen bestimmten Inhalts zu erteilen[310]. Jede Nutzung, die nicht von einem solchen Lizensierungsplan erfasst ist, wird durch eine einfache Lizenz ermöglicht.

Das *Copyright Tribunal* wird zudem nicht aus eigenem Antrieb tätig, sondern muss zunächst von einem tatsächlichen oder potentiellen Lizenznehmer angerufen werden[311]. In der Sache kann das *Copyright Tribunal* gem. Art. 119 Abs. 3 CDPA die zu prüfenden Lizenzen oder Lizenzpläne aufrecht erhalten oder abändern. Maßgeblich hierfür ist die Frage nach der Angemessenheit des Lizenzplans oder der Lizenz im Hinblick auf die konkreten Umstände[312]. Infolgedessen ist das *Copyright Tribunal* nach Art. 135 CDPA verpflichtet, alle relevanten Überlegungen zu berücksichtigen. Damit kommt dem *Copyright Tribunal* eher die Eigenschaft einer unabhängigen Schiedsstelle zu, als die Eigenschaft einer Aufsichtsbehörde[313].

---

308 *Pfennig*, ZUM 2014, 484 (485).

309 Aufgaben einsehbar auf der Website des Tribunals, abrufbar unter www.ipo.gov.uk/ctribunal/ctribunal-about.htm, zuletzt abgerufen am 31. Oktober 2014.

310 *Cornish/Llewelyn*, Rn. 12-55; *Weichhaus*, S. 126.

311 *Wirtz*, S. 157; *Laddie/Prescott/Vitoria/Speck/Lane*, Rn. 26.4; *Guibault/von Gompel*, Collective Management in the European Union, S. 12, abrufbar unter: www.ivir.nl/publications/guibault/collective_management_in_the_european_union.pdf, zuletzt abgerufen am 31. Oktober 2014.

312 *Cornish/LLewelyn*, Rn. 12-57; *Wirtz*, S. 164 f.

313 *Cornish*, in: Möhring/Schulze/Ulmer/Zweigert, Großbritannien/I, S. 20; *Katzenberger*, in: Hilty, 1 (14); *Cornish/Llewelyn*, Rn. 12-62.

Vor dem Hintergrund, dass es damit neben einer Form der Gründungskontrolle und speziellen Pflichten auch keine allgemein zuständige Aufsichtsbehörde gibt, zählt der Rechtsrahmen Großbritanniens zu den liberalsten Rechtsrahmen in der Union[314].

III. Zusammenfassung

Vergleicht man die Regulierung von Verwertungsgesellschaften auf europäischer Ebene, so ergibt sich ein unharmonisches Bild.

Einerseits regulieren eine Reihe von Mitgliedstaaten die Verwertungsgesellschaften ähnlich, wie dies nach Maßgabe des deutschen Wahrnehmungsrechts geschieht. Diese Mitgliedstaaten sehen eine mehr oder weniger strenge Gründungskontrolle für Verwertungsgesellschaften vor, normieren für Verwertungsgesellschaften einen mehr oder weniger strengen Pflichtenkatalog zur Verhinderung von Marktmachtmissbrauch und lassen diesen durch eine Aufsichtsbehörde überwachen.

Andererseits wählen Mitgliedstaaten, die wirtschaftlich bedeutende Verwertungsgesellschaften beheimaten, einen bemerkenswert liberalen Regulierungsansatz. Schon in Frankreich finden Verwertungsgesellschaften ein weit weniger streng reguliertes Umfeld vor. Hier besteht kein Erlaubniszwang, sondern nur die Möglichkeit eines Ministers, eine sich gründende Verwertungsgesellschaft durch ein Gericht prüfen zu lassen. Spezielle Pflichten zur Verhinderung von Machtmissbrauch sieht das französische Wahrnehmungsrecht nicht vor. Als Kontrollbehörde fungiert der Kulturminister. Da aber keine spezifischen wahrnehmungsrechtlichen Regelungen zur Verhinderung von Machtmissbrauch existieren, bestehen auch für den Minister nur eingeschränkte Möglichkeiten, Marktmachtmissbrauch durch Verwertungsgesellschaften zu begegnen.

Noch liberaler gestaltet sich der Rechtsrahmen für Verwertungsgesellschaften in Großbritannien. Hier ist keine Form der Gründungskontrolle vorgesehen und es fehlt an jeglichen gesetzlichen Regelungen, die Machtmissbrauch verhindern können. Zudem ist keine Aufsichtsbehörde für Verwertungsgesellschaften vorgesehen. Allein das einer Schiedsstelle nahekommende *Copyright Tribunal* vermittelt in bestimmten Streitigkeiten der Verwertungsgesellschaften mit Verwertern, sofern es zuvor von den Beteiligten angerufen wird.

314 *Katzenberger*, in: Hilty, 1 (12).

Kapitel 2 Missstände der kollektiven Rechtewahrnehmung im Online-Musikbereich

A. Die Entwicklung der kollektiven Rechtewahrnehmung im Online-Musikbereich

Die im ersten Kapitel skizzierte traditionelle kollektive Rechtewahrnehmung durch Verwertungsgesellschaften hat auch in der modernen Informationsgesellschaft ihre Daseinsberechtigung nicht verloren[315]. Allerdings vermochten die Verwertungsgesellschaften nicht in jedem Bereich passende Strategien zu digitalen Herausforderungen zu entwickeln. Dies gilt besonders im Online-Musikbereich, wo das Prinzip der kollektiven Rechtewahrnehmung derzeit von gewaltigen Missständen geprägt ist[316]. Um die Quellen dieser Missstände nachvollziehen zu können, ist eine Aufarbeitung der rechtsgeschichtlichen Entwicklung dieses Bereiches seit Bestehen der Online-Rechte unabdingbar. Dem liegt der Umstand zugrunde, dass viele der heutigen Besonderheiten und Missstände dieses Bereiches im unmittelbaren Zusammenhang mit Eingriffen und Regulierungsversuchen gesehen werden müssen.

I. Ausgangsproblem der kollektiven Rechtewahrnehmung im Online-Musikbereich

Die im ersten Kapitel skizzierte Funktionsweise von Verwertungsgesellschaften hatte sich bereits vor der Existenz des Online-Musikbereichs im Offline-Musikbereich bewährt[317]. Die im Musikgeschäft involvierten Rechteinhaber räumten regelmäßig einer marktmächtigen Verwertungsgesellschaft ihre Rechte ein, welche diese wiederum an Verwerter weiter lizensierte, Gelder einzog und anschließend verteilte. Durch ein flächendeckendes Netz von Gegenseitigkeitsverträgen mit ausländischen Schwestergesellschaften waren nationale Verwertungsgesellschaften zudem in der Lage, auf ihr jeweiliges Gebiet beschränkte Lizenzen für solche Werke zu vergeben, die zum Repertoire einer ausländischen

315 *Müller*, in: Hoeren/Sieber/Holznagel, Teil 7.5 Rn. 1 ff.; *Ventroni*, in: Schwarz/Peschel-Mehner, Kap. 4-G 8 Rn. 6; *Hansen*, in: Ensthaler/Weidert, Kap. 6 Rn. 11.

316 Zu Details der aktuellen Missstände im Online-Musikbereich siehe unten S. 85 ff. und S. 119 ff.

317 *Baierle*, MMR 2012, 503; *Waldhausen*, in: Schwartmann, Kap. 30 Rn. 58.

Verwertungsgesellschaft gehörten[318]. Damit konnten Verwertungsgesellschaften in ihrem jeweiligen Gebiet das Weltrepertoire lizensieren[319]. Für Verwerter genügte daher die Kontaktaufnahme mit nur einer Verwertungsgesellschaft, die alle gewünschten Nutzungsrechte örtlich beschränkt für ihr jeweiliges Gebiet vergeben konnte (sog. *One-Stop-Shop*)[320].

Die Lizensierungen im Rahmen dieser klassischen kollektiven Rechtewahrnehmung erfolgten mithin territorial beschränkt. Mehrgebietslizenzen aus einer Hand sah diese Lizensierungspraxis nicht vor[321]. Zu Zeiten der klassischen analogen Nutzung musikalischer Werke ergaben sich aus dieser territorial begrenzten Lizensierung allerdings nur überschaubare Nachteile. Territorial beschränkte Lizenzen behinderten zu dieser Zeit noch niemanden, weil der Markt keinen Bedarf an grenzüberschreitenden Lizenzen hatte. Traditionelle Nutzungen musikalischer Werke, wie Tonträgerverkäufe, Livekonzerte oder Rundfunksendungen bewegten sich ohnehin regelmäßig nur innerhalb eines räumlich abgrenzbaren Gebietes[322]. So hatte beispielsweise ein damaliger Rundfunkveranstalter regelmäßig kein Interesse an einem Erwerb unionsweiter Rechte, da er ohnehin nicht im gesamten Unionsgebiet sendete, sondern nur in einem Mitgliedsstaat[323].

Diese Ausgangslange änderte sich jedoch sobald der Markt dazu überging, Musik auch online zu nutzen. Ab diesem Zeitpunkt wurde die klassische territorial beschränkte Lizensierungspraxis der Verwertungsgesellschaften den Anforderungen des Marktes nicht mehr gerecht[324]. Die Verwertungsgesellschaften mussten schnell feststellen, dass einer einfachen Ausdehnung dieses bewährten Prinzips auf den Online-Musikbereich der besondere Charakter dieses Bereichs entgegenstand. Anders als bei der Offline-Nutzung von Musik wies der Online-Bereich die Besonderheit auf, dass dort genutzte Werke durch das welt-

---

318 *Hansen*, in: Ensthaler/Weidert, Kap. 6 Rn. 30; *Freudenberg*, in: Ahlberg/Götting, § 1 WahrnG Rn. 11; *Reinbothe*, in: Schricker/Loewenheim, Vor §§ 1 ff. WahrnG Rn. 15; *Altemark*, S. 131.

319 *Heine/Eisenberg*, GRUR Int. 2009, 277; *Mestmäcker/Schweitzer*, § 30 Rn. 22.

320 Zu Einzelheiten der Funktionsweise von Verwertungsgesellschaften siehe oben S. 38 ff.

321 *Hansen*, in: Ensthaler/Weidert, Kap. 6 Rn. 33; *Alich*, GRUR Int. 2008, 996 f.

322 *Spohn/Hullen*, GRUR 2010, 1053 (1055); *Müller*, ZUM 2009, 121 (123 f.); *Altemark*, S. 156.

323 *Altemark*, S. 156; *Krogmann*, ZUM 2013, 180 (181).

324 *Haunss*, Was wird aus den Verwertungsgesellschaften?, abrufbar unter: http://irights.info/artikel/was-wird-aus-den-verwertungsgesellschaften/19149, zuletzt abgerufen am 31. Oktober 2014.

umspannende Internet an nahezu jedem Ort der Welt wahrgenommen werden zu konnten[325]. Anders als im Offline-Bereich machte die Online-Werknutzung, ohne entsprechende technische Vorkehrungen, nicht mehr naturgemäß an den Grenzen des Gebietes einer Verwertungsgesellschaft halt[326]. Dieses Phänomen wirkte sich besonders im musikalischen Bereich aus, da moderne Unterhaltungsmusik bereits so produziert wird, dass sie länderübergreifend konsumiert werden kann. Anders als bei Werken der Literatur oder Filmwerken bedurfte es daher bei musikalischen Werken keiner vorgelagerten Anpassung oder Übersetzung, um im Ausland vermarktet werden zu können[327]. Musikalische Werke waren daher für eine grenzüberschreitende Nutzung prädestiniert. Dies erkannten zunehmend auch Online-Verwerter, die fortan versuchten, Musik in grenzüberschreitenden Online-Angeboten anzubieten.

Da aber auch im Informationszeitalter kollisionsrechtlich noch das Territorialitätsprinzip galt, mussten die Online-Verwerter vor einer dahingehenden grenzüberschreitenden Nutzung Lizenzen für sämtliche Staaten einholen, in denen ihr Repertoire bestimmungsgemäß abrufbar sein sollte[328]. Derartige Lizenzen konnte die für den unionsweit denkenden Online-Verwerter zuständige Verwertungsgesellschaft auf Basis der bestehenden Gegenseitigkeitsverträge aber nicht erteilen. Zwar konnte eine Verwertungsgesellschaft auf Basis der bestehenden Gegenseitigkeitsverträge auch Lizenzen für Werke aus einem fremden Repertoire erteilen. Diese Lizenzen mussten aber räumlich auf das Gebiet der Verwertungsgesellschaft beschränkt sein[329]. Länderübergreifende Lizenzen konnten Verwertungsgesellschaften nur für ihr eigenes Repertoire vergeben.

Um keine Urheberrechtsverletzung zu riskieren, war der Online-Verwerter mithin gezwungen, Verhandlungen mit jeder nationalen Verwertungsgesellschaft zu führen, in deren Gebiet das Werk nach dem Upload bestimmungsgemäß abrufbar sein sollte (sog. *Territory by Territory Licensing*)[330]. Je nach angestrebter Reichweite des Angebots bedeutete dies einen enormen Aufwand, was die effiziente Erschließung des Online-Musikbereichs erschwerte.

325 *Baierle*, MMR 2012, 503; *Poll*, ZUM 2008, 500; *Vianello*, MMR 2009, 90 (93).

326 *Heine*, S. 159; *Poll*, ZUM 2008, 500; *Altemark*, S. 156.

327 *Runge*, S. 45.

328 *Lauber-Rönsberg*, in: Ahlberg/Götting, UrhG KollisionsR Rn. 26; *Alich*, GRUR Int. 2008, 996.

329 *Hansen*, in: Ensthaler/Weidert, Kap. 6 Rn. 31; *Heine/Eisenberg*, GRUR Int. 2009, 277.

330 *Müller*, in: Hoeren/Sieber/Holznagel, Kap. 7.5 Rn. 40; *Spohn/Hullen*, GRUR 2010, 1053 (1055).

Diese klassische Lizensierungspraxis nebst ihrer räumlich begrenzten Lizenzen schmälerte mithin die Attraktivität des Online-Musikbereichs und stand einer raschen Erschließung dieses Marktes durch einen *One-Stop-Shop* im Weg. Aufgrund dieser Gegebenheiten war der Rechteinhaber derart umfassend durch die weltweiten Urheberrechte geschützt, dass sich dieser Schutz hinsichtlich der Verwertung der grenzüberschreitenden Online-Rechte in sein Gegenteil verkehrte. Das internationale Urheberrecht schützte den Rechteinhaber so stark, dass der Schutz einer gewinnbringenden und modernen Nutzung der Online-Rechte im Weg stand. Die aus dem Offline-Musikbereich bewährten Strukturen erwiesen sich im Online-Musikbereich als kontraproduktiv[331].

II. Lösungsansätze der Verwertungsgesellschaften

Sowohl die urheberrechtlichen Verwertungsgesellschaften als auch die Verwertungsgesellschaften für Leistungsschutzrechte der Tonträgerhersteller erkannten diese Nebenwirkungen der territorial beschränkten Lizensierungspraxis für den Online-Musikbereich frühzeitig[332]. Bereits zur Jahrtausendwende reagierten sie daher auf die Herausforderungen dieses neuen Marktes mit dem naheliegenden Versuch, die bestehenden Gegenseitigkeitsverträge an die besonderen Gegebenheiten des Online-Musikbereichs anzupassen. Anstelle der aus dem Offline-Bereich bekannten räumlich beschränkten Lizenzen sollte nunmehr für den Online-Bereich die Möglichkeit der Vergabe von Mehrstaatenlizenzen in die Gegenseitigkeitsverträge eingeflochten werden. Damit sollte auch im Bereich der Online-Rechte ein für Verwerter praktikabler *One-Stop-Shop* etabliert werden.

1. Barcelona- und Santiago Abkommen

Im Zuge dieser Bemühungen schlossen die Verwertungsgesellschaften der Textdichter, Komponisten und Musikverlage im Jahr 2000 das Santiago Abkommen[333] für den Bereich der Aufführungsrechte und im Jahr 2001 das Barcelona-Abkommen[334] für den Bereich der Vervielfältigungsrechte[335]. Die

331 *Poll*, ZUM 2008, 500.

332 *Niggemeier*, Medialex 2013, 65.

333 Fall COMP/C2/38.126 – BUMA, GEMA, PRS, SACEM, Anmeldung von kooperativen Vereinbarungen, ABl. Nr. C 145/2 vom 17. Mai 2001.

334 Fall COMP/C2/38.377 – BIEM Barcelona Agreements, Anmeldung von kooperativen Vereinigungen, ABl. Nr. C 132/18 vom 04. Juni 2002.

335 *Müller*, ZUM 2009, 121 (124); *Karbaum/Oeller*, in: Kreile/Becker/Riesenhuber, Kap. 17 Rn. 29.

Abkommen erweiterten die bestehenden Gegenseitigkeitsverträge und sahen vor, dass die jeweiligen Online-Rechte fortan durch nur eine Verwertungsgesellschaft länderübergreifend lizensiert werden konnten[336]. Dabei sollte jedoch allein die Verwertungsgesellschaft am wirtschaftlichen Sitz des Lizenznehmers für die unionsweite Lizensierung zuständig sein (sog. *Customer-Allocation-Clause*)[337]. Dieses Modell stellte mithin einen Versuch dar, die antiquierten territorial beschränkten Lizenzen im Online-Musikbereich zu überwinden, gleichzeitig aber die Monopolstellungen der nationalen Verwertungsgesellschaften aufrecht zu erhalten[338].

Diese Vereinbarungen boten für Online-Verwerter den Vorteil, dass nunmehr auch im Online-Musikbereich dieselben Bedingungen vorzufinden waren, wie im intakten Offline-Musikbereich. Der Online-Verwerter musste fortan nur eine Verwertungsgesellschaft an seinem Sitz kontaktieren, um sich länderübergreifende Online-Rechte einräumen zu lassen. Damit war trotz einer weltweiten Nutzung erstmals ein nationaler *One-Stop-Shop* für Online-Rechte geschaffen[339]. Der wettbewerbsrechtliche Nachteil dieser Vereinbarungen lag indes ebenso deutlich auf der Hand, wie die Vorteile für die Online-Verwerter. Weder war auf diesem Weg ein Wettbewerb zwischen den europäischen Verwertungsgesellschaften möglich noch bestand für den Online-Verwerter die Möglichkeit, die lizenzgebende Verwertungsgesellschaft zu wählen[340].

Dieser Umstand veranlasste schließlich auch das Einschreiten der Europäischen Kommission. Die Tatsache, dass aufgrund der *Customer-Allocation-Clause* keine Wahlmöglichkeit der Online-Verwerter bestand, wurde in einem *Statement of Objections* als unzulässige Marktaufteilung bewertet, die einen Verstoß gegen Art. 81 Abs. 1 EGV a. F. (heute Art. 101 Abs. 1 AEUV) darstellte[341]. Eine Kartellfreistellung wurde den Abkommen von der Kommission versagt. Die von der Kommission angedeutete Möglichkeit, die Abkommen ohne die jeweiligen Zuständigkeitsklauseln aufrecht zu erhalten, ließen die Verwertungsgesellschaften jedoch bewusst verstreichen. Auf einen dahingehenden Verzicht konnten

336 *Hansen*, in: Ensthaler/Weidert, Kap. 6 Rn. 37; *v. Einem*, MMR 2006, 647 (651).

337 Zu Einzelheiten der Bestimmung des Sitzes *Ventroni/Poll*, MMR 2002, 648 (652); *Runge*, S. 50.

338 *Poll*, ZUM 2008, 500 (501).

339 *Spohn/Hullen*, GRUR 2010, 1053 (1055); *Poll*, ZUM 2008, 500 (502).

340 *Müller*, ZUM 2009, 121 (124).

341 Pressemitteilung der Kommission vom 3. Mai 2004, (IP/04/586), abrufbar unter: www.europa.eu/rapid/press-release_IP-04-586_de.htm?locale=fr, zuletzt abgerufen am 31. Oktober 2014.

sich die Verwertungsgesellschaften deshalb nicht verständigen, da in diesem Fall ein ruinöser Preisdumping-Wettbewerb befürchtet wurde, der letztlich auf dem Rücken der Rechteinhaber ausgetragen worden wäre (sog. *Race to the Bottom)*[342]. Infolgedessen fand keine Verlängerung der bis zum 31. Dezember 2004 befristeten Vereinbarungen statt und die Vereinbarungen liefen aus[343].

Der kurzzeitig bestehende *One-Stop-Shop* im Online-Musikbereich war mithin wieder geschlossen. Dies führte dazu, dass Verwertungsgesellschaften Online-Lizenzen wieder nur räumlich beschränkt auf ihr jeweiliges Verwaltungsgebiet vergeben konnten[344]. Für die Etablierung eines europaweiten Online-Musikangebots mussten danach wieder für jeden Abrufstaat gesonderte Lizenzen bei dessen nationaler Verwertungsgesellschaft eingeholt werden[345].

2. *IFPI-Simulcasting/Webcasting Abkommen*

Anders als die europäischen Verwertungsgesellschaften der Urheber und Musikverlage verhielten sich die Verwertungsgesellschaften für Leistungsschutzrechte der Tonträgerhersteller. Auch hier diagnostizierten die Verwertungsgesellschaften früh die bestehenden Hindernisse im Online-Musikbereich. Auch hier begegneten die Verwertungsgesellschaften diesem Problem mit der naheliegenden Anpassung der bestehenden Gegenseitigkeitsverhältnisse an die Bedürfnisse dieses Bereiches. Infolgedessen erweiterten die Verwertungsgesellschaften kurz nach der Jahrtausendwende mit Hilfe der *International Federation of the Phonographic Industry* (IFPI) die Gegenseitigkeitsverträge für das Simulcasting und später auch für das Webcasting[346]. Nunmehr sollte auch hier eine einzelne Verwertungsgesellschaft neben ihrem eigenen Repertoire auch das Repertoire fremder Verwertungsgesellschaften auf Basis der Gegenseitigkeitsverträge für mehrere Staaten lizensieren können. Insoweit ergibt sich kein Unterschied dieser Anpassungen zu den Santiago- und Barcelona-Abkommen. Anders als die urheberrechtlichen Verwertungsgesellschaften verzichteten die Verwertungsgesellschaften der Tonträgerhersteller aber in der endgültigen Version der Abkommen auf die Etablierung der wettbewerbsrechtlich problematischen *Customer*

---

342 *Runge*, S. 63; *Müller*, ZUM 2009, 121 (124); *Spohn/Hullen*, GRUR 2010, 1053 (1056); *Becker*, in: Becker/Hilty/Stöckli/Würtenberger, 187 (195); *Poll*, ZUM 2008, 500 (501 f.).

343 *Ventroni*, in: Schwarz/Peschel/Mehner, Kap. 4-G Rn. 41; *Baierle*, MMR 2012, 503 (504).

344 *Hansen*, in: Ensthaler/Weidert, Kap. 6 Rn. 41.

345 *Baierle*, MMR 2012, 503 (504); *Alich*, GRUR Int. 2008, 996 (997); *Schmidt*, ZUM 2005, 783 (785); *Podszun*, GPR 2013, 97 (101).

346 Zu den Einzelheiten dieser Abkommen *Bortloff*, GRUR Int. 2003, 669 (676 ff.).

Allocation Clause[347]. Damit besteht in diesem Bereich ein Wahlrecht der Verwerter, bei welcher Verwertungsgesellschaft sie die erforderlichen Mehrgebietslizenzen erwerben wollen. Dem damit möglichen Wettbewerb der europäischen Verwertungsgesellschaften um die Online-Verwerter maß auch die Kommission große Bedeutung bei und stellte die Vereinbarung in der Simulcasting-Entscheidung vom Kartellverbot frei[348].

III. Regelungsinitiativen der Kommission

Unabhängig von diesen mehr oder weniger erfolgreichen Vorhaben der musikalischen Verwertungsgesellschaften verfolgte auch die Kommission die Absicht, die kollektive Rechtewahrnehmung durch Verwertungsgesellschaften sämtlicher Werkgattungen an die Gegebenheiten der Informationsgesellschaft anzupassen[349]. Die Bewertung der verschiedenen Abkommen der Verwertungsgesellschaften ließ dabei bereits Rückschlüsse über die Grundeinstellung der Kommission im Spannungsfeld zwischen effektiver kollektiver Rechtewahrnehmung und europäischem Wettbewerbsrecht zu. Ein Modell ohne Wettbewerb zwischen den Verwertungsgesellschaften war mithin nach der Bewertung der Santiago- und Barcelona-Abkommen nicht mehr zu erwarten. Dies bestätigte sich durch die Regelungsinitiativen der Kommission aus dem Jahr 2005.

1. *Kommissionsstudie*

Am 07. Juli 2005 veröffentlichte die Kommission eine Studie über eine Initiative zur grenzüberschreitenden kollektiven Verwertung von Urheberrechten[350]. Die Studie analysierte den Online-Musikbereich und gelangte zu dem wenig überraschenden Ergebnis, dass dieser Bereich deutlich hinter seinen Möglichkeiten

347 *Altemark*, S. 159 f.; *Heine*, S. 173; *Müller*, ZUM 2009, 121 (124 f.).

348 Entscheidung der Kommission vom 08. Oktober 2002 – (Sache COMP/C2/38.014 – IFPI „Simulcasting"), abgedruckt unter: http://eur-lex.europa.eu/LexUriServ/LexUriServ.do?uri=OJ:L:2003:107:0058:0084:DE:PDF, zuletzt abgerufen am 31. Oktober 2014.

349 Mitteilung der Kommission vom 16. April 2004 – KOM(2004) 261, abrufbar unter: http://eur-lex.europa.eu/LexUriServ/LexUriServ.do?uri=COM:2004:0261:FIN:DE:PDF, zuletzt abgerufen am 31. Oktober 2014.

350 Study on a Communicative Initiative on the cross-border collective management of copyright, vom 07. Juli 2005, abrufbar unter: ec.europa.eu/internal_market/copyright/docs/management/study-collectivemgmt_en.pdf, zuletzt abgerufen am 31. Oktober 2014.

zurückblieb und vorhandenes Potenzial nicht annähernd ausgeschöpft wurde[351]. Als Hauptgrund für die träge Entwicklung in diesem Bereich erachtete die Studie die verkrusteten territorialen Strukturen der kollektiven Lizensierungspraxis, die noch aus dem Offline-Zeitalter stammten. Anders als im Offline-Bereich befand die Studie im Bereich ubiquitärer Online-Rechte die Beibehaltung solch territorialer Strukturen jedoch als nicht sachgerecht. Da die europäischen Verwertungsgesellschaften keine unionsweiten Online-Rechte vergeben konnten, sei Online-Verwertern ein einfacher Rechteerwerb über einen *One-Stop-Shop* verwehrt, was ihre Transaktionskosten erhöhe und einer rascheren Entwicklung dieses Bereichs im Weg stehe[352].

Zur Verbesserung dieses Zustands diskutierte die Studie drei unterschiedliche Alternativen. Option 1 bestand darin, nichts zu tun und die Probleme dem Online-Markt selbst zu überlassen. Da der Markt jedoch bislang bei der Etablierung eines innovativen und zugleich wettbewerbskonformen Lizensierungsmodells gescheitert war, stellte Option 1 aus Sicht der Studie keine erfolgsversprechende Alternative dar[353]. Option 2 bestand darin, Verbesserungen im Rahmen des klassischen Systems der Verwertungsgesellschaften zu erwirken. Infolgedessen sollte es einer Verwertungsgesellschaft möglich sein, auf Basis von Gegenseitigkeitsverträgen, die Online-Rechte fremden Repertoires unionsweit zu vergeben. Allerdings sollte der Online-Verwerter nicht an die für seinen wirtschaftlichen Sitz zuständige Verwertungsgesellschaft gebunden werden[354]. Damit entspricht diese Option inhaltlich den Santiago- und Barcelona-Abkommen ohne die wettbewerbsrechtlich problematische *Customer-Allocation-Clause*[355]. Option 2 stimmt daher mit den IFPI-Simulcasting/Webcasting Abkommen der

351 Kommissionsstudie, S. 6, abrufbar unter: ec.europa.eu/internal_market/copyright/docs/management/study-collectivemgmt_en.pdf, zuletzt abgerufen am 31. Oktober 2014.

352 Kommissionsstudie, S. 10, abrufbar unter: ec.europa.eu/internal_market/copyright/docs/management/study-collectivemgmt_en.pdf, zuletzt abgerufen am 31. Oktober 2014.

353 Kommissionsstudie, S. 23 ff., abrufbar unter: ec.europa.eu/internal_market/copyright/docs/management/study-collectivemgmt_en.pdf, zuletzt abgerufen am 31. Oktober 2014.

354 Kommissionsstudie, S. 34, abrufbar unter: ec.europa.eu/internal_market/copyright/docs/management/study-collectivemgmt_en.pdf, zuletzt abgerufen am 31. Oktober 2014.

355 *Runge*, S. 61; *Spohn/Hullen*, GRUR 2010, 1053 (1055).

Verwertungsgesellschaften für Leistungsschutzrechte der Tonträgerhersteller überein[356]. Der Online-Verwerter sollte in dieser Option 2 die freie Wahl einer europäischen Verwertungsgesellschaft für die Lizensierung der unionsweiten Rechte haben. Die Realisierung dieser Option lief auf einen nutzerfreundlichen Wettbewerb der europäischen Verwertungsgesellschaften um die Online-Verwerter hinaus.

Option 3, für die sich die Studie letztlich aussprach, wählte einen entgegengesetzten Ansatz. Hiernach sollte keine Lizensierung der Online-Rechte auf Basis von Gegenseitigkeitsverträgen mehr möglich sein. Vielmehr sollten die Rechteinhaber eine einzige europäische Verwertungsgesellschaft mit der Wahrnehmung der Online-Rechte im gesamten Unionsgebiet betrauen. Diese allein sollte dann unionsweite Lizenzen an die Online-Verwerter erteilen. Damit sah diese Option keinen Wettbewerb der Verwertungsgesellschaften um die Verwerter, sondern einen Wettbewerb der Verwertungsgesellschaften um die Rechteinhaber vor[357]. Diesen Wettbewerb um die Rechteinhaber sah die Studie als entscheidende Überlegenheit dieser Option an.

Als maßgeblichen Vorteil erwartete die Studie eine Verstärkung der Position der Rechteinhaber[358]. Einerseits führe der Wettbewerb um Rechteinhaber zu einer verstärkten Berücksichtigung ihrer Belange. Die Verwertungsgesellschaften seien bestrebt, ein besseres und effizienteres Umfeld für Rechteinhaber zu schaffen, zum Beispiel den Service zu verbessern, die Ausschüttungen schneller vorzunehmen oder besonders innovative Verteilungspläne zu entwickeln[359]. Ein Rückholrecht der Rechteinhaber intensiviere diesen Wettbewerb noch weiter[360]. Durch die unionsweite Lizensierung entfiele zudem der doppelte Verwaltungsabzug, da das einzelne Werk nur noch einen Verwaltungsapparat durchlaufen

356 *Ventroni*, in: Schwarz/Peschel-Mehner, Kap. 4-G 8 Rn. 42; *Hansen*, in: Ensthaler/Weidert, Kap. 6 Rn. 43.

357 Kommissionsstudie, S. 35 f., abrufbar unter: ec.europa.eu/internal_market/copyright/docs/management/study-collectivemgmt_en.pdf, zuletzt abgerufen am 31. Oktober 2014.

358 Kommissionsstudie, S. 54, abrufbar unter: ec.europa.eu/internal_market/copyright/docs/management/study-collectivemgmt_en.pdf, zuletzt abgerufen am 31. Oktober 2014.

359 Kommissionsstudie, S. 35 f., abrufbar unter: ec.europa.eu/internal_market/copyright/docs/management/study-collectivemgmt_en.pdf, zuletzt abgerufen am 31. Oktober 2014.

360 *Schmidt*, ZUM 2005, 783 (784).

müsse[361]. Schließlich liefe die Umsetzung dieser Option auf eine Spezialisierung der europäischen Verwertungsgesellschaften hinaus[362]. Die territoriale Aufteilung des Marktes weiche so einer sachlichen Aufteilung des Marktes[363].

2. *Kommissionsempfehlung (2005/737/EG)*

Am 18. Oktober 2005 verabschiedete die Europäische Kommission eine Empfehlung für die länderübergreifende kollektive Wahrnehmung von Urheberrechten und verwandten Schutzrechten, die für legale Online-Musikdienste benötigt werden[364]. Darin überführte die Kommission die in der Studie und der anschließenden Folgenabschätzung[365] angestellten Überlegungen zu den Problemen des Online-Musikbereichs in einen formellen Rechtsakt nach Art. 288 Abs. 5 AEUV. Unmittelbare Bindungswirkungen entfalten Empfehlungen nicht. Sie legen lediglich bestimmte Verhaltensweisen nahe, lassen Rückschlüsse auf Standpunkte der Kommission zu und können Vorboten nachfolgender verbindlicher Rechtsakte sein[366].

a) Inhalt der Kommissionsempfehlung

Inhaltlich sollte die Empfehlung Mitgliedstaaten dazu animieren, Schritte zu unternehmen, um die Rahmenbedingungen in dem Bereich der Online-Musikrechte zu verbessern und deren Wachstum zu fördern (Ziff. 2). Als maßgebliche Regelungen sollte es den Rechteinhabern freigestellt sein, hinsichtlich ihrer Online-Rechte eine Verwertungsgesellschaft ihrer Wahl unabhängig von der

---

361 Kommissionsstudie, S. 46, abrufbar unter: ec.europa.eu/internal_market/copyright/docs/management/study-collectivemgmt_en.pdf, zuletzt abgerufen am 31. Oktober 2014.

362 *Schmidt*, ZUM 2005, 783; Kommissionsstudie, S. 36, abrufbar unter: ec.europa.eu/internal_market/copyright/docs/management/study-collectivemgmt_en.pdf, zuletzt abgerufen am 31. Oktober 2014.

363 *Schmidt*, ZUM 2005, 783 (787).

364 Empfehlung (2005/737/EG) für die länderübergreifende kollektive Wahrnehmung von Urheberrechten und verwandten Schutzrechten, die für legale Online-Musikdienste benötigt werden vom 18. Mai 2005, ABl. Nr. L 276/54 vom 21. Oktober 2005, GRUR Int. 2006, 220 ff.

365 Impact assessment reforming cross-border collective management for copyright and related rights for legitimate online music services, vom 11. Oktober 2005, abrufbar unter: ec.europa.eu/internal_market/copyright/docs/management/sec_2005_1254_en.pdf, zuletzt abgerufen am 31. Oktober 2014.

366 *Haratsch/Koenig/Pechstein*, Rn. 412 f.; *Frenz*, Band 5, Rn. 1482 ff.; *Schroeder*, in: Streinz, Art. 288 AEUV Rn. 145.

Nationalität oder dem wirtschaftlichen Sitz zu betrauen (Ziff. 3). Dabei sollte dem Rechteinhaber auch die Möglichkeit eröffnet werden, die Online-Rechte nur teilweise zu erteilen (Ziff. 5 lit. a), geographische Begrenzungen für den Wahrnehmungsauftrag auszuhandeln (Ziff. 5 lit. b) oder die Online-Rechte wieder zurückholen zu können (Ziff. 5 lit. c). Damit sollte es nach Maßgabe der Empfehlung auch möglich sein, Online-Rechte von verschiedenen Verwertungsgesellschaften wahrnehmen zu lassen oder individuell wahrzunehmen[367].

Wenn der Rechteinhaber sein Wahlrecht dementsprechend ausgeübt hat und seine Online-Rechte einer Verwertungsgesellschaft entzogen hat, um sie einer anderen zu erteilen, sollten die Online-Rechte fortan vom Geltungsbereich der bestehenden Gegenseitigkeitsvereinbarungen ausgenommen bleiben (Ziff. 5 lit. d). Waren andere Regelungen der Kommissionsempfehlung bereits durch ältere Kommissionsentscheidungen anerkannt[368], handelte es sich bei dieser Regelung um den eigentlichen revolutionären Kern der Kommissionsempfehlung[369]. Nach dieser Ziffer sollten Online-Rechte schon bald nicht mehr auf Basis von Gegenseitigkeitsverträgen wahrgenommen werden können. Eine Lizensierung von Online-Rechten sollte zwar länderübergreifend erfolgen, aber nur noch durch die Verwertungsgesellschaft, welcher die Rechte unmittelbar im Rahmen eines Wahrnehmungsvertrags eingeräumt wurden. Mit dieser Abkehr von den Gegenseitigkeitsverträgen ging gleichzeitig auch eine Absage an einen *One-Stop-Shop* einher, in dem das Weltrepertoire eingeräumt werden kann[370]. Denn der Betrieb eines *One-Stop-Shops* basiert zwingend auf einem dichten Geflecht aus weltweiten Gegenseitigkeitsverträgen.

Korrespondierend zu diesen Vorgaben, regte die Kommission in der Empfehlung die Normierung verschiedener Informationspflichten an, die einen Wettbewerb der Verwertungsgesellschaften um die Rechteinhaber weiter intensivieren sollten (Ziff. 6, 11, 12 und 14). Zusätzlich sollten Vorkehrungen, die eine Diskriminierung einzelner Rechteinhaber verhindern, etabliert werden (Ziff. 13).

---

367 *Altemark*, S. 184.

368 Das Wahlrecht war bereits seit einer Kommissionsentscheidung vom 02. Juni 1971 anerkannt – 71/224/EWG, ABl. Nr. L 134/15 vom 20. Juni 1971 – *GEMA I*; die Möglichkeit, Rechte aus einem Wahrnehmungsvertrag herauszulösen, war seit einer Kommissionsentscheidung vom 06. Juli 1972 anerkannt – 72/68/EWG, ABl. Nr. L 166/22 vom 24. Juli 1972.

369 *Ventroni*, in: Schwarz/Peschel-Mehner, Kap. 4-G 8 Rn. 43.

370 *Himmelmann*, in: Kreile/Becker/Riesenhuber, Kap. 18 Rn. 200; Stellungnahme der GRUR zur Kommissionsempfehlung vom 18. Oktober 2005, GRUR 2006, 303 (305); *v. Einem*, MMR 2006, 647 (649).

Damit lag die Empfehlung inhaltlich auf der Linie der bereits zuvor favorisierten Option 3, ohne diese jedoch inhaltlich festzuschreiben[371]. Nach Vorbild der Empfehlung hatte damit die traditionelle Lizensierungspraxis mit ihren Gegenseitigkeitsverträgen im Online-Musikbereich keine Zukunft mehr. Verwertungsgesellschaften sollten zwar zukünftig Mehrgebietslizenzen erteilen können. Dies sollte allerdings nicht mehr auf Basis von Gegenseitigkeitsverträgen geschehen. Wollten Verwertungsgesellschaften Online-Lizenzen vergeben, mussten sie sich im Wettbewerb mit anderen Verwertungsgesellschaften direkt bei den Rechteinhabern um die Rechteeinräumung bemühen. Von diesem Wettbewerb versprach sich die Kommission viele Vorteile für die Rechteinhaber.

Den Preis hierfür zahlten freilich die Online-Verwerter, die von ihrer Wunschvorstellung eines *One-Stop-Shops* Abstand nehmen mussten sowie die Verwertungsgesellschaften, die sich plötzlich in einem europäischen Wettbewerb ohne harmonisiertes Wahrnehmungsrecht wiederfanden.

b) Bedeutung der Kommissionsempfehlung für den Online-Musikbereich

Obwohl es sich bei der Empfehlung nicht um einen verbindlichen Rechtsakt handelte (sog. *softlaw approach)*, kann ihre Wirkung auf die Beteiligten im Musikgeschäft kaum hoch genug eingeschätzt werden[372]. Die enorme Schlagkraft entspringt einerseits dem Umstand, dass Empfehlungen ohnehin bereits eine mittelbare Bindungswirkung inne wohnt[373]. Schließlich teilt in einer Empfehlung ein Unionsorgan seine Ansichten in einem formellen Rechtsakt mit, dem später auch verbindliche Rechtsakte folgen können. Daher orientieren sich viele bereits an einer, an sich unverbindlichen, Empfehlung. Im Fall der zugrundeliegenden Kommissionsempfehlung wurde diese mittelbare Bindungswirkung noch durch den damaligen Binnenmarktkommissar Charlie McCreevy intensiviert. Dieser kündigte an, der unverbindlichen Empfehlung verbindliche Maßnahmen folgen zu lassen, falls sich die in der Empfehlung angeregten Entwicklungen nicht einstellen sollten[374].

---

371 *v. Einem*, MMR 2006, 647 (648); *Ventroni*, in: Schwarz/Peschel-Mehner, Kap. 4-G 8 Rn. 43.

372 *Ventroni*, in: Schwarz/Peschel-Mehner, Kap. 4-G 8 Rn. 43; *Spohn/Hullen*, GRUR 2010, 1053 (1055); *Drexl*, in: Hilty/Geiger, 369 (370); *Poll*, ZUM 2008, 500 (503).

373 *Nettesheim*, in: Nettesheim, Art. 288 AEUV Rn. 206 ff.; *Ruffert*, in: Calliess/Ruffert, Art 288 AEUV Rn. 95; v. *Graevenitz*, EuZW 2013, 169 f.

374 Siehe Rede des Kommissars McCreevy anläßlich der „UK Presidency Conference on Copyright and the Creative Economy" vom 07. Oktober 2005, abrufbar unter: http://europa.eu/rapid/press-release_SPEECH-05-588_en.htm?locale=en, zuletzt abgerufen am 31. Oktober 2014.

Vor diesem Hintergrund sorgte die Kommissionsempfehlung für einen grundlegenden Umbruch im Online-Musikbereich und kann daher als Meilenstein in der Entwicklung in diesem Bereich gesehen werden. Durch die Empfehlung wurde das traditionelle System der kollektiven Rechtewahrnehmung im Online-Musikbereich bis zum heutigen Zeitpunkt grundlegend verändert und verunsichert[375]. Bis heute finden sich in diesem Bereich unbefriedigende Rahmenbedingungen, die letztlich auf die Kommissionsempfehlung aus dem Jahr 2005 zurückzuführen sind[376].

c) Reaktionen auf die Kommissionsempfehlung

Von dem Zeitpunkt ihrer Veröffentlichung bis in die heutige Gegenwart wird die Kommissionsempfehlung überwiegend kritisch betrachtet. Bereits im unmittelbaren Nachgang zu der Veröffentlichung, wurde Kritik an der favorisierten Option 3 laut. Schon damals wurde vielfach in Frage gestellt, ob diese Option tatsächlich zu besseren Rahmenbedingungen im Online-Musikbereich würde führen können[377]. Dabei beschränkten sich die kritischen Stimmen nicht auf Online-Verwerter, die aufgrund der Empfehlung von ihren Wunschvorstellungen nach einem umfassenden *One-Stop-Shop* Abstand nehmen mussten[378]. Auch überparteiliche staatliche Stellen, wie die deutsche Bundesregierung[379] oder die Bundestags Enquete-Kommission Kultur[380] missbilligten die von der Kommission favorisierte Option 3. Selbst auf europäischer Ebene blieb die Kommissionsempfehlung nicht von grundlegender Kritik verschont. Anders als die

---

375 *Altemark*, S. 179; *Poll*, ZUM 2008, 500 (503); *Alich*, GRUR Int. 2008, 996 (997).

376 Zu den aktuellen Missständen, die auf der Empfehlung basieren siehe unten S. 85 ff. und S. 119 ff.

377 *v. Einem*, MMR 2006, 647 (648 ff.); *Schmidt*, ZUM 2005, 783 (786); *Gerlach*, in: Geiss/Gerstenmair/Winkler/Mailänder, 523 (526 ff.).

378 Kritische Stellungnahmen einzelner Online-Verwerter abrufbar unter: https://circabc.europa.eu/faces/jsp/extension/wai/navigation/container.jsp?FormPrincipal:_idcl=FormPrincipal:libraryContentList:pager&page=0&FormPrincipal_SUBMIT=1&org.apache.myfaces.trinidad.faces.STATE=DUMMY, zuletzt abgerufen am 31. Oktober 2014.

379 Stellungnahme der Bundesregierung vom 30. Juli 2007, abrufbar unter: https://circabc.europa.eu/faces/jsp/extension/wai/navigation/container.jsp?FormPrincipal:_idcl=FormPrincipal:libraryContentList:pager&page=1&FormPrincipal_SUBMIT=1&org.apache.myfaces.trinidad.faces.STATE=DUMMY, zuletzt abgerufen am 31. Oktober 2014.

380 Schlussbericht der Enquete Kommission “Kultur in Deutschland”, vom 11. Dezember 2007, BT-Drucks. 16/7000, S. 278 ff.

Kommission sah das Europäische Parlament die Empfehlung sowohl als Instrument als auch in der Sache kritisch und sprach sich für eine Beibehaltung des Systems der Gegenseitigkeitsverträge aus[381].

Im Detail befürchteten viele Beteiligte durch die Abschaffung der Gegenseitigkeitsverträge im Online-Musikbereich und der damit einhergehenden Aufgabe eines *One-Stop-Shops* eine Zersplitterung der Lizenzen und, damit einhergehend, gravierende Nachteile für Online-Verwerter bei der Rechteklärung und Lizensierung[382]. Eine Prognose, die heute, neun Jahre nach Veröffentlichung der Kommissionsempfehlung, für die Online-Verwerter Realität geworden ist[383].

Daneben wurden auch die Erwartungen der Kommission an den Wettbewerb nicht geteilt. Einerseits war vielen Beteiligten unklar, wie ein gesunder Wettbewerb zwischen Verwertungsgesellschaften um die einzelnen Rechteinhaber ohne ein harmonisiertes europäisches Wahrnehmungsrecht funktionieren sollte[384]. Darüber hinaus wurde generell die Nachhaltigkeit des auf diese Art geschaffenen Wettbewerbs in Frage gestellt[385]. Schließlich kritisierten viele Stimmen eine zu wettbewerbsrechtliche Behandlung von Verwertungsgesellschaften[386]. Ein zu harter Wettbewerb zwischen ihnen beeinträchtige kleinere Verwertungsgesellschaften und gefährde dadurch die kulturelle Vielfalt im Unionsgebiet[387].

Diese kritische Grundhaltung gegenüber der Kommissionsempfehlung ist auch in den nunmehr neun Jahren nach deren Veröffentlichung nie abgeebbt. Bis in die Gegenwart hinein wird die damalige Verfolgung von Option 3 nahezu einstimmig stark kritisiert[388]. Diese Kritik wird von dem Umstand beflügelt,

---

381 Bericht des Europäischen Parlaments vom 05. März 2007 – A6-0053/2007, abrufbar unter: http://www.europarl.europa.eu/sides/getDoc.do?pubRef=-//EP//NONSGML+REPORT+A6-2007-0053+0+DOC+PDF+V0//DE, zuletzt abgerufen am 31. Oktober 2014.

382 *v. Einem*, MMR 2006, 647 (649); *Schmidt*, ZUM 2005, 783 (786 f.); *Kunz-Hallstein/Loschelder*, GRUR 2006, 303 (305); *Heine*, S. 234 f.

383 Zu Details des derzeit bestehenden Missstands der Lizenzzersplitterung siehe unten S. 107 ff.

384 *v. Einem*, MMR 2006, 647 (652); *v. Lewinski*, in: Riesenhuber, 215 (238); *Gerlach*, in: Geiss/Gerstenmair/Winkler/Mailänder, 523 (530 f.).

385 Stellungnahme des Max-Planck-Instituts zu der Kommissionsempfehlung vom 18. Oktober 2005, GRUR Int. 2006, 222 (223); *Kunz-Hallstein/Loschelder*, GRUR 2006, 303 (306); *Drexl*, in: Hilty/Geiger, 369 (385 ff.).

386 *Poll*, ZUM 2008, 500 (503).

387 *Heine*, S. 233 f.; *v. Lewinski*, in: Riesenhuber, 215 (238).

388 *Freudenberg*, in: Ahlberg/Götting, § 1 WahrnG Rn. 15; *Baierle*, MMR 2012, 503 (505); *Grohmann*, GRUR-Prax 2014, 145; *Müller*, ZUM 2009, 121 (126 ff.); *ders.*,

dass die Empfehlung es nicht vermochte, die problematischen Gegebenheiten im Bereich der Online-Musikrechte zu verbessern. Die Probleme in der Lizensierungspraxis haben sich im Gegenteil sogar intensiviert. Inzwischen sind neue Lizensierungsorganisationen in den Markt eingetreten. Diese haben den Lizenzerwerb weiter verkompliziert und sind in ihrer Entstehung unmittelbar auf die in der Empfehlung verfolgte Option 3 zurückzuführen[389]. Der unionsweite Lizenzerwerb ist daher auch neun Jahre nach der Veröffentlichung der Kommissionsempfehlung für Online-Verwerter mehr denn je ein schwieriges bis aussichtsloses Unterfangen. Zu keinem Zeitpunkt war es für Online-Verwerter so schwierig, ein umfassendes Lizenzportfolio zu erwerben wie heute[390]. Die Rahmenbedingungen für Online-Verwerter sind derart schlecht, dass sie einen umfassenden unionsweiten und rechtssicheren Lizenzerwerb schwierig bis unmöglich machen.

Auch der infolge der Empfehlung entstandene Wettbewerb auf dem Markt der Rechtewahrnehmung ist nicht zufriedenstellend. Die Bedingungen für die kollektive Rechtewahrnehmung sind unionsweit so unterschiedlich, dass ein fairer Wettbewerb zwischen Verwertungsgesellschaften untereinander und im Verhältnis zu neuen Lizensierungsorganisationen derzeit nicht diagnostiziert werden kann[391].

IV. Zusammenfassung

Die kollektive Wahrnehmung weist im Online-Musikbereich bedeutende Missstände auf. Viele dieser Missstände stehen im Zusammenhang mit früheren Regulierungsversuchen. Die Missstände können daher nur anhand einer Rekapitulation der bisherigen Ereignisse in diesem Bereich nachvollzogen werden.

Im Online-Musikbereich konnte nicht auf das traditionelle Modell der territorial begrenzten Lizensierung auf Basis von Gegenseitigkeitsverträgen

---

ZUM 2011, 13 (20); *Spohn/Hullen*, GRUR 2010, 1053; *Ventroni*, in: Schwarz/Peschel-Mehner, Kap. 4-G 8 Rn. 50 ff.; *Kyre*, in: Wandtke, Band 1, Kap. 3 Rn. 346 f.; *Düsing*, S. 203 ff.; *v. Albrecht*, ZUM 2011, 706 (708); *Drexl*, in: Riesenhuber, 193 ff.; *Rainer*, S. 67; *Schulze*, in: Dreier/Schulze, Vor UrhWG Rn. 25; *Pfennig*, Grenzenlos verwertet – angemessen vergütet?, abrufbar unter: http://irights.info/grenzenlos-verwertet-angemessen-vergutet#more-17091, zuletzt abgerufen am 31. Oktober 2014.

389 Zu der damit verbundenen Lizenzzersplitterung auf dem Online-Musikmarkt siehe unten S. 107 ff.

390 *Ventroni*, MMR 2012, 565; *Gerlach*, ZUM 2013, 174 (175); *Grewenig*, ZUM 2011, 27 (28).

391 Zu Einzelheiten des Missstands der Wettbewerbsverzerrungen siehe unten S. 119 ff.

zurückgegriffen werden. Aufgrund der Ubiquität eines Werkes im Internet und des Territorialitätsprinzips benötigte ein Online-Verwerter grundsätzlich Lizenzen für jeden Abrufstaat. Verwertungsgesellschaften war es allerdings auf Basis der geltenden Gegenseitigkeitsverträge nur erlaubt, Lizenzen für fremdes Repertoire in ihrem jeweiligen Gebiet zu erteilen. Der Online-Verwerter konnte daher die notwendigen Rechte nicht aus einer Hand bekommen, sondern musste mit der Verwertungsgesellschaft jedes Bestimmungslandes Lizenzverhandlungen führen. Um den Online-Verwertern dies zu ersparen, versuchten die musikalischen Verwertungsgesellschaften die bestehenden Gegenseitigkeitsverträge an die Online-Bedürfnisse anzupassen, was nur eingeschränkt einer wettbewerbsrechtlichen Prüfung der Kommission standhielt.

Schließlich versuchte die Kommission die Gegebenheiten im Online-Musikereich mittels einer Empfehlung zu verbessern. Als revolutionäre Neuheit sollten Online-Rechte im musikalischen Bereich zukünftig nicht mehr auf Basis von Gegenseitigkeitsverträgen lizensiert werden können. Rechteinhaber sollten ihre Online-Rechte an eine Verwertungsgesellschaft ihrer Wahl vergeben. Allein diese sollte dann die Online-Rechte im gesamten Unionsgebiet wahrnehmen können.

Diese Empfehlung prägte die gegenwärtigen Gegebenheiten im Online-Musikbereich maßgeblich, führte jedoch zu keiner nennenswerten Verbesserung. Durch Entstehung neuer Lizensierungsorganisationen verkomplizierte sich der Lizensierungsprozess vielmehr ein weiteres Mal. Online-Verwerter mussten nunmehr zahlreiche Stellen anlaufen, um Mehrgebietslizenzen zu einem attraktiven Repertoire zu erlangen. Zudem müssen sich Verwertungsgesellschaften seitdem in einem Wettbewerb auf einem nicht harmonisierten Spielfeld bewähren.

B. Lizenzzersplitterung als Missstand des Online-Musikbereichs

Den ersten großen Missstand des Online-Musikbereichs stellt eine gravierende Lizenzzersplitterung dar. Die für einen Online-Dienst erforderlichen Lizenzen können derzeit nicht rechtssicher an einer zentralen Stelle erworben werden. Ausgangspunkt dieser Entwicklung war die Veröffentlichung der Kommissionsempfehlung im Jahr 2005.

I. Entstehung neuartiger Lizensierungsorganisationen

Der Markt der kollektiven Rechtewahrnehmung war bis zur Veröffentlichung der Kommissionsempfehlung durch monopolartige Verwertungsgesellschaften in den Mitgliedstaaten geprägt. Nennenswerter Wettbewerb fand weder auf nationaler

Ebene noch auf Unionsebene statt. Die Kommissionsempfehlung veränderte diesen verkrusteten Zustand und entfachte erstmals einen Wettbewerb auf diesem Markt. Anders als sich die Kommission dies vorstellte fand dieser Wettbewerb allerdings schon bald nicht mehr ausschließlich zwischen etablierten europäischen Verwertungsgesellschaften statt. Als direkte Folge der Kommissionsempfehlung etablierten sich bereits kurz nach deren Veröffentlichung neuartige Lizensierungsorganisationen, die in den noch jungen Wettbewerb eintraten und deren Entstehung von der Kommission in dem Maße nicht vorhergesehen wurde[392].

1. *Hintergrund der Entstehung*

Die maßgeblichen Regelungen der Kommissionsempfehlung beinhalteten einen Impuls für Rechteinhaber, Online-Musikrechte aus den Repertoires ihrer Verwertungsgesellschaften herauszulösen, um diese anschließend selbst wahrzunehmen oder einer anderen Institution zur Wahrnehmung zu übertragen. War dies geschehen, sollte nunmehr allein der Rechteinhaber oder die direkt betraute Institution die Online-Rechte an Online-Verwerter unionsweit lizensieren können. Eine Lizensierung durch andere Verwertungsgesellschaften auf Basis von Gegenseitigkeitsverträgen sollte nicht mehr möglich sein[393].

Diesen neuen rechtlichen Hintergrund machten sich große internationale Musikverlage zu Nutze[394]. Ganz im Geiste der Kommissionsempfehlung entnahmen sie die für eine Online-Nutzung erforderlichen Vervielfältigungsrechte zu ihrem anglo-amerikanischen Repertoire aus dem Kreislauf der europäischen Verwertungsgesellschaften. Anders als es die Kommission in ihrer Empfehlung vorgesehen hatte beauftragten sie im zweiten Schritt jedoch nicht ausnahmslos etablierte Verwertungsgesellschaften mit der unionsweiten Wahrnehmung der Online-Rechte. Stattdessen schufen europäische Verwertungsgesellschaften in Abstimmung mit den Musikverlagen spezielle auf die jeweiligen Musikverlage zugeschnittene Lizensierungsorganisationen, die exklusiv Mehrstaatenlizenzen für das verlagseigene Repertoire vergeben sollten[395]. Auf diesem Weg entstanden zahlreiche neue Lizensierungsorganisationen[396].

---

392 *v. Albrecht*, ZUM 2011, 706 (710); *Poll*, ZUM 2008, 500 (505 f.); *Müller*, ZUM 2011, 13 (15 f.).

393 Zu den Einzelheiten der Kommissionsempfehlung siehe oben S. 78 ff.

394 *Schaefer*, ZUM 2010, 150; *v. Albrecht*, ZUM 2011, 706 (708); *Müller*, ZUM 2009, 121 (127).

395 *Müller*, in: Hoeren/Sieber/Holznagel, Teil 7.5 Rn. 100a; *Altemark*, S. 218.

396 Zu den einzelnen neu entstandenen Lizensierungsorganisationen siehe unten S. 88 ff.

Dieser Schritt war den internationalen Musikverlagen auf Grund eines abweichenden Systems der kollektiven Rechtewahrnehmung im anglo-amerikanischen Rechtskreis möglich[397]. Im anglo-amerikanischen *Copyright-System* werden Verwertungsgesellschaften zwar auch die Aufführungsrechte (z. B. Rechte der öffentlichen Zugänglichmachung und Senderechte) in den Wahrnehmungsverträgen übertragen. Die mechanischen Rechte (Vervielfältigungsrechte) werden den Verwertungsgesellschaften jedoch anders als im kontinentaleuropäischen Rechtsraum nicht zur Wahrnehmung übertragen[398]. Da aber auch im anglo-amerikanischen Raum die Rechteinhaber diese Rechte faktisch nicht eigenständig wahrnehmen können, übertragen sie diese Rechte großen Musikverlagen zur Wahrnehmung, die fortan die Kontrolle ausüben. Für die Wahrnehmung im Ausland beauftragen diese Musikverlage entweder ihre dortigen Tochtergesellschaften oder einen ausländischen Subverlag. Diese Ableger sind wiederum regelmäßig Mitglieder in der jeweiligen nationalen Verwertungsgesellschaft[399]. Die Verlagsableger brachten die Rechte jedoch nur für das jeweilige Territorium der Verwertungsgesellschaft unter Vorbehalt eines jederzeitigen Rückrufrechts in die nationalen Verwertungsgesellschaften ein[400]. Nach der Veröffentlichung der Kommissionsempfehlung konnten die Verlage, beziehungsweise deren Ableger, daher unmittelbar den Verwertungsgesellschaften die für eine Online-Nutzung erforderlichen Vervielfältigungsrechte wieder entziehen. Anschließend ließen die Verlage diese Rechte über eine oder wenige Verwertungsgesellschaften europaweit und exklusiv lizensieren oder sie übertrugen die Rechte auf eine neu gegründete Gesellschaft, um die Rechte fortan europaweit und exklusiv lizensieren zu lassen[401].

Jenseits des anglo-amerikanischen Repertoires war dieses Vorgehen nicht in gleichem Maße möglich. Im kontinentaleuropäischen *Droit d`Auteur-System* werden den Verwertungsgesellschaften auch die Vervielfältigungsrechte übertragen, so dass die Musikverlage in der Regel nicht Inhaber der Vervielfältigungsrechte sind[402].

---

397 *Hansen*, in: Ensthaler/Weidert, § 6 Rn. 53; *Poll*, ZUM 2008, 500 (503 f.).

398 *Nérisson*, ZUM 2013, 185 (188); *Goldmann*, S. 343 f.; *Müller*, ZUM 2011, 13 (15); *Altemark*, S. 219; *Alich*, GRUR Int. 2008, 996 (999); *Poll*, ZUM 2008, 500 (504); *v. Albrecht*, K & R 2009, 661 (662).

399 Zu Einzelheiten des Subverlagssystem siehe *Heine*, S. 38 f.; *Goldmann*, S. 343 f.

400 *Spohn/Hullen*, GRUR 2010, 1053 (1056) Fn. 38; *Poll*, ZUM 2008, 500 (504).

401 *Ventroni*, MMR 2008, 273 (274); *Alich*, GRUR Int. 2008, 996 (999); *Nérisson*, ZUM 2013, 185 (189).

402 *Spohn/Hullen*, GRUR 2010, 1053 (1056) Fn. 38; *Altemark*, S. 218; *Poll*, ZUM 2008, 500 (504).

2. *Neue Lizensierungssituation*

Im Bereich des anglo-amerikanischen Repertoires ergab sich mithin bereits kurz nach Veröffentlichung der Kommissionsempfehlung folgende neue Lizensierungssituation:

Die zur Online-Nutzung erforderlichen Aufführungsrechte (beispielsweise das Recht der öffentlichen Zugänglichmachung gem. § 19a UrhG) für das anglo-amerikanische Repertoire befanden sich auch nach der Kommissionsempfehlung weiterhin im System der Verwertungsgesellschaften, da diese auch im anglo-amerikanischen Rechtskreis traditionell Verwertungsgesellschaften eingeräumt wurden.

Die zur Online-Nutzung erforderlichen mechanischen Rechte (Recht der Vervielfältigung gem. § 16 UrhG) für das anglo-amerikanische Repertoire befanden sich hingegen weitestgehend nicht mehr im System der Verwertungsgesellschaften. Diese Rechte wurden nunmehr exklusiv von einer oder wenigen Verwertungsgesellschaften oder von neu gegründeten Lizensierungsorganisationen europaweit vergeben.

Da für eine Online-Nutzung aber zwangsläufig sowohl mechanische Rechte als auch Aufführungsrechte erforderlich sind[403], mussten Online-Verwerter folglich mit zwei verschiedenen Rechteinhabern kontrahieren; das Online-Nutzungsrecht war mithin gespalten[404].

3. *Neu entstandene Lizensierungsorganisationen*

Im Zuge dieses Umbruchs im Nachgang der Kommissionsempfehlung wurden zahlreiche Lizensierungsinitiativen gegründet, die stetigem Wandel unterliegen und deren Entstehungsprozess noch nicht abgeschlossen ist. Bereits eine oberflächliche und nicht abschließende Auflistung einiger Organisationen lässt erahnen, wie sehr sich die Lizenzlage im Online-Musikbereich durch die Gründung dieser Lizensierungsinitiativen verkompliziert hat[405]. Hierbei beschränkt sich die Darstellung auf eine Vorstellung derjenigen Lizensierungsorganisationen, die das wirtschaftlich relevante anglo-amerikanische Repertoire unionsweit

403 Zu den im Falle einer Online-Nutzung betroffenen Verwertungsrechten siehe oben S. 13 ff.

404 Zu der Zulässigkeit dieser Aufspaltung nach deutschem Urhebervertragsrecht siehe unten S. 101 ff.

405 Umfassende Darstellungen der neuen Initiativen bei *Ventroni*, in: Schwarz/Peschel-Mehner, Kap. 4-G 8 Rn. 112 ff.; *Baierle*, MMR 2012,503 (505); *Altemark*, S. 220 ff.

lizensieren und damit den bedeutendsten Beitrag zu der Verkomplizierung im Online-Musikbereich geleistet haben. Lizensierungsvorgänge durch diese neuen Lizensierungsorganisationen lassen sich in zwei verschiedene Kategorien einteilen:

a) Lizensierung durch neu gegründete Unternehmen

Einige Musikverlage ließen in Kooperation mit Verwertungsgesellschaften eigens auf sie zugeschnittene Unternehmen schaffen und übertrugen die für eine Online-Nutzung erforderlichen mechanischen Rechte hinsichtlich des angloamerikanischen Repertoires auf diese Unternehmen. Diese sollten im Anschluss europaweite Lizensierungen vornehmen.

aa) Centralized European Licensing and Administrative Service – CELAS

Die erste, dieser im Nachgang der Kommissionsempfehlung gegründeten Lizensierungsorganisationen, ist CELAS[406]. CELAS ist eine Kooperation zwischen der GEMA, ihrer britischen Schwestergesellschaft MCPS-PRS Alliance und dem Musiklabel EMI Music Publishing mit Niederlassungen in London und München. CELAS ist in der Rechtsform einer GmbH gegründet worden, deren Gesellschafter die GEMA und die MCPS-PRS zu gleichen Teilen sind.

CELAS vergibt exklusiv unionsweite Online-Lizenzen für das anglo-amerikanische Repertoire des Musikverlags EMI Music Publishing[407]. Dabei lizensiert CELAS im eigenen Namen die für die Online-Nutzung dieses Repertoires erforderlichen mechanischen Rechte[408]. Die für eine Online-Nutzung ebenfalls erforderlichen Aufführungsrechte, vergibt CELAS im Namen der GEMA und/oder der MCPS-PRS Alliance, da sich diese Rechte immer noch bei den amerikanischen Verwertungsgesellschaften befinden[409]. Aufgrund spezieller Vereinbarungen der GEMA beziehungsweise MCPS-PRS mit diesen amerikanischen Verwertungsgesellschaften geschieht auch diese Lizensierung unionsweit[410].

---

406 http://www.celas.eu/CelasTabs/Default.aspx, zuletzt abgerufen am 25. Oktober 2013.

407 *Wolf/Evert*, in: Kreile/Becker/Riesenhuber, Kap. 17 Rn. 87.

408 Zu der Reichweite einer CELAS Lizenz *Wolf/Evert*, in: Kreile/Becker/Riesenhuber, Kap. 17 Rn. 101.

409 Angaben auf der CELAS Homepage: „*CELAS aims to ensure the maximum bundle of rights by including the PRS and GEMA license of that repertoire on a pan-European basis.*“, abrufbar unter: www.celas.eu/CelasTabs/About.aspx, zuletzt abgerufen am 31. Oktober 2014; dahingehender Vortrag der CELAS vor Gericht, LG München, ZUM 2009, 788 (791).

410 *Müller*, ZUM 2009, 121 (127) Fn. 26; *Hansen*, in: Ensthaler/Weidert, Kap. 6 Rn. 56.

Für das anglo-amerikanische Repertoire von EMI Music Publishing bietet CELAS den Online-Verwertern damit die Möglichkeit, im Rahmen eines *One-Stop-Shops* alle für eine unionsweite Online-Nutzung erforderlichen Rechte in einem Zug zu erwerben, obgleich eigentlich zwei verschiedene Rechteinhaber (CELAS für die entsprechenden mechanischen Rechte und die amerikanischen Verwertungsgesellschaften für die Aufführungsrechte) zuständig sind. Dem wird in der Praxis durch den Abschluss zweier getrennter Verträge Rechnung getragen, wobei CELAS die europäischen Verwertungsgesellschaften bei der Lizensierung der Aufführungsrechte vertritt[411].

bb) Pan European Collective Licensing – PAECOL

Die PAECOL GmbH ist ein 100-prozentiges Tochterunternehmen der GEMA und lizensiert europaweit und exklusiv die mechanischen Rechte für den Online-Gebrauch des anglo-amerikanischen Repertoires des Musikverlags Sony/ATV Music Publishing[412]. Da sich PAECOL selbst als zentralen Ansprechpartner für Online-Verwerter beschreibt[413], ist davon auszugehen, dass ähnlich dem CELAS-Lizensierungsprozess auch mit dieser Lizensierungsorganisation zwei Verträge geschlossen werden wobei einer im Namen der Verwertungsgesellschaft geschlossen wird, welche die Aufführungsrechte vergibt[414].

cc) Anglo-American Rights European Service Agency – ARESA

Die ARESA GmbH ist ein Tochterunternehmen der GEMA, das die für den Online-Gebrauch notwendigen mechanischen Rechte des anglo-amerikanischen Repertoires des Musikverlags BMG Rights Management europaweit lizensiert[415]. Details zur Lizensierungspraxis gibt ARESA nicht preis. Ob ARESA daher auch wie CELAS und PAECOL die für die Online-Nutzung erforderlichen Aufführungsrechte im fremden Namen vergibt, ist unklar. Dies

---

411 *Müller*, ZUM 2009, 121 (127); *Ventroni*, in: Schwarz/Peschel-Mehner, Kap. 4-G 8 Rn. 71.

412 *Baierle*, MMR 2012, 503 (505); *Altemark*, S. 228.

413 Angaben zu PAECOL auf der Internetseite der GEMA: „*Europaweit können so alle Belange, die das anglo-amerikanische Sony/ATV Verlagsrepertoire betreffen, über einen einzigen Ansprechpartner, die PAECOL GmbH, geregelt und koordiniert werden.*“, abrufbar unter: https://www.gema.de/die-gema/organisation/paecol-gmbh.html; zuletzt abgerufen am 31. Oktober 2014.

414 *Altemark*, S. 228 f.

415 Angaben zu ARESA auf der Internetseite der GEMA, abrufbar unter: https://www.gema.de/die-gema/organisation/aresa-gmbh.html, zuletzt abgerufen am 31. Oktober 2014.

kann allerdings vermutet werden, da die Ausgangssituation von ARESA sich nicht von den Ausgangssituationen von CELAS und PAECOL unterscheidet. Alle Unternehmen sind Tochtergesellschaften der GEMA mit Sitz an der GEMA-Niederlassung in München, welche die für eine Online-Nutzung erforderlichen mechanischen Rechte für das anglo-amerikanische Repertoire eines Musikverlags unionsweit lizensieren. Der Mehrwert dieser Tochterunternehmen würde geschmälert, wenn die ebenfalls für eine Online-Nutzung unumgänglichen Aufführungsrechte erst in einem gänzlich neuen Lizensierungsprozess erworben werden müssten. Einerseits müsste der Online-Verwerter in einem solchen Fall zwei Stellen anlaufen, um die Online-Rechte an einem Werk erwerben zu können. Andererseits müssten sowohl die GEMA als auch die jeweilige Tochtergesellschaft eigene Lizensierungsverfahren unterhalten.

Infolgedessen ist davon auszugehen, dass ARESA dieselbe Lizensierungspraxis verfolgt, wie CELAS und PAECOL. Die restriktive Informationspolitik der neuesten Lizensierungsorganisationen dürfte vielmehr dem Umstand geschuldet sein, dass einer in Deutschland entfachten Diskussion rund um den wahrnehmungsrechtlichen Status und die Lizensierungspraxis der neuartigen Lizensierungsorganisationen der Boden entzogen werden soll[416].

b) Lizensierung durch eine oder mehrere Verwertungsgesellschaften

Andere Musikverlage wählten einen weniger extravaganten Weg und beauftragten eine oder mehrere etablierte Verwertungsgesellschaften mit der europaweiten Lizensierung der für die Online-Nutzung erforderlichen mechanischen Rechte. Dieser Weg dürfte eher dem entsprechen, was die Kommission mit den Regelungen in der Kommissionsempfehlung erreichen wollte.

aa) Direct European Administration and Licensing – DEAL

Bei der Lizensierungsinitiative DEAL handelt es sich um eine Kooperation zwischen der französischen Verwertungsgesellschaft SACEM und dem Musikverlag Universal Music Publishing Group[417]. Bei DEAL handelt es sich

---

416 Zu rechtlichen Problemstellungen der neuen Lizensierungsorganisationen siehe unten S. 92 ff.

417 *Altemark*, S. 225; *Baierle*, MMR 2012, 503 (505); *Rainer*, S. 87; http://www.sacem.fr/cms/site/en/lang/en/home/about-sacem/documentation/2009-press-releases/universal-music-publishing-group-and-sacem-announce-name-of-pan-european-licensing-model-as-well-as-a-variety-of-pan-european-deals-with-major-internet-companies, zuletzt abgerufen am 31. Oktober 2014.

mithin nicht um eine eigene juristische Person, sondern um ein Abkommen der beteiligten Akteure[418]. Im Rahmen dieses Abkommens sollen die für die Online-Nutzung erforderlichen Rechte des anglo-amerikanischen Repertoires des Verlags europaweit vergeben werden. Die für die Online-Nutzung maßgeblichen mechanischen Rechte vergibt die SACEM im Namen des Verlags. Die Lizensierung der für die Online-Nutzung maßgeblichen Aufführungsrechte erfolgt weiterhin über die Verwertungsgesellschaft SACEM. Infolgedessen müssen auch bei dieser Initiative zwei Verträge geschlossen werden[419]. Im Unterschied zu anderen Lizensierungsorganisationen muss im Rahmen dieses Projektes nicht zwangsläufig allein eine exklusive Lizensierung des Universal Repertoires stattfinden. Damit steht das Projekt theoretisch auch anderen Musikverlagen oder sonstigen Rechteinhabern für eine europaweite Lizensierung ihrer Werke offen[420].

bb) Pan European Digital Licensing – PEDL

Über die Lizensierungsinitiative PEDL werden derzeit die europaweiten Online-Musikrechte für den Musikverlag Warner/Chapell lizensiert[421]. Initiatoren sind der Verlag und sechs europäische Verwertungsgesellschaften[422]. Der Musikverlag räumt jeder beteiligten Verwertungsgesellschaft die nicht-exklusive Möglichkeit ein, das anglo-amerikanische Repertoire europaweit zu lizensieren[423]. Eine Beteiligung an der Initiative steht daher auch weiteren Verwertungsgesellschaften offen, sofern die festgelegten Standards des Musikverlags erfüllt werden[424].

---

418 *Ventroni*, in: Schwarz/Peschel-Mehner, Kap. 4-G 8 Rn. 113 Fn. 96.

419 *Altemark*, S. 225.

420 *Rainer*, S. 88; *Baierle*, MMR 2012, 503 (505).

421 www.warnerchappell.com/pedl/pedl.jsp, zuletzt abgerufen am 31. Oktober 2014.

422 Aufzählung der derzeit beteiligten sechs Verwertungsgesellschaften bei *Altemark*, S. 229.

423 *Hansen*, in: Ensthaler/Weidert, Kap. 6 Rn. 129; EU-Parlamentsstudie Verwertungsgesellschaften und kulturelle Vielfalt in der Musikbranche 2009, S. 37, abrufbar unter: http://www.europarl.europa.eu/RegData/etudes/etudes/join/2009/419110/IPOL-CULT_ET%282009%29419110_DE.pdf, zuletzt abgerufen am 31. Oktober 2014.

424 *Alich*, GRUR Int. 2008, 996 (1000); Monitoring of the 2005 music online recommendation, S. 6, abrufbar unter: http://ec.europa.eu/internal_market/copyright/docs/management/monitoring-report_en.pdf, zuletzt abgerufen am 31. Oktober 2014.

II. Rechtliche Problemstellungen neuartiger Lizensierungsorganisationen

Neben den faktischen Konsequenzen dieser Lizensierungsorganisationen für die Online-Verwerter[425] werfen die neuartigen Lizensierungsorganisationen in Deutschland verschiedene Fragestellungen rechtlicher Natur auf. Insbesondere der wahrnehmungsrechtliche Status und die Lizensierungspraxis einiger neuer Lizensierungsorganisationen sind umstritten und haben bislang keine endgültigen Klärungen erfahren.

1. Wahrnehmungsrechtlicher Status neuartiger Lizensierungs-organisationen

Sofern die Lizensierung bestimmter Verlagsrepertoires exklusiv durch eine oder mehrere klassische Verwertungsgesellschaften vorgenommen wird (wie im Fall von PEDL und DEAL), begegnet dies keinen speziellen wahrnehmungsrechtlichen Problemen. Werden allerdings Fragmente des Verlagsrepertoires auf eigens hierfür gegründete juristische Personen übertragen (wie in den Fällen von CELAS, PAECOL und ARESA), die anschließend exklusive Lizensierungen für den Musikverlag vornehmen, stellt sich die Frage nach dem wahrnehmungsrechtlichen Status dieser neuen Organisationen. Derartige Lizensierungsorganisationen nehmen gebündelte Nutzungsrechte wahr. Obendrein sind sie mit nationalen Verwertungsgesellschaften wirtschaftlich verbunden und greifen bei ihrer Tätigkeit auf die personelle und operative Infrastruktur der nationalen Verwertungsgesellschaften zu[426]. Damit ist ihre Tätigkeit derjenigen einer klassischen Verwertungsgesellschaft nicht unähnlich.

Sofern die Lizensierungsorganisationen im deutschen Rechtsraum aktiv werden und dort Lizenzen nach dem deutschem UrhG erteilen, gilt grundsätzlich deutsches Wahrnehmungsrecht[427]. Es stellt sich mithin die Frage, ob sie in diesem Fall auch als Verwertungsgesellschaften im Sinne von § 1 Abs. 4 Satz 1

---

425 Zu den faktischen Konsequenzen der neuen Lizensierungsorganisationen siehe unten S. 107 ff.

426 *Ventroni*, MMR 2012, 565 (567); *Hoeren/Altemark*, GRUR 2010, 16 (20); EU-Parlamentsstudie Verwertungsgesellschaften und kulturelle Vielfalt in der Musikbranche 2009, S. 33 f., abrufbar unter: http://www.europarl.europa.eu/RegData/etudes/etudes/join/2009/419110/IPOL-CULT_ET%282009%29419110_DE.pdf, zuletzt abgerufen am 31. Oktober 2014.

427 *Hoeren/Altemark*, GRUR 2010, 16 (17); *Freudenberg*, in: Ahlberg/Götting, § 1 WahrnG Rn. 20.

UrhWahrnG eingestuft werden müssen. Gerade im deutschen Wahrnehmungsrecht ist diese Frage elementar, da von ihrer Beantwortung viele Folgefragen abhängen[428]. Sind derartige Lizensierungsorganisationen als Verwertungsgesellschaften einzustufen, benötigten sie nach deutschem Recht gem. § 1 Abs. 1 UrhWahrnG eine Erlaubnis, ohne die gem. § 1 Abs. 3 Satz 1 UrhWahrnG keine Aktivlegitimation zur Geltendmachung urheberrechtlicher Ansprüche besteht. Zudem müssen sich die Lizensierungsorganisationen in diesem Fall an den strengen Pflichtenkatalog des deutschen UrhWahrnG halten und unterliegen der Aufsicht des DPMA[429].

a) Bisherige Behandlung in Deutschland

Bislang führt das DPMA keine der neuen Lizensierungsorganisationen in der Liste der in Deutschland tätigen Verwertungsgesellschaften[430]. Aus einem Schreiben eines ehemaligen Präsidenten des DPMA vom 07. Februar 2007 geht vielmehr hervor, dass seitens des DPMA nicht von einer Erlaubnispflicht ausgegangen wird. Das Schreiben nimmt Bezug auf einen Erlaubnisantrag der ältesten neuartigen Lizensierungsorganisation CELAS und gelangt zu folgendem Ergebnis:

> „(…) *nach den mir zurzeit vorliegenden Informationen wird die CELAS GmbH (…) derzeit nicht treuhänderisch tätig. Ich halte deshalb zurzeit CELAS nicht für eine Verwertungsgesellschaft, die für ihre Tätigkeit der Erlaubnis des Deutschen Patent- und Markenamtes nach § 1 Urheberrechtswahrnehmungsgesetz (UrhWahrnG) bedarf*“[431].

Daraufhin nahm CELAS, einen auf Erlaubnis gestellten Antrag zurück und versteht sich bis zum heutigen Tag nicht als Verwertungsgesellschaft[432].

---

428 *Drexl*, in: Protokoll der gemeinsamen Sitzung der deutschen Landesgruppe der ALAI und Fachausschuss für Urheber- und Verlagsrecht am 27. April 2007, Alich/Schmidt-Bischoffshausen, GRUR 2008, 43 (44); *Hoeren/Altemark*, GRUR 2010, 16; *Ventroni*, in: Schwarz/Peschel-Mehner, Kap. 4-G 8 Rn. 89; *Hansen*, in: Ensthaler/Weidert, Kap. 6 Rn. 134.

429 Zu Einzelheiten des Pflichtenkatalogs und der Aufsicht im UrhWahrnG siehe oben S. 45 ff.

430 Liste aller beim DPMA gelisteten deutschen Verwertungsgesellschaften abrufbar unter: http://www.dpma.de/amt/aufgaben/urheberrecht/aufsichtueberverwertungs gesellschaften/listederverwertungsgesellschaften/index.html, zuletzt abgerufen am 31. Oktober 2014.

431 Auszug des Schreibens abgedruckt im Urteil des LG München, ZUM 2009, 788 (789).

432 *Wolf/Evert*, in: Kreile/Becker/Riesenhuber, Kap. 17 Rn. 99.

Gleiches Selbstverständnis haben die im Nachgang gegründeten neuartigen Lizensierungsorganisationen.

Eine endgültige Einordnung ist in diesem (ohnehin nur in Auszügen bekannten) Schreiben freilich nicht zu sehen. Aufgrund des oberflächlichen Charakters des Schreibens konnte es auch keinen nennenswerten Beitrag zu der bis heute anhaltenden Diskussion über den wahrnehmungsrechtlichen Status dieser neuen Lizensierungsorganisationen leisten. Im Ergebnis haben sich dennoch viele Stimmen der Einordnung des DPMA angeschlossen, wobei die Begründungen hierfür variieren[433]. Ähnlich viele Auffassungen gelangen indes zu dem entgegengesetzten Ergebnis und ordnen Lizensierungsorganisationen wie CELAS, PAECOL und ARESA als Verwertungsgesellschaften ein[434] oder nehmen zumindest eine differenzierte Wertung vor[435]. Vor diesem Hintergrund scheint eine sorgfältige Subsumtion dieser neuartigen Lizensierungsorganisationen unter den Tatbestand des § 1 Abs. 1 UrhWahrnG unumgänglich.

b) Bewertung anhand von § 1 Abs. 1 UrhWahrnG

Eine Verwertungsgesellschaft ist gem. § 1 Abs. 4 UrhWahrnG eine juristische Person oder Personengemeinschaft, die eine Tätigkeit nach § 1 Abs. 1 UrhWahrnG vornimmt. Nach § 1 Abs. 1 UrhWahrnG benötigt eine Erlaubnis,

> *„wer Nutzungsrechte, Einwilligungsrechte oder Vergütungsansprüche, die sich aus dem Urheberrechtsgesetz vom 9. September 1965 (Bundesgesetzbl. I S. 1273) ergeben, für Rechnung mehrerer Urheber oder Inhaber verwandter Schutzrechte zur gemeinsamen Auswertung wahrnimmt, (…), gleichviel, ob die Wahrnehmung in eigenem oder fremdem Namen erfolgt“.*

Maßgebliches Tatbestandsmerkmal für die Bewertung neuartiger Lizensierungsorganisationen ist, die Rechtewahrnehmung *„für Rechnung mehrerer Urheber oder Inhaber verwandter Schutzrechte“*.

---

433 *Rehse*, ZUM 2013, 191 (192); *Zeisberg*, in: Dreyer/Kotthoff/Meckel, § 1 WahrnG Rn. 10; *Reinbothe*, in: Schricker/Loewenheim, Vor §§ 1 ff. WahrnG Rn. 14; Schlussbericht der Enquete-Kommission „Kultur in Deutschland“ – BT-Drucks. 16/7000, S. 269; *Müller*, ZUM 2009, 121 (127); *Wolf/Evert*, in: Kreile/Becker/Riesenhuber, Kap. 17 Rn. 99; offen gelassen OLG München, GRUR-RR 2011, 1 (4).

434 *Ventroni*, MMR 2008, 273 (274); *Alich*, GRUR Int. 2008, 996 (1003); *Schack*, Rn. 1319 Fn. 54; *Hoeren/Altemark*, GRUR 2010, 16 (21); LG München, ZUM 2009, 788 (794); *Hilty*, in: Leistner, 123 (137 f.); *Schulze*, in: Dreier/Schulze, § 1 UrhWG Rn 26; zweifelnd *Gerlach*, in: Wandtke/Bullinger, § 1 WahrnG Rn. 3.

435 *Poll*, ZUM 2008, 500 (506).

Die Subsumtion unter dieses Tatbestandsmerkmal fällt jedoch aus verschiedenen Gründen schwer. Einerseits besteht die Schwierigkeit darin, dass es sich bei den neuen Lizensierungsorganisationen um Gebilde handelt, die der historische Gesetzgeber offensichtlich nicht vor Augen hatte, als er den Wortlaut des § 1 Abs. 1 UrhWahrnG vor fast 50 Jahren formulierte. Ausländische Musikverlage, die aufgrund divergierender Urheberrechtsordnungen einen kleinen aber zugleich bedeutenden Teil des Rechteportfolios den Verwertungsgesellschaften entziehen und ihn durch neu gegründete juristische Personen exklusiv wahrnehmen lassen, hatte der historische Gesetzgeber nicht vorausgesehen.

Daneben erschwert der unglückliche Wortlaut des § 1 Abs. 1 UrhWahrnG die Subsumtion unter den Tatbestand. Trotz des Alters des Gesetzes ist im Rahmen des maßgeblichen Tatbestandsmerkmals die Auslegung einzelner Bestandteile immer noch unklar und umstritten. Anders als im Fall von klassischen Verwertungsgesellschaften wirken sich diese tatbestandlichen Unwägbarkeiten bei der Bewertung neuartiger Lizensierungsorganisationen erschwerend aus.

Eine weitergehende Verkomplizierung erfährt der Anwender des Gesetzes schließlich durch die zurückhaltende Informationspolitik der neuen Lizensierungsorganisationen. Nicht zuletzt mit Blick auf die drohende Einordnung einer Lizensierungsorganisation als Verwertungsgesellschaft geben derartige Organisationen zunehmend weniger Informationen preis. Während über CELAS aufgrund einer eigenen Internetpräsenz[436] und einer gerichtlichen Auseinandersetzung mit einem bedeutenden Online-Verwerter[437] noch vergleichsweise viel bekannt ist, gehen die jüngeren Organisationen PAECOL und ARESA diskreter mit Informationen zu ihrer Lizensierungspraxis um. PAECOL betreibt bereits keine eigene Website mehr, sondern ist nur über die Website der Muttergesellschaft GEMA zu erreichen. Diese Website offenbart allerdings keine unmittelbaren Informationen zu Details der Lizensierungspraxis von PAECOL, sondern lässt lediglich den Schluss zu, dass über PAECOL auch Aufführungsrechte vergeben werden sollen[438]. ARESA, die jüngste der neuen Organisationen, präsentiert sich noch verschlossener und gibt nicht einmal letzteres preis.

---

436 http://www.celas.eu/CelasTabs/Default.aspx, zuletzt abgerufen am 31. Oktober 2014.

437 Zu der gerichtlichen Auseinandersetzung zwischen CELAS und MyVideo siehe unten S. 102 f.

438 Zu Einzelheiten der Lizensierungspraxis von PAECOL siehe oben S. 89 f.

aa) „Für Rechnung“

Aus dem Tatbestandsmerkmal *„für Rechnung“* geht die Treuhandstellung einer Verwertungsgesellschaft hervor[439]. Verwertungsgesellschaften bedürfen auch deshalb einer besonderen Kontrolle, weil Rechteinhaber ihnen durch eine umfassende Rechteübertragung gleichzeitig auch wesentliche Teile ihres Vermögens zu treuen Händen übertragen[440]. Wodurch sich diese Treuhandstellung im Einzelfall auszeichnet, ist schwer greifbar. Als Merkmal aller Treuhandverhältnisse lässt sich aber feststellen, dass der Treugeber dem Treuhänder Rechte überträgt oder Rechtsmacht einräumt, von denen dieser nur nach näherer Maßgabe eines schuldrechtlichen Treuhandvertrags Gebrauch machen darf[441]. Oft wird dieses Merkmal in Bezug auf das Wahrnehmungsrecht dahingehend ergänzt, dass die wahrnehmende Organisation unentgeltlich beziehungsweise ohne Gewinnerzielungsabsicht agieren müsse[442]. Andere lassen ausreichen, dass der wirtschaftliche Erfolg demjenigen zu Gute kommt, dessen Rechte wahrgenommen werden, auch wenn die Verwertungsgesellschaft entgeltlich oder mit Gewinnerzielungsabsicht handelt[443].

Diese tatbestandliche Unschärfe hat Auswirkungen auf die Bewertung der neuen Lizensierungsorganisationen. Wer das Tatbestandsmerkmal so versteht, das Verwertungsgesellschaften altruistisch agieren müssen, dürfte die neuen Lizensierungsorganisationen nicht als Verwertungsgesellschaften begreifen, sofern sie mit Gewinnerzielungsabsicht agieren[444]. Teilweise wird eine Treuhandstellung auch mit der Begründung verweigert, Lizensierungsorganisationen seien als verlängerte Arme der Muttergesellschaften ohne eigene Treuhandfunktion zu sehen[445]. Wer für die typische Treuhandstellung hingegen ausreichen lässt,

---

439 BT-Drucks. 4/271, S. 14; *Dördelmann*, in: Hertin/Schulze/Walter, § 1 UrhWG Rn. 23.

440 *Riesenhuber*, ZUM 2008, 625 (626); *Reinbothe*, in: Schricker/Loewenheim, § 1 WahrnG Rn. 4; *Freudenberg*, in Ahlberg/Götting, § 1 WahrnG Rn. 27; *Melichar*, in Loewenheim, § 50 Rn. 1.

441 *Steden*, S. 60 f.; *Schramm*, in: Rixecker/Säcker, Band 1, Vor § 164 BGB Rn. 28.

442 *Himmelmann*, in: Kreile/Becker/Riesenhuber, Kap. 18 Rn. 22 ff.; *Schulze*, in: Dreier/Schulze, § 1 UrhWG Rn. 10; *Freudenberg*, in Ahlberg/Götting, § 1 WahrnG Rn. 28.

443 *Riesenhuber*, ZUM 2008, 625 (628 ff.); *Staats*, ZUM 2013, 162 (163); *Reinbothe*, in: Schricker/Loewenheim, § 1 WahrnG Rn. 4; *Alich*, GRUR Int. 2008, 996 (1002).

444 *Rainer*, S. 85.

445 *Reinbothe*, in: Schricker/Loewenheim, Vor §§ 1 ff. WahrnG Rn. 14; *Himmelmann*, in: Kreile/Becker/Riesenhuber, Kap. 18 Rn. 26.

dass die wirtschaftlichen Vor- und Nachteile den Vertretenen treffen sollen, bejaht eine Verwertungsgesellschaft[446].

Andere Stimmen bejahen die Treuhandstellung spätestens hinsichtlich der Lizensierung der für den Online-Gebrauch erforderlichen Aufführungsrechte im Namen einer Verwertungsgesellschaft[447]. Jedenfalls in diesem Bereich erfolge eine treuhänderische Wahrnehmung für die Verwertungsgesellschaften und die in ihnen vereinigten Rechteinhaber, weshalb auch für neuartige Lizensierungsorganisationen eine Verwertungsgesellschaft angenommen werden müsse.

bb) „Mehrerer"

Das Tatbestandsmerkmal *„mehrerer"* soll eine Wahrnehmung der Interessen einzelner Rechteinhaber durch Agenten oder Bevollmächtigte aus dem Anwendungsbereich des UrhWahrnG herausnehmen[448]. Einige unterstreichen, dass die neuartigen Lizensierungsorganisationen diese Voraussetzung nicht erfüllten, da sie nur für einen Rechteinhaber, den Musikverlag, handelten[449].

Auch wenn dies auf den ersten Blick zutreffen mag, wollen andere Stimmen es dabei nicht belassen. Bei der Bewertung dürfe nicht unberücksichtigt bleiben, dass es sich nur formal um einen Begünstigten handele. Da der Verlag nach deutschem Recht kein Urheberrecht erlangt habe[450], stünden hinter ihm zahlreiche Rechteinhaber, die mittelbar von der Rechtewahrnehmung profitierten, weshalb auf diese abzustellen sei[451]. Sollte nicht auf die Mitglieder des Verlags abgestellt werden, liege zumindest die Annahme einer planwidrigen Regelungslücke nahe[452].

Andere Stimmen bejahen das Tatbestandsmerkmal spätestens bei einer Berücksichtigung der zusätzlich zu vergebenden Aufführungsrechte im Namen der Verwertungsgesellschaften durch die Lizensierungsorganisationen[453]. Hierbei

---

446 *Ventroni*, MMR 2008, 273 (274), der hierbei allerdings auf einen Passus auf der Website von CELAS abstellt, der dort inzwischen anders formuliert ist.

447 *Alich*, GRUR Int. 2008, 996 (1002); *Ventroni*, in: Schwarz/Peschel-Mehner, Kap. 4-G 8 Rn. 103.

448 *Zeisberg*, in: Dreyer/Kotthoff/Meckel, § 1 WahrnG Rn. 24; *Schulze*, in: Dreier/Schulze, § 1 UhrWG Rn. 15; *Meyer*, S. 33; *Gerlach*, in: Wandtke/Bullinger, § 1 WahrnG Rn. 3.

449 *Rehse*, ZUM 2013, 191 (192); *Müller*, ZUM 2009, 121 (127).

450 Dazu sogleich siehe S. 98 f.

451 *Hoeren/Altemark*, GRUR 2010, 16 (21).

452 *Hoeren/Altemark*, GRUR 2010, 16 (21).

453 *Alich*, GRUR Int. 2008, 996 (1002); *Ventroni*, MMR 2008, 273 (274); *Altemark*, S. 246.

handele es sich um einen Fall der mittelbaren Rechtewahrnehmung, der unstrittig das Merkmal *„mehrerer“* erfülle[454].

cc) „Urheber oder Inhaber verwandter Schutzrechte“

Folgt man dem Wortlaut von § 1 Abs. 1 UrhWahrnG agiert eine Verwertungsgesellschaft nur für Rechnung von *„Urhebern oder Inhabern verwandter Schutzrechte“*. Ein Tätig werden für Rechnung eines Musikverlages erfüllt diese Voraussetzung des Wortlauts nicht. Nach dem kontinentaleuropäischen Verständnis ist ein Verlag kein Inhaber originärer Urheber- oder Leistungsschutzrechte, sondern lediglich Inhaber derivativer Nutzungsrechte. Daran vermag auch die Tatsache nichts zu ändern, dass dem Musikverlag in dessen Heimat das Copyright übertragen worden ist. Denn eine translative Rechtsübertragung im anglo-amerikanischen Raum hat in Deutschland lediglich die Wirkung eines ausschließlichen Nutzungsrechts[455].

Unstreitig kann eine Verwertungsgesellschaft neben originären Rechteinhabern auch Verlage als Mitglieder aufnehmen[456]. Dafür spricht bereits die Genese des UrhWahrnG, das die GEMA, als Verwertungsgesellschaft, die auch Musikverlage beheimatet zum Vorbild hatte[457]. Ob allerdings eine Verwertungsgesellschaft auch dann angenommen werden kann, wenn ausschließlich Verlage in ihr beheimatet sind, ist umstritten. Teilweise wird angenommen, dass es sich dann nicht mehr um eine Verwertungsgesellschaft handele[458]. Andere Stimmen emanzipieren sich von dem Wortlaut des § 1 Abs. 1 UrhWahrnG und wollen auch eine ausnahmslose Wahrnehmung von Verlagsrechten für die Annahme einer Verwertungsgesellschaft ausreichen lassen. Hiernach sei über den Wortlauft von § 1 Abs. 1 UrhWahrnG auch dann eine Verwertungsgesellschaft gegeben, wenn allein für Rechnung von Inhabern abgeleiteter Rechte agiert werde[459]. Begründet

---

454 *Gerlach*, in: Wandtke/Bullinger, § 1 WahrnG Rn. 5; *Reinbothe*, in: Schricker/Loewenheim, § 1 WahrnG Rn. 8.

455 *Hoeren/Altemark*, GRUR 2010, 16 (18); *Katzenberger*, in: Schricker/Loewenheim, Vor §§ 120 ff. UrhG Rn. 151.

456 *Schulze*, in: Dreier/Schulze, § 1 UrhWG Rn. 12; *Meyer*, S. 33; *Altemark*, S. 243.

457 *Nordemann*, in: Nordemann/Nordemann/Nordemann, § 1 UrhWahrnG Rn. 4; *Meyer*, S. 33.

458 Bayerischer VGH, ZUM 2003, 78 (80) – *PMG*; *Schulze*, in: Dreier/Schulze, § 1 UrhWG Rn. 13; *Nordemann*, in: Nordemann/Nordemann/Nordemann, § 1 UrhWahrnG Rn. 4.

459 *Reinbothe*, in: Schricker/Loewenheim, § 1 WahrnG Rn. 6; *Melichar*, in: Loewenheim, § 50 Rn. 2 a); *Himmelmann*, in: Kreile/Becker/Riesenhuber, Kap. 18 Rn. 25 ff.; *Dördelmann*, in: Hertin/Schulze/Walter, § 1 UrhWG Rn. 29 ff.

wird dies mit einer parallelen Interessenlage; derartige Spielarten der kollektiven Rechtewahrnehmung könnten Macht ebenso gut missbrauchen, weshalb der Gesetzgeber mit dem Wortlaut die staatliche Aufsicht nicht zusätzlich einschränken wollte[460]. Danach sei das Fehlen der Verlage an dieser Stelle des Tatbestands eher in sprachlichen Gründen zu sehen, als in inhaltlichen[461].

Auch diese tatbestandliche Unschärfe hat Auswirkungen auf die Bewertung der neuen Lizensierungsorganisationen. Mit Blick auf den Wortlaut verneinen einige Auffassungen die Anwendbarkeit von § 1 Abs. 1 UrhWahrnG auf die neuen Lizensierungsorganisationen. Mit Blick auf den Telos der Norm bejahen andere die Anwendbarkeit von § 1 Abs. 1 UrhWahrnG auf die neuen Lizensierungsorganisationen[462].

c) Stellungnahme

Auch wenn die Subsumtion neuartiger Lizensierungsorganisationen unter den Erlaubnistatbestand Schwierigkeiten bereitet, sprechen bessere Argumente für die Einordnung neuartiger Lizensierungsorganisationen als Verwertungsgesellschaften gem. § 1 Abs. 4 UrhWahrnG.

Diejenigen Auffassungen, die eine Verwertungsgesellschaft verneinen, ziehen sich auf einen nicht auf derartige Organisationen zugeschnittenen umstrittenen Wortlaut eines beinahe fünfzigjährigen Wahrnehmungsgesetzes zurück. Da der Gesetzgeber bei der Genese des Gesetzes derartige Organisationen aber offensichtlich nicht vor Augen hatte, greift ein Abstellen auf den Wortlaut ohne Berücksichtigung des Telos von Norm und Gesetz, zu kurz. Dies gilt umso mehr, als das der Wortlaut von § 1 Abs. 1 UrhWahrnG auch einer Auslegung zugänglich ist.

Selbst bei einer isolierten Betrachtung des Lizensierungsprozesses, der für den Online-Gebrauch erforderlichen mechanischen Lizenzen, muss bereits eine Verwertungsgesellschaft angenommen werden. Bei den fraglichen Lizensierungsorganisationen handelt es sich um eigenständige juristische Personen, welche die auf sie übertragenen Nutzungsrechte eines Verlags selbständig, exklusiv und europaweit lizensieren. Damit liegt genau die missbrauchsanfällige Ausgangslage vor, die das UrhWahrnG regulieren soll[463]. Die Organisationen

---

460 *Riesenhuber*, ZUM 2008, 625 (635); *Reinbothe*, in: Schricker/Loewenheim, § 1 WahrnG Rn. 6.

461 So auch *Riesenhuber*, ZUM 2008, 625 (635), der von einer *„sprachlichen Konvenienz“* ausgeht.

462 *Hoeren/Altemark*, GRUR 2010, 16 (20).

463 BT-Drucks. 4/271, S. 8 f.

werden treuhänderisch für einen Verlag tätig und haben durch die Bündelung gleichartiger Rechte eine bedeutende Marktmacht. Es bestehen Missbrauchsgefahren in zweierlei Richtungen. Einerseits können die Lizensierungsorganisationen ihre durch die Bündelung homogener Rechte erlangte Marktmacht gegenüber Online-Verwertern ausnutzen. Andererseits können sie ihre Stellung gegenüber den Verlagen missbrauchen, die zuvor bedeutende Teile ihres Vermögens auf die Organisationen übertragen haben. Der Umstand, dass internationale Musikverlage in dieser Hinsicht weniger schutzbedürftig sein mögen, als ein einzelner Komponist oder Textdichter, vermag daran nichts zu ändern. Auch Verlage übertragen bedeutende Teile ihres Vermögens auf eine Organisation, so dass sie von sachgemäßer Verwaltung abhängig sind.

Erst recht muss eine Verwertungsgesellschaft angenommen werden, sobald in die Überlegungen noch der Umstand mit einbezogen wird, dass neuartige Lizensierungsorganisationen neben den ihnen übertragenen mechanischen Rechten zusätzlich im Namen der Verwertungsgesellschaften die für die Online-Nutzung erforderlichen Aufführungsrechte vergeben. Spätestens dann lässt sich einer Verwertungsgesellschaftseigenschaft auch nicht mehr mit einer restriktiven Wortlautauslegung begegnen. In diesem Fall handelt die Lizensierungsorganisation zwangsläufig für Rechnung mehrerer Urheber.

2. *Zulässigkeit der Lizensierungspraxis neuartiger Lizensierungs-organisationen*

Während bis zum Entstehen der neuartigen Lizensierungsorganisationen die für einen Online-Dienst maßgeblichen Nutzungsrechte[464] einheitlich lizensiert werden konnten, war dies nach Gründung der neuen Lizensierungsorganisationen bezüglich des anglo-amerikanischen Repertoires nicht mehr möglich. Die neuen Lizensierungsorganisationen vergaben die für die Online-Nutzung maßgeblichen mechanischen Rechte exklusiv, während die im System der kollektiven Rechtewahrnehmung verbleibenden Aufführungsrechte weiterhin durch Verwertungsgesellschaften lizensiert wurden[465].

Unklar ist bislang die Frage, ob diese Auftrennung des Online-Rechts nach deutschem Urheberrecht überhaupt in zulässiger Form geschehen konnte. Grundsätzlich sind auch die Grenzen der dinglichen Aufspaltbarkeit eines

464 Zu den für einen Online-Dienst maßgeblichen Rechten siehe oben S. 13 ff.

465 Zu der Lizensierungssituation im anglo-amerikanischen Bereich siehe oben S. 87 ff.

Nutzungsrechts nach dem Schutzlandprinzip zu bestimmen[466]. Da es letztlich um die Frage geht, ob ein Nutzungsrecht überhaupt eingeräumt werden kann, wäre eine Anwendung des Vertragsstatuts hier nicht sinnvoll[467]. Will also ein Ausländer über sein deutsches Urheberrecht in Form einer dinglich wirkenden Lizenzeinräumung verfügen, muss dieser Vorgang auch anhand des deutschen Urheberrechts beantwortet werden[468]. Infolgedessen müssten die getroffenen Aufspaltungen, der für einen Online-Dienst erforderlichen Lizenzen, den Anforderungen des § 31 Abs. 1 Satz 2 UrhG genügen. Ob hiervon ausgegangen werden kann, ist jedoch umstritten.

a) Hintergrund

Nutzungsrechte können grundsätzlich gem. § 31 Abs. 1 Satz 2 UrhG auch inhaltlich mit dinglicher Wirkung beschränkt werden. Diese Beschränkung kann sich auf die einzelnen Verwertungsarten des § 15 UrhG beziehen. Über die bestehenden Verwertungsarten hinaus können Nutzungsrechte aber auch mit dinglicher Wirkung in noch feingliedrigere Nutzungsarten aufgespalten werden[469]. Die Grenze für solche Aufspaltungen mit dinglicher Wirkung liegt allerdings dort, wo eine hinreichend eigenständige Nutzungsart verlassen wird, da ansonsten Rechtssicherheit und Rechtsklarheit beeinträchtigt würden[470]. Eine eigenständige Nutzungsart liegt nur bei solchen Nutzungsarten vor, die nach der Verkehrsauffassung eine als solche hinreichend klar abgrenzbare wirtschaftlich-technisch einheitlich und selbständig erscheinende Nutzungsart darstellen[471]. Darüber hinausgehenden Beschränkungen kommt keine dingliche Wirkung mehr zu, sondern nur noch eine schuldrechtliche Wirkung[472].

Im Zuge der Etablierung der neuen Lizensierungsorganisationen im Nachgang der Kommissionsempfehlung ließen die internationalen Musikverlage allein die für die Online-Nutzung erforderlichen Vervielfältigungsrechte in Bezug

---

466 OLG München, GRUR-RR 2011, 1 (2); BGH, GRUR 1988, 296 (298) – *GEMA-Vermutung IV*; *Katzenberger*, in: Schricker/Loewenheim, Vor. §§ 120 ff. UrhG Rn. 150.

467 *Drexl*, in: Rixecker/Säcker, Band 11, IntImmGR Rn. 199.

468 *Ullrich*, ZUM 2010, 311 (321).

469 *Kotthoff*, in: Dreyer/Kotthoff/Meckel, § 31 UrhG Rn. 107; *Schulze*, in: Dreier/Schulze, § 31 UrhG Rn. 36; *Nordemann*, in: Nordemann/Nordemann/Nordemann, § 31 UrhG Rn. 13.

470 Zu den maßgeblichen urhebervertragsrechtlichen Grundlagen siehe oben S. 27 f.

471 BGH, GRUR 2005, 937 (939) – *Der Zauberberg*; BGH, NJW 1997, 320 (322) – *Klimbim*; BGH, GRUR 1992, 310 ff. – *Taschenbuchlizenz; Jänich/Eichelberger*, MMR 2008, 576 (577).

472 BGH, MMR 2003, 393 (394) – *CPU-Klausel*; *Schack*, Rn. 608; *Rehbinder*, Rn. 565.

auf das anglo-amerikanische Repertoire aus den Verwertungsgesellschaften zurückziehen. Dieser Vorgang wäre nach den eben skizzierten urhebervertragsrechtlichen Grundsätzen nur dann zulässig, wenn die für die Online-Nutzung erforderlichen Vervielfältigungsrechte eine eigenständige Nutzungsart darstellten. Ob dies der Fall ist, hat jedoch bislang noch keine abschließende gerichtliche Klärung erfahren und ist umstritten. Zwar war beim Bundesgerichtshof unter dem Aktenzeichen I ZR 116/10 jüngst ein Verfahren zwischen CELAS und einem bekannten Online-Verwerter anhängig, in dem genau diese Frage hätte endgültig entschieden werden können. Infolge von Klagerücknahmen kam es in diesem Rechtsstreit jedoch zu keiner rechtskräftigen Entscheidung des Bundesgerichtshofs, so dass in absehbarer Zukunft keine abschließende Klärung der Frage zu erwarten ist[473].

b) Verneinung einer eigenständigen Nutzungsart

Sowohl die dem Bundesgerichtshof vorgelagerten Instanzgerichte[474] als auch überwiegende Stimmen in der Literatur verstehen die für die Online-Nutzung erforderlichen Vervielfältigungsrechte nicht als eine eigene Nutzungsart[475]. Zwar handele es sich bei der Online-Nutzung von Werken unstrittig um eine eigenständige Nutzungsart[476]. Eine weitere, hiervon abgespaltene, Nutzungsart eines Vervielfältigungsrechts im Online-Musikbereich existiere hingegen nicht[477]. Im Rahmen einer wirtschaftlich-technischen Abgrenzung sei keine dahingehende Trennung möglich. Vielmehr handele es sich bei einer diesbezüglichen Vervielfältigung (sog. Upload) nach der Verkehrsauffassung um eine notwendige untergeordnete Zwischenhandlung ohne eigenständige wirtschaftliche Bedeutung, ohne die eine anschließende Online-Nutzung faktisch nicht möglich sei[478]. Die Vervielfältigung werde daher nicht um ihrer selbst Willen vorgenommen, sondern nur, um eine anschließende Online-Nutzung zu ermöglichen. Dem Upload an sich

---

473 Laut telefonischer Angabe der Geschäftsstelle des I. Senats wurden sowohl die Klage des Online-Verwerters als auch Widerklage von CELAS bereits Anfang November 2011 zurückgenommen.

474 LG München, ZUM 2009, 788 (792 ff.); OLG München, GRUR-RR 2011, 1 (3).

475 *Ullrich*, ZUM 2010, 311 (316 f.); *Krause*, ZUM 2011, 21 (24); *v. Albrecht*, K & R 2009, 661; *Schaefer*, ZUM 2010, 150 (151 ff.); *Grewenig*, ZUM 2011, 27 (30); *Altemark*, S. 260 ff.; *Schack*, Rn. 609 Fn. 62.

476 *Schulze*, in: Dreier/Schulze, § 31 UrhG Rn. 46; *Wiebe*, in: Spindler/Schuster, § 31 UrhG Rn. 6.

477 LG München, ZUM 2009, 788 (792 ff.); OLG München, GRUR-RR 2011, 1 (3).

478 OLG München, GRUR-RR 2011, 1 (3); *Ullrich*, ZUM 2010, 311 (317 f.).

komme damit kein eigenständiger Wert zu. Es bestehe mithin die Gefahr einer unübersichtlichen Rechtslage, in der ein Verwerter sich zwei Rechteinhabern gegenübersehe, obwohl er Nutzungsrechte für einen einheitlichen Vorgang begehrt[479].

Als Folge dieser zu weitgehenden Aufspaltung seien die für die Online-Nutzung eines Musikwerks erforderlichen Vervielfältigungsrechte nicht rechtmäßig von den Verwertungsgesellschaften auf die Musikverlage zurück übertragen worden[480]. Damit sei es auch nicht möglich gewesen, diese in einem zweiten Schritt auf die neu gegründeten Lizensierungsorganisationen zu übertragen. Infolgedessen seien die Lizensierungsorganisationen bereits aus diesem Grund nicht für die Geltendmachung von Urheberrechtsansprüchen aktivlegitimiert[481].

c) Bejahung einer eigenständigen Nutzungsart

Andere Stimmen nehmen eine eigenständige Nutzungsart hinsichtlich der für die Online-Nutzung erforderlichen Vervielfältigungsrechte an, wobei die Begründungen variieren[482]. Vielfach wird in diesem Zusammenhang argumentiert, im Fall der Online-Nutzung sei eine Aufspaltung bereits nicht am Maßstab von § 31 Abs. 1 Satz 2 UrhG zu messen, weshalb es auf Begriff der eigenständigen Nutzungsart nicht ankomme. Diejenigen, die eine eigene Nutzungsart verlangten, ließen außer Acht, dass es sich bei der Nutzungsart der Online-Nutzung ohnehin um eine Nutzungsart handele, die verschiedene Verwertungsrechte miteinander verquicke. Umfasse eine Nutzungsart aber verschiedene Verwertungsrechte, so sei damit bereits eine gewisse Spaltung im materiellen Urheberrecht angelegt[483]. Eine klar trennbare wirtschaftlich-technische Abgrenzung sei daher nur bei einer Nutzungsart innerhalb eines Verwertungsrechtes notwendig[484]. Im Falle der Online-Rechte werde aber nicht ein Verwertungsrecht aufgespalten, sondern ein Nutzungsvorgang. Ein Grundsatz, nach dem Nutzungsvorgänge nicht in einzelne Verwertungsrechte gegliedert werden darf, ergebe sich aber nicht aus dem UrhG[485].

Verschiedene Auffassungen gelangen auch unter Anwendung von § 31 Abs. 1 Satz 2 UrhG zu einer eigenständigen Nutzungsart. Teilweise wird argumentiert,

479 So auch *Schaefer*, ZUM 2010, 150 (152) mit einleuchtendem Beispiel.
480 *Schaefer*, ZUM 2010, 150 (151) Fn. 17.
481 LG München, ZUM 2009, 788 (792); OLG München, GRUR-RR 2011, 1 (3).
482 *Jani*, ZUM 2009, 722 (725 ff.); *Melichar*, ZUM 2010, 713 (713 ff.); *Müller*, ZUM 2011, 13 (16 ff.); *Spohn/Hullen*, GRUR 2010, 1053 (1056 f.).
483 *Melichar*, ZUM 2010, 713.
484 *Spohn/Hullen*, GRUR 2010, 1053 (1056 f.); *Melichar*, ZUM 2010, 713 (714).
485 *Spohn/Hullen*, GRUR 2010, 1053 (1056 f.); *Jani*, ZUM 2009, 722 (726).

es handele sich bei der Vervielfältigung um einen wirtschaftlich abgrenzbaren Vorgang, dem eigenständige Bedeutung zukomme[486]. Auch falle bei der Frage nach einer abgrenzbaren wirtschaftlich-technischen Nutzungsart eine Interessensabwägung dahingehend aus, dass eine Aufspaltung noch von § 31 Abs. 1 Satz 2 UrhG gedeckt sei[487]. Im Rahmen der Interessenabwägung müsse einerseits Berücksichtigung finden, dass die Spaltung nicht auf einem wirtschaftlichen Verwertungsinteresse der Rechteinhaber fußt, sondern auf der Diskrepanz zweier unterschiedlicher Rechtssysteme. Zudem bestünden keine Abgrenzungsschwierigkeiten für den Rechtsverkehr, da ohnehin zwei verschiedene Verwertungsrechte betroffen seien. Dieser Fall sei leichter für betroffene Rechtskreise zu beurteilen, als Aufspaltungen innerhalb einzelner Verwertungsrechte.

d) Stellungnahme

Bei einer konsequenten Verfolgung der urhebervertragsrechtlichen Dogmatik muss eine eigenständige Nutzungsart verneint werden. Eine Veranlassung, § 31 Abs. 1 Satz 2 UrhG derart eng auszulegen, dass er auf die vorliegende Konstellation keine Anwendung findet, ist nicht zu erkennen[488]. Die unstrittigen Grenzen der dinglichen Aufspaltbarkeit von Nutzungsrechten versuchen zu verhindern, dass derjenige, der ein Nutzungsrecht hinsichtlich einer bestimmten Nutzungsart erwerben will, Gefahr läuft, mehrere Nutzungsrechte für einen einheitlichen technisch-wirtschaftlichen Vorgang erwerben zu müssen. Genau eine solche Situation liegt aber dann vor, wenn ein Online-Verwerter für die Online-Nutzung musikalischer Werke verschiedene Nutzungsrechte von verschiedenen Rechteinhabern einholen und so doppelte Lizenzgebühren entrichten müsste. Allein der Umstand, dass die begehrte Nutzungsart verschiedene Verwertungsrechte umfasst, kann an dieser Situation nichts ändern. Die Gefahr, aus der die Rechtsprechung eine Formel für die Grenzen der Aufspaltbarkeit entwickelt hat, besteht genauso, wie bei einer Begrenzung innerhalb eines Verwertungsrechts.

Wird die Frage der zulässigen Aufspaltbarkeit dann richtigerweise anhand von § 31 Abs. 1 Satz 2 UrhG bewertet, ergibt sich auch im Rahmen der von der Rechtsprechung entwickelten Abgrenzungslehre das Ergebnis, dass die Grenze der Aufspaltbarkeit überschritten ist. Eine Vervielfältigung zur Ermöglichung einer späteren Online-Nutzung kann aus den zutreffenden Erwägungen der zuständigen Gerichte keine eigene Nutzungsart darstellen. Als Kontrollüberlegung

486 *Jani*, ZUM 2009, 722 (727).

487 *Müller*, ZUM 2011, 13 (17 ff.) auch zum Folgendem.

488 Mit ähnlicher Begründung *Altemark*, S. 260 ff.

mag die Frage dienen, ob auch eine Lizensierung des Nutzungsrechts mechanische Vervielfältigung im Online-Musikbereich ohne die Aufführungsrechte sinnvoll erscheint. Dies kann nur verneint werden, weil das alleinige Recht des Online-Verwerters, Dateien auf einen Server hochzuladen, diesem keinerlei wirtschaftlichen Nutzen verschafft.

Diese Einordnung wird auch nicht durch das Einspeisen normativer Argumente in die Interessensabwägung erschüttert. Aus der Differenz der verschiedenen Rechtssysteme folgt eine derartige Aufspaltung keineswegs zwingend, was sich bereits daraus ergibt, dass eine solche Aufspaltung erst seit wenigen Jahren praktiziert wird. Hier sind eher finanzielle Interessen der Rechteinhaber die Triebfeder als die Diskrepanzen zweier Rechtssysteme[489]. Auch der Umstand, dass der Rechtsverkehr die Aufspaltung nachvollziehen kann, mag kein anderes Ergebnis rechtfertigen. Nur weil eine unzulässige Spaltung für den Verwerterkreis transparent ist, schmälert das nicht ihre Unzumutbarkeit für den Rechtsverkehr. Auch hier besteht die Gefahr, dass einheitliche Vorgänge künstlich getrennt werden und der Verwerter sich mehreren Rechteinhabern ausgesetzt sieht.

e) Konsequenzen

Die zutreffende Annahme einer zu weitgehenden Spaltung führt dazu, dass Musikverlage nach deutschem Recht nicht lediglich die für die Online-Nutzung erforderlichen Vervielfältigungsrechte aus dem System der Verwertungsgesellschaften herausfiletieren konnten. Die Lizensierungsverfahren sämtlicher Lizensierungsinitiativen, die auf einer solchen Basis Lizensierungen vornehmen, sind mithin unzulässig. Dies gilt unabhängig davon, ob die zur Online-Nutzung erforderlichen mechanischen Rechte nunmehr über eine neuartige Lizensierungsorganisation vergeben werden oder, ob eine oder mehrere Verwertungsgesellschaften die Lizensierungen vornehmen.

Für das Schicksal der zur Online-Nutzung erforderlichen Vervielfältigungsrechte bedeutet dieser Befund, dass sie den Lizensierungsorganisationen nicht mit dinglicher Wirkung eingeräumt werden konnten. Sie verbleiben daher bei demjenigen, der vergeblich versucht hat, den Lizensierungsorganisationen diese Teilrechte einzuräumen[490]. Dies gilt natürlich nur für den Fall, dass derjenige seinerseits zuvor in zulässiger Art und Weise Inhaber des Rechts geworden ist.

---

489 Für diese Annahme spricht zudem, dass CELAS offenbar teilweise das 60-fache dessen verlangt, was die GEMA einst an Tarifen angesetzt hatte *Maier-Hauff*, ZUM 2013, 182 (183).

490 *Schaefer*, ZUM 2010, 150 (151).

Denn auch ein isolierter Rückruf des Teilrechts aus dem System der Verwertungsgesellschaften, beispielsweise durch einen Subverlag, ist bereits unwirksam[491]. Für Online-Verwerter stellt sich damit derzeit die Frage, von wem diese Rechte lizensiert werden können[492].

Wollen die Musikverlage den eingeschlagenen Weg der Lizensierung über neuartige Lizensierungsorganisationen weitergehen, ist dies nur unter der Voraussetzung möglich, dass die vom Verlag betraute Organisation sämtliche wirtschaftlich zusammengehörigen Rechte selbst wahrnehmen kann und nicht nur einen unselbständigen Teil[493]. Ansonsten bleibt den Musikverlagen nur die Möglichkeit, alle wirtschaftlich zusammengehörenden Rechte in einer Verwertungsgesellschaft aufgehen zu lassen. Ein Zwischenweg, in dem die zur Online-Nutzung erforderlichen mechanischen Rechte von einer anderen Stelle wahrgenommen werden, als die zur Online-Nutzung erforderlichen Aufführungsrechte, ist nach deutschem Urheberrecht jedoch nicht gangbar.

III. Repertoireübergreifende Lizenzzersplitterung

Neben den eher theoretischen rechtlichen Fragestellungen, die mit Beginn der Lizensierungstätigkeit der neuartigen Lizensierungsorganisationen aufkeimten, entstanden für die Online-Verwerter aber vor allem handfeste tatsächliche Probleme, die für ihre Tätigkeit bis in die heutige Zeit prägend sind. Für sie als Nachfrager von Online-Rechten verkomplizierte sich durch die Kommissionsempfehlung die (nach Auslauf der Santiago/Barcelona Abkommen) ohnehin komplizierte Lizenzsituation ein weiteres Mal. Im Bereich des wirtschaftlich relevanten anglo-amerikanischen Repertoires fand nunmehr eine exklusive Lizensierung durch die vielen unterschiedlichen neuartigen Lizensierungsorganisationen statt. Das anglo-amerikanische Repertoire war mithin stark fragmentiert.

Eine ähnlich verworrene Situation fanden Online-Verwerter auch hinsichtlich des wirtschaftlich weit weniger relevanten europäischen Repertoires vor. Auch dieses Repertoire ließ sich nicht zentral lizensieren. Es befand sich zwar noch im System der Verwertungsgesellschaften. Dieses System wurde jedoch im Rahmen der sog. CISAC-Entscheidung der Europäischen Kommission im Jahr

491 *Schaefer*, ZUM 2010, 150 (151) Fn. 17; *Altemark*, S. 263.

492 *Nérisson*, ZUM 2013, 185 (189) Fn. 44.

493 So auch *Altemark*, S. 265 und *Schaefer*, ZUM 2010, 150 (155), die beide die sich daran anschließende Frage aufwerfen, ob dieser Weg mit Blick auf die damit einhergehenden administrativen Belastungen für die Musikverlage überhaupt ein realistisches Szenario darstellt.

2008[494] grundsätzlich in Frage gestellt, wodurch sich die Lizensierung auch in diesem Bereich spürbar erschwerte[495].

Diese Entwicklungen verursachten sowohl im Bereich des anglo-amerikanischen Repertoires als auch im Bereich des europäischen Repertoires eine Lizenzzersplitterung erheblichen Ausmaßes, die bis zum heutigen Tag anhält und eine unkomplizierte Lizensierung für Online-Verwerter unmöglich macht. Infolge dieser Entwicklungen befindet sich das System der kollektiven Rechtewahrnehmung in einem mangelhaften Zustand[496]. Nie war es für Online-Verwerter so schwierig Lizensierungsprozesse zu verwalten, wie dies heute der Fall ist[497]. So brauchte der schwedische Online-Verwerter Spotify nicht weniger als 800 Tage für die Klärung der Lizenzlage, bevor er 2008 an den Markt gehen konnte[498]. Produzenten audiovisueller Medien müssen sich schon bei der Produktion Gedanken über die Lizensierungsmöglichkeiten der geplanten Hintergrundmusik machen, sofern eine spätere Online-Nutzung geplant ist. Bei älteren Filmwerken, die nunmehr auch online genutzt werden sollen, ist sogar ein nachträglicher Austausch der Filmmusik inzwischen keine Seltenheit mehr, da ein nachträglicher Rechteerwerb oft zu teuer und zu kompliziert ist[499]. Die Mindereinnahmen, die Rechteinhaber infolge dieser Gegebenheiten hinnehmen müssen, sind beträchtlich[500]. Hinzu kommt ein hohes Maß an Rechtsunsicherheit in Lizensierungsfragen[501].

---

494 Entscheidung der Kommission vom 16. Juli 2008, COMP/C2/38.698 – *CISAC*, abrufbar unter: http://ec.europa.eu/competition/antitrust/cases/dec_docs/38698/38698_4565_1.pdf, zuletzt abgerufen am 31. Oktober 2014; zu Einzelheiten des Verfahrens siehe *Müller*, ZUM 2009, 121 (128 ff.).

495 Zu den Folgen der CISAC-Entscheidung für die Lizensierung siehe unten S. 112 ff.

496 *Ventroni*, MMR 2012, 565; *v. Albrecht*, ZUM 2011, 706 (708); *Spohn/Hullen*, GRUR 2010, 1053.

497 *Grewenig*, ZUM 2011, 27 (28); *Spohn/Hullen*, GRUR 2010, 1053 (1056).

498 *Hirche*, Schneller zur Musik: EU Parlament berät neue Regeln für Verwertungsgesellschaften, abrufbar unter: http://irights.info/2013/03/19/schneller-zur-musik-eu-parlament-berat-neue-regeln-fur-verwertungsgesellschaften/13082, zuletzt abgerufen am 31. Oktober 2014.

499 *Pfennig*, Grenzenlos verwertet – angemessen vergütet?, abrufbar unter: www.irights.info/grenzenlos-verwertet-angemessen-vergutet, zuletzt abgerufen am 31. Oktober 2014.

500 *Spohn/Hullen*, GRUR 2010, 1053, Fn. 1.

501 *Janik/Tiwisina*, ZUM 2013, 177; *Hansen*, in: Ensthaler/Weidert, Kap. 6 Rn. 131; *Altemark*, S. 278.

Wie unwägbar und undurchsichtig die Lizenzsituation ist, die Online-Verwerter derzeit handhaben müssen, um ein möglichst umfassendes Repertoire unionsweit oder auch nur in einem Mitgliedstaat anbieten zu können, zeigen die nachfolgenden Ausführungen:

1. Lizensierung des anglo-amerikanischen Repertoires

Die Umwälzungen im Nachgang der Kommissionsempfehlung waren im Bereich des anglo-amerikanischen Repertoires am gravierendsten. Von diesen Umwälzungen war zugleich die Mehrheit aller Online-Anbieter betroffen, da dem anglo-amerikanischen Repertoire die größte Bedeutung im Musikgeschäft zukommt[502]. Aus Sicht eines Online-Verwerters hat sich aus diesen Umwälzungen aber bislang keine Situation ergeben, die seinen Anforderungen gerecht wird. Der Aufwand zur Lizensierung dieses Repertoires hat sich vielmehr erhöht.

a) Numerous-Stop-Shop statt One-Stop-Shop

Vor den Umwälzungen infolge der Kommissionsempfehlung bestand kein länderübergreifender *One-Stop-Shop*. Die Online-Verwerter konnten jedoch immerhin aufgrund bestehender Gegenseitigkeitsverträge in jedem Mitgliedstaat auf einen territorial beschränkten *One-Stop-Shop* in Gestalt der nationalen Verwertungsgesellschaft zurückgreifen[503]. Dieser Zustand mag zwar viel Raum für Verbesserungen geboten haben. Letztendlich war es Online-Verwertern allerdings möglich, sich mit diesem Zustand zu arrangieren. Für jedes Land, in dem der Online-Dienst bestimmungsgemäß abrufbar war, konnten die Verwerter mit kalkulierbarem Aufwand rechtssicher alle notwendigen Online-Lizenzen von der jeweiligen nationalen Verwertungsgesellschaft erlangen. War dies für ein Gebiet nicht gewünscht, blieb den Anbietern zudem die Möglichkeit, die Abrufbarkeit des Angebots durch technische Vorkehrungen zu beschränken[504].

Dieser schon vor Veröffentlichung der Kommissionsempfehlung problematische aber handhabbare Zustand hat sich mit Etablierung der neuen Lizensierungsorganisationen verschlimmert. Seit Entstehung der neuen Lizensie-

502 *Niggemeier*, Medialex 2013, 65 (69); EU-Parlamentsstudie Verwertungsgesellschaften und kulturelle Vielfalt in der Musikbranche 2009, S. 112, abrufbar unter: http://www.europarl.europa.eu/RegData/etudes/etudes/join/2009/419110/IPOL-CULT_ET%282009%29419110_DE.pdf, zuletzt abgerufen am 31. Oktober 2014.

503 Zu der Lizensierungspraxis vor Veröffentlichung der Kommissionsempfehlung siehe oben S. 69 ff.

504 *v. Albrecht/Mutschler-Siebert/Bosch*, ZUM 2012, 93 (96 f.).

rungsorganisationen haben sich zahlreiche repertoirespezifische *One-Stop-Shops* etabliert, die spezielle Verlagsrepertoires lizensieren[505]. Zwar bieten diese Lizensierungsorganisationen nunmehr die Möglichkeit, an einer zentralen Stelle gebündelte länderübergreifende Lizenzen für das gesamte Unionsgebiet zu erwerben[506]. Diese Möglichkeit ist allerdings auf das Teilrepertoire eines bestimmten Musikverlags beschränkt[507]. Theoretisch mögen einige dieser neu entstandenen Lizensierungsorganisationen auch für andere Rechteinhaber zugänglich sein. Tatsächliche Bestrebungen in Richtung eines verlagsübergreifenden *One-Stop-Shops* sind bislang jedoch bei keiner der neuartigen Lizensierungsorganisationen erkennbar. Durch die Etablierung neuartiger Lizensierungsorganisationen hatte die Lizenz eines Lizenzgebers damit zwar an territorialer Reichweite gewonnen, dafür war das Repertoire dieses Lizenzgebers aber erheblich dezimiert worden.

Im Bereich des anglo-amerikanischen Repertoires finden Online-Verwerter derzeit mithin weniger einen umfassenden *One-Stop-Shop* vor, als vielmehr eine Vielzahl exklusiver „Werksverkäufe" einzelner Musikverlage[508]. Es besteht somit ein eigenständiger *One-Stop-Shop* für jedes Verlagsrepertoire. Damit steht den Online-Verwertern kein *One-Stop-Shop* für den gesamten Lizensierungsvorgang zur Verfügung, sondern eher ein *Numerous-Stop-Shop*. Infolgedessen müssen Online-Verwerter für eine unionsweite Abrufbarkeit ihres Dienstes allein für die Lizensierung des anglo-amerikanischen Repertoires mit zahlreichen Ansprechpartnern Lizenzverträge abschließen, wobei ein Ansprechpartner jeweils einen Musikverlag repräsentiert.

Anders als vor der Veröffentlichung der Kommissionsempfehlung können Online-Verwerter diesem Aufwand auch nicht mehr durch eine technische Begrenzung der Abrufbarkeit ihres Online-Dienstes begrenzen. Selbst wenn der Online-Dienst nur in einem Land abrufbar wäre, müsste der Betreiber trotzdem mit allen Ansprechpartnern über die Einräumung des anglo-amerikanischen Repertoires verhandeln[509].

505 Zu Beispielen dieser neuen Lizensierungsorganisationen siehe oben S. 88 ff.

506 Die Folgen einer weitgehenden Aufspaltung spürt der Online-Verwerter im Regelfall nicht, da die Lizensierungsorganisation geräuschlos beide Rechte lizensieren kann.

507 *Baierle*, MMR 2012, 503 (505).

508 *Poll*, ZUM 2008, 500 (505), der Lizensierungsorganisationen treffend „*Closed Shops*" nennt.

509 Zu den Lizensierungsproblemen national agierender Online-Dienste siehe unten S. 115 f.

b) Probleme bei der Rechteklärung

Dieser Aufwand wird zusätzlich noch durch das Problem der Rechteklärung flankiert. Da die Online-Rechte zum anglo-amerikanischen Repertoire nicht mehr zentral über die nationalen Verwertungsgesellschaften lizensiert werden können, müssen sich die Verwerter an die verschiedenen verlagsnahen Lizensierungsinitiativen wenden. Insofern stellt sich für Online-Verwerter zwangsläufig und wiederkehrend die Frage, welche dieser zahlreichen Organisationen im Einzelfall Rechteinhaber eines Werks ist, zu dem Rechte erworben werden sollen. Diese Frage lässt sich derzeit allerdings nicht problemlos beantworten. Transparente und öffentlich einsehbare Datenbanken werden von den neuen Lizensierungsorganisationen nicht unterhalten[510]. Da sie in Deutschland offiziell nicht als Verwertungsgesellschaften begriffen werden und sich auch selbst nicht als Verwertungsgesellschaften sehen, helfen diesbezüglich auch nicht die Anforderungen des deutschen Wahrnehmungsgesetzes weiter. Unterstützungen erhalten Online-Verwerter lediglich im Einzelfall durch einige Lizensierungsorganisationen, die sich bereiterklären, auf Anfrage bei dem Rechteklärungsprozess Hilfestellungen zu geben[511].

c) Zusätzliche Beschränkung durch *Split Copyrights*

Diese ohnehin schon begrenzten Lizensierungsmöglichkeiten der neuen Lizensierungsorganisationen erfahren noch weitere Begrenzungen. Die verlagsnahen Lizensierungsorganisationen können nur dann für sich allein tätig werden, wenn der jeweilige Verlag alleiniger Inhaber der Rechte an einem Werk ist. Sind mehrere Verlage an einem Werk beteiligt (sog. *Split-Copyrights*), gibt es wiederum keine zentrale Anlaufstelle. *Split-Copyrights* lassen sich beispielsweise darauf zurückführen, dass im Rahmen der Produktion eines musikalischen Werkes verschiedene Komponisten oder Textdichter mit jeweils eigenen Verlagsverträgen zusammenarbeiten und dabei jeweils selbständige schöpferische Leistungen erbringen[512]. Zudem entsteht eine solche Konstellation häufig in Fällen einer Verwendung bestehender Werke oder Werkteile innerhalb eines neuen Werkes[513]. Hat der Online-Verwerter während des ohnehin schon mühseligen Prozesses der Rechteklärung herausgefunden, dass Rechte an einem von ihm nachgefragten Werk bei mehreren Verlagen liegen, ist der Lizensierungsprozess für ihn

---

510 *Spindler*, ZUM 2014, 91 (93); *Altemark*, S. 266; *Hansen*, in: Ensthaler/Weidert, Kap. 6 Rn. 130.

511 *Spohn/Hullen*, GRUR 2010, 1053 (1056) Fn. 40.

512 *Müller*, ZUM 2009, 122 (127); *Alich*, GRUR Int. 2008, 996 (1005); *Altemark*, S. 266.

513 *Alich*, GRUR Int. 2008, 996 (1005).

kaum noch wirtschaftlich zu handhaben[514]. Die mechanischen Rechte können dann nicht mehr bei nur einer Lizensierungsorganisation erworben werden, da diese nur ein Fragment des Werkes lizensieren kann[515]. Um nicht Gefahr zu laufen, eine Urheberrechtsverletzung zu begehen, muss der Online-Verwerter mehrere Lizenzen für ein Werk erwerben[516]. Als Beispiel für den sich daraus ergebenden Aufwand mag hier das Lied „*Like a Prayer*" von Madonna dienen, an dem nicht weniger als 13 verschiedene Verlage beteiligt sind[517].

Da weder Beteiligungen verschiedener Künstler an einem Werk noch die Verwendung bestehender Werke in neuen Werken atypische Sonderfälle im heutigen Musikgeschäft darstellen, handelt es sich bei *Split-Copyrights* auch nicht um einen Einzelfall. Angaben namhafter Musikverlage zufolge machen diese „Split-Copyrights" einen Anteil von 20-30 % der Verlagskataloge aus[518]. Teilweise wird sogar ein noch höherer Anteil von Werken mit *Split Copyrights* am Gesamtrepertoire vermutet[519].

2. *Lizensierung des europäischen Repertoires*

Noch beschwerlicher stellt sich die Situation für den Online-Verwerter dar, der zusätzlich zu den Werken aus dem fragmentierten anglo-amerikanischen Repertoire auch Werke aus dem europäischen Repertoire in sein länderübergreifendes Angebot aufnehmen will. Diese Rechte befinden sich zwar überwiegend noch im System der Verwertungsgesellschaften. Einfache Lizensierungsstrukturen sind aber auch in diesem Bereich nicht zu finden.

Einst waren die europäischen Verwertungsgesellschaften durch Gegenseitigkeitsverträge so organisiert, dass jede Verwertungsgesellschaft auf ihr Gebiet

---

514 EU-Parlamentsstudie Verwertungsgesellschaften und kulturelle Vielfalt in der Musikbranche 2009, S. 28, abrufbar unter: http://www.europarl.europa.eu/RegData/etudes/etudes/join/2009/419110/IPOL-CULT_ET%282009%29419110_DE.pdf, zuletzt abgerufen am 31. Oktober 2014.

515 *Rainer*, S. 89; *Baierle*, MMR 2012, 503 (505).

516 *Spohn/Hullen*, GRUR 2010, 1053 (1056).

517 *Maier-Hauff*, ZUM 2013, 182 (184); *v. Albrecht*, ZUM 2011, 706 (708).

518 Europäische Kommission, Entscheidung vom 22. Mai 2007, COMP/M. 44.04, Tz. 280, abgedruckt unter: www.ec.europa.eu/competition/mergers/cases/decisions/m4404_20070522_20600_de.pdf, zuletzt abgerufen am 31. Oktober 2014.

519 EU-Parlamentsstudie Verwertungsgesellschaften und kulturelle Vielfalt in der Musikbranche 2009, S. 28, Fn. 28, abrufbar unter: http://www.europarl.europa.eu/RegData/etudes/etudes/join/2009/419110/IPOL-CULT_ET%282009%29419110_DE.pdf, zuletzt abgerufen am 31. Oktober 2014.

beschränkte Lizenzen für das Repertoire ihrer Schwestergesellschaft erteilen konnte[520]. Dies hatte für den Online-Verwerter zur Folge, dass er in jedem Land, in dem der Online-Dienst bestimmungsgemäß abrufbar war mit einer Verwertungsgesellschaft kalkulierbare Lizensierungsverhandlungen führen musste[521]. Damit lag auch hier eine Situation vor, die zwar verbesserungswürdig, aber eben auch handhabbar war. Jedem Online-Verwerter stand ein nationaler *One-Stop-Shop* pro Abrufstaat zur Verfügung. Zudem konnte er den Aufwand der Lizensierungsverhandlungen durch Begrenzungen der Abrufbarkeit des Online-Dienstes steuern.

Gegen diese Praxis der Gegenseitigkeitsverträge nebst territorialen Beschränkungen erließ die Kommission jedoch hinsichtlich des Online-Musikbereichs am 16. Juli 2008 im Rahmen des CISAC-Verfahrens aus wettbewerbsrechtlichen Gründen eine Untersagungsverfügung[522]. Aufgrund der dadurch ausgelösten kartellrechtlichen Ungewissheit lösten die Verwertungsgesellschaften das alte flächendeckende Geflecht der Gegenseitigkeitsverträge im Online-Musikbereich gezwungenermaßen auf. Dies konnte auch eine Entscheidung des Gerichts der Europäischen Union im Frühjahr 2013 nicht mehr umkehren, welche die Entscheidung der Kommission teilweise für nichtig erklärt hatte[523]. Das flächendeckende Geflecht an Gegenseitigkeitsverträgen war zu diesem Zeitpunkt bereits unumkehrbar zerstört[524]. Die europäischen Verwertungsgesellschaften hatten auf die Kommissionsentscheidung bereits unterschiedlich reagiert.

Teilweise hatten die europäischen Verwertungsgesellschaften bereits neue Gegenseitigkeitsverträge geschlossen. Mit Blick auf die kartellrechtliche Unsicherheit dieser Vereinbarungen werden diese Vereinbarungen jedoch bislang vertraulich behandelt und sind unveröffentlicht[525]. Bei diesen neuen Gegenseitigkeitsverträgen handelt es sich um einen nur schwer überschaubaren Flickenteppich, sie

---

520 Zu der Lizensierungspraxis vor Veröffentlichung der Kommissionsempfehlung siehe oben S. 69 ff.

521 *Müller*, in: Hoeren/Sieber/Holznagel, Kap. 7.5 Rn. 40; *Spohn/Hullen*, GRUR 2010, 1053 (1055).

522 Entscheidung der Kommission vom 16. Juli 2008, COMP/C2/38.698– *CISAC*, abrufbar unter: http://ec.europa.eu/competition/antitrust/cases/dec_docs/38698/38698_4565_1.pdf, zuletzt abgerufen am 31. Oktober 2014; zu Einzelheiten des Verfahrens siehe *Müller*, ZUM 2009, 121 (128 ff.).

523 EuG, NZKart 2013, 244 – *CISAC*.

524 *Pfennig*, ZUM 2014, 484 (485).

525 Die mangelnde Zugänglichkeit und Transparenz dieser neuen Gegenseitigkeitsverträge kritisierend *Grewenig*, ZUM 2011, 27 (30).

lassen sich nur schwer in verschiedene Kategorien einordnen[526]. Dass Verwertungsgesellschaften einem internationalen Online-Dienst länderübergreifende Online-Lizenzen für das Repertoire ihrer Schwestergesellschaften einräumen können, lassen diese Gegenseitigkeitsverträge jedoch nur in Ausnahmefällen zu[527].

Teilweise hatten die europäischen Verwertungsgesellschaften die Kommissionsentscheidung auch zum Anlass genommen, ihre Repertoires fortan unionsweit zu lizensieren. Nicht selten wählten diesen Weg auch solche Verwertungsgesellschaften, die materiell gar nicht in der Lage waren, Mehrgebietslizenzen zu erteilen[528]. Sofern sich eine Verwertungsgesellschaft für diesen Weg entschieden hat, kann ein international tätiger Online-Verwerter allein über diese Verwertungsgesellschaft Lizenzen erwerben. Er muss daher zunächst ermitteln, welcher europäischen Verwertungsgesellschaft die maßgeblichen Rechte im Rahmen eines Wahrnehmungsvertrags eingeräumt worden sind und dann mit dieser in Lizenzverhandlungen treten[529]. Eine Begrenzung der Abrufstaaten kann an diesen Aufwand nicht mehr verhindern. Dies bedeutet einen beträchtlichen zusätzlichen Aufwand zu der ohnehin schon komplizierten Lizensierung des attraktiven anglo-amerikanischen Repertoires.

Neuerdings sind einige europäische Verwertungsgesellschaften auch dazu übergegangen, ihre Online-Rechte im Rahmen eines gemeinsamen Lizensierungsportals unionsweit zu lizensieren[530]. Mit Blick auf die wettbewerbsrechtlichen Bedenken gegen gemeinsame Lizensierungsportale bleibt abzuwarten, ob dieser Ansatz tatsächlich zu einer Entspannung der Lizensierungssituation führen kann[531].

---

526 Zu Einzelheiten der neu ausgehandelten Gegenseitigkeitsverträge *Müller*, ZUM 2011, 13 (14).

527 *Müller*, ZUM 2011, 13 (14 f.); *Altemark*, S. 214.

528 Zusammenfassende Folgenabschätzung, S. 4, abrufbar unter: http://eur-lex.europa.eu/LexUriServ/LexUriServ.do?uri=SWD:2012:0205:FIN:EN:PDF, zuletzt abgerufen am 31. Oktober 2014, Stellungnahme des Europäischen Wirtschafts- und Sozialausschusses zum Richtlinienvorschlag, Ziff. 3.14, ABl. Nr. C 44/104 vom 15. Februar 2013.

529 *Ventroni*, MMR 2012, 565 (566).

530 So müssen jedenfalls die Informationen auf der Website der ARMONIA-Initiative verstanden werden, über die zur Zeit die europäischen Verwertungsgesellschaften ARTISJUS, SABAM, SACEM, SGAE und SIAE ihre Online-Rechte paneuropäisch lizensieren, abrufbar unter: http://www.armoniaonline.eu/homeLayout_en, zuletzt abgerufen am 31. Oktober 2014.

531 Zu den wettbewerbsrechtlichen Problemen dieses Ansatzes siehe unten S. 215 f.

Damit erreicht ein Online-Verwerter, der sowohl anglo-amerikanisches Repertoire als auch europäisches Repertoire in das Portfolio eines grenzüberschreitenden Online-Dienstes aufnehmen will, den unübersichtlichsten Punkt der derzeitigen Lizenzsituation. Die verschiedenen Lizensierungsverfahren hinsichtlich des anglo-amerikanischen Repertoires und des europäischen Repertoires bewirken, dass ein solcher Verwerter sich auf unterschiedliche Systeme einstellen muss[532]. Im Bereich des anglo-amerikanischen Repertoires muss der Online-Verwerter mit zahlreichen neuartigen Lizensierungsorganisationen über die unionsweite Lizenzeinräumung verhandeln. Im Bereich des europäischen Repertoires muss unterschieden werden. Bestehen noch Gegenseitigkeitsverträge, muss der Online-Verwerter weiterhin in jedem Abrufstaat mit der lokalen Verwertungsgesellschaft verhandeln. Haben sich einzelne Verwertungsgesellschaften entschlossen, aufgrund rechtlicher Bedenken keine neuen Gegenseitigkeitsverträge zu schließen, muss der Online-Verwerter direkt mit ihnen Lizensierungsverhandlungen führen und hoffen, dass diese willens und strukturell in der Lage sind, ihre Repertoires europaweit zu lizensieren. Vergeben die Verwertungsgesellschaften ihre Rechte über ein Lizensierungsportal, muss er schließlich zur Lizensierung mit diesem Portal Kontakt aufnehmen.

3. Lizensierung durch national agierende Online-Verwerter

Die skizzierten Lizensierungsprobleme treffen nicht nur internationale Online-Dienste. Auch die Lage der national agierenden Online-Anbieter hat sich durch die Etablierung der neuen Lizensierungsorganisationen verkompliziert. Zwar können sie die Rechte für das europäische Repertoire oftmals weiterhin bei der heimischen Verwertungsgesellschaft erlangen[533]. Sofern einzelne europäische Verwertungsgesellschaften aber im Nachgang des CISAC-Verfahrens keine neuen Gegenseitigkeitsverträge abgeschlossen haben, kann auch der national abrufbare Online-Dienst das europäische Repertoire nicht mehr über die heimische Verwertungsgesellschaft lizensieren. Gleiches gilt für die Lizensierung des anglo-amerikanischen Repertoires, das inzwischen überwiegend dem Kreislauf der Verwertungsgesellschaften entzogen wurde. Anders als vor der Kommissionsempfehlung müssen damit nun auch die nationalen Online-Anbieter für ihr Repertoire mehrere Stellen anlaufen[534]. Früher reichte diesen Online-Verwertern

532 *Altemark*, S. 277.

533 *Müller*, ZUM 2011, 13 (15); *Altemark*, S. 213.

534 *Rehse*, ZUM 2013, 191 (192); *Maier-Hauff*, ZUM 2013, 182 (184); *Ventroni*, MMR 2012, 565 (566).

ein Lizensierungsvorgang bei der nationalen Verwertungsgesellschaft, in deren Gebiet der Online-Dienst angeboten werden sollte.

Das bedeutet auch für den national agierenden Online-Verwerter häufig Vertragsverhandlungen in fremden Sprachen und fremden Rechtsordnungen[535]. Will beispielsweise ein dänischer Online-Verwerter einen auf Dänemark beschränkten Online-Dienst anbieten, muss er für ein umfassendes Repertoire mit sämtlichen neuartigen Lizensierungsorganisationen in Vertragsverhandlungen treten. Hinzu kommen Verhandlungen mit den europäischen Verwertungsgesellschaften, die keine neuen Gegenseitigkeitsverträge abgeschlossen haben und ihr Repertoire selbst unionsweit wahrnehmen. Eventuell müssen dann noch gemeinsame Lizensierungsportale kontaktiert werden. Da keine dieser Akteure in Dänemark sitzen wird, müssen sämtliche Vertragsverhandlungen in fremder Sprache geführt werden. Erschwerend kommt hinzu, dass in keinem Fall dänisches Vertragsrecht zur Anwendung kommt. Entweder haben die Organisationen die Möglichkeit der Rechtswahl genutzt oder das Recht ihres Sitzlandes ist nach Art. 4 Abs. 2 Rom I-VO anwendbar. Danach ist bei fehlender Rechtswahl das Recht des Staates anwendbar, in dem die Partei, welche die charakteristische Leistung zu erbringen hat, während des Vertragsschlusses ihren Aufenthaltsort hatte[536]. Geht es um die Einräumung von Lizenzen gegen Entgelt im Massenverkehr, liegt diese charakteristische Leistung bei dem Anbieter des Nutzungsrechts, also bei den Lizensierungsorganisationen[537].

Wird in dieses Planspiel jetzt noch der Umstand mit einbezogen, dass die verschiedenen Lizenzgeber in verschiedenen Mitgliedstaaten niedergelassen sind und der national agierende Online-Anbieter daher gleich mehrere fremde Rechtsordnungen nebst ihren Besonderheiten im Lizensierungsprozess berücksichtigen muss, wird seine missliche Lage bei der Lizensierung eines umfassenden Repertoires deutlich sichtbar.

IV. Zusammenfassung

Die Kommissionsempfehlung veranlasste viele anglo-amerikanische Musikverlage dazu, die für die Online-Nutzung erforderlichen Vervielfältigungsrechte aus dem System der Verwertungsgesellschaften herauszufiletieren. In einem zweiten

535 *Rehse*, ZUM 2013, 191 (192).
536 Zu den kollisionsrechtlichen Aspekten im Online-Musikbereich siehe oben S. 28 ff.
537 *Kotthoff*, in: Dreier/Kotthoff/Meckel, § 31 Rn. 22; *Nordemann-Schiffel*, in: Nordemann/Nordemann/Nordemann, Vor §§ 120 ff. UrhG Rn. 90.

Schritt ließen einige Verlage die Rechte von einer oder mehreren Verwertungsgesellschaften europaweit wahrnehmen. Teilweise übertrugen die Musikverlage die Rechte aber auch eigenständigen neu gegründeten Lizensierungsorganisationen, die fortan exklusiv diese Rechte unionsweit vergeben sollten. Sofern die Musikverlage die Rechte auf eigenständige Lizensierungsorganisationen übertrugen, entfachte dies vielfältige rechtliche Probleme. Nach zutreffender Auffassung sind diese Lizensierungsorganisationen rechtlich als Verwertungsgesellschaften einzuordnen und lizensieren auf Basis einer in Deutschland unzulässigen Lizensierungspraxis.

Abgesehen von diesen rechtlichen Problemen hat dieses auf die Kommissionsempfehlung gestützte Vorgehen der Musikverlage aber auch zu einer verheerenden Lizenzzersplitterung geführt, die für Online-Verwerter eine erhebliche Belastung darstellt und Zeit und Transaktionskosten für eine Rechteklärung erhöht. Anglo-amerikanische Lizenzen lassen sich zwar nun länderübergreifend erwerben, sind aber auf viele einzelne verlagsnahe Lizensierungsorganisationen oder Verwertungsgesellschaften verstreut. Wer hier im Einzelfall welche Rechte an welchem Werk hat, ist völlig unklar und für Online-Verwerter auch weitgehend intransparent, was zu einer besonderen Rechtsunsicherheit führt. Hinzukommt, dass in vielen Fällen gleich mehrere Organisationen Rechte an einem Werk haben. Vor dieser unübersichtlichen Lizenzsituation stehen inzwischen auch die Online-Verwerter, die gar nicht länderübergreifend lizensieren wollen.

Will ein länderübergreifend tätiger Online-Verwerter zudem noch europäisches Repertoire verwerten, muss er zusätzliche Lizenzverhandlungen einkalkulieren. Je nachdem, ob noch Gegenseitigkeitsverträge bestehen, sind Verhandlungen in jedem Abrufstaat oder Verhandlungen mit der europäischen Verwertungsgesellschaft, der die Rechte im Rahmen eines Wahrnehmungsvertrags übertragen wurden, erforderlich. Sofern europäisches Repertoire über ein gemeinsames europäisches Lizensierungsportal vergeben wird, müssen auch mit diesem Portal Lizenzverhandlungen geführt werden.

C. Wettbewerbsverzerrungen als Missstand des Online-Musikereichs

Der zweite Missstand besteht darin, dass europäische Verwertungsgesellschaften mit gravierenden Wettbewerbsverzerrungen im Binnenmarkt konfrontiert sind. Ein ausgeglichener und fairer Wettbewerb ist hierdurch ausgeschlossen. Wie auch bei dem ersten Missstand der Lizenzzersplitterung muss auch dieser Missstand primär auf europäischer Ebene verantwortet werden.

I. Notwendigkeit eines einheitlichen Wettbewerbsrahmens (*Level-Playing-Field*)

Auch wenn die Kommissionsempfehlung vielfach als Misserfolg oder Fehlschlag verstanden wird[538], ist ihr eine wettbewerbsbelebende Wirkung auf den Bereich der kollektiven Wahrnehmung von Online-Musikrechten im Binnenmarkt nicht abzusprechen[539]. Wie bereits skizziert, hat sich infolge der Kommissionsempfehlung das Wahrnehmungsumfeld im Online-Musikbereich grundlegend verändert. Viele bedeutende Rechteinhaber haben bedeutende Teile ihres Repertoires aus den Verwertungsgesellschaften herausgenommen und an eine oder wenige Verwertungsgesellschaften oder speziell zugeschnittene Lizensierungsorganisationen vergeben. Der Wettbewerb im Bereich der kollektiven Rechtewahrnehmung von Online-Musikrechten im Binnenmarkt ist mithin kompetitiver geworden[540]. Inzwischen konkurrieren im Online-Musikbereich die europäischen Verwertungsgesellschaften einerseits untereinander und andererseits mit den neuartigen Lizensierungsorganisationen um die Einräumung eines möglichst umfassenden unionsweiten Lizenzpakets[541].

Ein solcher Wettbewerb im Binnenmarkt kann jedoch nur dann nachhaltig und funktionsfähig sein, wenn er in einem einheitlichen Wettbewerbsrahmen für alle involvierten Akteure stattfindet (sog. *Level-Playing-Field*)[542]. Im Binnenmarkt sollen nicht staatliche Rahmenbedingungen über den wirtschaftlichen Erfolg entscheiden, sondern in erster Linie die unternehmerische Leistung[543]. Der Binnenmarkt ist daher nur dann vollkommen, wenn im Gebiet der Union nur eine Rechtsordnung besteht[544]. Je größer die Rolle des paneuropäischen Wettbewerbs für die kollektive Rechtewahrnehmung im Online-Musikbereich sein wird, desto wichtiger wird auch die Etablierung eines solchen *Level-Playing-Fields* im Binnenmarkt sein. Soll die Zukunft der kollektiven Rechtewahrnehmung

538 *Freudenberg*, in: Ahlberg/Götting, § 1 WahrnG Rn. 15; *v. Einem*, MMR 2006, 647 (652); *Nérisson*, ZUM 2013, 185 (186); *Schulze*, in: Dreier/Schulze, Vor § 1 WahrnG Rn. 25; *Altemark*, S. 205.

539 *Müller*, in: Hoeren/Sieber/Holznagel, Teil 7.5 Rn. 100a; *Alich*, GRUR Int. 2008, 996 (998).

540 *Krause*, ZUM 2011, 21 (26).

541 *Gerlach*, ZUM 2013, 174 (175); *Rehse*, ZUM 2013, 191 (192).

542 *Kunz-Hallstein/Loschelder*, GRUR 2013, 155 ff.; *Reinbothe*, in: Ganea/Heath/Schricker, 517 (530 f.); Stellungnahme des Bundesrats, BR-Drucks. 395/12, (Beschluss), S. 1; *Weber*, ZUM 2014, 476.

543 *Schröder*, in: Streinz, Art. 26 AEUV Rn. 24.

544 *Jochum*, Rn. 617.

im Online-Musikbereich in der Vergabe von Mehrgebietslizenzen liegen, müssen diese auch unter vergleichbaren Umständen vergeben werden können. Nur dann ist sichergestellt, dass im Wettbewerb um die Rechteinhaber alle Verwertungsgesellschaften und Lizensierungsorganisationen vergleichbare Wettbewerbschancen vorfinden und sich tatsächlich der beste Marktteilnehmer durchsetzt und nicht der Marktteilnehmer, für den die besten Rahmenbedingungen gelten[545]. Ansonsten werden Verwertungsgesellschaften, die in streng regulierenden Mitgliedstaaten niedergelassen sind, strukturell benachteiligt. Vor diesem Hintergrund wird seit geraumer Zeit ein einheitlicher Wettbewerbsrahmen als elementare Voraussetzung für eine nachhaltige unionsweite kollektive Rechtewahrnehmung gefordert[546].

II. Bestehen eines einheitlichen Wettbewerbsrahmens

Wie weit dieses Ideal eines einheitlichen Wettbewerbsrahmens für europäische Lizenzgeber im Binnenmarkt von der Realität der kollektiven Rechtewahrnehmung im Online-Musikbereich entfernt ist, zeigen die nachfolgenden Untersuchungen des derzeit bestehenden Wettbewerbsrahmens in diesem Bereich.

1. Wettbewerbsrahmen zwischen Verwertungsgesellschaften und neuartigen Lizensierungsorganisationen

Sofern Fragmente des anglo-amerikanischen Repertoires von neu geschaffenen Lizensierungsorganisationen wie CELAS, PAECOL und ARESA wahrgenommen werden, lässt sich ein einheitlicher Wettbewerbsrahmen im Verhältnis zu klassischen Verwertungsgesellschaften schnell und eindeutig verneinen. Alle drei Unternehmen haben ihren Sitz in Deutschland und vergeben auch in Deutschland Nutzungsrechte nach deutschem Urheberrecht. Das in diesem Fall zuständige DPMA ordnet jedoch zu Unrecht keine dieser Organisationen als Verwertungsgesellschaft ein, obwohl die Tatbestandsmerkmale des § 1 Abs. 1

545 *Reinbothe*, ZUM 2003, 27 (31); *Hoeren/Altemark*, GRUR 2010, 16 (22).

546 *Dillenz*, GRUR Int. 1993, 315 (329); *Vogel*, GRUR 1993, 513 (531); *Gerlach*, in: Geiss/Gerstenmair/Winkler/Mailänder, 523 (530 f.); auch die damalige Bundesjustizministerin Sabine Leutheusser-Schnarrenberger forderte in ihrer Berliner Rede zum Urheberrecht vom 14. Juni 2010 „gleiche Spielregeln" für Verwertungsgesellschaften, Rede abrufbar unter: http://www.bmjv.de/SharedDocs/Archiv/DE/Reden/DE/2010/20100614_Berliner_Rede_zum_Urheberrecht.html?nn=4795798%22, zuletzt abgerufen am 31. Oktober 2014.

UhrWahrnG nach zutreffender Ansicht zu bejahen sind[547]. Damit fallen sie offiziell nicht unter den Pflichtenkatalog des UrhWahrnG, sondern agieren als einfache Gesellschaften ohne spezielle wahrnehmungsrechtliche Pflichten[548]. Im Detail bedeutet dies, dass für diese Unternehmen kein Erlaubniszwang, kein doppelter Kontrahierungszwang, keine Auskunftspflichten und keine Pflichten zur Veröffentlichung von Tarifen bestehen[549].

Obwohl Verwertungsgesellschaften mit diesen neuen Lizensierungsorganisationen in einem direkten Wettbewerb stehen, liegt daher eine Situation vor, die von einem einheitlichen Wettbewerbsrahmen weit entfernt ist. Während sich europäische Verwertungsgesellschaften an die mehr oder weniger strengen europäischen Wahrnehmungsgesetze ihres Niederlassungsstaats halten müssen, agieren die neuen Lizensierungsorganisationen jedenfalls in Deutschland ohne jegliche spezielle wahrnehmungsrechtliche Kontrolle. Sie müssen daher nicht zu angemessenen Tarifen lizensieren, sie müssen nicht mit jedem Online-Verwerter kontrahieren oder auch unattraktive Werke in ihr Repertoire aufnehmen. Zudem gelten für sie auch keine sozialen und kulturellen Verpflichtungen.

Funktionierender und fairer Wettbewerb kann im Verhältnis von Verwertungsgesellschaften zu neuen Lizensierungsorganisationen folglich nicht entstehen[550].

2. *Wettbewerbsrahmen zwischen europäischen Verwertungsgesellschaften*

Anders als die neuartigen Lizensierungsorganisationen agieren die konkurrierenden europäischen Verwertungsgesellschaften nicht zwangsläufig in einem wahrnehmungsrechtlichen Niemandsland. Sofern sie innerhalb ihres Niederlassungsstaats agieren, sind sie durch das jeweilige Wahrnehmungsrecht reguliert. Diese Wahrnehmungsrechte sind allerdings unharmonisiert[551]. Bei einem rechtsvergleichenden Blick auf die Wahrnehmungsregeln finden sich zwar Rechtsrahmen, die dem deutschen Rechtsrahmen ähneln. Es finden sich aber eben auch solche Rechtsrahmen, die Verwertungsgesellschaften bedeutend

---

547 Zu dem wahrnehmungsrechtlichen Status dieser Lizensierungsorganisationen siehe oben S. 92 ff.

548 *Rehse*, ZUM 2013, 191 (192); *Wolf/Evert*, in: Kreile/Becker/Riesenhuber, Kap. 17 Rn. 99.

549 *Ventroni*, MMR 2008, 273 (274); *Hansen*, in: Ensthaler/Weidert, Kap. 6 Rn. 134.

550 *Gerlach*, ZUM 2013, 174 (176); *Pfennig*, in: Erdmann/Leistner/Rüffer/Schulte-Beckhausen, 279 (301).

551 *v. Lewinski*, in: Riesenhuber, 215 (236 f.); *Staats*, in: Bullinger/Grunert/Ohst/Wöhrn, 211.

liberaler regulieren, als der deutsche Rechtsrahmen dies tut[552]. Ob sich aus diesen unterschiedlichen europäischen Wahrnehmungsgesetzen Unbilligkeiten in einem europaweiten Wettbewerb ergeben, hängt in erster Linie davon ab, welches Wahrnehmungsrecht im Falle einer länderübergreifenden Wahrnehmungstätigkeit Anwendung findet.

Die Antwort auf die Frage nach dem anwendbaren Recht nebst den daraus resultierenden Folgen für den Wettbewerbsrahmen muss jedoch unerwartet differenziert ausfallen. Denn aufgrund eines Urteils des Europäischem Gerichtshofs vom 27. Februar 2014[553] kann die bislang dominierende Auffassung des anwendbaren Wahrnehmungsrechts zukünftig nicht mehr aufrecht erhalten werden, was auch Auswirkungen auf den künftigen Wettbewerbsrahmen haben wird[554]. Es soll daher sowohl der Wettbewerbsrahmen, der bis zum Urteil des Europäischen Gerichtshofs angenommen wurde, dargestellt werden als auch der Wettbewerbsrahmen, der auf Basis der neuen Rechtsprechung künftig anzunehmen sein wird.

a) Bislang für anwendbar gehaltenes Wahrnehmungsrecht bei grenzüberschreitender Tätigkeit

Das deutsche Wahrnehmungsrecht reguliert deutsche Verwertungsgesellschaften verhältnismäßig streng[555]. Unbilligkeiten infolge dieses Rechtsrahmens ergäben sich allerdings erst dann, wenn dieses strenge Gesetz keine Anwendung auf ausländische Verwertungsgesellschaften fände, die Lizenzen für den deutschen Rechtsraum erteilen. Auf den ersten Blick scheint dies nicht der Fall zu sein. Bereits § 1 Abs. 1 UrhWahrnG ist so formuliert, dass er auch dann Anwendung findet, wenn eine ausländische Verwertungsgesellschaft in Deutschland tätig werden will[556]. Damit gilt der im materiellen Urheberrecht dominierende

552 Zu den Unterschieden zwischen den europäischen Wahrnehmungsgesetzen siehe oben S. 62 ff.

553 EuGH, ZUM 2014, 395 ff. – *OSA/Léčebné lázně Mariánské lázně.*

554 Zu dem künftig anwendbaren Wahrnehmungsrecht siehe unten S. 132 f.

555 *Rehse*, ZUM 2013, 191; *Nérisson*, ZUM 2013, 185 (189); so auch *Schneider*, der im Interview mit dem Portal irights.info von „harten Bandagen" des UrhWahrnG spricht, abrufbar unter: http://www.irights.info/enjott-schneider-das-urheberrecht-war-einst-garant-fur-freie-meinung-und-personlichkeitsschutz, zuletzt abgerufen am 31. Oktober 2014.

556 *Riesenhuber*, ZUM 2008, 625 (627); *Dördelmann*, GRUR 1999, 890 (893); *Schulze*, in: Dreier/Schulze, § 1 UrhWG Rn. 26; *Gerlach*, in: Wandtke/Bullinger, § 1 WahrnG Rn. 8.

Territorialitätsgrundsatz auch auf der Ebene des Wahrnehmungsrechts[557]. Sobald Nutzungsrechte, die sich aus dem deutschen Urheberrecht ergeben, durch eine Verwertungsgesellschaft vergeben werden, ist damit auch deutsches Wahrnehmungsrecht anwendbar. Ausländische Verwertungsgesellschaften benötigen daher grundsätzlich eine Erlaubnis des DPMA und müssen den Pflichtenkatalog des UrhWahrnG berücksichtigen, wenn Lizenzen in Deutschland vergeben werden sollen[558].

Diese Wertung hatte jedoch bislang nur dann unumstritten Bestand, wenn es sich bei der ausländischen Verwertungsgesellschaft um eine außereuropäische Gesellschaft handelte. Sobald eine Verwertungsgesellschaft eines Mitgliedstaats in Deutschland aktiv werden wollte, war die Anwendbarkeit deutschen Wahrnehmungsrechts problematisch. Grund dafür waren Unklarheiten hinsichtlich des Anwendungsbereichs der Dienstleistungsrichtlinie[559], die erst kürzlich eine höchstrichterliche Klärung erfahren haben[560].

aa) Auswirkungen der Dienstleistungsrichtlinie auf die Anwendung deutschen Wahrnehmungsrechts

Grundsätzlich stellt die grenzüberschreitende kollektive Rechtewahrnehmung eine Tätigkeit dar, die gem. Art. 2 Abs. 1 der Dienstleistungsrichtlinie eine Dienstleistung ist und damit dem Grunde nach in den Geltungsbereich dieser Richtlinie fällt. Die kollektive Rechtewahrnehmung ist auch nicht von dem Katalog des Art. 2 Abs. 2 der Dienstleistungsrichtlinie umfasst, der bestimmte Bereiche aus dem Anwendungsbereich der Richtlinie herausnimmt. Die Aufnahme und Ausübung von Dienstleistungen im Sinne der Richtlinie darf gem. Art. 16 Abs. 1 Unterabs. 3 der Dienstleistungsrichtlinie grundsätzlich nicht von Anforderungen abhängig gemacht werden, die eine Diskriminierung aufgrund des Niederlassungsstaats darstellen. Nach Art. 16 Abs. 3 ist dies nur in den Fällen möglich, in denen Gründe der öffentlichen Ordnung, der öffentlichen Sicherheit, der öffentlichen Gesundheit oder des Schutzes der Umwelt ein anderes Vorgehen rechtfertigen. Der Begriff der Anforderung wird dabei gem. Art. 4 Nr. 7 extensiv verstanden und umfasst alle Auflagen, Verbote, Bedingungen und Beschränkungen, die sich aus dem Recht der Mitgliedstaaten ergeben. Die Regelungen

557 *Drexl*, in: Hilty/Geiger, 369 (392).

558 OLG Köln, ZUM 2007, 927 – *Ausländische Verwertungsgesellschaft.*

559 Richtlinie (2006/123/EG) des europäischen Parlaments und des Rates über Dienstleistungen im Binnenmarkt vom 12. Dezember 2006, ABl. Nr. L 367/36 vom 27. Dezember 2006.

560 EuGH, ZUM 2014, 395 ff. – *OSA/Léčebné lázně Mariánské lázně.*

nationaler Wahrnehmungsgesetze wären damit unzulässige Anforderungen im Sinne der Richtlinie, da sie den grenzüberschreitenden Dienstleistungsverkehr beschränken. Das UrhWahrnG könnte im Falle einer in Deutschlang tätigen Verwertungsgesellschaft aus einem Mitgliedstaat nicht angewandt werden.

Infolgedessen lautete lange Zeit die maßgebliche Frage, ob die kollektive Rechtewahrnehmung nicht einen Ausnahmefall darstellt. Die Richtlinie enthält Ausnahmen zu den Regelungen des Art. 16 in Art. 17. Im Falle einer solchen Ausnahmeregelung, ist die Dienstleistungsrichtlinie zwar bei Maßnahmen der Mitgliedstaaten grundsätzlich anwendbar. Der Zulässigkeitsmaßstab für die Regelungen der Wahrnehmungsgesetze sind jedoch allein Art. 56 ff. AEUV und nicht der strengere Art. 16 der Dienstleistungsrichtlinie[561]. Nach Art. 17 Nr. 11 findet Art. 16 keine Anwendung auf

> *„die Urheberrechte, die verwandten Schutzrechte, Rechte im Sinne der Richtlinie 87/54/ EWG des Rates vom 16. Dezember 1986 über den Rechtsschutz der Topographien von Halbleitererzeugnissen und der Richtlinie 96/9/EG des Europäischen Parlaments und des Rates vom 11. März 1996 über den rechtlichen Schutz von Datenbanken sowie die Rechte an gewerblichem Eigentum".*

Die kollektive Wahrnehmung der aufgezählten Immaterialgüterrechte durch Verwertungsgesellschaften ist im Ausnahmetatbestand nicht ausdrücklich erwähnt. Ob der Ausnahmetatbestand trotzdem auch die kollektive Rechtewahrnehmung durch Verwertungsgesellschaften erfasst, war bislang umstritten.

bb) Ausnahmetatbestand erfasst auch kollektive Rechtewahrnehmung

Vielfach ging das Schrifttum davon aus, der Ausnahmetatbestand des Art. 17 Nr. 11 der Dienstleistungsrichtlinie erfasse, entgegen seines Wortlauts, auch die kollektive Rechtewahrnehmung[562]. Begründet wurde dies damit, dass gesetzliche Regelungen für eine transparente und nachhaltige kollektive Rechtewahrnehmung essentiell seien und damit generell tauglich sein müssten, Eingriffe

561 *Heine/Eisenberg*, GRUR Int. 2009, 277 (280).

562 *Gerlach*, ZUM 2013, 174 (176); *Alich*, GRUR Int. 2008, 996 (1004); *Nérisson*, ZUM 2013, 185 (191); *Csillag*, Medien und Recht 2012, 234 (243); *Scholz*, Medien und Recht 2011, 73 (75); *Geiger/Engelhardt/Hansen/Markowski*, GRUR Int. 2006, 475 (488); *Dördelmann*, in: Hertin/Schulze/Walter, § 1 UrhWG Rn. 37 Fn. 47; *Reinbothe*, in Schricker/Loewenheim, § 1 WahrnG Rn. 1; *Drexl*, in: Hilty/Geiger, 369 (393 f.); *Staats*, in: Stellungnahme der VG Wort vom 24. August 2012, S. 4, abrufbar unter: http://www.vgwort.de/fileadmin/pdf/stellungnahmen/Stellungnahme_Richtl_VerwertG_final.pdf, zuletzt abgerufen am 31. Oktober 2014.

in die Dienstleistungsfreiheit zu rechtfertigen[563]. Zudem handele es sich bei der kollektiven Rechtewahrnehmung um einen Anhang der ausdrücklich vom Ausnahmetatbestand erfassten Urheberrechten, der nicht losgelöst allein an ökonomischen Maßstäben gemessen werden dürfe[564]. Nach dieser Auffassung steht die kollektive Rechtewahrnehmung in einem symbiotischen Verhältnis zu Urheberrechten und verwandten Schutzrechten, weshalb auch die kollektive Rechtewahrnehmung vom Ausnahmetatbestand erfasst sein muss.

cc) Ausnahmetatbestand erfasst keine kollektive Rechtewahrnehmung

Andere Auffassungen verneinten mit dem Wortlaut der Ausnahmebestimmung die Anwendbarkeit der Dienstleistungsrichtlinie auf Verwertungsgesellschaften[565]. Als Begründung dieser Auffassung diente, neben dem Wortlaut des Ausnahmetatbestandes, primär der Gesetzgebungsprozess der Richtlinie. Zwar sei eine Aufnahme von Gesellschaften, die Urheberrechte wahrnehmen, in den Ausnahmetatbestand genauso angeregt worden, wie eine völlige Nichtanwendung der gesamten Richtlinie auf Verwertungsgesellschaften. Letztlich habe sich jedoch keine dieser Anregungen im legislativen Prozess durchsetzen können[566]. Vor diesem Hintergrund entspreche es nicht dem Willen des Richtliniengebers, auch die kollektive Wahrnehmung unter den Ausnahmetatbestand zu subsumieren. Zudem sei auch auf europäischer Ebene der Grundsatz anerkannt, Ausnahmetatbestände stets restriktiv auszulegen[567]. Letztlich verfehle eine Außerachtlassung der kollektiven Rechtewahrnehmung auch den Telos der Dienstleistungsrichtlinie, die von einem einheitlichen Binnenmarkt ausgehe, in dem Dienstleistungen nicht beschränkt werden[568].

---

563 *Alich*, GRUR Int. 2008, 996 (1004).

564 *Reinbothe*, in Schricker/Loewenheim, § 1 WahrnG Rn. 1; *Scholz*, Medien und Recht 2011, 73 (75).

565 *Heine/Eisenberg*, GRUR Int. 2009, 277 (280); *Tiede/Bogedain*, GRUR Int. 2012, 128 (130 f.); *Altemark*, S. 239 f.; *Schmidt-Kessel*, in: Schlachter/Ohler, Art. 17 Rn. 69; Anwendbarkeit für möglich haltend, *Himmelmann*, in: Kreile/Becker/Riesenhuber, Kap. 18 Rn. 216; *Mestmäcker*, in: Riesenhuber, 407 (419 f.).

566 *Himmelmann*, in: Kreile/Becker/Riesenhuber, Kap 18 Rn. 216; *Heine/Eisenberg*, GRUR Int. 2009, 277 (280); zu Einzelheiten des Gesetzgebungsverfahrens siehe *Heine*, S. 252 ff.

567 *Mayer*, in: Nettesheim, Art. 19 EUV Rn. 56; *Bleckmann*, NJW 1982, 1177 (1180); *Heine/Eisenberg*, GRUR Int. 2009, 277 (280); *Borchardt*, in: Schulze/Zuleeg/Kadelbach, § 15 Rn. 52.

568 *Altemark*, S. 240.

Flankiert wurde diese Lesart von Art. 17 Nr. 11 der Dienstleistungsrichtlinie auch von veröffentlichten Materialien der Kommission. Diese ging unmissverständlich davon aus, dass die kollektive Rechtewahrnehmung nicht vom Ausnahmetatbestand erfasst war und damit voll unter die Dienstleistungsrichtlinie fällt[569].

dd) Stellungnahme

Die Anwendbarkeit der Dienstleistungsrichtlinie auf die kollektive Rechtewahrnehmung mag gerade in Deutschland unbillige Konsequenzen für die hiesigen, streng regulierten, Verwertungsgesellschaften nach sich ziehen[570]. Allein diese Unbilligkeiten rechtfertigen allerdings keine bewusste Außerachtlassung der legislativen Absichten des europäischen Gesetzgebers. Im Gesetzgebungsverfahren ließ dieser sehenden Auges verschiedene Gelegenheiten aus, Verwertungsgesellschaften von dem Anwendungsbereich der Dienstleistungsrichtlinie zu befreien. Die Geltung der Dienstleistungsrichtlinie für Verwertungsgesellschaften muss mithin als politisch gewollt betrachtet werden. Diese bewusste Entscheidung lässt sich nicht durch eine, ohnehin systemfremde, extensive Auslegung einer Ausnahmevorschrift zu Fall bringen.

Auch der Einwand, das Urheberrecht umfasse faktisch auch dessen kollektive Wahrnehmung, verkennt die ökonomisch ausgerichtete Grundhaltung auf Unionsebene. Zwar mag die Daseinsberechtigung der kollektiven Wahrnehmung durch Verwertungsgesellschaften wettbewerbsrechtlich dem Grunde nach auch auf europäischer Ebene akzeptiert sein[571]. Dennoch begegnet man dort Verwertungsgesellschaften seit geraumer Zeit mit einer weitaus größeren Skepsis,

569 So zählt die Kommission in Frage 7 der veröffentlichen FAQs in Nr. 15 ausdrücklich auch Dienste von Verwertungsgesellschaften als Dienstleitungen im Sinne der Richtlinie auf, abrufbar unter: http://ec.europa.eu/internal_market/services/services-dir/faq/index_de.htm#maincontentSec7; zudem stellt die Kommission in ihrem Handbuch zur Umsetzung der Dienstleistungsrichtlinie auf S. 49 ausdrücklich klar, dass die Verwaltung, der in Art. 17 Nr. 11 genannten Rechte, ihrerseits nicht mehr von dem Ausnahmetatbestand erfasst ist, abrufbar unter: http://ec.europa.eu/internal_market/services/docs/services-dir/guides/handbook_de.pdf, beide Kommissionsdokumente zuletzt abgerufen am 31. Oktober 2014.

570 Zu den Auswirkungen der Richtlinie auf den Wettbewerbsrahmen siehe unten S. 130 ff.

571 EUGH – BRT/SABAM, abrufbar unter: www.eur-lex.europa.eu/LexUriServ/LexUriServ.do?uri=CELEX:61973CJ0127(01):DE:NOT, zuletzt abgerufen am 31. Oktober 2013; EUGH, GRUR Int. 1990, 622 (625) – *Ministère Public/Tourni*; *Müller*, in: Hoeren/Sieber/Holznagel, Teil 7.5 Rn. 19; *Flechsig*, ZUM 2013, 745 (752).

als dies in Deutschland der Fall ist[572]. Das Verständnis, dass Urheberrecht und dessen kollektive Wahrnehmung im Informationszeitalter zwangsläufig einhergingen, besteht auf europäischer Ebene eben nicht in dem Maße, wie etwa in Deutschland. Dies lässt sich bereits dadurch belegen, dass der europäische Gesetzgeber bislang beträchtliche Mühen in die Harmonisierung des materiellen Urheberrechts investiert hat, die kollektive Wahrnehmung des Urheberrechts aber hierbei nahezu ungeregelt ließ[573]. Als Zeugnisse dieser Skepsis können auch die andauernden Unternehmungen der Kommission angesehen werden, um jeden Preis Wettbewerb auf dem Markt der kollektiven Rechtewahrnehmung zu entfachen.

Vor diesem Hintergrund sprechen die besseren Argumente dafür, dass der Ausnahmetatbestand des Art. 17 Nr. 11 der Dienstleistungsrichtlinie nicht auf Verwertungsgesellschaften angewandt werden soll, so dass diese vollumfänglich von der Richtlinie erfasst werden.

ee) Folgen für das anwendbare Recht

Die Anwendbarkeit der Dienstleistungsrichtlinie auf die kollektive Rechtewahrnehmung hatte erhebliche Auswirkungen auf die Regulierung grenzüberschreitend tätiger Verwertungsgesellschaften durch die nationalen Wahrnehmungsgesetze. Durch die anwendbare Dienstleistungsrichtlinie ergab sich für grenzüberschreitend tätige Verwertungsgesellschaften folgende Situation:

In den Fällen, in denen eine Verwertungsgesellschaft über die Landesgrenzen ihres Niederlassungsstaats hinweg agierte, weil sie Lizenzen für mehrere oder einen bestimmten Mitgliedstaat vergeben wollte, konnten die Wahrnehmungsgesetze dieser Lizensierungsstaaten mit Blick auf die Bestimmungen der Dienstleistungsrichtlinie nicht mehr angewandt werden[574]. Denn diese nationalen Wahrnehmungsgesetze stellten mit ihren mehr oder weniger strengen Pflichten Anforderungen im Sinne von Art. 16 Abs. 1 der Dienstleistungsrichtlinie dar. Eine Rechtfertigung dieser Anforderungen durch Art. 16 Abs. 3 der Richtlinie war im Falle der kollektiven Wahrnehmung fernliegend[575]. Selbst verhältnismäßig strenge Wahrnehmungsgesetze, wie das deutsche UrhWahrnG, entfalteten

---

572 *Reinbothe*, ZUM 2003, 27 (29); *Scholz*, Medien und Recht 2013, 123 (124).

573 *Heine*, S. 82 ff.; *Staats*, in: Bullinger/Grunert/Ohst/Wöhrn, 211; *Podszun*, GPR 2013, 97.

574 *Kunz-Hallstein/Loschelder*, GRUR 2013, 155 (156); *Staats*, ZUM 2013, 162 (166); *Gerlach*, ZUM 2013, 174 (176); *Csillag*, Medien und Recht 2012, 234 (244).

575 *Staats*, ZUM 2013, 162 (166); davon geht offenbar auch der Richtliniengeber selbst aus, wenn er unter Erwägungsgrund 41 auf die restriktive Rechtsprechung

daher keinerlei Wirkungen, auf ausländische Verwertungsgesellschaften, die in Deutschland Lizenzen nach dem UrhG erteilen wollten. Dies galt sowohl für den Erlaubniszwang als auch für den sonstigen Pflichtenkatalog des UrhWahrnG und zwar unabhängig von der Regulierungsdichte des Wahrnehmungsgesetzes im Niederlassungsstaat der fremden Verwertungsgesellschaft[576]. Sollte dieselbe Lizenz hingegen von der landeseigenen Verwertungsgesellschaft vergeben werden, musste diese allen Anforderungen des nationalen Wahrnehmungsrechts nachkommen[577]. Die hierdurch eintretende Inländerdiskriminierung verstieß nicht gegen Unionsrecht, weil sich die Behandlung reiner Inlandssachverhalte dem Unionsrecht entzieht[578]. Somit entstand die bemerkenswerte Situation, dass innerhalb eines Lizensierungsstaates verschiedene Verwertungsgesellschaften tätig sein konnten, die verschiedenen Rechtsrahmen mit verschiedenen Pflichten und Aufsichtsbehörden unterfielen[579].

Gleichzeitig fiel auch regelmäßig das Wahrnehmungsrecht des Niederlassungsstaats bei grenzüberschreitenden Lizensierungen regulatorisch nicht ins Gewicht. Zwar stellte Art. 16 in der Endfassung der Dienstleistungsrichtlinie auf das Prinzip der Dienstleistungsfreiheit ab[580]. Danach galten grundsätzlich die Regelungen des Niederlassungsstaats und der Aufnahmestaat konnte nur in Ausnahmefällen dessen Recht beschränken[581]. Daher galt für einen Vorgang im Lizensierungsstaat grundsätzlich das Recht des Niederlassungsstaats[582]. Bei Wahrnehmungsgesetzen begegnete diese Weichenstellung jedoch Problemen. Denn die Wahrnehmungsgesetze der Niederlassungsstaaten waren vielfach aufgrund des ihnen zugrunde liegenden Territorialitätsprinzips bei grenzüberschreitenden

---

des Europäischen Gerichtshofs zur öffentlichen Ordnung und Sicherheit verweist, siehe *Heine/Eisenberg*, GRUR Int. 2009, 277 (282).

576 *Scholz*, Medien und Recht 2013, 123 (126); *Heine/Eisenberg*, GRUR Int. 2009, 277 (282).

577 *Staats*, ZUM 2013, 162 (167).

578 *Streinz*, Rn. 822; *Gärditz*, in: Rengeling/Middeke/Gellermann, § 35 Rn. 9.

579 *Csillag*, Medien und Recht 2012, 234 (244); *Staats*, in: Stellungnahme der VG Wort vom 24. August 2012, S. 3, abrufbar unter: http://www.vgwort.de/fileadmin/pdf/stellungnahmen/Stellungnahme_Richtl_VerwertG_final.pdf, zuletzt abgerufen am 31. Oktober 2014.

580 *Calliess*, DVBl. 2007, 336 (343); *Kampf*, IPRax 2008, 101; *Steggewentz*, DStR 2007, 271 (272).

581 *Calliess*, DVBl. 2007, 336 (344); zu Einzelheiten der Beschränkungsmöglichkeiten der Empfangsstaaten *Schmidt-Kessel*, in: Schlachter/Ohler, Art. 16 Rn. 31 ff.

582 *Steggewentz*, DStR 2007, 271 (272); *Luch/Schulz*, GewArch 2009, 143 (145); *Schmidt-Kessel*, in: Schlachter/Ohler, Art. 16 Rn. 3; *Lemor*, EuZW 2007, 135 (137 f.).

Lizensierungen nicht anwendbar[583]. Im Falle einer Verwertungsgesellschaft, die außerhalb ihres Niederlassungsstaats Lizensierungstätigkeiten vornahm, war der Anwendungsbereich vieler nationaler Wahrnehmungsrechte überschritten. Diese Wahrnehmungsrechte konnten folglich keine Anwendung mehr finden[584]. So ist beispielsweise auch der Pflichtenkatalog des deutschen UrhWahrnG nicht mehr anwendbar, sobald eine deutsche Verwertungsgesellschaft Lizensierungen außerhalb der Bundesrepublik vornimmt[585]. Ein anderes Ergebnis wäre nur dann denkbar, wenn Art. 16 der Dienstleistungsrichtlinie als Kollisionsregel mit Sachnormverweisung auf das Recht des Herkunftsstaats einzuordnen wäre[586]. Hiergegen sprach jedoch sowohl der Wortlaut von Art. 16 als auch Art. 3 Abs. 2 der Dienstleistungsrichtlinie, der die Regeln des Internationalen Privatrechts aus dem Anwendungsbereich der Richtlinie ausnimmt[587].

Selbst wenn in Einzelfällen das Wahrnehmungsgesetz des Niederlassungsstaats der Verwertungsgesellschaft explizit auch bei grenzüberschreitender Tätigkeit der heimischen Verwertungsgesellschaft Anwendung gefunden hätte, stellte sich jedoch die Frage, wie effektiv die Einhaltung der jeweiligen Pflichten aus dem Niederlassungsstaat überhaupt hätte kontrolliert werden können[588]. Wie beispielsweise eine österreichische Regulierungsbehörde die Einhaltung der Pflichten aus dem österreichischen Wahrnehmungsgesetz effektiv kontrollieren kann, wenn eine österreichische Verwertungsgesellschaft Online-Lizenzen für den irischen Rechtsraum vergibt, erschloss sich jedenfalls nicht auf den ersten Blick.

Dieses Zusammenspiel zwischen der Dienstleistungsrichtlinie einerseits und der territorial begrenzten Anwendbarkeit der europäischen Wahrnehmungsgesetze andererseits führte dazu, dass bei einer grenzüberschreitenden Lizensierung keine wahrnehmungsrechtlichen Regelungen Anwendung fanden.

---

583 *Himmelmann*, in: Kreile/Becker/Riesenhuber, Kap. 18 Rn. 213 f.; *Heine*, S. 243.

584 *Kunz-Hallstein/Loschelder*, GRUR 2013, 700 (701); *Heine/Eisenberg*, GRUR Int. 2009, 277 (282).

585 OLG München, ZUM 2006, 466 (471 ff.); *Drexl*, in: Hilty/Geiger, 369 (394 f.); *Heine*, S. 243; *Freudenberg*, in: Ahlberg/Götting, § 1 WahrnG Rn. 20; *Scholz*, Medien und Recht 2011, 73 (76); Comments of the Max Planck Institute für Intellectual Property and Competition Law, Ziff. 20, abrufbar unter: www.ip.mpg.de/files/pdf2/Max_Planck_Comments_Collective_Rights_Management.pdf, zuletzt abgerufen am 31. Oktober 2014.

586 *Altemark*, S. 252.

587 *Drexl*, in: Rixecker/Säcker, Band 11, IntUnlWettbR Rn. 91; *Altemark*, S. 252; *Heine/Eisenberg*, GRUR Int. 2009, 277 (282) Fn. 49.

588 *Kunz-Hallstein/Loschelder*, GRUR 2013, 155 (156).

Grenzüberschreitende Lizensierungen fanden mithin in einem wahrnehmungsrechtlichen Vakuum statt[589]. Dieses Ergebnis erstaunte deshalb, weil sowohl der Niederlassungsstaat der ausländischen Verwertungsgesellschaft als auch der Lizensierungsstaat den Lizensierungsvorgang in ihrem Staatsgebiet für regelungsbedürftig hielten[590]. Ohne einen grenzüberschreitenden Bezug hätten sich die inländischen Verwertungsgesellschaften in beiden Staaten an das jeweilige nationale Wahrnehmungsrecht halten müssen. Sobald jedoch eine grenzüberschreitende Lizensierung vorlag, galt weder das Wahrnehmungsrecht des Niederlassungsstaats noch das Wahrnehmungsrecht des Lizensierungsstaats. In Ermangelung eines europäischen Wahrnehmungsrechts agierten die Verwertungsgesellschaften daher außerhalb jeglicher Regulierung.

ff) Folgen für den einheitlichen Wettbewerbsrahmen

Vor diesem Hintergrund konnte ein einheitlicher Wettbewerbsrahmen zwischen europäischen Verwertungsgesellschaften und ihren Schwestergesellschaften nicht diagnostiziert werden[591]. Sobald eine grenzüberschreitende Lizensierung gegeben war, wirkten sich die teilweise beträchtlichen Unterschiede der einzelnen Wahrnehmungsgesetze gewaltig auf das *Level-Playing-Field* aus. Aufgrund des Zusammenspiels zwischen der Dienstleistungsrichtlinie, territorial beschränkten nationalen Wahrnehmungsrechten und mangelnden Unionsrecht agierten Verwertungsgesellschaften sofort außerhalb jeglichen Wahrnehmungsrechts, sobald sie Lizensierungstätigkeiten jenseits ihres Niederlassungsstaats in Angriff nahmen.

Dies führte zu Wettbewerbsnachteilen für die Verwertungsgesellschaften, die in einem Mitgliedstaat mit strengen Wahrnehmungsvorschriften niedergelassen waren[592]. Je strenger in diesem Fall das nationale Regulierungsniveau war, desto schwerwiegender war der jeweilige Wettbewerbsnachteil der dort

---

589 *Heine/Eisenberg*, GRUR Int. 2009, 277 (282); *Tiede/Bogedain*, GRUR Int. 2012, 128 (133); *Kunz-Hallstein/Loschelder*, GRUR 2013, 700 (701); Comments of the Max Planck Institute für Intellectual Property and Competition Law, Ziff. 20, abrufbar unter: www.ip.mpg.de/files/pdf2/Max_Planck_Comments_Collective_Rights_Management.pdf, zuletzt abgerufen am 31. Oktober 2014.

590 *Kunz-Hallstein/Loschelder*, GRUR 2013, 700 (701); *Staats*, in: Stellungnahme der VG Wort vom 24. August 2012, S. 3, abrufbar unter: http://www.vgwort.de/fileadmin/pdf/stellungnahmen/Stellungnahme_Richtl_VerwertG_final.pdf, zuletzt abgerufen am 31. Oktober 2014.

591 *Nérisson*, ZUM 2013, 185 (190).

592 *Podszun*, GPR 2013, 97 (102); *Scholz*, Medien und Recht 2013, 123 (126).

niedergelassenen Verwertungsgesellschaften. Das strenge Wahrnehmungsrecht sorgte im ersten Schritt für eine umfassendere Gründungskontrolle, als bei konkurrierenden Verwertungsgesellschaften, die sich in liberaleren Mitgliedstaaten niedergelassen hatten. Während einige Verwertungsgesellschaften ohne nennenswerte Gründungskontrolle ihre Tätigkeiten aufnehmen konnten, mussten andere im Rahmen eines Genehmigungsverfahrens eine Durchleuchtung durch eine spezielle Aufsichtsbehörde über sich ergehen lassen.

Darüber hinaus behinderte das strenge Wahrnehmungsrecht auch die Lizensierungstätigkeit innerhalb des Niederlassungsstaats[593]. Während die grenzüberschreitend tätigen Verwertungsgesellschaften kein Wahrnehmungsrecht berücksichtigen mussten, galt für die inländischen Verwertungsgesellschaften das strenge inländische Wahrnehmungsrecht. Je nach Wahl ihres Niederlassungsstaats konnte dies bedeuten, dass sich die inländischen Verwertungsgesellschaften beispielsweise nicht die Vertragspartner oder Mitglieder aussuchen konnten, Lizenzbedingungen nicht nach eigenem Ermessen aushandeln konnten, oder strengen kulturellen und sozialen Verpflichtungen unterlagen[594]. Als Auswuchs dessen war vorstellbar, dass die inländische Verwertungsgesellschaft, auch bei an sich gleichen Verwaltungskosten, für Rechteinhaber weniger attraktiv war, weil die Vorgaben des geltenden Wahrnehmungsrechts derart umfangreiche Aufgaben normierten, das die inländische Verwertungsgesellschaft weniger hohe Beträge an ihre Mitglieder ausschütten konnte, als die ausländische Verwertungsgesellschaft[595].

Dieser Befund führte die europäischen Verwertungsgesellschaften zwangsläufig in Versuchung, einen Mitgliedstaat als Verwaltungssitz zu wählen, in dem ein möglichst niedriges Regulierungsniveau vorzufinden war (sog. *Cherry-Picking)*[596]. Teilweise wurde auch auf die daraus resultierende Gefahr einer regulatorischen Abwärtsspirale (sog. *Race to the Bottom*) hingewiesen, um nationale Verwertungsgesellschaften im Land zu halten oder Anreize für ausländische Verwertungsgesellschaften zu schaffen[597].

Damit war ein fehlender einheitlicher Wettbewerbsrahmen nicht nur im Verhältnis Verwertungsgesellschaft zu neuer Lizensierungsorganisation zu kon-

593 *Kunz-Hallstein/Loschelder*, GRUR 2013, 700 (701).

594 *Kunz-Hallstein/Loschelder*, GRUR 2013, 155 (156).

595 *Gerlach*, in: Geiss/Gerstenmair/Winkler/Mailänder, 523 (530 f.).

596 *Pfennig*, Grenzenlos verwertet – angemessen vergütet?, abrufbar unter: www.irights.info/grenzenlos-verwertet-angemessen-vergutet, zuletzt abgerufen am 31. Oktober 2014.

597 *Podszun*, GPR 2013, 97 (102); *Scholz*, Medien und Recht 2011, 73 (77).

statieren, sondern auch im Verhältnis der unterschiedlichen europäischen Verwertungsgesellschaften untereinander. Dieses fehlende *Level-Playing-Field* stand in einem diametralen Widerspruch zu der auf europäischer Ebene dominierenden Ideologie des Wettbewerbs im Binnenmarkt. Nur eine umfassende Harmonisierung der europäischen Wahrnehmungsrechte konnte an diesem Zustand etwas ändern[598].

b) Zukünftig für anwendbar zu haltendes Wahrnehmungsrecht bei grenzüberschreitender Tätigkeit

Aufgrund einer am 27. Februar 2014 ergangenen Entscheidung des Europäischen Gerichtshofs kann die bislang dominierende Ansicht zum anwendbaren Wahrnehmungsrecht allerdings künftig nicht länger aufrecht erhalten werden. Damit einhergehend muss auch die Frage des einheitlichen Wettbewerbsrahmens für die Zukunft neu beantwortet werden.

aa) Unanwendbarkeit der Dienstleistungsrichtlinie

Künftig wird nicht mehr davon auszugehen sein, dass die kollektive Rechtewahrnehmung durch Verwertungsgesellschaften in den Anwendungsbereich der Dienstleistungsrichtlinie fällt. Der Europäischen Gerichtshof hat mit Urteil vom 27. Februar 2014 unmissverständlich klargestellt, dass Verwertungsgesellschaften vom Ausnahmetatbestand des Art. 17 Nr. 11 der Dienstleistungsrichtlinie erfasst sind und folglich nicht dem Anwendungsbereich des Art. 16 Abs. 1 der Dienstleistungsrichtlinie unterfallen[599]. Vor dem Hintergrund der vom Europäischen Gerichtshof ansonsten verfolgten binnenmarktfokussierten Auslegung von Richtlinien ist diese Weichenstellung überraschend und konnte so keinesfalls erwartet werden[600].

Auch wenn diese Rechtsansicht des Europäischen Gerichtshofs, nicht zuletzt angesichts einer unterlassenen Begründung, nur bedingt überzeugt und die besseren Argumente für die gegenteilige Ansicht gesprochen hätten[601]; die strittige Frage nach der Reichweite der Dienstleistungsrichtlinie ist damit in der Praxis entschieden: Die Dienstleistungsrichtlinie findet wegen einer einschlägigen Ausnahmevorschrift keine Anwendung auf die kollektive Rechtewahrnehmung durch Verwertungsgesellschaften.

---

598 *Heine/Eisenberg*, GRUR Int. 2009, 277 (283).

599 EuGH, ZUM 2014, 395 ff. – *OSA/Léčebné lázně Mariánské lázně.*

600 *Heine*, GRUR-Prax 2014, 133; *Welp*, GRUR 2014, 751 (753).

601 Zu Einzelheiten der der Auslegung des Ausnahmetatbestands Art. 17 Nr. 11 siehe oben S. 125 ff.

bb) Folgen für das anwendbare Recht und den einheitlichen Wettbewerbsrahmen

Das Urteil des Europäischen Gerichtshofs wird spürbare Auswirkungen auf das anwendbare Wahrnehmungsrecht und den einheitlichen Wettbewerbsrahmen haben. Auch wenn das Urteil unabhängig von der Richtlinie ergangen ist, kann es für eine genaue Untersuchung der Auswirkungen nicht isoliert ausgewertet werden. Denn es fiel zeitlich mit der Veröffentlichung der Richtlinie zur kollektiven Rechtewahrnehmung zusammen. Auch wenn beide Rechtsakte unabhängig voneinander zu bewerten sind, so beeinflussen sich doch gegenseitig und müssen daher in einer Zusammenschau analysiert werden, um die Auswirkungen auf den einheitlichen Wettbewerbsrahmen prognostizieren zu können. Das Urteil allein ermöglicht in dieser Hinsicht keine hinreichend belastbaren Rückschlüsse. Infolgedessen sollen die Folgen des Urteils für das anwendbare Wahrnehmungsrecht und den damit verbundenen einheitlichen Wettbewerbsrahmen im Zuge der Ausführungen zur Richtlinie thematisiert werden[602].

III. Zusammenfassung

Im Nachgang der Kommissionsempfehlung ist der Wettbewerb im Bereich kollektiver Wahrnehmung rauer geworden. Verwertungsgesellschaften müssen inzwischen untereinander und mit neuartigen Lizensierungsorganisationen konkurrieren. Dieser Wettbewerb ist allerdings von gravierenden Verzerrungen geprägt, da er weitgehend auf unebenen Spielfeldern stattfindet.

Neuartige Lizensierungsorganisationen müssen die Spielregeln in Form des Wahrnehmungsrechts in keiner Form berücksichtigen, da sie (zu Unrecht) nicht als Verwertungsgesellschaften eingestuft werden und mithin keiner speziellen Regulierung unterfallen. Europäische Verwertungsgesellschaften sind durch einen Flickenteppich nationaler Wahrnehmungsgesetze vollkommen asymmetrisch reguliert. Im Zusammenspiel dieser Wahrnehmungsgesetze mit der bislang für anwendbar gehaltenen Dienstleistungsrichtlinie und mangelnden europäischen Wahrnehmungsregeln führte dies zu gewaltigen Wettbewerbsverzerrungen. Während die Verwertungsgesellschaften in ihrem Niederlassungsstaat von den nationalen Wahrnehmungsgesetzen mehr oder weniger streng reguliert wurden, agierten sie bei einer länderübergreifenden Lizensierungstätigkeit ohne jegliche wahrnehmungsrechtliche Regulierung. Das Wahrnehmungsrecht des Mitgliedstaates, in dem die Lizensierung stattfand, schien aufgrund der

602 Zu dem künftig anwendbaren Wahrnehmungsrecht nebst dessen Folgen siehe unten S. 177 ff.

Dienstleistungsrichtlinie unanwendbar. Das Wahrnehmungsrecht des Niederlassungsstaats konnte ebenfalls nicht herangezogen werden. Ein gesunder und dauerhaft stabiler Wettbewerb auf einem *Level-Playing-Field* konnte so nicht entstehen. Verwertungsgesellschaften aus Mitgliedstaaten mit hohem Regulierungsniveau erfuhren strukturelle Benachteiligungen gegenüber Verwertungsgesellschaften aus Mitgliedstaaten mit geringem Regulierungsniveau.

Inzwischen hat der Europäische Gerichtshof die Anwendbarkeit der Dienstleistungsrichtlinie auf die kollektive Rechtewahrnehmung verneint. Die Auswirkungen dieser Entscheidung auf das anwendbare Recht und den einheitlichen Wettbewerbsrahmen müssen allerdings im Zusammenhang mit der etwa zeitgleich veröffentlichten Richtlinie zur kollektiven Rechtewahrnehmung gesehen werden, weshalb sie in diesem Kontext erfolgen sollen.

Kapitel 3 Auswirkungen der Richtlinie auf die Missstände des Online-Musikbereichs

A. Entstehungsgeschichte und maßgebliche Regelungen der Richtlinie (2014/26/EU)

Auch wenn auf europäischer Ebene die Wurzeln der in Kapitel 2 skizzierten Missstände nicht zwingend an gleichen Stellen lokalisiert werden, ist auch dort der Regelungsbedarf hinsichtlich der kollektiven Rechtewahrnehmung im Online-Musikbereich wahrgenommen worden. Abhilfe soll eine Richtlinie des Europäischen Parlaments und des Rates über die kollektive Wahrnehmung von Urheber- und verwandten Schutzrechten und die Vergabe von Mehrgebietslizenzen für Rechte an Musikwerken für die Online-Nutzung im Binnenmarkt schaffen[603].

I. Entstehungsgeschichte der Richtlinie

Der Wunsch der Kommission, einen einheitlichen Rechtsrahmen für die kollektive Rechtewahrnehmung zu schaffen, hat bereits zuvor Eingang in verschiedene Mitteilungen gefunden[604]. Vor diesem Hintergrund war es wenig überraschend, als die Kommission am 11. Juli 2012 einen Vorschlag für eine dahingehende Richtlinie[605]

---

603 Richtlinie (2014/26/EU) des Europäischen Parlaments und des Rates über die kollektive Wahrnehmung von Urheber- und verwandten Schutzrechten und die Vergabe von Mehrgebietslizenzen für Rechte an Musikwerken für die Online-Nutzung im Binnenmarkt vom 26. Februar 2014, ABl. Nr. L 84/72 vom 20. März 2014.

604 Mitteilung der Kommission vom 26. August 2010, COM (2010) 245, S. 9, abrufbar unter: http://eur-lex.europa.eu/LexUriServ/LexUriServ.do?uri=COM:2010:0245:FIN:DE:PDF; Mitteilung der Kommission vom 03. März 2010, COM (2010) 2020, S. 24 ff., abrufbar unter: http://www.esf.de/portal/generator/15418/property=data/2011__01__04__europa__2020-strategie.pdf, beide Kommissionsdokumente zuletzt abgerufen am 31. Oktober 2014.

605 Vorschlag für eine Richtlinie des Europäischen Parlaments und des Rates über kollektive Wahrnehmung von Urheber- und verwandten Schutzrechten und die Vergabe von Mehrgebietslizenzen für die Online-Nutzung von Rechten an Musikwerken im Binnenmarkt (Text von Bedeutung für den EWR) {SWD(2012) 204 final} {SWD(2012) 205 final}, abrufbar unter: http://eur-lex.europa.eu/LexUriServ/LexUriServ.do?uri=COM:2012:0372:FIN:DE:PDF, zuletzt abgerufen am 31. Oktober 2014.

nebst Folgenabschätzung[606] veröffentlichte[607]. Nach Stellungnahmen verschiedener Ausschüsse[608] einigten sich Beteiligte aus Kommission, Parlament und Rat am 04. November 2013 im Rahmen eines informellen Trilogs auf einen Kompromiss für eine Finalfassung der Richtlinie[609]. Diese Finalfassung wurde vom Europäischen Parlament am 27. November 2013 angenommen. Die formelle Verabschiedung der Endfassung erfolgte am 04. Februar 2014 in erster Lesung. Hierbei stimmten 640 der insgesamt 680 Abgeordneten für die Richtlinie, was im Bereich des geistigen Eigentums einen bemerkenswert breiten Konsens darstellt[610]. Am 20. Februar 2014 wurde die Richtlinie vom Rat der Europäischen Union angenommen und am 26. Februar 2014 von den Präsidenten des Europäischen-Parlaments und des Rates unterzeichnet. Die Veröffentlichung im Amtsblatt der Europäischen Union erfolgte am 20. März 2014[611]. Den Mitgliedstaaten bleibt gem. Art. 43 Abs. 1 der Richtlinie nunmehr Zeit bis zum 10. April 2016, um die Regelungen dieser Richtlinie in nationales Recht umzusetzen.

II. Maßgebliche Regelungen der Richtlinie

Gem. Art. 1 verfolgt der Richtliniengeber mit der Richtlinie zweierlei Ziele, die sich jedoch teilweise überschneiden. Einerseits sollen erstmals einheitliche Regelungen für das System der kollektiven Rechtewahrnehmung im Binnenmarkt formuliert werden. Andererseits sollen Sonderregelungen für grenzüberschreitend tätige Verwertungsgesellschaften geschaffen werden, welche die europaweite Vergabe von Online-Musikrechten an Online-Verwerter erleichtern.

606 Zusammenfassung der Folgenabschätzung begleitend zu dem Vorschlag für eine Richtlinie des Europäischen Parlaments und des Rates über die kollektive Wahrnehmung von Urheber- und verwandten Schutzrechten und die Vergabe von Mehrgebietslizenzen für die Online-Nutzung von Rechten an Musikwerken im Binnenmarkt {COM(2012) 372} {SWD(2012) 204}, abrufbar unter: http://eur-lex.europa.eu/LexUriServ/LexUriServ.do?uri=SWD:2012:0205:FIN:DE:PDF, zuletzt abgerufen am 31. Oktober 2014.

607 *Staats*, ZUM 2013, 162; *Ventroni*, MMR 2012, 565.

608 Stellungnahmen der verschiedenen Ausschüsse abrufbar unter: http://www.europarl.europa.eu/oeil/popups/ficheprocedure.do?reference=2012/0180%28COD%29&l=en, zuletzt abgerufen am 31. Oktober 2014.

609 Kompromiss zur kollektiven Rechtewahrnehmung, abrufbar unter: http://urheber.info/sites/default/files/CRM_final_compromise_text_2013-11-05.pdf, zuletzt abgerufen am 31. Oktober 2014.

610 *Grohmann*, GRUR-Prax 2014, 145 (147); *Weiden*, GRUR 2014, 339.

611 ABl. Nr. L 84/72 vom 20. März 2014.

Um diese beiden Ziele zu erreichen, verpflichtet die Richtlinie die Mitgliedstaaten, die nachfolgend skizzierten Regelungen zu treffen, wobei es den Mitgliedstaaten gem. Erwägungsgrund 9 der Richtlinie ausdrücklich vorbehalten bleibt, darüber hinausgehende Vorschriften für inländische Verwertungsgesellschaften zu treffen, sofern diese Vorschriften mit Unionsrecht in Einklang stehen[612].

1. Regelungen zur einheitlichen kollektiven Rechtewahrnehmung

Die Richtlinie enthält vielfältige Regelungen, die das Innenverhältnis von Verwertungsgesellschaften gegenüber Rechteinhabern und Mitgliedern gestalten. Diese Regelungen zu Themenkomplexen wie Transparenz, Ausschüttungsmodalitäten, Binnenkontrolle und Binnendemokratie sind zweifellos sinnvoll, zumal die Effektivität von Verwertungsgesellschaften in vielen Mitgliedstaaten defizitär ist[613] und es bei gleich mehreren europäischen Verwertungsgesellschaften Hinweise auf mangelhaftes Finanzgebaren gibt[614]. Für Fragen rund um ein europäisches *Level-Playing-Field* und die länderübergreifende Lizensierungspraxis sind diese Regelungen zum Innenverhältnis allerdings nur zweitrangig, weshalb eine detaillierte Darstellung dieser Regelungen hier unterbleiben kann[615].

Für Fragen rund um die zukünftige Einheitlichkeit des europäischen Wettbewerbsrahmens sind vielmehr die folgenden Regelungen der Richtlinie ausschlaggebend:

---

612 *Peifer*, ZUM 2014, 453 (456).

613 Erwägungsgrund 5 der Richtlinie; Impact Assessment SWD(2012) 204 final, S. 15 ff., abrufbar unter: http://ec.europa.eu/internal_market/copyright/docs/management/impact_assesment-com-2012-3722_en.pdf, zuletzt abgerufen am 31. Oktober 2014; *Podszun*, GPR 2013, 97 (99); *Janik/Tiwisina*, ZUM 2013, 177.

614 *Pfennig*, ZUM 2014, 484 (485); *Markowski*, GRUR Int. 2007, 819 (820 f.); Folgenabschätzung der Kommission, S. 3, abrufbar unter: http://eur-lex.europa.eu/legal-content/DE/TXT/PDF/?uri=CELEX:52012SC0205&from=DE, zuletzt abgerufen am 31. Oktober 2014; Stellungnahme des Europäischen Wirtschafts- und Sozialausschusses zum Richtlinienvorschlag Ziff. 2.3, ABl. Nr. C 44/104 vom 15. Februar 2013.

615 Darstellungen bei *Csillag*, Medien und Recht 2012, 234 (236 ff.); *Podszun*, GPR 2013, 97 (99).

a) Anwendungsbereich der Richtlinie

Der Anwendungsbereich der Richtlinie umfasst drei unterschiedliche Spielarten kollektiver Rechtewahrnehmung: Klassische Verwertungsgesellschaften, die in der Richtlinie als „*Organisationen für die kollektive Rechtewahrnehmung*" bezeichnet werden, unabhängige Verwertungseinrichtungen und Tochtergesellschaften klassischer Verwertungsgesellschaften.

aa) Verwertungsgesellschaften

In erster Linie richten sich die in der Richtlinie normierten Verpflichtungen an klassische Verwertungsgesellschaften. Der Großteil aller in der Richtlinie getroffenen Regelungen gilt gem. Art. 2 Abs. 1 für alle Verwertungsgesellschaften. Zusätzlich gelten für diejenigen Verwertungsgesellschaften, die länderübergreifende Lizenzen im Online-Musikbereich erteilen wollen, nach Art. 2 Abs. 2 über den allgemeinen Teil hinausgehende besondere Regelungen[616].

Begrifflich versteht die Richtlinie gem. Art. 3 lit. a) unter einer Verwertungsgesellschaft

> *„jede Organisation, die gesetzlich oder auf der Grundlage einer Abtretungs-, Lizenz- oder sonstigen vertraglichen Vereinbarung berechtigt ist und deren ausschließlicher oder hauptsächlicher Zweck es ist, Urheber- oder verwandte Schutzrechte im Namen mehrerer Rechtsinhaber zu deren kollektivem Nutzen wahrzunehmen und eine oder beide der folgenden Voraussetzungen erfüllt:*
>
> *i) sie steht im Eigentum ihrer Mitglieder oder wird von ihren Mitgliedern beherrscht;*
> *ii) sie ist nicht auf Gewinnerzielung ausgerichtet".*

bb) Unabhängige Verwertungseinrichtungen

Der Markt der kollektiven Rechtewahrnehmung ist allerdings schon seit der Veröffentlichung der Kommissionsempfehlung im Jahr 2005 nicht mehr allein durch klassische Verwertungsgesellschaften geprägt. Zunehmend haben sich auch neuartige Lizensierungsorganisationen am Markt etabliert[617]. Hierdurch sind neben Regelungslücken auch Abgrenzungsprobleme zwischen klassischen Verwertungsgesellschaften und neuartigen Lizensierungsorganisationen entstanden. Gerade die Abgrenzungsproblematik lässt sich anhand der

---

616 Zu Regelungen für länderübergreifend tätige Verwertungsgesellschaften siehe unten S. 143 ff.

617 Zu Einzelheiten und Hintergründen dieser Entwicklung siehe oben S. 85 ff.

Wahrnehmungsgesetze der Mitgliedstaaten oftmals nur schwer bewältigen[618]. Dem hat nunmehr auch der europäische Gesetzgeber Rechnung getragen, weshalb die Richtlinie auch über klassische Verwertungsgesellschaften hinaus Anwendung finden soll. In Art. 2 Abs. 4 sieht die Richtlinie infolgedessen die Geltung einiger Bestimmungen auch für sogenannte unabhängige Verwertungseinrichtungen vor. Darunter versteht die Richtlinie nach Art. 3 lit. b)

> *„jede Organisation, die gesetzlich oder auf der Grundlage einer Abtretungs-, Lizenz- oder sonstigen vertraglichen Vereinbarung berechtigt ist und deren ausschließlicher oder hauptsächlicher Zweck es ist, Urheber- oder verwandte Schutzrechte im Namen mehrerer Rechtsinhaber zu deren kollektivem Nutzen wahrzunehmen und die*
>
> *i) weder direkt noch indirekt, vollständig oder teilweise im Eigentum der Rechtsinhaber steht noch direkt oder indirekt, vollständig oder teilweise von den Rechtsinhabern beherrscht wird; und*
> *ii) auf Gewinnerzielung ausgerichtet ist“.*

cc) Tochtergesellschaften

Eine noch umfassendere Anwendbarkeit sieht die Richtlinie für solche Unternehmen vor, die mit klassischen Verwertungsgesellschaften wirtschaftlich verbunden sind. Gem. Art. 2 Abs. 3 gelten alle einschlägigen Bestimmungen der Richtlinie auch für solche Einrichtungen,

> *„die sich direkt oder indirekt, vollständig oder teilweise, im Eigentum einer Organisation für die kollektive Rechtewahrnehmung befinden oder direkt oder indirekt, vollständig oder teilweise, von einer solchen beherrscht werden, sofern diese Einrichtungen eine Tätigkeit ausüben, die, würde sie von einer Organisation für die kollektive Rechtewahrnehmung ausgeführt, den Bestimmungen dieser Richtlinie unterläge“.*

Damit nimmt die Richtlinie eine eigene Definition von Tochtergesellschaften vor, die weiter ist, als vergleichbare Definitionen in anderen Rechtsgebieten[619]. Liegen die Voraussetzungen dieser Definition vor, gelten die Vorgaben der Richtlinie damit vollumfänglich auch für Tochterunternehmen der klassischen Verwertungsgesellschaften. Damit geht die Endfassung der Richtlinie bedeutend

---

618 Zu der problematischen Abgrenzung im deutschen Wahrnehmungsrecht siehe oben S. 92 ff.

619 Andere Definitionen finden sich beispielsweise in Art. 3 Abs. 1 lit. b) der Richtlinie (90/435/EWG) des Rates über das gemeinsame Steuersystem der Mutter- und Tochtergesellschaften verschiedener Mitgliedstaaten vom 23. Juli 1990 – sog. *Mutter-Tochter-Richtlinie*, ABl. Nr. L 225/6 vom 20. August 1990 oder in § 9 Nr. 7 Gewerbesteuergesetz (GewStG).

weiter als noch der Richtlinienvorschlag, welcher in Art. 31 nur eine stark eingeschränkte Anwendbarkeit einiger weniger Regelungen auf Tochterunternehmen von Verwertungsgesellschaften vorsah[620], was breite Kritik erfuhr[621].

b) Wahrnehmungszwang

Gem. Art. 5 Abs. 2 Satz 1 der Richtlinie werden Rechteinhaber berechtigt, unabhängig vom Mitgliedstaat, der Staatsangehörigkeit oder des Wohnsitzes eine Verwertungsgesellschaft mit der Wahrnehmung ihrer Rechte zu betrauen. Kontaktiert ein Rechteinhaber eine Verwertungsgesellschaft, normiert Art. 5 Abs. 2 Satz 2 der Richtlinie folgenden Wahrnehmungszwang[622]:

> *„Sofern die Organisation für die kollektive Rechtewahrnehmung die Rechtewahrnehmung nicht aus objektiv nachvollziehbaren Gründen ablehnen kann, ist sie verpflichtet, Rechte, Kategorien von Rechten oder Arten von Werken und sonstige Schutzgegenstände, die in ihren Tätigkeitsbereich fallen, wahrzunehmen."*

Flankierend zum Wahrnehmungszwang stellt Art. 6 Abs. 2 der Richtlinie klar, dass mit der Wahrnehmung nicht zwingend die Aufnahme des Rechteinhabers als Mitglied in der Verwertungsgesellschaft einhergehen muss. Die Verwertungsgesellschaften können nach Maßgabe von Art. 6 transparente und diskriminierungsfreie Aufnahmebedingungen aufstellen und veröffentlichen[623]. Nur wenn der Rechteinhaber diese Aufnahmebedingungen erfüllt, muss die Verwertungsgesellschaft ihn auch als Mitglied aufnehmen.

---

620 Vorschlag für eine Richtlinie des Europäischen Parlamentes und des Rates über kollektive Wahrnehmung von Urheber- und verwandten Schutzrechten und die Vergabe von Mehrgebietslizenzen für die Online-Nutzung von Rechten an Musikwerken im Binnenmarkt (Text von Bedeutung für den EWR) {SWD(2012) 204 final} {SWD(2012) 205 final}, abrufbar unter: http://eur-lex.europa.eu/LexUriServ/LexUriServ.do?uri=COM:2012:0372:FIN:DE:PDF, zuletzt abgerufen am 31. Oktober 2014.

621 *Ventroni*, MMR 2012, 565 (566); *Rehse*, ZUM 2013, 191 (192); *Kunz-Hallstein/Loschelder*, GRUR 2013, 155 (156); *Gerlach*, ZUM 2013, 174 (175 f.); *Podszun*, GPR 2013, 97 (101).

622 Zu Einzelheiten des Wahrnehmungszwangs in Deutschland siehe oben S. 48 ff.

623 Für zu wenig konkret erachtend, Comments of the Max Planck Institute für Intellectual Property and Competition Law, Ziff. 34, abrufbar unter: www.ip.mpg.de/files/pdf2/Max_Planck_Comments_Collective_Rights_Management.pdf, zuletzt abgerufen am 31. Oktober 2014.

c) Lizensierungspflichten

Gem. Art. 16 Abs. 1 der Richtlinie sollen Verwertungsgesellschaften verpflichtet werden, Lizensierungsverhandlungen mit Verwertern nach Treu und Glauben zu führen. Nach Art. 16 Abs. 2 müssen die bei den Lizensierungsverhandlungen genutzten Lizenzbedingungen auf objektive und diskriminierungsfreie Kriterien gestützt werden. Scheitert eine Lizensierung aufgrund fehlender Lizensierungsbereitschaft der Verwertungsgesellschaft, ist diese gem. Art. 16 Abs. 3 der Richtlinie dazu verpflichtet, eine begründete Erklärung zu der Frage abzugeben, warum kein Lizenzangebot geplant ist.

Weitergehende Pflichten sieht die Richtlinie bei Lizensierungen allerdings nicht vor. Insbesondere ist in der Richtlinie kein direkter Abschlusszwang[624] angelegt[625]. Zwar sollen Verwertungsgesellschaften keine Verwerter diskriminieren dürfen und die Verweigerung eines Vertragsschlusses mag für die Verwertungsgesellschaft zukünftig mit einem gewissen Begründungsaufwand verbunden sein; möglich bleibt die Verweigerung eines Lizenzvertrags indes weiterhin. Die Zurückhaltung des Richtliniengebers an diesem Punkt deutete sich schon im Gesetzgebungsverfahren an, was bereits dort zu deutlicher Kritik geführt hat[626].

Auch hinsichtlich der angemessenen Vergütung erweist sich die Richtlinie als zurückhaltend. Zwar verlangt auch die Richtlinie in Art. 16 Abs. 2 hinsichtlich der verwendeten Tarife, dass diese

> *„in einem angemessenen Verhältnis unter anderem zu dem wirtschaftlichen Wert der Nutzung der Rechte unter Berücksichtigung der Art und des Umfangs der Nutzung des Werks und sonstiger Schutzgegenstände sowie zu dem wirtschaftlichen Wert der von der Organisation für die kollektive Rechtewahrnehmung erbrachten Leistungen"*

stehen. Auch müssen die Verwertungsgesellschaften die betroffenen Verwerter über die verwendeten Kriterien informieren. Wirksame Instrumente, die verhindern, dass die Norm ein reines Lippenbekenntnis bleibt, sieht die Richtlinie hingegen nicht vor.

---

624 Zu Einzelheiten des Abschlusszwangs im deutschen Wahrnehmungsrecht siehe oben S. 50 f.

625 *Grohmann*, GRUR-Prax 2014, 145 (146); *Peifer*, ZUM 2014, 453 (461); Comments of the Max Planck Institute für Intellectual Property and Competition Law, Ziff. 11, abrufbar unter: www.ip.mpg.de/files/pdf2/Max_Planck_Comments_Collective_Rights_Management.pdf, zuletzt abgerufen am 31. Oktober 2014.

626 *Staats*, ZUM 2013, 162 (166); Pressemitteilung der GEMA vom 04. Februar 2014, abrufbar unter: https://www.gema.de/presse/pressemitteilungen/presse-details/article/gema-verabschiedung-der-eu-richtlinie-zur-harmonisierung-des-wahrnehmungsrechts-ist-ein-wichtiger-m.html, zuletzt abgerufen am 31. Oktober 2014.

d) Streitbeilegung

Gem. Art. 33 Abs. 1 müssen die Verwertungsgesellschaften für Mitglieder und Schwestergesellschaften, mit denen eine Repräsentationsvereinbarung besteht[627], wirksame und zügige Verfahren zur Bearbeitung von Beschwerden etablieren. Art. 33 Abs. 2 stellt an diese Verfahren die Mindestanforderung, dass auf eine Beschwerde schriftlich reagiert werden und im Falle einer Zurückweisung eine Begründung hierfür übermittelt werden muss.

Optional können die Mitgliedstaaten gem. Art. 34 Abs. 1 vorsehen, dass bei Streitigkeiten zwischen Verwertungsgesellschaften mit Mitgliedern, Rechteinhabern oder Nutzern über die zur Umsetzung dieser Richtlinie erlassenen Vorschriften ein Streitbeilegungsverfahren durchgeführt werden kann.

Darüber hinaus müssen die Mitgliedstaaten gem. Art. 35 Abs. 1 sicherstellen, dass Streitigkeiten zwischen Verwertungsgesellschaften und Nutzern vor ein Gericht oder gegebenenfalls vor eine unabhängige, unparteiische Streitbeilegungsstelle mit einschlägigen Kenntnissen des Rechts des geistigen Eigentums gebracht werden können. Dies soll nach Art. 35 Abs. 2 auch dann gelten, wenn zuvor ein Beschwerde- oder Streitbeilegungsverfahren stattgefunden hat[628].

e) Aufsicht

Art. 36 Abs. 1 der Richtlinie gibt den Mitgliedstaaten auf, die Einhaltung der Richtlinienbestimmungen durch Verwertungsgesellschaften von Behörden überwachen zu lassen. Dabei ist jeder Mitgliedstaat für die in ihm niedergelassenen Verwertungsgesellschaften zuständig. Dies gilt auch für die ausländischen Aktivitäten dieser Verwertungsgesellschaften[629]. Die zuständigen Behörden müssen gem. Art. 36 Abs. 2 von allen Beteiligten angerufen werden können, wenn ein Verstoß gegen eine in dieser Richtlinie normierte Pflicht möglich erscheint[630]. Gem. Art. 36 Abs. 3 müssen die Mitgliedstaaten diese Behörden zudem mit der Möglichkeit ausstatten, geeignete Sanktionen zu verhängen bzw. geeignete Maßnahmen zu ergreifen, die verhältnismäßig und abschreckend sind.

Art. 37 der Richtlinie normiert zusätzlich ein Verfahren zum Informationsaustausch verschiedener europäischer Aufsichtsbehörden, so dass auch bei grenzüberschreitenden Tätigkeiten der inländischen Verwertungsgesellschaften hinreichende Kontrollmöglichkeiten bestehen.

---

627 Zu dem Begriff der Repräsentationsvereinbarung siehe unten S. 145 f.

628 Hierzu kritisch *Niggemeier*, Medialex 2013, 65 (70).

629 *Holzmüller*, ZUM 2014, 468 (469); *Pfennig*, ZUM 2014, 484 (487).

630 Ob hiermit ein Anspruch auf behördliches Einschreiten verbunden ist, bleibt allerdings unklar, *Staats*, ZUM 2013, 162 (167).

2. *Regelungen zur europaweiten Vergabe von Online-Musikrechten*

Neben dem allgemeinen Teil, sieht die Richtlinie in den Art. 23-32 besondere Regelungen für diejenigen Organisationen vor, die im Online-Musikbereich Mehrgebietslizenzen erteilen wollen. Für diese Organisationen sieht die Richtlinie den sogenannten Passport-Ansatz vor. Dieser Ansatz lässt sich dahingehend zusammenfassen, dass länderübergreifend lizensierende Verwertungsgesellschaften besonderen Verpflichtungen nachkommen müssen, um diese Tätigkeit ausüben zu können[631]. Verwertungsgesellschaften, die diesen Verpflichtungen nicht genügen können oder wollen, ist jedoch die Möglichkeit eröffnet, Passport-Verwertungsgesellschaften mit der europaweiten Lizensierung ihrer Online-Musikrechte zu beauftragen[632]. Dies soll dazu führen, dass sich zwar die Anzahl der paneuropäisch lizensierten Werke erhöht, die Anzahl der Lizenzgeber jedoch überschaubar bleibt.

a) Qualitätsstandards

Der Richtliniengeber versucht mittels verschiedener Regelungen zu gewährleisten, dass länderübergreifend lizensierende Verwertungsgesellschaften gewisse Qualitätsstandards einhalten. Gem. Art. 24 Abs. 1 der Richtlinie muss sichergestellt sein, dass die Verwertungsgesellschaften, die Mehrgebietslizenzen für Online-Rechte an Musikwerken vergeben, über ausreichende Kapazitäten zur Bewältigung ihrer Aufgaben verfügen. Art. 24 Abs. 2 der Richtlinie konkretisiert dies, indem er den Verwertungsgesellschaften die Erfüllung folgender Mindestanforderungen auferlegt:

- *„Sie müssen über die Fähigkeit zur korrekten Bestimmung der einzelnen Musikwerke – vollständig oder teilweise –, die die Organisationen für die kollektive Rechtewahrnehmung repräsentieren dürfen, verfügen;*
- *sie müssen hinsichtlich eines jeden Musikwerks oder Teils eines Musikwerks, das die Organisation für die kollektive Rechtewahrnehmung repräsentieren darf, über die Fähigkeit verfügen, die Recht – vollständig oder teilweise und in Bezug auf jedes Gebiet – sowie den zugehörigen Rechtsinhaber zu bestimmen;*
- *sie müssen eindeutige Kennungen verwenden, um Rechtsinhaber und Musikwerke zu bestimmen, unter möglichst weitgehender Berücksichtigung freiwilliger branchenüblicher Standards und Praktiken, die auf internationaler oder Unionsebene entwickelt wurden;*

631 Zu Details des verfolgten Passport-Ansatzes siehe zusammenfassende Folgenabschätzung, S. 5 ff., abrufbar unter: http://eur-lex.europa.eu/LexUriServ/LexUriServ.do?uri=SWD:2012:0205:FIN:EN:PDF, zuletzt abgerufen am 31. Oktober 2014.

632 Erwägungsgrund 44; *Holzmüller*, ZUM 2013, 168 (170).

- *sie müssen geeignete Mittel verwenden, um Unstimmigkeiten bei den Daten im Besitz anderer Organisationen für die kollektive Rechtewahrnehmung, die Mehrgebietslizenzen für Online-Rechte an Musikwerken vergeben, rasch und wirksam zu erkennen und zu beheben."*

Diese Anforderungen werden zusätzlich durch Art. 27 und Art. 28 flankiert, in denen die Richtlinie weitere Vorgaben in Bezug auf Meldungen, Rechnungsstellungen und Ausschüttungen an die Rechteinhaber aufstellt. Eine Erlaubnispflicht oder sonstige Gründungskontrollen sieht die Richtlinie allerdings auch für paneuropäisch lizensierende Organisationen nicht vor.

b) Informationspflichten

Die Richtlinie sieht für die Verwertungsgesellschaften, die Mehrgebietslizenzen für Online-Rechte an Musikwerken vergeben, zudem besondere Informationspflichten vor. Gem. Art. 25 Abs. 1 müssen diese Verwertungsgesellschaften auf hinreichend begründete Anfragen von Online-Verwertern, Rechteinhabern oder Schwestergesellschaften auf elektronischem Wege aktuelle Informationen übermitteln, anhand derer das Online-Musikrepertoire bestimmt werden kann. Zu diesen zu übermittelnden Informationen sollen die repräsentierten Musikwerke, die repräsentierten Rechte und die umfassten Lizenzgebiete gehören.

Art. 26 Abs. 1 der Richtlinie verpflichtet die Verwertungsgesellschaften weitergehend, ein Verfahren zu ermöglichen, das es Rechteinhabern, Schwestergesellschaften und Online-Verwertern erlaubt, unkorrekte Informationen der Verwertungsgesellschaften zu beanstanden, so dass die Aktualität der übermittelten Informationen gewährleistet ist.

c) Repräsentationsvereinbarungen

Die wesentlichen Innovationen dieses Abschnitts stellen indes die Regelungen zu den Repräsentationsvereinbarungen dar[633]. Nach dem in der Richtlinie verfolgten Passport-Ansatz sollen Verwertungsgesellschaften, die nicht willens oder in der Lage sind, Mehrgebietslizenzen unter Einhaltung der Qualitätsstandards dieser Richtlinie zu erteilen, eine Schwestergesellschaft mit der länderübergreifenden Wahrnehmung ihrer Online-Musikrechte betrauen können. So soll der Lizensierungsvorgang vereinfacht werden und einer weiteren Repertoirefragmentierung

---

633 *Niggemeier*, Medialex 2013, 65 (69); Comments of the Max Planck Institute für Intellectual Property and Competition Law, Ziff. 53, abrufbar unter: www.ip.mpg.de/files/pdf2/Max_Planck_Comments_Collective_Rights_Management.pdf, zuletzt abgerufen am 31. Oktober 2014.

begegnet werden[634]. Nach Art. 29 Abs. 1 der Richtlinie sollen diese Repräsentationsvereinbarungen stets nicht-exklusiver Natur sein. Damit derartige Kooperationen in der Praxis auch tatsächlich eingegangen werden, sieht Art. 30 Abs. 1 der Richtlinie vor,

> *„dass eine Organisation für die kollektive Rechtewahrnehmung, an die eine andere Organisation für die kollektive Rechtewahrnehmung, die keine Mehrgebietslizenzen für Online-Rechte an Musikwerken ihres eigenen Repertoires vergibt oder anbietet, den Antrag richtet, mit ihr eine Repräsentationsvereinbarung über die Repräsentation dieser Rechte zu schließen, diesen Antrag annehmen muss, wenn sie bereits Mehrgebietslizenzen für dieselbe Kategorie von Online-Rechten an Musikwerken aus dem Repertoire einer oder mehrerer anderer Organisationen für die kollektive Rechtewahrnehmung vergibt oder anbietet".*

Nach Art. 30 Abs. 1 der Richtlinie kann die beauftragte Verwertungsgesellschaft einen Antrag auf Abschluss einer Repräsentationsvereinbarung daher nicht mehr ablehnen, wenn sie bereits Mehrgebietslizenzen für dieselbe Kategorie von Online-Rechten an Musikwerken aus dem Repertoire einer oder mehrerer anderer Verwertungsgesellschaften vergibt. Wenn eine Verwertungsgesellschaft demnach einen dahingehenden Antrag annimmt, bedeutet dies, dass sie auch nachfolgende Anträge unter den Bedingungen des Art. 30 Abs. 1 annehmen muss.

Gem. Art. 30 Abs. 3 der Richtlinie muss die beauftragte Verwertungsgesellschaft das Fremdrepertoire zu gleichen Bedingungen wahrnehmen, wie das eigene Repertoire. Nach Art. 30 Abs. 4 muss das Repertoire folglich auch in allen Angeboten erscheinen, welche die Verwertungsgesellschaft an Online-Verwerter richtet. Gem. Art. 30 Abs. 5 darf die Verwertungsgesellschaft, an die der Antrag gerichtet ist, hierbei nur die vernünftigerweise entstehenden Kosten verlangen.

d) Ersatzvornahme durch den Rechteinhaber

Für den Fall, dass eine Verwertungsgesellschaft länderübergreifende Online-Musikrechte nicht erteilen will oder kann, aber auch keine Schwestergesellschaft damit betraut, sieht die Richtlinie nach Ablauf einer Karenzzeit ein Druckinstrument des Rechteinhabers vor. Hierzu ermöglicht Art. 31 der Richtlinie, dass solche Rechteinhaber,

> *„die eine Organisation für die kollektive Rechtewahrnehmung mit der Repräsentation ihrer Online-Rechte an Musikwerken betraut haben, dieser die Online-Rechte an Musikwerken*

634 Siehe Erwägungsgrund 44.

für Zwecke der Vergabe von Mehrgebietslizenzen für alle Gebiete wieder entziehen können, ohne ihr auch die Online-Rechte an Musikwerken für die Vergabe von Eingebietslizenzen zu entziehen, um selbst, über einen bevollmächtigten Dritten oder über eine andere Organisation für die kollektive Rechtewahrnehmung, die die Anforderungen dieses Titels erfüllt, entsprechende Mehrgebietslizenzen erteilen zu können".

Hierdurch soll gewährleistet werden, dass jeder Rechteinhaber unkompliziert in den Genuss der länderübergreifenden Lizensierung seiner Online-Musikrechte kommen kann. Lizensiert eine Verwertungsgesellschaft Online-Musikrechte zukünftig nur national und schließt auch keine Repräsentationsvereinbarungen mit länderübergreifend lizensierenden Schwestergesellschaften, läuft sie daher Gefahr, dass ihre Rechteinhaber eine Schwestergesellschaft mit der länderübergreifenden Wahrnehmung ihrer Online-Musikrechte betrauen, wodurch sich ihr Repertoire reduziert.

e) Verfahren zur alternativen Streitbeilegung

Während die Etablierung eines raschen, unabhängigen und unparteiischen alternativen Streitbeilegungsverfahren zur Einhaltung der Richtlinienvorgaben für reguläre Verwertungsgesellschaften gem. Art. 34 Abs. 1 nur optional durch die Mitgliedstaaten eingeführt werden kann[635], ist die Richtlinie hinsichtlich Verwertungsgesellschaften, die Mehrgebietslizenzen für Online-Rechte an Musikwerken vergeben, strenger. Für diese Verwertungsgesellschaften müssen die Mitgliedstaaten gem. Art. 34 Abs. 2 ein unabhängiges, unparteiisches alternatives Streitbeilegungsverfahren für bestimmte Streitigkeiten mit Online-Verwertern, Rechteinhabern oder Schwestergesellschaften normieren.

III. Zusammenfassung

Erstmalig regelt eine Richtlinie unmittelbar die kollektive Rechtewahrnehmung im Binnenmarkt. Ziel der Richtlinie ist einerseits die Harmonisierung der europäischen Wahrnehmungsgesetze und andererseits die Erleichterung der unionsweiten Vergabe von Online-Musikrechten.

Um ersteres zu erreichen, erfasst die Richtlinie klassische Verwertungsgesellschaften, Tochtergesellschaften im Sinne der Richtlinie und partiell auch sog. unabhängige Verwertungseinrichtungen. Inhaltlich normiert die Richtlinie einen Wahrnehmungszwang gegenüber Rechteinhabern. Einen Abschlusszwang gegenüber Nutzern normiert die Richtlinie allerdings nicht. Hier zeigen sich

---

635 Zu der Streitbeilegungsmöglichkeit bei national lizensierenden Verwertungsgesellschaften siehe oben S. 142.

die Regelungen der Richtlinie zurückhaltend. Nutzern kann auch in Zukunft eine Lizenz verweigert werden. Um ihre Regelungen durchzusetzen, enthält die Richtlinie ferner Vorgaben zur internen Streitbeilegung und externen Aufsicht.

Neben diesem allgemeinen Teil, sieht die Richtlinie spezielle Pflichten für solche Verwertungsgesellschaften vor, die im Online-Musikbereich länderübergreifende Lizenzen erteilen wollen. Diese Verwertungsgesellschaften müssen besonderen Vorgaben genügen. Zusätzlich bestehen für diese Verwertungsgesellschaften Informationspflichten hinsichtlich des von ihnen wahrgenommenen Repertoires. Eine Erlaubnispflicht oder sonstige Gründungskontrolle ist für diese Organisationen allerdings nicht normiert. Als wesentliche Neuerung soll eine Verwertungsgesellschaft, die Online-Musikrechte nicht länderübergreifend lizensieren kann oder will, einen Antrag an eine länderübergreifend lizensierende Schwestergesellschaft richten können, ihr Repertoire zusammen mit dem eigenen Repertoire länderübergreifend zu lizensieren. Unter gewissen Umständen muss dieser Antrag von der Schwestergesellschaft angenommen werden und fremdes Repertoire wie das eigene Repertoire wahrgenommen werden. Lizensiert eine Verwertungsgesellschaft ab einem bestimmten Stichtag weiterhin Online-Musikrechte nur national und schließt auch keine Repräsentationsvereinbarungen mit einer Schwestergesellschaft, können die Rechteinhaber Teile ihres Repertoires aus dieser abziehen und fortan selbst wahrnehmen oder wahrnehmen lassen.

B. Auswirkungen der Richtlinie auf den Missstand der Lizenzzersplitterung

Bevor die einzelnen Regelungen der Richtlinie auf ihre Wirkungen untersucht werden können, muss dem Richtliniengeber zugutegehalten werden, dass er die in Kapitel 2 skizzierten Probleme der Lizenzzersplitterung sowohl erkennt als auch klar benennt. In den Erwägungsgründen 37 ff. arbeitet der Richtliniengeber die Missstände des fragmentierten digitalen Binnenmarktes ungeschminkt auf. Infolgedessen will der Richtliniengeber gem. Erwägungsgrund 40 und 44 mit der Richtlinie auf eine Bündelung von Lizenzen hinwirken, so dass sich die Anzahl der von den Online-Verwertern zu kontaktierenden Lizenzgeber reduzieren kann.

Dieses Streben nach einer Defragmentierung des zersplitterten Repertoires durch eine Bündelung ist prinzipiell zu begrüßen. Ein derartiger Ansatz hat in der Tat das Potenzial, viele bestehende Probleme entschärfen zu können. Ob mit der Richtlinie allerdings in der Realität tatsächlich Defragmentierungsprozesse initiiert werden können, bedarf einer differenzierteren Prüfung.

Bei dieser Prüfung müssen die Auswirkungen der Richtlinie auf das anglo-amerikanische Repertoire getrennt von den Auswirkungen der Richtlinie auf das europäische Repertoire untersucht werden, da die Lizenzsituation in beiden Bereichen unterschiedlich ist[636]. Das anglo-amerikanische Repertoire wird bereits seit Jahren durch verschiedene Organisationen paneuropäisch lizensiert. Im Bereich des europäischen Repertoires muss unterschieden werden. Teilweise wird dieses noch immer nicht paneuropäisch lizensiert, teilweise wird es von Verwertungsgesellschaften paneuropäisch lizensiert, die materiell nicht in der Lage sind, den damit verbundenen Aufwand zu bewältigen. Schließlich findet neuerdings auch eine paneuropäische Lizensierung über gemeinsame Lizensierungsportale der europäischen Verwertungsgesellschaften statt[637].

I. Defragmentierungschancen der Qualitätsstandards

Die Richtlinie sieht in Art. 24 Abs. 1 vor, dass in Zukunft nur solche Verwertungsgesellschaften auf dem Markt der Mehrgebietslizenzen tätig sein können, die *„über ausreichende Kapazitäten zur effizienten und transparenten elektronischen Verarbeitung der für die Verwaltung dieser Lizenzen erforderlichen Daten verfügen"*. Art. 24 Abs. 2 konkretisiert diese Voraussetzungen in einem Katalog weiter[638]. Zusätzlich normiert die Richtlinie für derartige Verwertungsgesellschaften in Art. 27 und Art. 28 weitere Qualitätsstandards hinsichtlich Abrechnungen und Ausschüttungen.

Diese Regelungen können theoretisch zu einer Defragmentierung des Repertoires führen. Sie etablieren einen Katalog von Mindestvoraussetzungen an Verwertungsgesellschaften, die im Online-Musikbereich länderübergreifende Lizenzen vergeben wollen. Diese Anforderungen können sowohl etablierte Akteure dazu veranlassen, den Markt zu verlassen, als auch neue Akteure daran hindern, in den Markt einzutreten. So könnte sich die Anzahl der Lizenzgeber im Online-Musikbereich spürbar reduzieren, wodurch sich der Repertoireumfang der verbleibenden Akteure vergrößern könnte. Für die Rechteinhaber könnte dies zu einer verbesserten Verfügbarkeit ihrer Online-Rechte führen.

---

636 Zu den unterschiedlichen Lizensierungssituationen dieser Repertoires siehe oben S. 107 ff.

637 So lizensiert die ARMONIA-Initiative derzeit unionsweit die Online-Musikrechte der europäischen Verwertungsgesellschaften ARTISJUS, SABAM, SACEM, SGAE und SIAE, abrufbar unter: http://www.armoniaonline.eu/homeLayout_en, zuletzt abgerufen am 31. Oktober 2014.

638 Zu den Einzelheiten dieses Katalogs siehe oben S. 143 f.

Für Online-Verwerter könnte dies zu einer einfacheren und kostengünstigeren Lizensierung der Online-Rechte führen, was wiederum zu sinkenden Transaktionskosten führen könnte und damit auch zu niedrigeren Preisen und besseren Angeboten für die Endnutzer.

1. Auswirkungen im Bereich des anglo-amerikanische Repertoires

Bei der Frage, ob die Etablierung von Qualitätsstandards für länderübergreifend lizensierende Verwertungsgesellschaften tatsächlich zu einer Verringerung der im anglo-amerikanischen Bereich tätigen Akteure führen und, damit einhergehend, eine Bündelung der Repertoires erreichen kann, muss die derzeit bestehende Marktsituation berücksichtigt werden.

Festgelegte Qualitätsstandards sind Regelungen, die den Marktzugang erschweren. Derartige Regelungen wirken am effektivsten, wenn der Markt sich gerade in einer Aufbruchsstimmung hin zu einer unionsweiten Lizensierung befindet. In einer solchen Phase bewerten Verwertungsgesellschaften, die mit einer Europäisierung ihres Geschäftsmodells liebäugeln, die erforderlichen Schritte und Investitionen. Hierbei spielen dann auch Verpflichtungen zur Einhaltung gewisser Qualitätsstandards eine Rolle, da sie jeweils mit Investitionskosten einhergehen. Es findet eine Abwägung statt, ob die Erschließung des neuen Marktes auch bei einer Einhaltung dieser Qualitätsstandards noch attraktiv und erstrebenswert ist.

Eine solche Marktsituation liegt allerdings im Bereich des anglo-amerikanischen Repertoires gerade nicht mehr vor. Die Phase, in der die ersten Verwertungsgesellschaften und neuartige Lizensierungsorganisationen den Schritt hin zu einer länderübergreifenden Lizensierung gewagt haben, ist bereits abgeschlossen. Die Phase begann im Anschluss an die Veröffentlichung der Kommissionsempfehlung aus dem Jahr 2005. Zu diesem Zeitpunkt bestand eine durch die Kommissionsempfehlung entfachte Aufbruchsstimmung hin zu einer paneuropäischen Lizensierung. Hier hätten Qualitätsstandards einen Faktor bei einem Eintritt in die europaweite Lizensierung darstellen können. Im Jahr 2014 ist dieser Schritt aber bereits vollzogen. Es existieren bereits seit Jahren zahlreiche Verwertungsgesellschaften und neuartige Lizensierungsorganisationen, die im anglo-amerikanischen Bereich länderübergreifende Online-Lizenzen vergeben[639]. All diese Akteure haben den Schritt zu einer Mehrstaatenlizensierung bereits getätigt. Für diese Akteure kann sich somit allenfalls noch die Frage stellen,

639 Zu einem Überblick über derzeit länderübergreifend tätige Organisationen siehe oben S. 88 ff.

ob die Regelungen zu den Qualitätsstandards Anlass dafür bieten, den getätigten Schritt nebst den damit einhergegangenen Investitionskosten wieder rückgängig zu machen.

Hiervon wird bei den bereits grenzüberschreitend lizensierenden Verwertungsgesellschaften und Lizensierungsorganisationen allerdings nicht auszugehen sein. Vieles spricht dafür, dass diese Organisationen von den Qualitätsstandards der Richtlinie wenig beeindruckt sein werden und die neuen Standards der Richtlinie implementieren werden, sofern sie sich überhaupt vom Anwendungsbereich der Richtlinie erfasst sehen[640].

Für eine andere Prognose ist der unionsweite Online-Musikbereich für die dort tätigen Organisationen wirtschaftlich zu relevant. Oft handelt es sich nicht um Organisationen, die unter anderem länderübergreifende Lizenzen im Online-Musikbereich erteilen, sondern um Organisationen, die ausschließlich Lizenzen im Online-Musikbereich erteilen[641]. Ein Rückzug aus diesem Sektor bedeutete für derartige Organisationen daher nichts Geringeres als eine Aufgabe ihres Geschäftsmodells. Dies ist gerade im Hinblick auf das anglo-amerikanische Repertoire sicherlich nicht zu erwarten. Dieses Repertoire ist in der Regel derart gewinnbringend, dass sich Investitionen in neue Qualitätsstandards zeitnah amortisieren dürften. Unabhängig von der Frage, wie beträchtlich die Marktzutrittsschranke durch die Qualitätsstandards in der Praxis sein wird, haben diese Organisationen damit sowohl ein Bedürfnis als auch die erforderlichen finanziellen und personellen Mittel, für eine Implementierung der normierten Standards in ihren Geschäftsmodellen. Die Frage, wie hoch der tatsächliche Umsetzungsaufwand für diese Implementierung sein wird, ist daher im Bereich des anglo-amerikanischen Repertoires weniger richtungsweisend[642].

Infolgedessen werden die Qualitätsstandards nicht zu einer nennenswerten Reduzierung der grenzüberschreitend lizensierenden Organisationen im Bereich des anglo-amerikanischen Repertoires führen. Damit steht auch fest, dass Qualitätsstandards die eingetretene Lizenzzersplitterung in diesem Bereich nicht defragmentieren können.

---

640 Zu der Frage, ob und wie die Regelungen zu den Qualitätsstandards auf neuartige Lizensierungsorganisationen wie CELAS, PAECOL und ARESA überhaupt Anwendung finden siehe unten S. 170 ff.

641 Beispielsweise CELAS, PAECOL und ARESA.

642 Zu der weitaus essentielleren Frage des Umsetzungsaufwands zur Einhaltung der Qualitätsstandards im Bereich des europäischen Repertoires siehe sogleich unten S. 152 ff.

2. Auswirkung im Bereich des europäischen Repertoires

Denkbar wäre, dass die Qualitätsstandards der Fragmentierung des europäischen Repertoires entgegenwirken können. Immerhin sind Verwertungsgesellschaften, die bislang noch keine länderübergreifenden Lizenzen erteilt haben, gezwungen, die Einhaltung gewisser Qualitätsstandards zu gewährleisten, wenn sie ihren Geschäftsbereich dahingehend erweitern wollen. Gleiches gilt für Verwertungsgesellschaften, die bislang ihre Repertoires paneuropäisch lizensiert haben, ohne die hierzu erforderliche Infrastruktur vorzuweisen. Qualitätsstandards sind in diesem Zusammenhang potentiell geeignet, derartige Verwertungsgesellschaften dazu zu veranlassen, von der Aufnahme oder Fortführung einer eigenen unionsweiten Lizensierung Abstand zu nehmen und über eine Repräsentationsvereinbarung eine Schwestergesellschaft mit der unionsweiten Wahrnehmung ihrer Online-Musikrechte zu betrauen. Anders als im Bereich des anglo-amerikanischen Repertoires kommt es im Bereich des weniger gewinnträchtigen europäischen Repertoires allerdings maßgeblich auf die Frage an, inwieweit die formulierten Qualitätsstandards auch tatsächlich Hürden darstellen, deren Überwindung nennenswerten Investitions- und Personalaufwand erfordert.

Ob die in der Richtlinie formulierten Qualitätsstandards tatsächlich diese Hürdeneigenschaft aufweisen, wird jedoch unterschiedlich bewertet. Teilweise wird in den Qualitätsstandards tatsächlich eine beträchtliche Marktzutrittsschranke gesehen. Der mit der werkgetreuen Dokumentation und Abrechnung verbundene Aufwand sei demnach so gravierend, dass voraussichtlich nur ein kleiner Teil der europäischen Verwertungsgesellschaften diese Anforderungen ohne weiteres erfüllen kann[643]. Teilweise wird hingegen auch davon ausgegangen, dass die Qualitätsstandards zu keiner signifikanten Reduzierung der Lizenzgeber führen können, da sie hierfür zu allgemein gehalten seien[644].

643 *Holzmüller*, ZUM 2013, 168 (171); *Rupp*, MMR 2014, 217 (219); ähnlich Comments of the Max Planck Institute für Intellectual Property and Competition Law, Ziff. 60, abrufbar unter: www.ip.mpg.de/files/pdf2/Max_Planck_Comments_Collective_Rights_Management.pdf, zuletzt abgerufen am 31. Oktober 2014.

644 BITKOM, Stellungnahme zum Richtlinienvorschlag vom 31. August 2012, S. 8, abrufbar unter: http://www.bitkom.org/files/documents/20120903_CRM-RL_Stellungnahme.pdf, zuletzt abgerufen am 31. Oktober 2014; wohl ebenfalls zweifelnd Europäischer Wirtschafts- und Sozialausschuss in dessen Stellungnahme, Ziff. 4.13, abrufbar unter: http://eescopinions.eesc.europa.eu/EESCopinionDocument.aspx?identifier=ces\int\int659\ces2072-2012_00_00_tra_ac.doc&language=DE, zuletzt abgerufen am 31. Oktober 2014.

Allein der Umstand, dass die Richtlinie Qualitätsstandards in einer Weise definiert, die es umstritten bleiben lässt, ob mit ihnen wirklich eine effektive Marktzutrittsschranke verbunden sind, ist für sich genommen schon vielsagend. In der Tat sind die Regelungen der Richtlinie so abstrakt und generell, dass eine konkrete Bewertung des Einhaltungsaufwands schwer fällt. Vieles wird davon abhängen, wie Verwertungsgesellschaften und nationale Aufsichtsbehörden die Regelungen lesen und verstehen werden. Folgende Aussagen lassen sich jedoch in jedem Fall treffen:

Die Investitionsbereitschaft kleinerer Verwertungsgesellschaften dürfte sich in Grenzen halten. Ihre Repertoires sind in der Regel nicht so attraktiv, wie das anglo-amerikanische Repertoire und lassen sich nicht ähnlich einfach und gewinnbringend länderübergreifend lizensieren[645]. Investitionen zur Einhaltung gesetzlicher Qualitätsstandards werden sich bei diesen Verwertungsgesellschaften daher nicht zwingend binnen kurzer Zeit amortisieren[646]. Dies dürfte gerade kleinere Verwertungsgesellschaften schon bei geringeren Investitionskosten dazu veranlassen, nicht selbst länderübergreifend tätig zu werden, sondern Repräsentationsvereinbarungen mit größeren Organisationen anzustreben. So dürfte eine litauische Verwertungsgesellschaft beispielsweise über ein Repertoire verfügen, dass sich europaweit nicht derart gewinnbringend verwerten lässt, dass sich hohe Investitionen zur Einhaltung von Qualitätsstandards lohnen dürften. Für sie dürfte der Weg über eine Repräsentationsvereinbarung vielversprechender sein.

Gewährleistet wird dieses Verhalten durch die Richtlinie allerdings nicht. Letztendlich ist jede Verwertungsgesellschaft bei der der Frage, ob sie die Qualitätsstandards erfüllt, zunächst allein. Denn die Richtlinie normiert keine Erlaubnispflicht oder eine andere Art der Gründungskontrolle zur Aufnahme einer Tätigkeit als paneuropäisch lizensierende Verwertungsgesellschaft[647]. Es ist mithin keine Aufsichtsbehörde zwingend in den Prozess der Geschäftsaufnahme involviert, es sei denn, überschießendes nationales Wahrnehmungsrecht sieht dies vor[648]. Dies könnte hinsichtlich der vielen unbestimmten Rechtsbegriffe

---

645 *Gerlach*, ZUM 2013, 174 (175).

646 *Holzmüller*, ZUM 2013, 168 (172).

647 *Staats*, in: Stellungnahme der VG Wort vom 24. Oktober 2012, S. 3, abrufbar unter: http://www.vgwort.de/fileadmin/pdf/stellungnahmen/Stellungnahme_Richtl_VerwertG_final.pdf, zuletzt abgerufen am 31. Oktober 2014; diesen für erforderlich haltend *Peifer*, ZUM 2014, 453 (466).

648 Die sich daraus ergebenden Risiken ebenfalls erkennend *Holzmüller*, ZUM 2013, 168 (173); *Kunz-Hallstein/Loschelder*, GRUR 2013, 700.

innerhalb der Qualitätsstandards dazu führen, dass Verwertungsgesellschaften sich für eine europaweite Lizensierung gewappnet sehen, ohne es in Wahrheit zu sein. Zwar sieht die Richtlinie Aufsichtsbehörden vor, die auch nachträglich die Einhaltung von Qualitätsstandards prüfen können. Eine solche Aufsichtsbehörde muss jedoch in vielen Mitgliedstaaten erst einmal gegründet werden und anschließend von dem entsprechenden Sachverhalt Kenntnis erlangen, bevor sie tätig werden kann.

Es ist folglich davon auszugehen, dass auch die abstrakten Qualitätsstandards der Richtlinie durchaus eine Marktzutrittsschranke darstellen. Gerade kleinere europäische Verwertungsgesellschaften dürften hier, mit Blick auf ihr wirtschaftlich unbedeutendes Repertoire, Investitionen zur Einhaltung dieser Standards scheuen. Damit können die Qualitätsstandards gewährleisten, dass die Fragmentierung im Bereich des europäischen Repertoires nicht dramatisch zunimmt. Teilweise können sie sogar bewirken, dass die bereits bestehende Lizenzzersplitterung in diesem Bereich leicht zurückgefahren wird. Mehr können die Qualitätsstandards allerdings nicht leisten. Die Anzahl der Ansprechpartner wird auch mit den Qualitätsstandards in Zukunft ein Kostenfaktor für Online-Verwerter sein. Gerade größere europäische Verwertungsgesellschaften werden den Schritt hin zu einer paneuropäischen Lizensierung ihres Repertoires trotz Qualitätsstandards wagen, sofern sie ihn bislang gescheut haben. Hinzukommen dürften vereinzelte kleine und mittlere Verwertungsgesellschaften, welche die aus ihrer Sicht erforderlichen Investitionen nicht scheuen. Letzteren lässt die Richtlinie durch die Wechselwirkung aus unbestimmten Rechtsbegriffen und fehlender Erlaubnispflicht unnötigen Raum, die Einhaltung von Qualitätsstandards allzu wohlwollend zu bewerten.

Die Regelungen zu den Qualitätsstandards können daher einen starken Anstieg der Anzahl der Lizenzgeber im Bereich des europäischen Repertoires verhindern. Einen spürbaren Defragmentierungsprozess werden sie allerdings nicht initiieren können.

II. Defragmentierungschancen der Repräsentationsvereinbarungen

Die Richtlinie sieht in Art. 29 Abs. 1 eine ausdrückliche Möglichkeit vor, die fragmentierten Repertoires wieder zu bündeln. Danach soll es möglich sein, dass eine Verwertungsgesellschaft eine andere Verwertungsgesellschaft mit der Vergabe von Mehrgebietslizenzen für Online-Rechte an Musikwerken ihres eigenen Repertoires beauftragt. Hierzu schließen die Verwertungsgesellschaften Repräsentationsvereinbarungen, die Art 3 lit. j) der Richtlinie definiert als:

„Jede Vereinbarung zwischen Organisationen für die kollektive Rechtewahrnehmung, mit der eine Organisation für die kollektive Rechtewahrnehmung eine andere Organisation für die kollektive Rechtewahrnehmung beauftragt, die von ihr vertretenen Rechte wahrzunehmen, einschließlich Verträge gemäß Artikel 29 und 30."

Da eine solche Repräsentationsvereinbarung nur unter Mitwirkung zweier Verwertungsgesellschaften möglich ist und der Richtliniengeber mit Blick auf die derzeitigen Gegebenheiten im Online-Musikbereich befürchten musste, dass diese Regelung allein zu keiner nennenswerten Verbesserung führen wird, flankiert Art. 30 Abs. 1 die Regelung zu Repräsentationsvereinbarungen. Dieser durchbricht punktuell die Privatautonomie der Verwertungsgesellschaften und verpflichtet diese, unter gewissen Voraussetzungen, den Antrag einer anderen Verwertungsgesellschaft auf Abschluss einer Repräsentationsvereinbarung anzunehmen.

Durch diese Regelungen skizziert der Richtliniengeber Leitlinien zur Defragmentierung der zersplitterten Repertoires. Theoretisch könnten die Verwertungsgesellschaften untereinander auf Basis dieser Regelungen derart viele Repräsentationsvereinbarungen treffen, dass nur noch einige wenige Verwertungsgesellschaften länderübergreifende Online-Lizenzen vergeben[649]. Ob dieser Ansatz allerdings einen derartigen Defragmentierungsprozess auch in der Realität initiieren kann, bedarf einer eingehenden Prüfung.

1. Auswirkung im Bereich des anglo-amerikanischen Repertoires

Die Art. 29 f. der Richtlinie ermöglichen eine Zusammenführung von Repertoires zweier Verwertungsgesellschaften im Wege einer vertraglichen Vereinbarung. Unter bestimmten Voraussetzungen muss ein Antrag einer Verwertungsgesellschaft auf Abschluss einer solchen vertraglichen Vereinbarung angenommen werden. Unabhängig von der Frage, wie hoch die Wahrscheinlichkeit ist, dass die Voraussetzungen für eine solche Annahmeverpflichtung tatsächlich vorliegen[650], ist für eine Repräsentationsvereinbarung jedenfalls ein Antrag einer Lizensierungseinheit erforderlich. Eine reelle Perspektive, dass im anglo-amerikanischen Bereich ein dahingehender Antrag von einer bereits erfolgreich länderübergreifend lizensierenden Organisation gestellt wird, besteht allerdings nicht. Hierfür fehlt es einer länderübergreifend tätigen Lizensierungsorganisation an jeglichem Interesse. Sie müsste die eigene europaweite Lizensierung einstellen und stattdessen einen direkten Wettbewerber damit betrauen.

---

649 *Podszun*, GPR 2013, 97 (101).

650 Zu Einzelheiten des Tatbestands von Art. 30 Abs. 1 der Richtlinie siehe sogleich unten S. 158 ff.

Dass es sich hierbei nicht um ein besonders realistisches Szenario handelt, ergibt sich bereits bei einem Blick auf die derzeitigen Lizensierungsstrukturen im Online-Musikbereich. Hier haben nicht zuletzt kommerzielle Entscheidungen einen erheblichen Beitrag zu der unbefriedigenden fragmentierten Lizensierungssituation geleistet[651]. Der Versuch, die infolgedessen fragmentierten Repertoires wieder zu verschmelzen, um damit die Anzahl der Ansprechpartner für die Online-Verwerter zu reduzieren, ist keine innovative Idee des Richtliniengebers. Ein solches Vorgehen liegt vielmehr bereits seit Jahren auf der Hand und wäre auch ohne die Veröffentlichung einer Richtlinie möglich gewesen. Die im Bereich des anglo-amerikanischen Repertoires tätigen Akteure haben jedoch bislang, trotz der seit Jahren bestehenden desolaten Lizensierungsstrukturen im Online-Musikbereich, bewusst keinen derartigen Weg in Richtung einer Repertoireverschmelzung eingeschlagen. Zwar mögen einzelne neuartige Lizensierungsorganisationen theoretisch auch für Fremdrepertoire anderer Musikverlage zugänglich sein[652]. Bislang hat sich jedoch noch keine verlagsübergreifende Organisation herauskristallisiert.

Für die Inhaber des attraktiven anglo-amerikanischen Repertoires ist eine solche Verschmelzung schlichtweg nicht erforderlich, weil sich diese Repertoires auch individuell, außerhalb klassischer Verwertungsgesellschaften, gewinnbringend wahrnehmen lassen[653]. Die bereits länderübergreifend lizensierenden Akteure sind daher nicht auf eine Repertoireverschmelzung angewiesen. Die von ihnen wahrgenommenen Werke sind so attraktiv, dass Online-Verwertern keine Wahl bleibt, als die erhöhten Anstrengungen beim Lizensierungsprozess in Kauf zu nehmen. Schließlich wäre ein Online-Dienst ohne das entsprechende Repertoire oft weit weniger attraktiv für seine Nutzer.

Diese Gegebenheiten werden sich auch durch die Richtlinie nicht ändern. Auch nach Veröffentlichung der Richtlinie wird das anglo-amerikanische Repertoire derart stark gefragt sein, dass sich die Betreiber elitärer Lizensierungsorganisationen nicht um Repertoireverschmelzungen mit anderen

651 Dies erkennt auch die Europäische Kommission in der Begründung des Richtlinienvorschlags, S. 3, abrufbar unter: http://eur-lex.europa.eu/LexUriServ/LexUriServ.do?uri=COM:2012:0372:FIN:DE:PDF, zuletzt abgerufen am 31. Oktober 2014.

652 Dies betrifft beispielsweise die neuartige Lizensierungsorganisation DEAL, siehe oben S. 91.

653 *Gerlach*, ZUM 2013, 174 (175); ähnlich *Pfennig*, Zwischenstand: Wie geht es weiter mit der EU-Richtlinie?, abrufbar unter: www.urheber.info/node/301, zuletzt abgerufen am 31. Oktober 2014.

Verwertungsgesellschaften und Lizensierungsorganisationen bemühen müssen. Die Rückkehr zu einem *One-Stop-Shop* ebnen die Regelungen zu Repräsentationsvereinbarungen daher nicht. Zwar kann nicht ausgeschlossen werden, dass es in Zukunft zu vereinzelten Zusammenschlüssen im Bereich des anglo-amerikanischen Repertoires kommen wird. Letztlich muss jedoch davon ausgegangen werden, dass der momentan bestehende Grad der Lizenzzersplitterung im anglo-amerikanischen Bereich im Wesentlichen unverändert bleibt[654].

2. *Auswirkung im Bereich des europäischen Repertoires*

Erfolgreicher könnte der Effekt der Regelungen zu den Repräsentationsverträgen auf eine Defragmentierung im Bereich des europäischen Repertoires sein. Denn anders als im anglo-amerikanischen Bereich kann eine Verwertungsgesellschaft, die europäisches Repertoire lizensiert durchaus ein Interesse daran haben, andere Organisationen mit der länderübergreifenden Lizensierung ihres Repertoires zu beauftragen. Gerade bei kleineren europäischen Verwertungsgesellschaften könnten die von der Richtlinie geforderten Qualitätsstandards im Zusammenspiel mit der mangelnden Attraktivität des wahrgenommenen Repertoires einer eigenen gewinnbringenden länderübergreifenden Wahrnehmung entgegenstehen.

Dem Abschluss einer Repräsentationsvereinbarung steht hier eher die Bereitschaft der beauftragten Schwestergesellschaft entgegen. Denn es wird regelmäßig nicht davon auszugehen sein, dass Anträge kleiner europäischer Verwertungsgesellschaften auf Wahrnehmung ihres Repertoires mit großem Enthusiasmus von Schwestergesellschaften oder neuartigen Lizensierungsorganisationen entgegengenommen werden. Für sie ist die Wahrnehmung dieses Fremdrepertoires wenig lukrativ. Einerseits dürfte es sich ohnehin nicht um besonders attraktive Repertoires handeln. Ansonsten hätten die Verwertungsgesellschaften sicher nicht die eigenständige länderübergreifende Wahrnehmung gescheut. Erschwerend kommt hinzu, dass die Richtlinie in Art. 29 Abs. 1 normiert, Repräsentationsvereinbarungen stets nicht-exklusiver Natur abzuschließen. Die beauftragte Verwertungsgesellschaft hat also keine Sicherheit, dass nicht auch andere beauftragte Schwestergesellschaften das Repertoire parallel wahrnehmen[655]. Der Wunsch zum Abschluss von Repräsentationsvereinbarungen dürfte sich daher

---

654 *Holzmüller*, ZUM 2013, 168 (172 f.); *Maier-Hauff*, ZUM 2013, 182 (183 f.).

655 *Niggemeier*, Medialex 2013, 65 (69); das Verbot exklusiver Repräsentationsvereinbarungen ebenfalls als hinderlich einordnend *Kunz-Hallstein/Loschelder*, GRUR 2013, 700.

in Grenzen halten. Entscheidend für die zukünftige Fragmentierung ist damit die Frage, unter welchen Bedingungen Anträge auf Abschluss von Repräsentationsvereinbarungen angenommen werden müssen.

Nach Art. 30 Abs. 1 der Richtlinie besteht eine Verpflichtung der Verwertungsgesellschaft zur Annahme eines Antrags auf Abschluss einer Repräsentationsvereinbarung nur, sofern die länderübergreifend lizensierende Verwertungsgesellschaft

> „*bereits Mehrgebietslizenzen für dieselbe Kategorie von Online-Rechten an Musikwerken aus dem Repertoire einer oder mehrerer anderer Organisationen für die kollektive Rechtewahrnehmung vergibt oder anbietet*“[656].

Entscheidende Prämisse für die Verpflichtung einer Verwertungsgesellschaft zur Annahme eines Antrags auf Abschluss einer Repräsentationsvereinbarung ist daher, dass bereits mindestens eine Repräsentationsvereinbarung mit einer anderen Verwertungsgesellschaft abgeschlossen wurde. Solange dies nicht geschehen ist, bestehen keine Kontrahierungszwänge für Verwertungsgesellschaften. Wenn sich daher Verwertungsgesellschaften entscheiden, lediglich ihr eigenes Repertoire wahrzunehmen und keinerlei Repräsentationsvereinbarungen abzuschließen, ist dies auf Basis der Richtlinie auch in Zukunft möglich[657].

Lizensierungseinheiten, die den Schritt zur länderübergreifenden Lizensierung ihrer Online-Musikrechte gewagt haben, werden daher in Zukunft sorgfältig abwägen, ob Anträge auf Abschluss einer Repräsentationsvereinbarung angenommen werden. Wird ein solcher Antrag nämlich nur in einem Fall angenommen, besteht ein Wahrnehmungszwang gegenüber sämtlichen späteren antragsstellenden Schwestergesellschaften[658]. Ab diesem Zeitpunkt hat die Lizensierungseinheit keine Möglichkeit mehr, über einen Antrag nach Belieben zu entscheiden. Infolgedessen wird jede Lizensierungseinheit äußerst gründlich prüfen, ob jemals ein solcher Antrag angenommen wird[659]. Bereits die einmalige Annahme hat die Konsequenz, dass ab diesem Zeitpunkt auch unattraktive Online-Musikrechte von kleinen Verwertungsgesellschaften mit überwiegend unbedeutenden Rechteinhabern diskriminierungsfrei und zu gleichen Konditionen wahrgenommen werden müssen. Finanzielle Anreize bestehen für die

---

656 Zu der Frage, ob und wie die Regelung auch auf neuartige Lizensierungsorganisationen wie CELAS, PAECOL und ARESA überhaupt anwendbar ist siehe unten S. 170 ff.

657 *Peifer*, ZUM 2014, 453 (466).

658 *Niggemeier*, Medialex 2013, 65 (69).

659 *Niggemeier*, Medialex 2013, 65 (69).

ausführende Verwertungsgesellschaft dabei nicht. Während die Verwertungsgesellschaft nach dem Richtlinienvorschlag noch eine *„vertretbare Gewinnmarge“* verlangen durfte[660], gestattet Art. 30 Abs. 5 der Richtlinie der Verwertungsgesellschaft nur die Inrechnungstellung solcher Verwaltungskosten, welche diejenigen Kosten nicht übersteigen, die ihr durch die Wahrnehmung vernünftigerweise entstanden sind.

Vor diesem Hintergrund ist fraglich, ob die Regelungen zu den Repräsentationsvereinbarungen tatsächlich dazu geeignet sind, den Fragmentierungen im Bereich des europäischen Repertoires entgegenzuwirken. Lizensierungseinheiten werden, nicht flächendeckend und vorbehaltslos gewillt sein, derartige Repräsentationsverträge abzuschließen. Viele Akteure werden daher versuchen, eine Verpflichtung zur Annahme eines Antrags auf Abschluss einer Repräsentationsvereinbarung zu verhindern, indem dahingehende Anträge kategorisch abgelehnt werden. Diese, in der Richtlinie angelegte, Umgehungsmöglichkeit hat zur Folge, dass die einen Antrag stellenden Verwertungsgesellschaften Probleme beim Abschluss einer Repräsentationsvereinbarung bekommen können. Dies kann schlimmstenfalls dazu führen, dass kleine europäische Verwertungsgesellschaften mangels attraktiver Ansprechpartner dazu übergehen, ihr Repertoire selber länderübergreifend zu lizensieren. Dies ist dann wiederum die Geburtsstunde eines neuen Ansprechpartners für Online-Verwerter, was zu einer weiteren Fragmentierung des ohnehin zersplitterten europäischen Repertoires führt.

An dieser Stelle verfolgt der Richtliniengeber einen vielversprechenden Ansatz zu zaghaft. Entweder hätten die Regelungen zu den Repräsentationsvereinbarungen Anreize für die bereits europaweit lizensierenden Verwertungsgesellschaften schaffen müssen, die es attraktiv gemacht hätten, fremdes Repertoire wahrzunehmen oder die Durchbrechung der Privatautonomie hätte kompromissloser ausfallen müssen. Der Richtliniengeber kann sich jedoch für keine Alternative beherzt entscheiden. Er bietet weder Anreize zur Wahrnehmung fremder Repertoires noch normiert er in der Richtlinie eine umfassende Verpflichtung zur Wahrnehmung fremder Repertoires[661]. Zwar vermittelt Art. 30 Abs. 1 bei oberflächlicher Betrachtung den Eindruck, eine umfassende Verpflichtung zur Wahrnehmung fremder Repertoires zu beinhalten. Dieser erste Eindruck hat jedoch nur solange Bestand, bis der Tatbestand eingehender begutachtet wird. Dann wird schnell sichtbar, wie einfach es europaweit lizensierenden Akteuren auch in Zukunft gemacht wird, eine Wahrnehmung fremder

660 Siehe Art. 29 Abs. 2 des Richtlinienvorschlags.

661 Ähnlich *Rehse*, ZUM 2013, 191.

Repertoires zu vermeiden. Um einer Verpflichtung zum Abschluss einer Repräsentationsvereinbarung zu entgehen, müssen sie weder hohen Begründungsaufwand betreiben noch überhaupt aktiv Maßnahmen in die Wege leiten. Es genügt jede kategorische Ablehnung jeglicher Anträge auf Abschluss einer Repräsentationsvereinbarung, um einer unangenehmen Verpflichtung zum Abschluss einer Repräsentationsvereinbarung zu entgehen.

Die Regelungen zu den Repräsentationsvereinbarungen werden daher in Einzelfällen einen Anstieg der Lizenzgeber im Bereich des europäischen Repertoires verhindern können. Einen spürbaren Defragmentierungsprozess werden sie allerdings nicht initiieren können.

III. Defragmentierungschancen der Ersatzvornahmen

Auch Art. 31 der Richtlinie kann in das Regelungsregime zu einer Verhinderung fortlaufender Fragmentierungen der Lizenzen eingeordnet werden. Die Norm beinhaltet eine Regelung, wonach ein Rechteinhaber einer Verwertungsgesellschaft, die einerseits selbst keine Mehrgebietslizenzen im Online-Musikbereich vergibt, andererseits aber auch keine Schwestergesellschaft mit der länderübergreifenden Wahrnehmung der Online-Musikrechte beauftragt, die Online-Rechte für Mehrgebietslizenzen entziehen kann. Diese Rechte soll der Rechteinhaber anschließend entweder selbst wahrnehmen oder durch eine andere Organisation wahrnehmen lassen. Die Vergabe von Eingebietslizenzen soll aber auch in derartigen Fällen von der ursprünglichen Verwertungsgesellschaft betrieben werden.

Die Stoßrichtung dieser Regelung ist deutlich. Gem. Erwägungsgrund 47 ist sie als Katalysator den vorangegangenen Regelungen der Qualitätsstandards und Repräsentationsvereinbarungen zu verstehen. Der Richtliniengeber geht offenbar davon aus, dass die europäischen Verwertungsgesellschaften neben einem Impuls durch die Richtlinie noch zusätzliche Motivation durch die Rechteinhaber benötigen, um tätig zu werden[662]. Ist eine Verwertungsgesellschaft danach bis zum Stichtag des 10. April 2017 nicht willens oder in der Lage, Online-Musikrechte länderübergreifend zu lizensieren, hat aber auch keine andere Schwestergesellschaft für eine Repräsentationsvereinbarung gewinnen können, kann der Rechteinhaber sich selbst um eine länderübergreifende Lizensierung dieser Rechte kümmern.

662 Ähnlich *Rupp*, MMR 2014, 217 (219); *Holzmüller*, ZUM 2013, 168 (171).

1. *Auswirkung im Bereich des anglo-amerikanischen Repertoires*

Zu einer Defragmentierung des anglo-amerikanischen Repertoires kann die Norm offensichtlich nicht führen. Dies ist dem Umstand geschuldet, dass sie nur an solche Verwertungsgesellschaften adressiert ist, die derzeit noch keine länderübergreifenden Lizenzen erteilen. All die zahlreichen bestehenden Organisationen, die bereits länderübergreifend lizensieren, sind von der Regelung folglich nicht erfasst[663]. Ihnen können und müssen keine Rechte entzogen werden, da sie bereits Online-Musikrechte paneuropäisch lizensieren. Die Regelung hat mithin keinen Effekt auf die Lizenzzersplitterung im anglo-amerikanischen Bereich.

2. *Auswirkung im Bereich des europäischen Repertoires*

Erfolgreicher könnte der Effekt der Regelung zur Ersatzvornahme im Bereich des europäischen Repertoires sein. Schließlich übt die Regelung Druck auf diejenigen Verwertungsgesellschaften aus, die derzeit Online-Musikrechte noch nicht unionsweit lizensieren, oder dies tun, ohne hierzu materiell in der Lage zu sein. Um nicht wertvolle Teile ihres Repertoires zu verlieren, müssen diese Verwertungsgesellschaften bis zum Stichtag dafür gesorgt haben, dass ihr Repertoire an Online-Musikrechten adäquat länderübergreifend lizensiert wird. Sind ihnen die Anforderungen der Qualitätsstandards hierfür zu hoch, können sie alternativ auch Vereinbarungen mit Schwestergesellschaften treffen. Kommt eine solche Verwertungsgesellschaft allerdings keiner dieser Alternativen nach, besteht die Gefahr, dass sich ihr Repertoire reduziert, da die Rechteinhaber in diesem Fall aufgrund von Art. 31 dazu berechtigt sind, andere Organisationen mit der länderübergreifenden Wahrnehmung der Online-Musikrechte zu betrauen.

Die Wirkungen von Art. 31 auf die Lizenzzersplitterung im Bereich des europäischen Repertoires lassen sich indes nur in Grenzen prognostizieren. Einzig sicher ist, dass sich durch diese Vorschrift die Anzahl der länderübergreifend lizensierten Werke aus dem europäischen Repertoire vergrößern wird. Ob dies mit einer Steigerung der Anzahl der Lizenzgeber einhergehen wird, kann nicht abschließend prognostiziert werden, steht jedoch zu befürchten. Zwar ermöglicht die Regelung Wege, das länderübergreifend wahrnehmbare Repertoire zu vergrößern, ohne dass sich gleichzeitig auch die Anzahl der Lizenzgeber erhöht. So ließe sich ein solcher Anstieg der Lizenzgeber dadurch verhindern, dass Repräsentationsvereinbarungen geschlossen werden, oder dadurch, dass die

663 Zu der Frage, ob und wie die Regelungen der Richtlinie auf neuartige Lizensierungsorganisationen wie CELAS, PAECOL und ARESA überhaupt anwendbar sind siehe unten S. 170 ff.

Rechteinhaber, im Falle des Entzugs, eine bereits länderübergreifend lizensierende Verwertungsgesellschaft mit der Wahrnehmung der Online-Musikrechte betrauen. In dem Fall erhöht sich allein das länderübergreifend lizensierbare Repertoire, nicht jedoch die Anzahl der Ansprechpartner für Online-Verwerter.

Dass die Norm aber tatsächlich so gelebt wird, ist hingegen nicht gewährleistet. Hierfür ermöglicht die Regelung zu viele andere Vorgehensweisen. Eine Verwertungsgesellschaft ist beispielsweise nicht daran gehindert, dazu überzugehen, ihr Repertoire selbst länderübergreifend wahrzunehmen, sofern sie die Qualitätsstandards nicht abschrecken. Sofern die Verwertungsgesellschaften sich für Repräsentationsvereinbarungen mit Schwestergesellschaften entscheiden, ist auch nicht sicher vorherzusagen, ob diese überhaupt mit den erwünschten Organisationen zustande kommen können. Die rechtlichen Rahmenbedingungen sind jedenfalls so ausgestaltet, dass nicht sicher gewährleistet werden kann, dass für den Großteil der länderübergreifend tätigen Organisationen auch tatsächlich eine Verpflichtung zur Annahme eines Antrags auf Abschluss einer Repräsentationsvereinbarung bestehen wird[664]. Dies könnte Verwertungsgesellschaften dazu veranlassen, ihre Online-Musikrechte, entgegen ihrer ursprünglichen Pläne, selbst unionsweit wahrzunehmen.

Auch wenn die Verwertungsgesellschaften keiner Alternative nachkommen können oder wollen, ist eine weitere Repertoirezersplitterung nicht ausgeschlossen. Schließlich sind die Rechteinhaber in dem Fall nicht verpflichtet, bei einer Neuvergabe der Online-Rechte nur etablierten Verwertungsgesellschaften die Rechte einzuräumen. Die Norm ermöglicht explizit die selbständige Wahrnehmung dieser Rechte. Auch wenn die eigenständige Rechtewahrnehmung durch die Rechteinhaber kein besonders realistisches Szenario darstellen dürfte, hat die Geschichte des Online-Musikbereichs gezeigt, dass gerade Rechteinhaber mit attraktiven Repertoires von derartigen individuellen Wahrnehmungsmöglichkeiten angezogen werden[665]. Hier kann man sich des Eindrucks nicht erwehren, dass der Richtliniengeber aus den Fehlern der Kommissionsempfehlung keine Lehren gezogen hat. Wieder motiviert er Rechteinhaber mit attraktiven Repertoires, dieses den Verwertungsgesellschaften zu entziehen und individuelleren Möglichkeiten der Verwertung nachzugehen[666]. Ein solches Vorgehen stünde

664 Zu Einzelheiten der rechtlichen Verpflichtung zum Abschluss einer Repräsentationsvereinbarung siehe oben S. 158 ff.

665 Zu der Entwicklung des Online-Musikbereichs nach der Empfehlung siehe oben S. 85 ff.

666 BITKOM, Stellungnahme zum Richtlinienvorschlag vom 31. August 2012, S. 8, abrufbar unter: http://www.bitkom.org/files/documents/20120903_CRM-RL_Stellungnahme.

jedenfalls im Einklang mit Art. 31 der Richtlinie, sofern die Verwertungsgesellschaft über den Stichtag hinaus nicht aktiv wird.

Mit Blick auf den Umstand, dass durch die Richtlinie die unionsweite Lizensierung von bislang territorial lizensierten Repertoires in Art. 31 massiv forciert wird und die Verwertungsgesellschaften diesbezüglich unter Druck gesetzt werden, gehen die Vorkehrungen der Richtlinie zur Verhinderung einer weiter fortschreitenden Fragmentierung nicht weit genug. Art. 31 kanalisiert im Zusammenspiel mit den Qualitätsstandards und den Regelungen zu den Repräsentationsvereinbarungen die zukünftig länderübergreifend lizensierten Rechte nur unzureichend. Die Gefahr, dass sich hierdurch die Anzahl der Lizenzgeber im Bereich des europäischen Repertoires ein weiteres Mal erhöht und die Lizenzsituation für die Online-Verwerter sich noch weiter verkompliziert, wird zwar gesehen. Die Maßnahmen, die diesbezüglich ergriffen werden, sind jedoch zu zaghaft, als dass sie diese Gefahr nachhaltig eindämmen könnten.

Art. 31 rechtfertigt mithin eher die Sorge vor weiteren Fragmentierungsvorgängen anstatt einen Defragmentierungsprozess zu initiieren.

IV. Vereinfachung der Rechteklärung

Mit dem Problem der Lizenzzersplitterung gehen für Online-Verwerter auch praktische Probleme bei der Rechteklärung einher. Kommen für den Erwerb einer Lizenz zahlreiche Lizenzgeber in Betracht, stellt sich für einen Online-Verwerter zwangsläufig die Frage, wie sich während des Lizensierungsprozesses unkompliziert herausfinden lässt, welche Lizenz von welcher Organisation welches Repertoire abdeckt[667]. Im Bereich der Online-Rechte bestehen bislang jedoch keine derartigen Informationsstrukturen, die Online-Verwertern eine schnelle und unkomplizierte Rechteklärung ermöglichen[668].

Auch dieser Missstand der kollektiven Rechtewahrnehmung im Online-Musikbereich wird vom Richtliniengeber erkannt und in Erwägungsgrund 41 auch

pdf, zuletzt abgerufen am 31. Oktober 2014; *Hullen*, in: jurisPR-ITR 5/2014, Anm. 2; *Rehse*, ZUM 2013, 191 f.; ähnlich Comments of the Max Planck Institute für Intellectual Property and Competition Law, Ziff. 63, abrufbar unter: www.ip.mpg.de/files/pdf2/Max_Planck_Comments_Collective_Rights_Management.pdf, zuletzt abgerufen am 31. Oktober 2014.

667 BITKOM, Stellungnahme zum Richtlinienvorschlag vom 31. August 2012, S. 6, abrufbar unter: http://www.bitkom.org/files/documents/20120903_CRM-RL_Stellungnahme.pdf, zuletzt abgerufen am 31. Oktober 2014.

668 Zu den aktuellen Problemen bei der Rechteklärung im Online-Musikbereich siehe oben S. 111.

explizit benannt. Um diesem Problem zu begegnen, trifft er in Art. 25 und Art. 26 Regelungen zu Informationspflichten. Danach bestehen für diejenigen Verwertungsgesellschaften, die länderübergreifende Online-Musikrechte lizensieren, zukünftig Informationspflichten gegenüber Online-Verwertern, Rechteinhabern und anderen Verwertungsgesellschaften[669]. Auf hinreichend begründete Anfragen müssen diese Verwertungsgesellschaften aktuelle Informationen über das von ihnen wahrgenommene Repertoire in elektronischer Form erteilen. Zu diesen Informationen gehören die repräsentierten Musikwerke, die vollständig oder teilweise repräsentierten Rechte und das umfasste Lizenzgebiet.

Das Vorhaben des Richtliniengebers, den Informationsbeschaffungsprozess für Online-Verwerter zu vereinfachen, ist zu begrüßen. Bei der konkreten Umsetzung dieses Anliegens hat der Richtliniengeber allerdings viel Potenzial unausgeschöpft gelassen. Dies fängt bereits mit dem Ärgernis an, dass die Richtlinie die Informationspflicht unnötigerweise an den unbestimmten Rechtsbegriff einer *„begründeten Anfrage"* koppelt, womit spätere Streitigkeiten über das Vorliegen dieses Tatbestandsmerkmals zu erwarten sind.

Ein weitaus größerer Kritikpunkt liegt allerdings darin, dass die Regelung bei der Normierung der Informationspflichten lediglich eine elektronische Zurverfügungstellung verlangt. Denn unter eine solche elektronische Zurverfügungstellung fiele auch, die Übermittlung der erforderlichen Informationen in Form von E-Mails, denen schlimmstenfalls noch eingescannte und damit elektronisch nicht weiterzuverarbeitende Dokumente angehängt sind[670]. Damit wird viel Raum für spürbare Verbesserungen beim Informationsbeschaffungsprozess der Online-Verwerter verschenkt[671].

Letztlich wird aus Sicht eines Online-Verwerters nur eine bestehende ressourcenzehrende Praxis in eine gesetzliche Pflicht gegossen. Es bleibt weiterhin Aufgabe des Online-Verwerters, eine sich ständig verändernde Landschaft mit zahlreichen Verwertungsgesellschaften und neuartigen Lizensierungsorganisationen zu durchkämmen, dezentral Informationen zu deren Repertoires einzuholen und diese Informationen zu verarbeiten. Neu ist nur, dass es zukünftig für seine zahlreichen Ansprechpartner eine gesetzliche Verpflichtung zur

669 Zu der Frage, ob diese Regelung auch auf neuartige Lizensierungsorganisationen wie CELAS, PAECOL und ARESA anwendbar ist siehe unten S. 170 ff.

670 *Hullen*, in: jurisPR-ITR 5/2014, Anm. 2.; BITKOM, Stellungnahme zum Richtlinienvorschlag vom 31. August 2012, S. 7, abrufbar unter: http://www.bitkom.org/files/documents/20120903_CRM-RL_Stellungnahme.pdf, zuletzt abgerufen am 31. Oktober 2014.

671 *Hullen*, in: jurisPR-ITR 5/2014, Anm. 2.

Auskunftserteilung geben wird. Damit entschärft sich die Lage des Online-Verwerters nur gegenüber solchen Verwertungsgesellschaften, die unzureichende Auskünfte erteilen. Zweifellos mag dies zur Verbesserung der Gesamtsituation beitragen, da nicht alle Verwertungsgesellschaften in der Vergangenheit hinreichend auskunftsfreudig waren[672]. Das Hauptproblem der Online-Verwerter liegt aber nicht in einer fehlenden Informationsbereitschaft der Ansprechpartner. Das Hauptproblem liegt im Aufwand, den ein Online-Verwerter betreiben muss, um alle notwendigen Informationen von allen maßgeblichen Organisationen zusammenzutragen und zu verarbeiten. Dieser Aufwand wird durch die Art. 25 und 26 aber nicht reduziert.

Wünschenswert wäre daher eine umfassendere Lösung gewesen. Im besten Fall hätte der Richtliniengeber Verwertungsgesellschaften dazu verpflichtet, Informationen über ihr Repertoire an eine gemeinsame Online-Datenbank aller Verwertungsgesellschaften zu übermitteln[673]. Dies hätte dem Online-Verwerter eine einfache Möglichkeit der Informationsbeschaffung über einen Besuch dieser Datenbank gewährleistet[674]. Zumindest hätte die Verpflichtung jedoch so weit gehen können, dass die Verwertungsgesellschaften eigene Online-Datenbanken unterhalten müssen, die von Online-Verwertern abrufbar sind. Bei einer Lektüre des Erwägungsgrundes 41 wird deutlich, dass dem Richtliniengeber auch genau solch eine Lösung vorschwebte. In diesem Erwägungsgrund heißt es noch:

> *„Hierzu sind Rechte-Datenbanken erforderlich, die Auskunft darüber geben, wer Inhaber der Rechte ist, die länderübergreifend lizenziert wurden, welche Werke, Rechte und Rechtsinhaber eine Organisation für die kollektive Rechtewahrnehmung repräsentieren darf und welche Gebiete vom Auftrag erfasst sind.“*

Hinter einer solchen wünschenswerten Lösung bleibt die Regelung des Art. 25 Abs. 1 der Richtlinie allerdings deutlich zurück[675]. Zweifellos ermöglicht die Re-

672 *Hullen*, in: jurisPR-ITR 5/2014, Anm. 2.

673 Zu effektiveren Ausgestaltungsmöglichkeiten der Informationspflicht siehe unten S. 225 ff.

674 Ähnlich *Rehse*, ZUM 2013, 191 (192); *Ventroni*, MMR 2012, 565 (566); *Hullen*, in: jurisPR-ITR 5/2014, Anm. 2; BITKOM, Stellungnahme zum Richtlinienvorschlag vom 31. August 2012, S. 7, abrufbar unter: http://www.bitkom.org/files/documents/20120903_CRM-RL_Stellungnahme.pdf, zuletzt abgerufen am 31. Oktober 2014.

675 Zur Brisanz von Rechte-Datenbanken aus Sicht der europäischen Verwertungsgesellschaften *Pfennig*, Zwischenstand: Wie geht es weiter mit der EU-Richtlinie?, abrufbar unter: www.urheber.info/node/301, zuletzt abgerufen am 31. Oktober 2014.

gelung auch eine Informationsübermittlung über eine Online-Datenbank. Da mit der Implementierung und Pflege einer Datenbank jedoch Kosten und Mühen verbunden sind[676], ist nicht davon auszugehen, dass viele Verwertungsgesellschaften oder neuartige Lizensierungsorganisationen Online-Datenbanken jenseits jeglicher Verpflichtung implementieren werden. Eine für Online-Verwerter weniger geeignete Übermittlung der angefragten Informationen muss daher befürchtet werden.

Ohne derartige Online-Datenbanken wird sich die Lage der Online-Verwerter daher nicht nennenswert verbessern können. Diese bleiben verpflichtet, in periodischen Zeitabständen Kontakt zu sämtlichen länderübergreifend tätigen Verwertungsgesellschaften und Lizensierungsorganisationen aufzunehmen, jeweils nachzuweisen, dass ihre Anfragen begründet sind und die ihnen übermittelten Informationen auszuwerten und zu verwalten. Die hierbei entstehenden Mühen und Transaktionskosten dürften insofern nicht spürbar unter den derzeitigen Transaktionskosten liegen.

V. Zusammenfassung

Der Richtliniengeber erkennt und benennt das den Online-Musikbereich dominierende Problem der Lizenzzersplitterung. Zur Problemlösung folgt er einem Ansatz, der in der Theorie durchaus vielversprechend ist. Aufgrund einer zaghaften und viel zu zurückhaltenden Umsetzung dieses Ansatzes werden sich die Realitäten im Online-Musikbereich allerdings nicht nennenswert verbessern können.

Die Lizenzzersplitterung im anglo-amerikanischen Bereich wird von der Richtlinie nicht erfasst. Dieses Repertoire ist zu gewinnbringend, als dass Qualitätsstandards einzelne Lizenzgeber aus dem Markt drängen könnten. Aufgrund der Relevanz dieses Repertoires ist auch nicht davon auszugehen, dass derartige Lizenzgeber auf Repräsentationsvereinbarungen drängen und andere mit der Wahrnehmung der attraktiven Rechte betrauen werden. Die Richtlinie hat damit keinerlei Auswirkungen auf den zersplitterten anglo-amerikanischen Bereich.

Auch im Bereich des europäischen Repertoires kann die Richtlinie keine spürbaren Defragmentierungsprozesse initiieren. Die Ansätze der Richtlinie sind hier zwar oft vielversprechend, aber zu zaghaft umgesetzt. Die in der Richtlinie formulierten Qualitätsstandards entfalten zwar Abschreckungseffekte gegenüber kleineren Verwertungsgesellschaften mit wenig attraktiven

676 *Pfennig*, Zwischenstand: Wie geht es weiter mit der EU-Richtlinie?, abrufbar unter: www.urheber.info/node/301, zuletzt abgerufen am 31. Oktober 2014.

Repertoires. Da die Richtlinie allerdings wenig konkret wird und auch keine Erlaubnispflicht normiert, ist dieser Abschreckungseffekt nicht so gewaltig, wie er hätte sein können. Auch die lobenswerte Idee der Verschmelzung von Repertoires durch Repräsentationsvereinbarungen ist ebenfalls nicht beherzt genug umgesetzt worden. Für die unionsweit lizensierenden Verwertungsgesellschaften bestehen zum Abschluss einer Repräsentationsvereinbarung zu geringe Anreize und zu einfache Möglichkeiten, sich einer Abschlusspflicht zu entziehen. Da die Regelungen zu Qualitätsstandards und Repräsentationsvereinbarungen nicht überzeugen, wird das Recht der Rechteinhaber auf Ersatzvornahme wahrscheinlich eher zu einer Verschlimmerung der Lizenzzersplitterung führen als zu einer Defragmentierung.

Auch die Regelungen zur Verbesserung der Rechteklärung stellen keine spürbare Verbesserung der Lizenzklärung dar. Hier begnügt sich der Richtliniengeber damit, die derzeitige ressourcenzehrende Praxis gesetzlich zu fixieren.

C. Auswirkungen der Richtline auf den Missstand der Wettbewerbs-verzerrungen

Auch der in Kapitel 2 diagnostizierte Missstand der Wettbewerbsverzerrungen wird vom Richtliniengeber sowohl erkannt als auch benannt. In den Erwägungsgründen 4 ff. werden die Probleme der unterschiedlichen nationalen Wahrnehmungsregeln und ihre Konsequenzen für die Effektivität kollektiver Wahrnehmung skizziert. Vor diesem Hintergrund soll ein einheitlicher Rechtsrahmen geschaffen werden. Dieser Ansatz ist alternativlos. In der Tat kann nur ein einheitlicher Rechtsrahmen die Wettbewerbsverzerrungen im europäischen Wettbewerb beseitigen. Ob dieser Ansatz in der Richtlinie so konsequent verfolgt wird, dass er in der Praxis tatsächlich zu einem verzerrungsfreien Wettbewerb im Binnenmarkt führen kann, bedarf allerdings einer genaueren Untersuchung.

I. Wettbewerbsrahmen zwischen Verwertungsgesellschaften und neu-artigen Lizensierungsorganisationen

Bereits ein flüchtiger Blick auf die Anfangsbestimmungen der Richtlinie offenbart, dass der Richtliniengeber die Probleme erkennt, die sich aufgrund der unterschiedlichen Spielarten kollektiver Rechtewahrnehmung ergeben. Die Praxis zeigt, dass alte Wahrnehmungsgesetze, wie das UrhWahrnG, im Umgang mit modernen Spielarten kollektiver Wahrnehmung Probleme haben. Dies hat teilweise dazu geführt, dass neuartige Lizensierungsorganisationen nicht als

Verwertungsgesellschaften begriffen werden[677]. Schon aufgrund einer solchen Weichenstellung nationaler Wahrnehmungsgesetze ist ein fairer Wettbewerb dieser Lizensierungsorganisationen mit klassischen Verwertungsgesellschaften nicht mehr vorstellbar[678]. Während die klassischen Verwertungsgesellschaften in derartigen Konstellationen den mehr oder weniger strengen nationalen Wahrnehmungsgesetzen ausgesetzt sind, gilt für neuartige Lizensierungsorganisationen gar kein Wahrnehmungsrecht. In derartigen Konstellationen ist das Wettbewerbsspielfeld zwischen Verwertungsgesellschaften und neuartigen Lizensierungsorganisationen nicht nur uneben; der Wettbewerb findet vielmehr auf vollkommen verschiedenen Spielfeldern statt.

Der Richtlinienvorschlag überging diese Problematik noch weitgehend. Zwar erwähnte auch er in Art. 31 Tochtergesellschaften von klassischen Verwertungsgesellschaften. Für diese Gesellschaften sollten allerdings nur einige, wenig entscheidende, Normen gelten. Die Kritik an dieser zurückhaltenden Regelung war bereits während des Gesetzgebungsverfahrens gewaltig[679]. Der Richtliniengeber nahm dies zum Anlass, um in Art. 2 der Richtlinie ihren Anwendungsbereich über klassische Verwertungsgesellschaften hinaus zu erweitern. Neben Regelungen für klassische Verwertungsgesellschaften sieht die Richtlinie daher auch Regelungen für Tochtergesellschaften im Sinne der Richtlinie und für sog. unabhängige Verwertungseinrichtungen vor[680]. Da diese beiden Spielarten kollektiver Rechtewahrnehmung allerdings unterschiedlich reguliert werden, muss der zukünftige Wettbewerbsrahmen dieser Spielarten gegenüber klassischen Verwertungsgesellschaften differenziert bestimmt werden.

1. Wettbewerbsrahmen im Verhältnis zu Tochtergesellschaften

Gem. Art. 2 Abs. 3 der Richtlinie gelten alle einschlägigen Regelungen der Richtlinie auch für Tochtergesellschaften im Sinne der Richtlinie. Unter einer solchen Tochtergesellschaft versteht die Richtlinie alle Unternehmen,

---

677 Zu dem Status neuartiger Lizensierungsorganisationen in Deutschland siehe oben S. 92 ff.

678 *Nèrisson*, ZUM 2013, 185 (190).

679 *Ventroni*, MMR 2012, 565 (566); *Rehse*, ZUM 2013, 191 (192); *Kunz-Hallstein/Loschelder*, GRUR 2013, 155 (156); *Gerlach*, ZUM 2013, 174 (175); *Podszun*, GPR 2013, 97 (101); *Scholz*, Medien und Recht 2013, 123 (124); *Csillag*, Medien und Recht 2012, 234 (244).

680 Zu Einzelheiten des Anwendungsbereichs der Richtlinie siehe oben S. 137 ff.

„die sich direkt oder indirekt, vollständig oder teilweise, im Eigentum einer Organisation für die kollektive Rechtewahrnehmung befinden oder direkt oder indirekt, vollständig oder teilweise, von einer solchen beherrscht werden, sofern diese Einrichtungen eine Tätigkeit ausüben, die, würde sie von einer Organisation für die kollektive Rechtewahrnehmung ausgeführt, den Bestimmungen dieser Richtlinie unterläge".

Es besteht mithin künftig ein einheitlicher Wettbewerbsrahmen zwischen klassischen Verwertungsgesellschaften und sämtlichen Tochtergesellschaften im Sinne der Richtlinie.

2. *Wettbewerbsrahmen im Verhältnis zu unabhängigen Verwertungsein-richtungen*

Neben den Tochtergesellschaften führt die Richtlinie den Begriff der unabhängigen Verwertungseinrichtung ein. Unter einer unabhängigen Verwertungseinrichtung versteht die Richtlinie

„jede Organisation, die gesetzlich oder auf der Grundlage einer Abtretungs-, Lizenz- oder sonstigen vertraglichen Vereinbarung berechtigt ist und deren ausschließlicher oder hauptsächlicher Zweck es ist, Urheber- oder verwandte Schutzrechte im Namen mehrerer Rechtsinhaber zu deren kollektivem Nutzen wahrzunehmen und die

i) weder direkt noch indirekt, vollständig oder teilweise im Eigentum der Rechtsinhaber steht noch direkt oder indirekt, vollständig oder teilweise von den Rechtsinhabern beherrscht wird; und
ii) auf Gewinnerzielung ausgerichtet ist".

Die Richtlinie reguliert derartige Organisationen allerdings weit weniger umfassend, als klassische Verwertungsgesellschaften und deren Tochtergesellschaften. Gem. Art. 2 Abs. 4 gelten für diese Organisationen nur wenige Bestimmungen der Richtlinie[681]. Gerade die bedeutenden Passagen zum Passport-Ansatz finden keine Anwendung auf unabhängige Verwertungseinrichtungen, auch wenn diese grenzüberschreitend lizensieren[682]. Es besteht mithin kein einheitlicher Wettbewerbsrahmen zwischen unabhängigen Verwertungseinrichtungen und den sonstigen Spielarten kollektiver Rechtewahrnehmung.

681 Art. 16 Abs. 2, Art. 18, Art. 20, Art. 21 Abs. 1 lit. a), b), c), e), f) und g), Art. 36 und Art. 42.

682 Zu den speziellen Anforderungen des Titel III siehe oben S. 143 ff.

3. *Einordnung neuartiger Lizensierungsorganisationen*

Angesichts der unterschiedlichen Regelungsdichte, welche die Richtlinie für Tochtergesellschaften im Sinne der Richtlinie und unabhängige Verwertungseinrichtungen vorsieht, drängt sich die Frage auf, worunter neuartige Lizensierungsorganisationen wie CELAS, PAECOL und ARESA zu fassen sind.

Im Falle einer Einordnung als Tochtergesellschaft im Sinne von Art. 2 Abs. 3 der Richtlinie unterlägen neuartige Lizensierungsorganisationen den gleichen Vorschriften wie klassische Verwertungsgesellschaften. Die Wettbewerbsverzerrungen, die derzeit allein auf der Spielart der kollektiven Rechtewahrnehmung fußen, wären neutralisiert. Neuartige Lizensierungsorganisationen befänden sich auf demselben Spielfeld wie auch klassische Verwertungsgesellschaften.

Im Falle einer Einordnung als unabhängige Verwertungseinrichtung gem. Art. 3 lit. b) wäre dies nicht der Fall. Hier sähen sich die beteiligten Akteure auch in Zukunft Wettbewerbsverzerrungen gegenüber, da unabhängige Verwertungseinrichtungen bedeutend liberaler reguliert werden als klassische Verwertungsgesellschaften.

Leider begegnet eine Subsumtion neuartiger Lizensierungsorganisationen unter die von der Richtlinie eingeführten Begriffskategorien erheblichen Schwierigkeiten. Infolgedessen überrascht es nicht, dass sich bereits wenige Wochen nach Inkrafttreten der Richtlinie Unklarheiten über die Behandlung der neuartigen Lizensierungsorganisationen abzeichneten. Dies ist ärgerlich, da die Unsicherheit im Umgang mit Organisationen wie CELAS, PAECOL und ARESA eine Hauptursache der derzeitigen Wettbewerbsverzerrungen im Online-Musikbereich ist[683]. Rechtsklarheit im Umgang mit diesen Organisationen wäre hier wünschenswert gewesen.

Verhältnismäßige Rechtsklarheit besteht bislang nur darin, dass es sich bei diesen Unternehmen nicht um Organisationen für die kollektive Rechtewahrnehmung gem. Art. 3 lit. a) der Richtlinie handelt. Dies liegt daran, dass diese Unternehmen auf Gewinnerzielung ausgerichtet sind und nicht (in ausreichendem Maße) von den Mitgliedern der Muttergesellschaft beherrscht werden können[684]. Darüber hinausgehende Einordnungsfragen sind bereits jetzt umstritten.

683 Zu Einzelheiten des in dieser Hinsicht ungleichen Wettbewerbsrahmens siehe oben S. 120 f.

684 BITKOM, Stellungnahme zum Fragebogen des BMJV zur Umsetzung der Verwertungsgesellschaften-RL vom 15. September 2014, S. 13, abrufbar unter: http://www.bitkom.org/files/documents/20140915_Stellungnahme_BITKOM_BMJV_Anhoerung_UrhWG.

Teilweise wird von unabhängigen Verwertungseinrichtungen ausgegangen[685]. Andere Stimmen halten eine Einordnung als Tochtergesellschaft gem. Art. 2 Abs. 3 der Richtlinie für zutreffender[686].

a) Einordnung als unabhängige Verwertungseinrichtung

Sofern neuartige Lizensierungsorganisationen als unabhängige Verwertungseinrichtungen begriffen werden, wird dies (wenn überhaupt[687]) überwiegend mit dem Wortlaut von Erwägungsgrund 17 der Richtlinie begründet. Dieser lautet:

> *„Organisationen für die kollektive Rechtewahrnehmung sollten Tochtergesellschaften oder andere, von ihnen kontrollierte Einrichtungen mit bestimmten Tätigkeiten, wie der Fakturierung oder der Verteilung der Einnahmen aus den Rechten an die Rechtsinhaber, beauftragen können. In diesen Fällen sollten die Bestimmungen dieser Richtlinie, die anwendbar wären, wenn die betreffende Tätigkeit direkt von einer Organisation für die kollektive Rechtewahrnehmung ausgeführt würde, auf die Tätigkeiten der Tochtergesellschaften oder anderen Einrichtungen anwendbar sein."*

Der Erwägungsgrund nennt Tätigkeiten wie die Fakturierung oder Einnahmeverteilung als Beispiele für die Tätigkeit von Tochtergesellschaften im Sinne von Art. 2 Abs. 3. Hieraus wird gefolgert, dass eine Tochtergesellschaft im Sinne der Richtlinie nur dann vorliegen könne, wenn diese eine Tätigkeit ausübe, die definitionsgemäß zur kollektiven Rechtewahrnehmung durch Verwertungsgesellschaften gehöre[688]. Daher liege eine Tochtergesellschaft nur bei solchen Organisationen vor, die Hilfstätigkeiten ausüben. Damit seien beispielsweise Organisationen wie die Zentralstelle Bibliothekstantieme (ZBT) oder die Zentralstelle für private Überspielungsrechte (ZPÜ) erfasst[689]. Sofern die Toch-

---

pdf, zuletzt abgerufen am 31. Oktober 2014; hieran zweifelnd *Peifer*, ZUM 2014, 453 (456).

685 *Grohmann*, GRUR-Prax 2014, 145 (147); *Hullen*, in: jurisPR-ITR 5/2014, Anm. 2; *Peifer*, ZUM 2014, 453, (456).

686 *Ventroni*, in: Diskussionsbericht der Arbeitssitzung des Instituts für Urheber- und Medienrecht vom 28. März 2014, *Burner*, ZUM 2014, 489 (490); *Pfennig*, ZUM 2014, 484 (488); BITKOM, Stellungnahme zum Fragebogen des BMJV zur Umsetzung der Verwertungsgesellschaften-RL vom 15. September 2014, S. 13 f., abrufbar unter: http://www.bitkom.org/files/documents/20140915_Stellungnahme_BITKOM_BMJV_Anhoerung_UrhWG.pdf, zuletzt abgerufen am 31. Oktober 2014; wohl ebenfalls *Maier-Hauff*, ZUM 2014, 479 (480).

687 Eine unabhängige Verwertungseinrichtung ohne jegliche Begründung annehmend *Grohmann*, GRUR-Prax 2014, 145 (147); *Hullen*, in: jurisPR-ITR 5/2014, Anm. 2.

688 *Peifer*, ZUM 2014, 453 (455 f.).

689 *Staats*, ZUM 2014, 470 (471).

tergesellschaften anderen Tätigkeiten nachgingen, wie etwa eigenständigen Lizensierungen, sei für eine Anwendung von Art. 2 Abs. 3 daher kein Raum mehr[690].

b) Einordnung als Tochtergesellschaft

Stimmen, die eine Einordnung als Tochtergesellschaft favorisieren, legen den Fokus hingegen auf den Zweck der neuartigen Lizensierungsorganisationen. Die Richtlinie stelle allein auf den Zweck einer wirtschaftlich verbundenen Wahrnehmungsorganisation ab. Sofern der Zweck darin bestehe, wie eine klassische Verwertungsgesellschaft zu fungieren, handele es sich auch um eine Tochtergesellschaft im Sinne von Art. 2 Abs. 3[691]. Diese Voraussetzungen seien im Falle neuartiger Lizensierungsorganisationen eindeutig gegeben.

c) Stellungnahme

Das Einordnungsproblem entspringt dem Umstand, dass es sich bei neuartigen Lizensierungsorganisationen um eine Mischform zwischen Tochtergesellschaft und unabhängiger Verwertungseinrichtung handelt. Betrachtet man das Geschäftsmodell neuartiger Lizensierungsorganisationen ohne Berücksichtigung ihrer Unternehmensstruktur, liegt in der Tat die Annahme einer unabhängigen Verwertungseinrichtung nahe. Lässt man die klassische Verwertungsgesellschaft als Muttergesellschaft außer Acht, liegt genau die Organisation vor, die Art. 3 lit. b) der Richtlinie definiert. Bezieht man in diese Überlegungen allerdings die Unternehmensstruktur dieser Lizensierungsorganisationen mit ein, liegt auch die Annahme einer Tochtergesellschaft gem. Art. 2 Abs. 3 der Richtlinie nahe. Denn neuartige Lizensierungsorganisationen stehen eben auch im Eigentum klassischer Verwertungsgesellschaften und nehmen Lizensierungstätigkeiten vor, die eindeutig den Bestimmungen der Richtlinie unterlägen, würden sie von diesen Muttergesellschaften ausgeübt werden[692]. Für derartige Mischformen sieht die Richtlinie jedoch keine speziellen Regelungen vor, mit der Folge, dass eine angreifbare Einordnung in die eingeführten Kategorien vorgenommen werden muss.

Gewichtigere Gründe sprechen hierbei für eine Einordnung neuartiger Lizensierungsorganisationen als Tochtergesellschaft im Sinne von Art. 2 Abs. 3. Unbehagen bereitet bei dieser Einordnung allein der Erwägungsgrund 17, der

---

690 *Peifer*, ZUM 2014, 453 (456).

691 *Ventroni*, in: Diskussionsbericht der Arbeitssitzung des Instituts für Urheber- und Medienrecht vom 28. März 2014, *Burner*, ZUM 2014, 489 (490).

692 *Maier-Hauff*, ZUM 2014, 479 (480).

als Beispiel für Tochtergesellschaften nur solche mit untergeordneten Tätigkeiten nennt. Hieraus den Schluss zu ziehen, eine untergeordnete Tätigkeit bei der kollektiven Rechtewahrnehmung der Muttergesellschaft sei begriffsnotwendig für eine Tochtergesellschaft, ist jedoch zu weitgehend. Die im Erwägungsgrund genannten Tätigkeiten sind vielmehr als Beispiele zu sehen und nicht als abschließende Beschreibung für die Tätigkeiten der Tochtergesellschaft[693]. Eine andere Auslegung hätte zudem das Ergebnis zur Folge, dass bei Ausgliederungen untergeordneter Tätigkeiten weiterhin die strengen Verpflichtungen der Muttergesellschaft maßgeblich wären, bei Ausgliederungen ganzer Lizensierungsvorgänge hingegen nicht[694]. Dieses Begriffsverständnis hätte weiterhin zur Folge, dass eine Verwertungsgesellschaft sich dem Pflichtenkanon der Richtlinie dadurch entziehen könnte, dass sie eine unabhängige Verwertungseinrichtung gründet.

4. *Auswirkungen auf den zukünftigen Wettbewerbsrahmen*

Hinsichtlich des Verhältnisses zwischen Verwertungsgesellschaften und neuartigen Lizensierungsorganisationen wirft die Richtlinie eher Fragen auf, anstatt klare rechtliche Rahmenbedingungen zu schaffen. Infolgedessen lässt sich ein künftiger Wettbewerbsrahmen zwischen klassischen Verwertungsgesellschaften und neuartigen Lizensierungsorganisationen nicht prognostizieren. Hierfür enthält die Richtlinie zu viele Variablen und Unwägbarkeiten. Es ist daher zu erwarten, dass in vielen Mitgliedstaaten der Streit über den wahrnehmungsrechtlichen Status neuartiger Lizensierungsorganisationen in eine neue Runde gehen wird, anstatt durch der Richtlinie beigelegt zu werden. Vieles wird davon abhängen, wie die Richtlinie umgesetzt wird und wie die nationalen Aufsichtsbehörden neuartige Lizensierungsorganisationen einordnen werden[695].

Sofern eine Eigenschaft als Tochtergesellschaft (zu Recht) angenommen wird, würde die Richtlinie erstmals einen einheitlichen Wettbewerbsrahmen zwischen klassischen Verwertungsgesellschaften und allen derzeitigen neuartigen Lizensierungsorganisationen erschaffen. Beide Spielarten kollektiver Wahrnehmung

---

693 Noch deutlicher wird der Beispielscharakter der Aufzählung in der englischen Sprachfassung der Richtlinie, in der die Aufzählung der Tätigkeiten mit der Einleitung „*such as*" beginnt.

694 Darauf hinweisend auch die BITKOM Stellungnahme zum Fragebogen des BMJV zur Umsetzung der Verwertungsgesellschaften-RL vom 15. September 2014, S. 14, abrufbar unter: http://www.bitkom.org/files/documents/20140915_Stellungnahme_BITKOM_BMJV_Anhoerung_UrhWG.pdf, zuletzt abgerufen am 31. Oktober 2014.

695 Ähnlich *Maier-Hauff*, ZUM 2014, 479 (481); *Staats*, ZUM 2014, 470 (471).

unterlägen zukünftig denselben Regelungen, womit eine Ursache der derzeit massiven Wettbewerbsverzerrungen behoben wäre. Dies hätte gerade in Deutschland spürbare Konsequenzen, geht die deutsche Aufsichtsbehörde doch bislang davon aus, dass für neuartige Lizensierungsorganisationen keinerlei wahrnehmungsrechtliche Verpflichtungen gelten[696].

Sofern eine Eigenschaft als unabhängige Verwertungseinrichtung angenommen wird, bliebe allerdings auch in Zukunft eine gravierende Diskrepanz zwischen der Regulierung klassischer Verwertungsgesellschaften und neuartigen Lizensierungsorganisationen bestehen, da letztere nur einen Bruchteil der Verpflichtungen unterlägen.

Wer sich von der Richtlinie die Schaffung eines einheitlichen Wettbewerbsrahmens zwischen Verwertungsgesellschaften und neuartigen Lizensierungsorganisationen versprochen hat, wird von der Richtlinie mithin enttäuscht. Zwar ist sie einer problemlösenden Auslegung zugänglich. An entscheidenden Stellen ist sie jedoch so kryptisch formuliert, dass fraglich bleibt, ob sie auch in der Praxis zu einem verbesserten Wettbewerbsrahmen führen wird.

II. Wettbewerbsrahmen zwischen europäischen Verwertungsgesellschaften

Der uneinheitliche Wettbewerbsrahmen zwischen klassischen Verwertungsgesellschaften und neuartigen Lizensierungsorganisationen ist nicht die einzige Beeinträchtigung des derzeit bestehenden Wettbewerbsrahmens, derer sich der Richtliniengeber annimmt. Eine nicht minder gewaltige Beeinträchtigung liegt in dem Umstand, dass die heterogenen europäischen Wahrnehmungsgesetze[697] zu Wettbewerbsnachteilen solcher Verwertungsgesellschaften führen können, die in streng regulierenden Mitgliedstaaten niedergelassen sind. Um dieser Gefahr zu begegnen, versucht der Richtliniengeber durch die Richtlinie die wesentlichen Eckpfeiler der kollektiven Rechtewahrnehmung im Binnenmarkt zu harmonisieren.

1. Anwendbares Wahrnehmungsrecht bei grenzüberschreitendem Bezug

Bevor überhaupt eine Analyse von einzelnen Harmonisierungsmaßnahmen der Richtlinie durchgeführt werden kann, muss zunächst geklärt werden, welches Wahrnehmungsrecht der Richtliniengeber im Fall einer grenzüberschreitenden

---

696 Zu dem Status neuartiger Lizensierungsorganisationen in Deutschland siehe oben S. 92 ff.

697 Zu den Unterschieden der europäischen Wahrnehmungsgesetze siehe oben S. 61 ff.

Lizensierung zur Anwendung kommen lassen will. Unbilligkeiten aus den unterschiedlichen Wahrnehmungsgesetzen ergäben sich nämlich erst dann, wenn strenge Wahrnehmungsgesetze inländische Verwertungsgesellschaften erfassen, gleichzeitig aber auf ausländische Verwertungsgesellschaften, die im Geltungsbereich desselben Gesetzes agieren, nicht anwendbar sind. Vor diesem Hintergrund gilt es zu untersuchen, ob und wie sich der Richtliniengeber zur Frage der Dienstleistungsrichtlinie und zum anwendbaren Recht positioniert.

a) Aussagen der Richtlinie zur Anwendbarkeit der Dienstleistungsrichtlinie

Für die Frage des einheitlichen Wettbewerbsrahmens zwischen den europäischen Verwertungsgesellschaften ist das Verhältnis der Dienstleistungsrichtlinie zur kollektiven Rechtewahrnehmung von Bedeutung. Eben dieses Verhältnis war bislang umstritten[698]. Nach neuester Rechtsprechung des Europäischen Gerichtshofs ist dieser Streit allerdings zunächst beigelegt. Der Europäische Gerichtshof wendet die Dienstleistungsrichtlinie aufgrund einer Ausnahmebestimmung nicht auf die kollektive Rechtewahrnehmung durch Verwertungsgesellschaften an[699].

Auch der Richtliniengeber hatte nun Gelegenheit, sich zum Verhältnis der Dienstleistungsrichtlinie zu Verwertungsgesellschaften zu positionieren. Die Versäumnisse im Gesetzgebungsverfahren der Dienstleistungsrichtlinie, die erst die langjährigen Unklarheiten über deren Anwendbarkeit verursacht haben, hätten damit ausgeräumt werden können.

aa) Regelungen zur Anwendbarkeit der Dienstleistungsrichtlinie

Eine klare Positionierung für oder gegen die Anwendung der Dienstleistungsrichtlinie auf Verwertungsgesellschaften ist jedoch weder dem Richtlinientext in seiner Endfassung noch den Erwägungsgründen zu entnehmen. Dabei leitete die Kommission das Gesetzgebungsverfahren noch mit einem in dieser Hinsicht vielversprechenden Richtlinienvorschlag ein. Dieser machte gleich an mehreren Punkten deutlich, dass nach Ansicht der Kommission kollektive Rechtewahrnehmung in den Anwendungsbereich der Dienstleistungsrichtlinie fallen soll. So heißt es etwa in Erwägungsgrund 3 des Richtlinienvorschlags:

---

698 Zu der bislang umstrittenen Anwendbarkeit der Dienstleistungsrichtlinie auf die kollektive Rechtewahrnehmung durch Verwertungsgesellschaften siehe oben S. 123 ff.

699 EuGH, ZUM 2014, 395 (400) – *OSA/Léčebné lázně Mariánské lázně*.

„Als Dienstleister unterliegen in der Union niedergelassene Verwertungsgesellschaften den einzelstaatlichen Vorschriften zur Umsetzung der Richtlinie 2006/123/EG des Europäischen Parlaments und des Rates vom 12. Dezember 2006 über Dienstleistungen im Binnenmarkt, mit der die rechtlichen Voraussetzungen für die Gewährleistung der Niederlassungsfreiheit und des freien Dienstleistungsverkehrs zwischen den Mitgliedstaaten geschaffen werden sollen. Verwertungsgesellschaften sollten somit ihre Dienstleistungen problemlos länderübergreifend erbringen und in einem anderen Mitgliedstaat wohnhafte oder niedergelassene Rechteinhaber vertreten oder Lizenzen an in anderen Mitgliedstaaten wohnhafte oder niedergelassene Nutzer vergeben können."

Flankierend hierzu hält Erwägungsgrund 8 des Richtlinienvorschlags fest:

„Gemäß der Richtlinie 2006/123/EG ist es Verwertungsgesellschaften außerdem untersagt, Rechteinhaber, deren Rechte sie wahrnehmen, direkt oder indirekt aufgrund ihrer Staatsangehörigkeit, ihres Wohnsitzes oder des Ortes ihres Niederlassung zu diskriminieren."

Die Tatsache, dass die Anwendbarkeit der Dienstleistungsrichtlinie unbillige Konsequenzen für Verwertungsgesellschaften aus streng regulierenden Mitgliedstaaten nach sich zieht, lässt sich unter den derzeitigen Wahrnehmungsgesetzen nicht bestreiten[700]. Dem Vorschlag der Kommission war aber immerhin zuzugestehen, dass er die Frage des Anwendungsbereichs der Dienstleistungsrichtlinie endgültig beendet hätte. Ein deutlicheres Statement des europäischen Gesetzgebers, dass die Ausnahmen der Dienstleistungsrichtlinie nicht auch Verwertungsgesellschaften erfassen sollen, wäre kaum vorstellbar. Die von vielen Stimmen und jüngst auch dem Europäischen Gerichtshof vertretene Ansicht, Verwertungsgesellschaften seien in Folge einer einschlägigen Ausnahmeregelung nicht von der Dienstleistungsrichtlinie erfasst, wäre damit nicht mehr zu halten.

Aufgrund breiter Kritik während des Gesetzgebungsverfahrens konnten diese eindeutigen Erwägungsgründe jedoch nicht den Weg in die Endfassung der Richtlinie finden[701]. Die Endfassung der Richtlinie sieht in Erwägungsgrund 4 hingegen die folgende, ungleich zurückhaltendere, Regelung vor:

---

700 Zu den Folgen der Dienstleistungsrichtlinie für den Wettbewerbsrahmen siehe oben S. 130 f.

701 Kritik übend *Kunz-Hallstein/Loschelder*, GRUR 2013, 155 (156); *Scholz*, Medien und Recht 2013, 123 (125 ff.); *Holzmüller*, ZUM 2013, 168 (174); *Csillag*, Medien und Recht 2012, 234 (243); *Staats*, in: Stellungnahme der VG Wort vom 24. August 2012, S. 4, abrufbar unter: http://www.vgwort.de/fileadmin/pdf/stellungnahmen/Stellungnahme_Richtl_VerwertG_final.pdf, zuletzt abgerufen am 31. Oktober 2014.

„In der Union ansässige Organisationen für die kollektive Rechtewahrnehmung sollten bei der Vertretung für in einem anderen Mitgliedstaat wohnhaften oder ansässigen Rechtsinhabern oder bei der Vergabe von Lizenzen an in anderen Mitgliedstaaten wohnhafte oder ansässige Nutzer in den Genuss der in den Verträgen verankerten Freiheiten kommen."

bb) Auslegung der getroffenen Regelungen

Angesichts derartiger Formulierungsschwankungen im Rahmen des Gesetzgebungsprozesses stellt sich die Frage, welche Aussage die verbliebende Formulierung zur Anwendbarkeit der Dienstleistungsrichtlinie auf Verwertungsgesellschaften überhaupt noch treffen soll.

Die in der Endfassung der Richtlinie geänderte Formulierung könnte als Abkehr von der noch im Vorschlag vertretenen Ansicht verstanden werden, mit der Folge, dass nunmehr auch der Richtliniengeber die Anwendung der Dienstleistungsrichtlinie auf Verwertungsgesellschaften verneint. Möglich wäre aber auch, dass der Richtliniengeber an seiner Auffassung zur Geltung der Dienstleistungsrichtlinie im Gewand einer diplomatischeren Formulierung festhalten wollte. Schließlich wäre auch denkbar, dass der Gesetzgeber durch die neue Formulierung die Frage ein weiteres Mal nicht eindeutig klären wollte, sondern die Entscheidung der Praxis überlassen wollte.

Diese Frage lässt sich nur durch eine Auslegung von Erwägungsgrund 4 beantworten. Die maßgebliche Passage von Erwägungsgrund 4 spricht davon, dass die Verwertungsgesellschaften im Falle eines Grenzbezuges „*in den Genuss der in den Verträgen genannten Freiheiten kommen*" sollen. Als Grundfreiheit zählt zu diesen Freiheiten auch die Dienstleistungsfreiheit nach Art. 56 AEUV. Zu der Dienstleistungsfreiheit müssen wiederum auch ihre sekundärrechtlichen Harmonisierungen durch Richtlinien gezählt werden. Solche sekundärrechtlichen Harmonisierungen stehen zu einer Grundfreiheit in einer symbiotischen Beziehung. Sie sind nötig, weil einer Grundfreiheit regelmäßig eine positivgestaltende Steuerungskraft fehlt. Die Grundfreiheit führt maximal dazu, dass konkrete mitgliedstaatliche Maßnahmen im Einzelfall nicht angewandt werden können, weil sie mit eben dieser Grundfreiheit nicht vereinbar sind (sog. *negative Integration)*[702]. Damit mag eine Grundfreiheit zwar unbillige Hemmnisse neutralisieren können; für die Verwirklichung des Binnenmarktes sind jedoch ergänzende Rechtssetzungen erforderlich, welche durch die harmonisierenden Richtlinien vorgenommen werden (sog. *positive Integration)*[703]. Eine

702 *Haratsch/Koenig/Pechstein*, Rn. 815; *Streinz*, Rn. 937.
703 *Kingreen*, in: Calliess/Ruffert, Art. 34 – 36 AEUV Rn. 2.

Grundfreiheit muss damit immer in Verbindung mit dem zu ihrer Durchsetzung erlassenen Sekundärrecht gesehen werden. Daher umfasst ein Verweis auf die Grundfreiheiten stets auch die zu den Grundfreiheiten ergangenen sekundären Rechtsakte.

Belege dafür, dass die Grundfreiheiten und das zur ihrer Durchsetzung verabschiedete Sekundärrecht einheitlich zu betrachten sind, finden sich auch in den europäischen Verträgen. In den Abschnitten, in denen die Regelungen zu einzelnen Grundfreiheiten getroffen werden, finden sich häufig auch Ermächtigungsgrundlagen zum Erlass von Sekundärmaßnahmen zu einer Grundfreiheit[704]. Genau auf solch eine Ermächtigungsgrundlage ist auch die Dienstleistungsrichtlinie gestützt. Die Richtlinie weist bereits in ihrer Präambel auf Art 47 Abs. 2 S. 1 und 3 sowie Art 55 EGV als ihre Rechtsgrundlage hin, was etwa den heutigen Art. 53 Abs. 1 und Art. 62 AEUV entspricht. Die Dienstleistungsrichtlinie hat mithin die Aufgabe, die im AEUV nur abstrakt geregelte Dienstleistungsfreiheit in administrative und gesetzliche Detailregelungen zu übertragen und so ein umfassendes System zu schaffen, das die Dienstleistungsfreiheit in verschiedener Hinsicht weiterbildet[705]. Wird in einem Rechtsakt des Unionsrechts auf die Dienstleistungsfreiheit verwiesen, ist die Dienstleistungsrichtlinie mithin grundsätzlich von diesem Verweis umfasst.

Die Richtlinie verweist mithin auf Grundfreiheiten wie die Dienstleistungsfreiheit. Sie vermeidet jedoch eine Stellungnahme zur konkreten Anwendbarkeit des flankierenden Sekundärrechts. Hierdurch wird deutlich, dass sich der Richtliniengeber weder von seiner Auffassung im Richtlinienvorschlag vollständig distanzieren wollte noch seine bisherige Auffassung weiter kompromisslos aufrecht erhalten wollte. Zweifellos wurde die Formulierung in der Endfassung der Richtlinie spürbar eingeschränkt; wer jedoch vor Veröffentlichung der Richtlinie die Ansicht vertrat, dass die Dienstleistungsrichtlinie auch für die kollektive Rechtewahrnehmung durch Verwertungsgesellschaften Anwendung findet, dem bleibt auch nach Veröffentlichung der Richtlinie hinreichend Spielraum für diese Ansicht. Gleiches gilt allerdings auch für Vertreter der gegenteiligen Auffassung. Wer schon vor Veröffentlichung der Endfassung die Anwendbarkeit der Dienstleistungsrichtlinie auf Verwertungsgesellschaften strikt verneinte,

704 Zum Beispiel Art. 46, Art. 50, Art. 53 Abs. 1, Art. 59 Abs. 1, Art. 62 AEUV.

705 Ausführungen in den Kommissionsmaterialien zur Frage des Verhältnisses der Dienstleistungsrichtlinie zur Dienstleistungsfreiheit, in: Fragen und Antworten zur Dienstleistungsrichtlinie, abrufbar unter: http://ec.europa.eu/internal_market/services/services-dir/faq/index_de.htm, zuletzt abgerufen am 31. Oktober 2014.

der kann dies auch in Zukunft tun, ohne, dass die Richtlinie diese Auffassung erschüttert.

Der Richtliniengeber wollte mithin keine abschließenden Aussagen zum strittigen Themenkomplex der Anwendbarkeit der Dienstleistungsrichtlinie auf Verwertungsgesellschaften treffen. Er beschränkt sich vielmehr darauf, nur über solche Aspekte verbindliche Aussagen zu treffen, die unabhängig von der vertretenen Auffassung Allgemeingültigkeit besitzen. Jenseits dieser allgemeingültigen Aspekte sind der Richtlinie hingegen keine handfesten Aussagen mehr zu entnehmen. Abschließende Aussagen zur Frage der Anwendbarkeit der Dienstleistungsrichtlinie auf Verwertungsgesellschaften sind im Richtlinientext mithin nicht zu finden[706]. Der Richtliniengeber wollte die Beantwortung dieser Frage mithin der Praxis überlassen.

Der Auslegung der Dienstleistungsrichtlinie wird damit auch in Zukunft entscheidende Bedeutung für die Frage nach dem anwendbaren Wahrnehmungsrecht zukommen. Allerdings hat sich mittlerweile der Europäische Gerichtshof zu dieser Thematik geäußert und eine Anwendbarkeit der Dienstleistungsrichtlinie aufgrund einer einschlägigen Ausnahmevorschrift verneint[707]. Dies mag in der Sache nicht überzeugend sein[708]. Dennoch dürfte für die Praxis zukünftig gelten: Die Dienstleistungsrichtlinie findet keine Anwendung auf die kollektive Rechtewahrnehmung durch Verwertungsgesellschaften.

b) Aussagen der Richtlinie zum anwendbaren Wahrnehmungsrecht

Eine konkrete Regelung, die das anwendbare Wahrnehmungsrecht im Falle einer grenzüberschreitenden Lizensierung ausdrücklich regelt, ist der Richtlinie nicht zu entnehmen. Der Richtliniengeber hat jedoch verschiedene Normen der Richtlinie so gestaltet, dass seine Vorstellungen zum anwendbaren Wahrnehmungsrecht hinreichend deutlich werden.

aa) Sitzlandprinzip

Auch ohne eine ausdrückliche Regelung der Richtlinie zum anwendbaren Recht wird hinreichend deutlich, dass der Richtliniengeber künftig das Recht des Mitgliedstaates für maßgeblich hält, in dessen Hoheitsgebiet die Verwertungsgesellschaft ansässig ist[709]. Dies gilt auch für den Fall, dass die Verwertungsgesellschaft

---

706 *Staats*, ZUM 2014, 470 (472).

707 EuGH, ZUM 2014, 395 (400) – OSA/Léčebné lázně Mariánské lázně.

708 Zu Kritikpunkten des Urteils siehe oben S. 132 f.

709 *Welp*, GRUR 2014, 751 (754); *Holzmüller*, ZUM 2014, 468 (469); *Staats*, ZUM 2014, 470 (472).

Lizensierungstätigkeiten in einem anderen Mitgliedstaat vornimmt[710]. Dieses Ergebnis lässt sich aus einem Zusammenspiel verschiedener Regelungen zur Aufsicht über die Verwertungsgesellschaften gewinnen.

Einerseits rechtfertigt die Aufsichtsregelung aus Art. 36 diesen Schluss[711]. Art. 36 normiert eine Verpflichtung der Mitgliedstaaten sicherzustellen, dass ihre inländischen Verwertungsgesellschaften die Regelungen der Richtlinie befolgen. Damit muss auch die Kontrolle von Auslandsaktivitäten dieser inländischen Verwertungsgesellschaften gemeint sein, da ansonsten ein Kontrolldefizit bestünde. Damit diese Kontrolle von Auslandsaktivitäten der Verwertungsgesellschaften effektiv geschehen kann, flankiert Art. 37 die Aufsichtsregelung mit einem Verfahren zum Informationsaustausch zwischen der Behörde des Sitzlandes und der Behörde des Lizensierungslandes[712]. Dieses Verfahren soll die Behörde des Sitzlandes dazu befähigen, nach Informationen der ausländischen Behörde die Auslandsaktivitäten der inländischen Verwertungsgesellschaften nach dem heimatlichen Wahrnehmungsrecht beurteilen zu können.

bb) Überschreitungsmöglichkeiten

Grundsätzlich sollen die Regelungen der Richtlinie den primären europäischen Regelungsrahmen zur kollektiven Rechtewahrnehmung bilden. Sofern Mitgliedstaaten planen, über die Richtlinie hinausgehende Bestimmungen beizubehalten, muss deren Rechtmäßigkeit differenziert beurteilt werden. Eine Möglichkeit, ausländische Verwertungsgesellschaften mit Sitz in der Union strenger zu reglementieren, als es die Richtlinie tut, besteht nicht. Aus Art. 2 Abs. 1 und 2 sowie aus den Erwägungsgründen 9 und 10 geht hervor, dass den Mitgliedstaaten hierfür die Befugnis fehlt[713].

Sofern Mitgliedstaaten hingegen planen, inländischen oder außereuropäischen Verwertungsgesellschaften strengere Verpflichtungen aufzuerlegen, ist dies ausweislich der Erwägungsgründe 9 und 10 der Richtlinie ausdrücklich zulässig[714]. Im Falle von strengeren Regelungen für inländische Verwertungsgesellschaften müssen die Mitgliedstaaten jedoch behutsam vorgehen. Derartige Regelungen weisen sowohl eine verfassungsrechtliche als auch unionsrechtliche

710 *Holzmüller*, ZUM 2014, 468 (469); *Pfennig*, ZUM 2014, 484 (487).

711 *Staats*, ZUM 2014, 470 (472); *Pfennig*, ZUM 2014, 484 (487).

712 Diese Norm ebenfalls in Richtung des Sitzlandprinzips deutend *Welp*, GRUR 2014, 751 (754).

713 *Peifer*, ZUM 2014, 453 (456).

714 *Staats*, ZUM 2014, 470 (472).

Dimension auf[715]. Sie müssen sich einerseits am nationalen Verfassungsrecht messen lassen. Zudem muss berücksichtigt werden, dass diese strengeren Verpflichtungen künftig auch für die Auslandsaktivitäten der inländischen Verwertungsgesellschaften gelten[716]. Die Schlechterstellung der inländischen Gesellschaften betrifft damit nicht mehr nur reine Inlandssachverhalte. Damit muss auch das Unionsrecht im Auge behalten werden. Dies umfasst nach der jüngsten Entscheidung des Europäischen Gerichtshofs[717] zwar nicht mehr die Dienstleistungsrichtlinie, wohl aber die Dienstleistungsfreiheit[718]. Welche überschießenden nationalen Bestimmungen hiergegen verstoßen, lässt sich derzeit allerdings noch nicht vorhersagen[719].

c) Auswirkungen auf den einheitlichen Wettbewerbsrahmen

Zweifellos wird nach Umsetzung der Richtlinie ein einheitlicherer Wettbewerbsrahmen zwischen den europäischen Verwertungsgesellschaften bestehen, da die Richtlinie das anwendbare Wahrnehmungsrecht eindeutig bestimmt und die europäischen Wahrnehmungsgesetze harmonisiert[720]. Dem Richtliniengeber ist die Erreichung dieses Zwischenziels hoch anzurechnen.

Für einen gänzlich einheitlichen Wettbewerbsrahmen zwischen den europäischen Verwertungsgesellschaften auf einem *Level-Playing-Field* ist der in der Richtlinie verfolgte Mindestharmonisierungsansatz jedoch problematisch. Gleich in mehrfacher Hinsicht ist die Möglichkeit der Mitgliedstaaten zu kritisieren, inländische Verwertungsgesellschaften strenger regulieren zu können, als die Richtlinie dies tut.

Einerseits wird dies in den nächsten Jahren zu gravierender Rechtsunsicherheit führen. Sofern die Mitgliedstaaten ihre überschießenden Bestimmungen beibehalten, wird schon bald fraglich sein, welche überschießenden Bestimmungen gegen nationales Verfassungsrecht verstoßen. Hier werden sich überschießende Regelungen in Deutschland insbesondere an Art. 12 und Art. 3 Abs. 1 Grundgesetz messen lassen müssen und schnell unter Rechtfertigungsdruck gelangen. Denn auch der nationale Gesetzgeber kann sich bei seinen Überlegungen nicht

---

715 *Peifer*, in: Diskussionsbericht der Arbeitssitzung des Instituts für Urheber- und Medienrecht vom 28. März 2014, *Burner*, ZUM 2014, 489 (491).

716 Eindrucksvolles Beispiel hierfür bei *Staats*, ZUM 2014, 470 (472).

717 EuGH, ZUM 2014, 395 (400) – *OSA/Léčebné lázně Mariánské lázně*.

718 *Peifer*, ZUM 2014, 453 (457 f.).

719 Zu der Unvorhersehbarkeit und damit einhergehender Rechtsunsicherheit siehe sogleich S. 185 ff.

720 *Hullen*, jurisPR-ITR 5/2014, Anm. 2.

mehr auf eine rein nationale Sichtweise beschränken können[721]. Bestehende Europäische Rechtsakte werden hier Berücksichtigung finden müssen.

Hinzu kommt die Frage, welche überschießenden Bestimmungen gegen die Dienstleistungsfreiheit verstoßen. Denn zweifellos stellen nationale Wahrnehmungsgesetze, die über die Richtlinie hinausgehen, Beschränkungen der Dienstleistungsfreiheit dar. Zwar können derartige Beschränkungen gerechtfertigt sein, wenn sie zwingenden Gründen des Allgemeininteresses entsprechen, geeignet sind, die Erreichung des mit ihnen verfolgten, im Allgemeininteresse liegenden Ziels zu gewährleisten und nicht über das hinausgehen, was zur Erreichung dieses Ziels erforderlich ist[722]. Grundsätzlich wird der Schutz von Rechten des geistigen Eigentums auch als ein zwingender Grund des Allgemeininteresses eingeordnet, der zur Beschränkung der Dienstleistungsfreiheit tauglich ist[723]. Wahrnehmungsgesetze sind auch zweifellos geeignet, dieses Ziel zu erreichen. Die richtungsweisende Frage ist aber, ab wann die nationalen Wahrnehmungsgesetze über das hinausgehen, was zum Schutz von Rechten des geistigen Eigentums erforderlich ist.

Obwohl der Europäische Gerichtshof sich jüngst mit eben dieser Frage zu beschäftigen hatte, hilft sein Urteil hier nur auf den ersten Blick weiter. Zwar hielt der Europäische Gerichtshof im entsprechenden Urteil selbst ein im tschechischen Wahrnehmungsrecht normiertes gesetzliches Monopol einer Verwertungsgesellschaft im Bereich des öffentlichen Wiedergaberechts für zulässig und billigte damit sogar eine verhältnismäßig krasse Beschränkung der Dienstleistungsfreiheit. Das Gericht argumentierte dabei, dass es ohne ein solches Monopol zu enormen Problemen bei der Kontrolle der Werknutzung und Entrichtung der Gebühren führe, wenn Rechteinhaber auch ausländische Verwertungsgesellschaften mit der Rechtewahrnehmung betrauen könnten[724]. Damit ist das Schicksal zurückhaltenderer wahrnehmungsrechtlicher Regelungen allerdings weniger eindeutig, als es den Anschein hat. Denn das Gericht betonte gleich mehrmals, dass es seine Würdigung auf Basis *„des gegenwärtigen Stand des Unionsrechts"* getroffen hat[725]. Dies suggeriert, dass die Richter die während des Prozesses noch unvollendete Richtlinie zur Harmonisierung des Wahrneh-

721 Zu Einzelheiten der verfassungsrechtlichen Rechtfertigung überschießender nationaler Regelungen in Deutschland *Riese/Noll*, NVwZ 2007, 516 (520 f.).

722 *Kluth*, in: Calliess/Ruffert, Art. 57 AEUV Rn. 72; *Müller-Graff*, in: Streinz, Art. 56 AEUV Rn. 98.

723 Zuletzt EuGH, MMR 2011, 817 (820) – *Football Association Premier League*.

724 EuGH, ZUM 2014, 395 (400) – *OSA/Léčebné lázně Mariánské lázně*.

725 EuGH, ZUM 2014, 395 (400) Rn. 76 und 77 – *OSA/Léčebné lázně Mariánské lázně*.

mungsrechts zwar wahrgenommen haben, diese aber inhaltlich noch nicht berücksichtigen durften[726].

Das Gericht deutet damit aus eigenem Antrieb an, dass die Rechtmäßigkeit mitgliedstaatlicher Wahrnehmungsgesetze in Zukunft einer gewissen Dynamik unterliegen kann und nach Schaffung von Unionsrecht zur kollektiven Rechtewahrnehmung und dessen Umsetzung eine andere Bewertung geboten sein kann[727]. Inzwischen liegt mit der Richtlinie allerdings nur wenige Wochen nach dem Urteil genau solches Sekundärrecht vor, das der Europäische Gerichtshof bislang vermisste und weshalb er die nationale Regelung (zumindest noch) als vereinbar mit dem Unionsrecht einordnete.

Es bleibt daher abzuwarten, inwieweit der Europäische Gerichtshof in Zukunft an dieser Rechtsprechung festhalten wird[728]. Prognosen zur Zulässigkeit einzelner überschießender Bestimmungen sind zum jetzigen Zeitpunkt jedenfalls noch nicht möglich. Ihre Vereinbarkeit mit der Dienstleistungsfreiheit wird von Faktoren abhängen, die derzeit noch nicht bestimmbar sind. Der richtungsweisende Faktor wird hierbei der Erfolg der Richtlinie sein. Je besser die Richtlinie von den Mitgliedstaaten umgesetzt wird und je erfolgreicher die Richtlinie die Missstände der kollektiven Rechtewahrnehmung im Binnenmarkt beseitigen wird, desto eher dürfte der Europäische Gerichtshof dazu tendieren, in überschießenden Bestimmungen einen Verstoß gegen die Dienstleistungsfreiheit zu sehen. Fällt der Erfolg der Richtlinie hingegen bescheiden aus, weil sich etwa der in der Richtlinie verfolgte Passport-Ansatz als unbrauchbar erweist oder, weil derzeit noch nicht erkennbare Entwicklungen den Passport-Ansatz ausbremsen, dürfte der Europäische Gerichtshof auch in Zukunft dazu tendieren, in überschießenden Bestimmungen keinen Verstoß gegen Unionsrecht zu sehen.

Neben dieser Rechtsunsicherheit besteht zudem das Problem der Wettbewerbsverzerrungen fort. Es kann nicht davon ausgegangen werden, dass alle Mitgliedstaaten im Umsetzungsprozess nationale Bestimmungen, die über die Richtlinie hinausgehen, auf das Richtlinienniveau abschmelzen[729]. Inländische Verwertungsgesellschaften werden durch diese Regelungen dann bei Inlands- und Auslandsaktivitäten strenger reguliert werden als ihre europäischen

---

726 *Welp*, GRUR 2014, 751 (754); *Peifer*, ZUM 2014, 453 (458).

727 *Heine*, GRUR-Prax 2014, 133.

728 *Peifer*, ZUM 2014, 453 (458); *Heine*, GRUR-Prax 2014, 133.

729 Dies dürfte gerade für die Regelungen des UrhWahrnG gelten, dessen Interessensausgleich in Deutschland einen hohen Stellenwert genießt, *Rupp*, MMR 2014, 217 (220).

Schwestergesellschaften, obgleich sie mit denen in einem direkten Wettbewerb stehen[730]. Zwar ist die Vereinbarkeit dieser Normen mit nationalem Verfassungsrecht und der Dienstleistungsfreiheit spätestens nach Umsetzung der Richtlinie zweifelhaft. Solange aber nicht alle über die Richtlinie hinausgehenden Normen für unwirksam oder unanwendbar erklärt worden sind, ist der Online-Musikbereich von einem *Level-Playing-Field* ohne nennenswerte Wettbewerbsverzerrungen weit entfernt. Die strategische Wahl des Standortes (*Cherry-Picking)* wird daher auch in Zukunft für Verwertungsgesellschaften eine Versuchung darstellen.

Wie gravierend Rechtsunsicherheit und die Wettbewerbsverzerrungen den künftigen Wettbewerbsrahmen beeinträchtigen werden, hängt von dem Harmonisierungsniveau ab, das die Richtlinie etabliert. Je grundlegendere Regelungen in der Richtlinie enthalten sind, desto weniger dürften sich Mitgliedstaaten herausgefordert fühlen, über die Regelungen der Richtlinie hinauszugehen und desto geringer ist die Anzahl der Pflichten, deren Vereinbarkeit mit Unions- und Verfassungsrecht zweifelhaft ist und die inländische Verwertungsgesellschaften im europäischen Wettbewerb benachteiligen.

2. *Erreichtes Harmonisierungsniveau*

Zukünftig gilt für Verwertungsgesellschaften grundsätzlich das Wahrnehmungsrecht ihres Sitzstaates, welches durch die Richtlinie maßgeblich determiniert ist. Für Verwertungsgesellschaften mit Sitz in ihrem Hoheitsgebiet oder für Verwertungsgesellschaften mit Sitz außerhalb der Union können die Mitgliedstaaten allerdings Regelungen vorsehen, die über die Richtlinie hinausgehen, was mit vielseitigen Problemen verbunden ist[731].

Für den in Zukunft vorzufindenden einheitlichen Wettbewerbsrahmen zwischen europäischen Verwertungsgesellschaften ist daher das in der Richtlinie erreichte Harmonierungsniveau von entscheidender Bedeutung. Nur ein hinreichendes Harmonisierungsniveau kann vor Rechtsunsicherheit und Wettbewerbsverzerrungen durch überschießendes nationales Wahrnehmungsrecht schützen. Denn ein unzulängliches Harmonisierungsniveau verleitet Mitgliedstaaten zu überschießendem nationalen Wahrnehmungsrecht. Sofern dies nicht gegen die Dienstleistungsfreiheit oder nationales Verfassungsrecht verstößt, gilt dies nur für inländische und außereuropäische Verwertungsgesellschaften und

730 *Rupp*, MMR 2014, 217 (220).

731 Zu den Problemen über die Richtlinie hinausgehender Regelungen siehe oben S. 185 ff.

benachteiligt diese. Dies hätte dann genau solche Wettbewerbsverzerrungen im Binnenmarkt zu Folge, die es zu vermeiden gilt.

Dessen ungeachtet wählte der Richtliniengeber dennoch einen Mindestharmonisierungsansatz als Harmonisierungsstrategie[732]. Diesem Ansatz immanent ist, dass zwar ein gewisses Harmonisierungsniveau geschaffen wird, Regelungen zahlreicher Mitgliedstaaten dieses Niveau aber übertreffen. Entscheidend für das erreichte Harmonisierungsniveau ist bei einem derartigen Ansatz daher die Frage, auf welchem Niveau sich die in der Richtlinie getroffenen Regelungen einpendeln. Diese Frage lässt sich durch einen Vergleich der Richtlinie mit einem strengen Wahrnehmungsgesetz beantworten. Als Referenzwert bietet sich hier das UrhWahrnG an, bei welchem es sich um eines der strengsten Wahrnehmungsgesetze in der Union handelt[733].

a) Korrespondierende Regelungen des UrhWahrnG

Bereits eine oberflächliche Lektüre der für Verwertungsgesellschaften geltenden Pflichten lässt vertraute Strukturen erkennen[734]. Viele dieser Pflichten finden sich in gleicher oder vergleichbarer Form im UhrWahrnG wieder. So normiert die Richtlinie in Art. 5 Abs. 2 Satz 2 einen Wahrnehmungszwang für Verwertungsgesellschaften, der in ähnlicher Form auch in § 6 Abs. 1 Satz 1 UrhWahrnG angelegt ist[735]. Nach anfänglicher Kritik[736] normiert die Endfassung der Richtlinie nunmehr in Art. 21 Abs. 1 lit. c) eine Pflicht für Verwertungsgesellschaften,

---

732 Erwägungsgrund 9 der Richtlinie; Der Richtliniengeber sah von der sog. Option 4 b) ab, die eine umfassende Regulierung auf europäischer Ebene bedeutet hätte. Begründet wurde dies damit, dass diese Option den Mitgliedstaaten keinerlei Spielraum bot, Zusammenfassende Folgenabschätzung, S. 6, abrufbar unter: http://eur-lex.europa.eu/LexUriServ/LexUriServ.do?uri=SWD:2012:0205:FIN:EN:PDF, zuletzt abgerufen am 31. Oktober 2014; *Podszun*, GPR 2013, 97 (99); *Janik/Tiwisina*, ZUM 2013, 177 (179); *Scholz*, Medien und Recht 2013, 123 (124); *Staats*, in: Stellungnahme der VG Wort vom 24. August 2012, S. 2, abrufbar unter: http://www.vgwort.de/fileadmin/pdf/stellungnahmen/Stellungnahme_Richtl_VerwertG_final.pdf, zuletzt abgerufen am 31. Oktober 2014.

733 *Welp*, GRUR 2014, 751 (753); *Pfennig*, ZUM 2014, 484; *Rehse*, ZUM 2013, 191; *Nérisson*, ZUM 2013, 185 (189); so auch *Schneider*, der im Interview mit dem Portal irights.info von „harten Bandagen" des UrhWahrnG spricht, abrufbar unter: http://www.irights.info/enjott-schneider-das-urheberrecht-war-einst-garant-fur-freie-meinung-und-personlichkeitsschutz, zuletzt abgerufen am 31. Oktober 2014.

734 Zu den einzelnen Regelungen der Richtlinie siehe oben S. 136 ff.

735 Zu Einzelheiten des Wahrnehmungszwangs im UrhWahrnG siehe oben S. 48 ff.

736 Stellungnahme des Bundesrats, BR-Drucks. 395/12, (Beschluss), S. 2 f.

die von ihnen angewendeten Tarife zu veröffentlichen, ähnlich der Regelung in § 13 Abs. 2 UrhWahrnG. Ferner verpflichtet die Richtlinie in den Art. 36 ff. die Mitgliedstaaten zur Etablierung einer Aufsichtsbehörde, wie es das deutsche Wahrnehmungsrecht nach §§ 18-20 UrhWahrnG ebenfalls vorsieht[737]. Auch die im besonderen Teil der Richtlinie normierte Informationspflicht für länderübergreifend lizensierende Verwertungsgesellschaften im Online-Musikbereich sieht das deutsche Wahrnehmungsrecht in § 10 UrhWahrnG in ähnlicher Form vor. Zudem sind die in der Richtlinie vorgesehenen Streitschlichtungsmechanismen mit den Regelungen der §§ 14 ff. UrhWahrnG vergleichbar.

Dem Richtliniengeber ist damit zuzugestehen, dass er durch die Richtlinie ein beachtliches Harmonisierungsniveau geschaffen hat. Einige essentielle Vorschriften aus strengen Wahrnehmungsgesetzen sind in der Richtlinie übernommen. Erstmals gelten unionsweit einheitliche Regelungen. Mit Blick auf das niedrige Regulierungsniveau in vielen Mitgliedstaaten dürften diese Regelungen bereits ausreichen, um das Wahrnehmungsrecht in diesen Staaten grundlegend umzugestalten.

b) Überschießende Regelungen des UrhWahrnG

Wie problematisch der gewählte Ansatz der Mindestharmonisierung ist, wird allerdings deutlich, sobald man sich vor Augen führt, in welchem Maße allein das UrhWahrnG die Regelungen der Richtlinie übertrifft[738]. Bleiben diese überschießenden Bestimmungen im Prozess der Richtlinienumsetzung unangetastet, stellt jede von ihnen einen abstrakten Wettbewerbsnachteil für deutsche Verwertungsgesellschaften dar, sofern kein Verstoß gegen das Grundgesetz oder die Dienstleistungsfreiheit angenommen wird. Jede derartige Regelung zieht einen erhöhten Verwaltungsaufwand für inländische Verwertungsgesellschaften nach sich, der wiederum mit erhöhten Verwaltungskosten und geringeren Ausschüttungsmöglichkeiten einhergeht[739].

Neben dieser abstrakten Benachteiligung ergeben sich für die heimischen Verwertungsgesellschaften zusätzlich auch konkrete Wettbewerbsnachteile. Welcher Gestalt diese Nachteile sind, hängt von der konkreten überschießenden Regelung des UrhWahrnG ab.

---

737 Zu Einzelheiten der Aufsicht im UrWahrnG siehe oben S. 53 f.

738 *Beger*, ZUM 2014, 482.

739 *Kunz-Hallstein/Loschelder*, GRUR 2013, 155 (156).

aa) Erlaubnispflicht

Im Anwendungsbereich des UrhWahrnG unterliegen Verwertungsgesellschaften einer Erlaubnispflicht. Wer kollektiv Nutzungsrechte nach dem deutschen Urheberrecht treuhänderisch wahrnehmen will, braucht hierzu eine Erlaubnis des Deutschen Patent- und Markenamts[740]. Die Richtlinie formuliert hingegen weder einen direkten Erlaubniszwang noch eine sonstige Art der Gründungskontrolle[741]. Stattdessen bildet sie Strukturen für interne Kontrollmöglichkeiten durch Aufsichtsgremien[742].

Bleiben die Regelungen zur Erlaubnispflicht während des Umsetzungsverfahrens unangetastet, finden sie nur noch auf inländische und außereuropäische Verwertungsgesellschaften Anwendung[743]. Dies führt zu einer Benachteiligung dieser Verwertungsgesellschaften[744]. Denn anders als viele ihrer europäischen Schwestergesellschaften werden sich diese Verwertungsgesellschaften vor Aufnahme der Lizensierungstätigkeit umfassend von einer Aufsichtsbehörde überprüfen lassen müssen. Anders als ihre europäischen Schwestergesellschaften werden diese Verwertungsgesellschaften damit nicht für sich bewerten können, ob sie die erforderlichen Aufnahmevoraussetzungen erfüllen. Hinzukommt, dass durch die Erlaubnispflicht die Aufsichtsbehörde auch über ein besonders effektives Sanktionsmittel verfügen wird. Schließlich kann eine einmal erteilte Erlaubnis auch wieder entzogen werden[745]. Dies stellt aus Sicht von Verwertungsgesellschaften eine weitaus höhere Drohkulisse dar, als die Sanktionsmöglichkeiten aus der Richtlinie.

bb) Abschlusszwang

Nach deutschem Wahrnehmungsrecht sind Verwertungsgesellschaften gem. § 11 Abs. 1 UrhWahrnG dazu verpflichtet, angemessene Lizenzverträge mit jeglichen Verwertern abzuschließen[746]. Die Privatautonomie für Verwertungsgesellschaften

740 Zu Einzelheiten der Erlaubnispflicht im UrhWahrnG siehe oben S. 47 f.

741 *Peifer*, ZUM 2014, 453 (457); *Staats*, ZUM 2013, 162 (167); *Podszun*, GPR 2013, 97 (100); *Gerlach*, ZUM 2013, 174 (176); *Pfennig*, ZUM 2014, 484 (486).

742 *Rupp*, MMR 2014, 217 (220).

743 Ihre Vereinbarkeit mit Unionsrecht und Verfassungsrecht vorausgesetzt. Zu der derzeit mangelnden Vorhersehbarkeit dieser Vereinbarkeit siehe oben S. 185 ff.

744 *Scholz*, Medien und Recht 2013, 123 (126).

745 *Freudenberg*, in: Ahlberg/Götting, § 4 WahrnG Rn. 1; Comments of the Max Planck Institute für Intellectual Property and Competition Law, Ziff. 57, abrufbar unter: www.ip.mpg.de/files/pdf2/Max_Planck_Comments_Collective_Rights_Management.pdf, zuletzt abgerufen am 31. Oktober 2014.

746 Zu Einzelheiten des Abschlusszwangs im UrhWahrnG siehe oben S. 50 f.

wird hierbei punktuell durchbrochen. Dieses Rechtsinstitut findet kein Gegenstück auf Richtlinienebene. Die Richtlinie formuliert keinen Abschlusszwang[747]. Die Regelungen, die in Art. 16 der Richtlinie festgelegt werden, normieren lediglich abstrakt Selbstverständlichkeiten, wie eine diskriminierungsfreie Verhandlung nach Treu und Glauben[748]. Die Regelung kommt daher einem Diskriminierungsverbot näher als einem Abschlusszwang[749]. Unzulässig ist daher nur die willkürliche Verweigerung eines Lizenzvertrags[750]. Darüber hinaus bleibt es Verwertungsgesellschaften jedoch weiterhin möglich, sich einem Lizenzvertrag zu entziehen[751]. Die Richtlinie verlangt für dieses Szenario in Art. 16 Abs. 3 lediglich, dass die Verwertungsgesellschaft den verweigerten Vertragsschluss gegenüber dem Verwerter rechtfertigt.

Bleibt die Regelung des UrhWahrnG zum Abschlusszwang im Umsetzungsverfahren unangetastet, findet sie nur noch auf inländische und außereuropäische Verwertungsgesellschaften Anwendung[752]. Dies führt zu einer Benachteiligung dieser Verwertungsgesellschaftgen in Lizensierungsverhandlungen. Nach deutschem Wahrnehmungsrecht werden diese Verwertungsgesellschaften das „Ob" des Lizenzvertragsschlusses nicht beeinflussen können. Sie werden sich die Vertragspartner daher nicht aussuchen können, sondern werden mit jedem Interessenten zu angemessenen Bedingungen kontrahieren müssen[753]. Sofern diese Verpflichtung ihre Schwestergesellschaften nicht in gleichem Maße trifft, können diese in Vertragsverhandlungen offensiver auftreten und dadurch unter Umständen höhere Lizenzgebühren realisieren und, damit einhergehend, auch höhere Beträge ausschütten. Dies könnte sie aus Sicht der Rechteinhaber attraktiver erscheinen lassen und ihnen einen spürbaren Wettbewerbsvorteil verschaffen.

---

747 *Grohmann*, GRUR-Prax 2014, 145 (146); *Rupp*, MMR 2014, 217 (220); *Staats*, ZUM 2013, 162 (166); *Pfennig*, ZUM 2014, 484 (487).

748 Stellungnahme des Bundesrats, BR-Drucks. 395/12, (Beschluss), S. 2; *Grohmann*, GRUR-Prax 2014, 145 (146); *Staats*, ZUM 2013, 162 (166).

749 *Beger*, ZUM 2014, 482 (483).

750 *Peifer*, ZUM 2014, 453 (461).

751 *Janik/Tiwisina*, ZUM 2013, 177 (179).

752 Ihre Vereinbarkeit mit Unionsrecht und Verfassungsrecht vorausgesetzt. Zu der derzeit mangelnden Vorhersehbarkeit dieser Vereinbarkeit siehe oben S. 185 ff.

753 *Kunz-Hallstein/Loschelder*, GRUR 2013, 155 (156).

cc) Hinterlegungspflicht

Das UrhWahrnG schwächt die Verhandlungsposition in Deutschland niedergelassener Verwertungsgesellschaften weiter durch eine Hinterlegungspflicht. Gem. § 11 Abs. 2 UrhWahrnG können Verwerter bei einem Streit um die Angemessenheit des von der Verwertungsgesellschaft aufgerufenen Tarifs den über den anerkannten Tarif hinausgehenden Betrag hinterlegen oder unter Vorbehalt zahlen, wonach die Lizenz als eingeräumt gilt[754]. Diese Regelung findet in der Richtlinie kein Gegenstück[755]. Somit sieht die Richtlinie keine Werkzeuge vor, anhand derer ein Verwerter die Verpflichtung zur Aufstellung angemessener Tarife effektiv durchsetzen kann.

Bleibt diese Regelung im Umsetzungsverfahren unangetastet, findet sie nur noch auf inländische und außereuropäische Verwertungsgesellschaften Anwendung[756]. Dies führt zu einer Benachteiligung dieser Verwertungsgesellschaften bei der Aushandlung von Lizenzverträgen. Diese Verwertungsgesellschaften werden ihre Tarife veröffentlichen müssen. Entbrennt ein Streit über die Angemessenheit dieser Tarife, wird im Falle einer Hinterlegung des streitigen Differenzbetrags eine Lizenz dennoch als erteilt gelten. Die Verhandlungsposition der ausländischen Schwestergesellschaften wird in dieser Hinsicht fühlbar stärker sein. Diese Verwertungsgesellschaften werden nicht durch Hinterlegungspflichten eingeschränkt. Kann der Verwerter mit einer solchen Verwertungsgesellschaft keine Einigung über die Frage der Angemessenheit erzielen, wird es für den Verwerter keine Möglichkeit geben, eine vorübergehende und unkomplizierte Lösung herbeizuführen. Der Verwerter wird vor der Wahl stehen, entweder die aus seiner Sicht unangemessen hohe Vergütung zu zahlen, oder von der Lizensierung vorerst Abstand zu nehmen und den Sachverhalt einer Behörde oder Streitbeilegungsstelle anzuzeigen. Ob Letzteres für ihn ein realistisches Szenario sein wird, darf dabei bezweifelt werden. Denn bis durch diese Institutionen in einem förmlichen Verfahren die Unangemessenheit des Tarifs festgestellt wird und im schlimmsten Fall diese Entscheidung noch von einem Gericht überprüft worden ist, könnte das Repertoire dieser Verwertungsgesellschaft nicht rechtmäßig genutzt werden. Je nach vertretenem Rechteportfolio der auftretenden Verwertungsgesellschaft würde dies die Attraktivität des Musik-Dienstes schmälern bzw. dessen Chancen am Markt gänzlich zunichtemachen.

---

754 Zu den Einzelheiten der Hinterlegungspflicht im UrhWahrnG siehe oben S. 51.

755 *Rupp*, MMR 2014, 217 (220).

756 Ihre Vereinbarkeit mit Unionsrecht und Verfassungsrecht vorausgesetzt. Zu der derzeit mangelnden Vorhersehbarkeit dieser Vereinbarkeit siehe oben S. 185 ff.

Aufgrund dieser, für ausländische Verwertungsgesellschaften günstigeren, Gegebenheiten werden diese in der Lage sein, in Vertragsverhandlungen offensiver aufzutreten und höhere Tarife durchzusetzen. Da damit auch höhere Ausschüttungen an Rechteinhaber und Mitglieder einhergehen, könnte allein dieser Umstand Rechteinhaber dazu veranlassen, ihre Rechte nicht von einer deutschen Verwertungsgesellschaft wahrnehmen zu lassen.

dd) Soziale und kulturelle Verpflichtungen

Im UrhWahrnG werden Verwertungsgesellschaften soziale und kulturelle Verpflichtungen in Form von Soll-Vorschriften auferlegt. Verwertungsgesellschaften sollen danach kulturell bedeutende Werke fördern und Vorsorge- und Unterstützungseinrichtungen einrichten und unterhalten[757]. Dies führt zu höheren Verwaltungskosten, die mit Abzügen bei der Ausschüttung an die Rechteinhaber einhergehen. Wie sich aus Art. 12 Abs. 4 der Richtlinie entnehmen lässt, sollen derartige Abzüge aus sozialen und kulturellen Gründen zwar weiterhin möglich sein[758]. Eine Rechtspflicht hierzu sieht die Richtlinie indes nicht vor[759]. Erwägungsgrund 28 erläutert vielmehr, dass die Richtlinie Abzüge für die Bereitstellung sozialer Leistungen nach nationalem Recht unberührt lassen will. Mitgliedstaaten müssen daher ihre Verwertungsgesellschaften keinen derartigen Pflichten unterwerfen[760].

Sollten diese Regelungen des UrhWahrnG im Umsetzungsverfahren unangetastet bleiben, finden sie nur noch auf inländische und außereuropäische Verwertungsgesellschaften Anwendung[761]. Diese Verwertungsgesellschaften werden hierdurch im Vergleich zu ihren Schwestergesellschaften deutlich benachteiligt. Ein unterschiedliches Niveau von sozialen und kulturellen Verpflichtungen wird die unbillige Konsequenz nach sich ziehen, dass inländische Verwertungsgesellschaften höhere Verwaltungskosten haben werden und damit niedrigere Ausschüttungen an ihre Mitglieder vornehmen können. Zwar stehen diesen niedrigeren Ausschüttungen soziale Sicherungssysteme oder kulturelle Fördereinrichtungen gegenüber, welche im Interesse der Rechteinhaber sind. Auf einem grenzüberschreitenden Wahrnehmungsmarkt, auf dem sich Rechteinhaber

---

757 Siehe § 7 Satz 2 und § 8 UrhWahrnG; eine vergleichbare Regelung für österreichische Verwertungsgesellschaften findet sich in § 8 Verwertungsgesellschaftengesetz.

758 *Pfennig*, ZUM 2014, 484 (486).

759 *Peifer*, ZUM 2014, 453 (460).

760 Stellungnahme des Bundesrates, BT-Drucks. 395/12, (Beschluss), S. 3.

761 Ihre Vereinbarkeit mit Unionsrecht und Verfassungsrecht vorausgesetzt. Zur derzeit mangelnden Vorhersehbarkeit dieser Vereinbarkeit siehe oben S. 185 ff.

primär nach der für sie profitabelsten Verwertungsgesellschaft umsehen, stellen derartige Regelungen dennoch einen Wettbewerbsnachteil dar[762].

c) Bewertung des erreichten Harmonisierungsniveaus

Dem Richtliniengeber ist die Etablierung eines gewissen wahrnehmungsrechtlichen Harmonisierungsniveaus hoch anzurechnen. Erstmals überhaupt wird durch die Richtlinie die kollektive Rechtewahrnehmung durch Verwertungsgesellschaften im Binnenmarkt geregelt. Erstmals gelten einheitliche Regelungen für alle Verwertungsgesellschaften in der Union. Damit ist ein großer Schritt zur Entzerrung des Wettbewerbs und zur Etablierung eines *Level-Playing-Fields* in die Wege geleitet worden. Die Unbilligkeiten im unionsweiten Wettbewerb werden sich nach Umsetzung der Richtlinie bereits spürbar reduzieren.

Dennoch stellt der zur Harmonisierung verfolgte Ansatz einer Mindestharmonisierung einen Geburtsfehler der Richtlinie dar[763]. Die Verfolgung einer dahingehenden Strategie mag politisch angezeigtes Fingerspitzengefühl beweisen. Es mag auch der Fall sein, dass bereits die normierten Verpflichtungen für Verwertungsgesellschaften in vielen Mitgliedstaaten ein radikales Umdenken erfordern werden und umfassendere Regelungen in diesen Staaten nicht auf Anhieb realisierbar waren. Für die Etablierung eines einheitlichen Wettbewerbsrahmens ist eine Verständigung auf den kleinsten gemeinsamen Nenner hingegen nicht hinreichend[764].

Ein vollkommenes *Level-Playing-Field* lässt sich über diesen Ansatz nicht erreichen[765]. Zwar mögen einige gewichtige Ungleichheiten zwischen den europäischen Wahrnehmungsgesetzen neutralisiert worden sein. Dennoch werden im Online-Musikbereich auch in Zukunft Rechtsunsicherheit und Wettbewerbsverzerrungen zu beobachten sein[766]. Grund hierfür ist, dass die Richtlinie Mitgliedstaaten einerseits erlaubt, über die Richtlinie hinausgehende Regelungen für inländische Verwertungsgesellschaften zu treffen, andererseits aber weit hinter

---

762 *Podszun*, GPR 2013, 97 (100).

763 *Podszun*, GPR 2013, 97 (100); *Holzmüller*, ZUM 2014, 468.

764 Comments of the Max Planck Institute für Intellectual Property and Competition Law, Summary, abrufbar unter: www.ip.mpg.de/files/pdf2/Max_Planck_Comments_Collective_Rights_Management.pdf, zuletzt abgerufen am 31. Oktober 2014.

765 *Scholz*, Medien und Recht 2013, 123 (129); *Podszun*, GPR 2013, 97 (102); *Gerlach*, ZUM 2013, 174; *Kunz-Hallstein/Loschelder*, GRUR 2013, 155; *Holzmüller*, ZUM 2014, 468.

766 *Podszun*, GPR 2013, 97 (102).

sinnvollen Regelungen strenger Wahrnehmungsgesetze zurückbleibt. Schmelzen Mitgliedstaaten mit strengen Wahrnehmungsgesetzen diese nicht auf das Richtlinienniveau ab, führt dies zu Rechtsunsicherheit und Wettbewerbsverzerrungen.

Die Rechtsunsicherheit wurzelt darin, dass spätestens nach Ablauf der Umsetzungsfrist der Richtlinie über jeder Regelung, die über die Richtlinie hinausgeht, das Damoklesschwert der unions- und verfassungsrechtlichen Unzulässigkeit schweben wird. Denn letztlich repräsentiert die Richtlinie genau solches Unionsrecht, das der Europäische Gerichtshof bislang vermisste und weshalb er bislang auch strenge nationale Regelungen für unionsrechtskonform hielt[767]. Durch die Richtlinie ist aber fortan gewährleistet, dass europäische Verwertungsgesellschaften einheitlichen Regelungen und Kontrollen unterliegen. Nach Ablauf der Umsetzungsfrist kann somit nicht mehr sicher davon ausgegangen werden, dass über die Richtlinie hinausgehende nationale Regelungen erforderlich sind, um Urheberrechte zu schützen. Denn hierzu gibt es dann eine umgesetzte Richtlinie. Wo die Grenze der Erforderlichkeit überschießender nationaler Regelungen genau verlaufen wird, lässt sich derzeit nicht prognostizieren. Gradmesser wird primär der Erfolg der Richtlinie sein. Je erfolgreicher die Mitgliedstaaten die Richtlinie umsetzen und je erfolgreicher die Richtlinie die kollektive Rechtewahrnehmung im Binnenmarkt reguliert, desto eher wird eine überschießende Regelung gegen die Dienstleistungsfreiheit verstoßen. Auch zurückhaltende Prognosen werden sich mithin frühestens nach Ablauf der Umsetzungsfrist und einer Bewährungszeit der Richtlinie treffen lassen.

Neben dieser Rechtsunsicherheit bestehen die bekannten Wettbewerbsverzerrungen weiter fort. Denn bis eine überschießende Regelung aus unionsrechtlichen oder verfassungsrechtlichen Gründen für unzulässig erklärt worden ist, benachteiligt sie inländische und außereuropäische Verwertungsgesellschaften. Europäischer Wettbewerb wird daher auch nach Umsetzung der Richtlinie nur verzerrt stattfinden können[768]. Wie verzerrt dieser Wettbewerb sein wird, hängt von der Bereitschaft der Mitgliedstaaten ab, ihr Regulierungsniveau auf das Niveau der Richtlinie herunterzufahren und von der Frage, wie die Vereinbarkeit mit Unions- und Verfassungsrecht beurteilt werden wird.

Um diesen vorhersehbaren Problemen zu begegnen, wäre dem Richtliniengeber, wie an manch anderer Stelle auch, mehr Mut und Kompromisslosigkeit gut

---

767 EuGH, ZUM 2014, 395 (400) – *OSA / Léčebné lázně Mariánské lázně*.

768 *Gerlach*, ZUM 2013, 174 (176); *Kunz-Hallstein/Loschelder*, GRUR 2013, 155 (156); *Holzmüller*, ZUM 2013, 168 (172).

zu Gesicht gestanden[769]. Ausgewählte weitergehende Harmonisierungsmaßnahmen hätten viele voraussehbare Unsicherheiten und Wettbewerbsverzerrungen verhindern können. Da dieser Schritt aber vom Richtliniengeber nicht gewagt wird, muss er sich weiterhin inkonsequentes Verhalten vorwerfen lassen. Einerseits soll ein europäischer Wettbewerb im Binnenmarkt forciert werden. Lizenzen sollen länderübergreifend vergeben werden und ein digitaler Binnenmarkt soll entstehen. Andererseits wird diesem paneuropäischen Wettbewerb nur ein defizitäres Spielfeld bereitet. Die äußerst heterogenen Wahrnehmungsgesetze der Mitgliedstaaten werden nur mangelhaft harmonisiert, so dass Verwertungsgesellschaften mit Sitz in streng regulierenden Mitgliedstaaten weiterhin der Gefahr eines uneinheitlichen Wettbewerbsrahmens ausgesetzt sind.

Dass unter diesen Voraussetzungen viele Beteiligte aus Mitgliedstaaten mit strengen Wahrnehmungsrechten weiterhin mit der Verlagerung der Geschäftstätigkeit in einen anderen Mitgliedstaat drohen, verwundert nicht[770]. Demjenigen, der aufgrund seines Standorts strengeren Anforderungen unterliegt, als viele seiner direkten Konkurrenten, ist dieser Standort in Zeiten eines unionsweiten Binnenmarktes nur noch schwer zu vermitteln. Daran vermag auch die Richtlinie nicht zu ändern.

III. Zusammenfassung

Der Richtliniengeber erkennt den verzerrten Wettbewerbsrahmen im Bereich der kollektiven Rechtewahrnehmung und führt in der Richtlinie daher verschiedene Spielarten kollektiver Rechtewahrnehmung ein. Diese eingeführten Spielarten werden allerdings nicht durchgehend symmetrisch reguliert. Dadurch wird die Frage maßgeblich, unter welchen eingeführten Begriff Lizensierungsorganisationen wie CELAS, PAECOL und ARESA zu subsumieren sind. Eben diese Subsumtion unter die in der Richtlinie eingeführten Begriffe ist jedoch äußerst problematisch. Zwar ist die Richtlinie dahingehend zu verstehen, dass sie einen einheitlichen Wettbewerbsrahmen zwischen Verwertungsgesellschaften und neuartigen Lizensierungsorganisationen zu normieren versucht. Allerdings bietet sie auch einer anderen Auslegung hinreichenden Raum, welche die derzeitigen Wettbewerbsverzerrungen aufrecht erhalten würde. Welche Auslegung sich in der Praxis durchsetzt, bleibt abzuwarten. Damit hat der Richtliniengeber

---

769 Ähnlich *Csillag*, die das Motto vorgibt: *„auf halben Wegen und zu halber Tat mit halben Mitteln zauderhaft zu streben“*, Medien und Recht 2012, 234 (245).

770 *Csillag*, Medien und Recht 2012, 234 (244).

die Möglichkeit zur Schaffung eines eindeutigen einheitlichen Wettbewerbsrahmens für alle Spielarten kollektiver Wahrnehmung ungenutzt gelassen.

Der Richtliniengeber erkennt auch den durch heterogene Wahrnehmungsgesetze verzerrten Wettbewerbsrahmen im Binnenmarkt. Bei der Harmonisierung dieser Gesetze erweisen sich die Regelungen der Richtline allerdings als zu zaghaft, um künftige Wettbewerbsverzerrungen nachhaltig ausschließen zu können und ein *Level-Playing-Field* zu etablieren. Es bleibt das Problem, dass zahlreiche Mitgliedstaaten Wahrnehmungsgesetze haben, deren Bestimmungen über die Richtlinie hinausgehen. Werden diese Gesetze im Umsetzungsprozess nicht angepasst, wird es zu Rechtsunsicherheit und Wettbewerbsverzerrungen kommen. Rechtsunsicherheit, weil nicht vorhersehbar ist, welche dieser Bestimmungen nicht mehr mit Unions- und Verfassungsrecht vereinbar sind. Wettbewerbsverzerrungen, weil diese Bestimmungen die inländischen und außereuropäischen Verwertungsgesellschaften im europäischen Wettbewerb benachteiligen, solange sie nicht für unzulässig erklärt worden sind. All diesen Problemen hätte der Richtliniengeber durch tiefergehende Harmonisierungsmaßnahmen begegnen können. Da allerdings ein zaghafter Harmonisierungsansatz gewählt wurde, werden auch in Zukunft Wettbewerbsverzerrungen zu beobachten sein, wenngleich die Richtlinie deren Ausmaß auch spürbar einschränken wird.

D. Abschließende Stellungnahme zum Erfolg der Richtlinie

Zu einer abschließenden Bewertung der Richtlinie gehört die einleitende Klarstellung, dass die Intention des Richtliniengebers, die skizzierten Missstände im Online-Musikbereich mittels einer Richtlinie zu entschärfen, zu begrüßen ist. Allein der Versuch, die kollektive Rechtewahrnehmung unionsweit zu harmonisieren und dabei zugleich Ordnung in das Labyrinth der Online-Musikrechte zu bringen, verdient, unabhängig vom konkreten Erfolg der Richtlinie, Beifall, zumal es sich hierbei durchgehend um komplizierte Fragestellungen handelt[771].

Davon abgesehen müssen die Erfolge der Richtlinie allerdings differenziert, je nach den beiden in Art. 1 der Richtlinie verfolgten Zielen, beurteilt werden:

---

771 Das Vorhaben der Richtlinie begrüßend *Rupp*, MMR 2014, 217 (221); *Holzmüller*, ZUM 2013, 168 (172); *Rehse*, ZUM 2013, 191 (192); *Niggemeier*, Medialex 2013, 65 (73); *Scholz*, Medien und Recht 2013, 123 (129); *Nérisson*, ZUM 2013, 185; *Kunz-Hallstein/Loschelder*, GRUR 2013, 155; Comments of the Max Planck Institute für Intellectual Property and Competition Law, Ziff. 1, abrufbar unter: www.ip.mpg.de/files/pdf2/Max_Planck_Comments_Collective_Rights_Management.pdf, zuletzt abgerufen am 31. Oktober 2014.

I. Erfolg hinsichtlich des Missstands der Lizenzzersplitterung

Für die Online-Verwerter stellt derzeit die Lizenzzersplitterung im Online-Musikbereich das Hauptproblem dar. An diesem Missstand wird sich auch nach der Umsetzung der Richtlinie wenig ändern. Dies gilt selbst dann, wenn neuartige Lizensierungsorganisationen als Tochtergesellschaften eingeordnet werden sollten und vollumfänglich der Richtlinie unterfallen, was keinesfalls gewährleistet ist. Denn die Bestimmungen, welche die Richtlinie in diesem Bereich vorsieht, sind primär auf Schadensbegrenzung ausgerichtet und können nur einer weiteren Verschlimmerung der Lizensierungsbedingungen entgegenwirken. Die Lizenzzersplitterung wird daher auch nach Umsetzung der Richtlinie ein großes Problem für Online-Verwerter darstellen.

1. Erreichte Ziele

Obgleich die Regelungen der Richtlinie hinsichtlich dieses Missstands insgesamt nicht überzeugen, sind sie dennoch in der Lage, leichte Entspannungen im Online-Musikbereich bewirken zu können.

a) Darlegung von Möglichkeiten zur Defragmentierung

Ein wertvoller Beitrag der Richtlinie besteht darin, den im Online-Musikereich tätigen Akteuren Leitlinien zur Defragmentierung an die Hand zu geben. Zweifellos sind die diesbezüglichen Regelungen der Richtlinie nicht ausreichend, um die Lizenzzersplitterung im Bereich des anglo-amerikanischen Repertoires wieder rückgängig zu machen. Auch werden die Regelungen weitere Fragmentierungsprozesse im Bereich des europäischen Repertoires nicht gänzlich verhindern können. Es darf jedoch nicht vergessen werden, dass die Zersplitterung der Repertoires durch die Kommissionsempfehlung aus dem Jahr 2005 nur initiiert wurde. Vollzogen wurde der Zersplitterungsprozess hingegen durch unternehmerische Entscheidungen der beteiligten Akteure[772]. Die Richtlinie verhält sich nun simultan zu der Kommissionsempfehlung. So wie die Empfehlung einst Möglichkeiten skizzierte, Repertoire zu fragmentieren, skizziert die Richtlinie nunmehr Möglichkeiten zur Defragmentierung der Repertoires. Sie weist den im Online-Musikbereich tätigen Akteuren einen Pfad, an dessen Ende Repräsentationsvereinbarungen Defragmentierungen bewirkt haben könnten[773]. Diese

772 So auch noch in der Begründung des Richtlinienvorschlags, S. 3, abrufbar unter: http://eur-lex.europa.eu/LexUriServ/LexUriServ.do?uri=COM:2012:0372:FIN:DE:PDF, zuletzt abgerufen am 31. Oktober 2014.

773 Ähnlich *Holzmüller*, ZUM 2013, 168 (173).

Regelungen mögen zwar nicht ausreichend sein, um den desolaten Zustand des Online-Musikbereichs nachhaltig zu verbessern. Sie skizzieren aber immerhin einen Weg hierzu.

Die Verantwortung für die Gegebenheiten im Online-Musikbereich wird hierdurch zukünftig differenzierter beurteilt werden müssen. Da in der Richtlinie rechtssichere Möglichkeiten zur Repertoirebündelung präsentiert werden, liegt es künftig an unternehmerischen Entscheidungen der beteiligten Akteure, sich auf diesen aufgezeigten Pfad zu begeben und so zu Verbesserungen der Lizensierungsbedingungen im Online-Musikbereich beizutragen. Damit verlagert sich die Verantwortlichkeit für den Zustand des Online-Musikbereichs in Richtung Verwertungsgesellschaften und neuartiger Lizensierungsorganisationen.

b) Erweiterung des Repertoires unionsweit lizensierter Online-Musikrechte

Die Richtlinie enthält Regelungen, die das Repertoire der länderübergreifend lizensierbaren Online-Musikrechte vergrößern. Verwertungsgesellschaften werden dazu gedrängt, Online-Musikrechte künftig unionsweit zu lizensieren, um nicht Gefahr zu laufen, dass Rechteinhaber von dem in der Richtlinie normierten Recht zur Ersatzvornahme Gebrauch machen und Schwestergesellschaften mit der Wahrnehmung dieser Rechte beauftragen. Damit wird die Richtlinie frischen Schwung in den Bereich der Online-Musikrechte bringen, die bislang noch nicht oder nicht fachgerecht unionsweit lizensiert werden. Der Katalog derjenigen Online-Musikrechte, die unionsweit lizensierbar sind, wird sich dadurch in Zukunft erhöhen und Lizensierungsvorgänge von Online-Verwertern erleichtern.

2. *Verfehlte Ziele*

Von diesen erreichten Zielen abgesehen, enttäuschen die Regelungen der Richtlinie zum Missstand der Lizenzzersplitterung überwiegend. Viele derzeit bestehende Probleme hinsichtlich der Lizenzzersplitterung werden daher auch zukünftig den Online-Verwertern viel Mühe und hohe Transaktionskosten bereiten.

a) Keine Defragmentierung im Bereich des anglo-amerikanischen Repertoires

Die Richtlinie berührt nicht die Lizenzzersplitterung im Bereich des angloamerikanischen Repertoires[774]. Keine in der Richtlinie getroffene Regelung kann

774 *Gerlach*, ZUM 2013, 174 (175); ebenfalls zweifelnd *Grohmann*, GRUR-Prax 2014, 145 (147); *Kunz-Hallstein/Loschelder*, GRUR 2013, 700; *Gerlach*, in: Wandtke/Bullinger, Vor §§ 1 ff. WahrnG Rn. 31.

einen Rückgang der in diesem Bereich eingetretenen Fragmentierung bewirken[775]. Dies gilt auch für das Zusammenspiel aller Regelungen. Weder die formulierten Qualitätsstandards noch die Regelungen zu Repräsentationsvereinbarungen und Ersatzvornahmen haben einen spürbaren Effekt auf die Zersplitterung im Bereich des anglo-amerikanischen Repertoires[776][777].

b) Keine hinreichenden Regelungen zur Defragmentierung im Bereich des europäischen Repertoires

Schließlich können die Regelungen der Richtlinie auch im Bereich des europäischen Repertoires keine spürbaren Defragmentierungsprozesse initiieren. Der Ansatz, über Qualitätsstandards und Repräsentationsvereinbarungen Repertoirebündelungen herbeizuführen, ist zwar vielversprechend. Die Umsetzung dieses Ansatzes gibt allerdings wenig Hoffnung auf eine Defragmentierung im Bereich des europäischen Repertoires. Hierfür sind die Qualitätsstandards zu abstrakt und zu sehr auf Selbstkontrolle ausgelegt. Hierfür ist die Pflicht zum Abschluss von Repräsentationsvereinbarungen zu leicht zu umgehen. So kann über die Richtlinie keine Defragmentierung herbeigeführt werden. Mit Blick darauf, dass in Art. 31 sogar versucht wird, die Anzahl der grenzüberschreitend lizensierten Werke aus dem Bereich des europäischen Repertoires noch zu steigern, dürfte vielmehr mit einer weiteren Erhöhung der Zahl der Lizenzgeber in diesem Bereich gerechnet werden.

c) Keine Verbesserung des Rechteklärungsprozesses

Der mühsame Rechteklärungsprozess, den Online-Verwerter vor einer Lizensierung durchlaufen müssen, wird sich auch nach Umsetzung der Richtlinie nicht vereinfachen. Auch nach dem neuen Unionsrecht bleibt der Online-Verwerter verpflichtet, dezentral Informationen bei den verschiedenen Verwertungsgesellschaften und Lizensierungsorganisationen über deren Repertoire einzuholen und diese Informationen anschließend auszuwerten. Zwar normiert die Richtlinie zukünftig eine gesetzliche Verpflichtung, dem Online-Verwerter die von ihm begehrten Informationen zu erteilen. Diese Regelung wäre indes nur

---

775 Comments of the Max Planck Institute für Intellectual Property and Competition Law, Ziff. 62, abrufbar unter: www.ip.mpg.de/files/pdf2/Max_Planck_Comments_Collective_Rights_Management.pdf, zuletzt abgerufen am 31. Oktober 2014.

776 *Podszun*, GPR 2013, 97 (101); zweifelnd *Grohmann*, GRUR-Prax 2014, 145 (147).

777 Zu der Frage ob eine Defragmentierung im Bereich des anglo-amerikanischen Repertoires überhaupt im Rahmen einer Richtlinie erzwungen werden kann siehe unten S. 219 ff.

dann hilfreich, wenn derzeit das Hauptproblem darin bestünde, dass die Lizensierungsorganisationen die angeforderten Informationen auf Anfragen nicht erteilen. Dies ist jedoch nicht der Fall. Aus Sicht des Online-Verwerters besteht das Hauptproblem vielmehr darin, dass er in regelmäßigen Abständen bei jedem Lizenzgeber Repertoireanfragen durchführen muss. Der Aufwand für diese Repertoireanfragen lässt die Transaktionskosten für den Rechteklärungsprozess in die Höhe schießen. An diesem Grundproblem wird sich jedoch auch nach Umsetzung der Richtlinie nichts ändern.

II. Erfolg hinsichtlich des Missstands Wettbewerbsverzerrungen

Die Bewertung der Richtlinie hinsichtlich des Missstands der Wettbewerbsverzerrungen fällt indes positiver aus. Zwar werden auch nach Umsetzung der Richtlinie noch Problemstellungen aufgrund verzerrten Wettbewerbs zu bewältigen sein. Der Missstand des verzerrten Wettbewerbs zwischen den europäischen Schwestergesellschaften wird zukünftig jedoch weniger gravierende Unbilligkeiten hervorrufen.

1. Erreichte Ziele

Im Hinblick auf den Missstand der Wettbewerbsverzerrungen können der Richtlinie die folgenden Erfolge attestiert werden:

a) Klärung des anwendbaren Wahrnehmungsrechts

Erstmalig wird in der Union die Frage nach dem auf grenzüberschreitende Lizensierungen anwendbaren Wahrnehmungsrechts eindeutig beantwortet werden können. Es gilt das Wahrnehmungsrecht des Sitzstaats und zwar auch bei grenzüberschreitender Lizensierungstätigkeit. Zwar formuliert die Richtlinie diese Weichenstellung nicht ausdrücklich. Eine klarere Regelung wäre hier wünschenswert gewesen. Gleichwohl ist die Wertung des Richtliniengebers der Richtlinie an verschiedenen Stellen eindeutig zu entnehmen.

Ebenfalls dürfte zukünftig Sicherheit über die Unanwendbarkeit der Dienstleistungsrichtlinie auf Verwertungsgesellschaften bestehen. Die Erreichung dieser Klarstellung kann der Richtliniengeber zwar nicht für sich allein in Anspruch nehmen, weil die Entscheidung der Unanwendbarkeit letztlich vom Europäischen Gerichtshof getroffen wurde[778]. Dem Richtliniengeber ist in diesem Zusammenhang jedoch zuzubilligen, dass er in Erwägungsgrund 4 eine Formulierung

---

778 EuGH, ZUM 2014, 395 (399) – *OSA/Léčebné lázně Mariánské lázně.*

gewählt hat, die einer abschließenden Entscheidung der Frage durch den Europäischen Gerichtshof nicht entgegensteht. Damit hat der Richtliniengeber zwar keine Entscheidungsfreudigkeit, wohl aber Weitsicht, bewiesen. Wenn die Anwendbarkeit der Dienstleistungsrichtlinie auf Verwertungsgesellschaften schon nicht unmittelbar in der Richtlinie geklärt werden sollte, so ist die Richtlinie jedenfalls so formuliert, dass kein Zweifel daran besteht, dass eine diesbezügliche Entscheidung des Europäischen Gerichtshofs in der Sache hingenommen werden soll.

b) Erstmaliger Rechtsrahmen für kollektive Rechtewahrnehmung

Erstmals schafft die Richtlinie einen europaweiten Rechtsrahmen für die kollektive Rechtewahrnehmung durch Verwertungsgesellschaften. Dieser Rechtsrahmen mag in seiner konkreten Ausgestaltung Anlass zur Kritik geben. Dennoch muss die Etablierung eines einheitlichen Wettbewerbsrahmens als großer Schritt in Richtung eines verzerrungsfreien Binnenmarkts eingeordnet werden[779]. Mag die konkrete Ausgestaltung auch Nachbesserungsbedarf offenbaren, erstmals überhaupt widmet sich der europäische Gesetzgeber unmittelbar dem Themenbereich der kollektiven Wahrnehmung. Erstmals überhaupt schafft der europäische Gesetzgeber einen unionsweit einheitlichen Rechtsrahmen zur kollektiven Rechtewahrnehmung. Diese Stoßrichtung ist zu begrüßen, da sie der einzige Schlüssel zur Entzerrung des europäischen Wettbewerbs der Verwertungsgesellschaften ist. Der europäische Gesetzgeber gibt damit zu verstehen, dass er sowohl das Problem der Wettbewerbsverzerrungen auf Grund heterogener Wahrnehmungsgesetze gesehen hat als auch, dass er die richtige Grundsatzstrategie zur Bekämpfung dieses Problem erkannt hat.

In diesem Zusammenhang muss dem Richtliniengeber auch zugutegehalten werden, dass er bei der Ausgestaltung des Wahrnehmungsrechts keine Mitgliedstaaten überfordern darf. Denn mit Blick auf das wahrnehmungsrechtliche Verständnis vieler Mitgliedstaaten leistet der Richtliniengeber mit dieser Richtlinie geradezu Pionierarbeit. Vor diesem Hintergrund ist die Ausgestaltung der Richtlinie auch durchaus ambitioniert. Die wahrnehmungsrechtlichen Regelungen vieler Mitgliedstaaten sind derart rudimentär, dass auch ein aus deutscher Sicht eher zurückhaltend anmutender Mindestharmonisierungsansatz vielerorts zu einem tiefgreifenden Umdenken führen wird[780].

779 *Podszun*, GPR 2013, 97 (99); *Hullen*, in: jurisPR-ITR 5/2014, Anm. 2.
780 *Podszun*, GPR 2013, 97 (99).

2. *Verfehlte Ziele*

Wie auch an diversen anderen Stellen durchlöchert der Richtliniengeber auch hinsichtlich der Regelungen zum einheitlichen Wettbewerbsrahmen einen vielversprechenden Ansatz durch eine zu nachgiebige Ausgestaltung der Richtlinie. Der einheitliche Wettbewerbsrahmen wird nicht konsequent genug gezogen.

a) Unklarer Wettbewerbsrahmen zwischen Verwertungsgesellschaften und neuartigen Lizensierungsorganisationen

Durch die Richtlinie wird kein einheitlicher Wettbewerbsrahmen zwischen Verwertungsgesellschaften und neuartigen Lizensierungsorganisationen gewährleistet. Zwar berücksichtigt sie, dass inzwischen auch modernere Spielarten kollektiver Rechtewahrnehmung existieren und führt die Begriffe der Tochtergesellschaft und unabhängigen Verwertungseinrichtung ein. Sie unterwirft die beiden Spielarten allerdings unterschiedlichen Regelungen. Dadurch kommt der Frage, worunter neuartige Lizensierungsorganisationen zu subsumieren sind, entscheidende Bedeutung für den Wettbewerbsrahmen zu[781]. Genau diese Frage lässt sich aber nicht eindeutig beantworten, da die Richtlinie eine trennscharfe Einordnung unmöglich macht. Zwar ist nach zutreffender Ansicht bei Unternehmen wie CELAS, PAECOL und ARESA von einer Tochtergesellschaft im Sinne von Art. 2 Abs. 3 auszugehen[782]. Dank der unklaren Regelungen in der Richtlinie wird dies jedoch voraussichtlich strittig bleiben. Eine nachhaltige Verbesserung des Wettbewerbsrahmens zwischen Verwertungsgesellschaften und neuartigen Lizensierungsorganisationen kann so nicht erreicht werden.

b) Kein hinreichend vereinheitlichter Wettbewerbsrahmen

Zwar schafft die Richtlinie erstmals einen unionsweit harmonisierten Rechtsrahmen. Dieser Rechtsrahmen ist auch durchaus ambitioniert; für viele Mitgliedstaaten wird hierdurch ein neues wahrnehmungsrechtliches Zeitalter eingeleitet werden. Ein *Level-Playing-Field* ohne Rechtsunsicherheit und Wettbewerbsverzerrungen für Verwertungsgesellschaften aus streng regulierenden Mitgliedstaaten wird durch den in der Richtlinie skizzierten Rechtsrahmen allerdings nicht erreicht werden können[783]. Hierfür sind die in der Richtlinie formulierten

---

781 Stellungnahme des Bundesrats, BR-Drucks. 395/12, (Beschluss), S. 2.

782 Zu Einzelheiten der Einordnung der neuartigen Lizensierungsorganisationen in die Terminologie der Richtlinie siehe oben S. 172 ff.

783 *Scholz*, Medien und Recht 2013, 123 (129); *Podszun*, GPR 2013, 97 (102); *Gerlach*, ZUM 2013, 174; *Kunz-Hallstein/Loschelder*, GRUR 2013, 155; *Holzmüller*, ZUM 2014, 468.

Pflichten für Verwertungsgesellschaften nicht umfassend genug. Hierdurch mag der Richtliniengeber politisches Fingerspitzengefühl unter Beweis gestellt haben. Es soll auch nicht in Abrede gestellt werden, dass weitergehende Harmonisierungsmaßnahmen viele Mitgliedstaaten möglicherweise überfordert hätten. Die Bewertung des *Level-Playing-Fields* erfolgt hier allerdings nicht aus einem politischen Blickwinkel, sondern aus einem binnenmarktorientierten Blickwinkel.

Aus einem solchen Blickwinkel drohen sowohl Rechtsunsicherheit als auch Wettbewerbsverzerrungen zwischen den Verwertungsgesellschaften im Binnenmarkt. Grund hierfür ist ein Zusammenspiel aus zurückhaltenden Harmonisierungsmaßnahmen und der Möglichkeit der Mitgliedstaaten, über diese zurückhaltenden Bestimmungen hinauszugehen. Dies wird Mitgliedstaaten veranlassen, überschießende Bestimmungen weiterhin beizubehalten. Dies sorgt einerseits für Rechtsunsicherheit, da die Vereinbarkeit dieser Bestimmungen mit nationalem Verfassungsrecht und der Dienstleistungsfreiheit problematisch und derzeit nicht prognostizierbar ist[784]. Andererseits werden Wettbewerbsverzerrungen die Folge sein, weil strengere Bestimmungen allein für inländische Verwertungsgesellschaften gelten. Verwertungsgesellschaften, die in anderen Mitgliedstaaten ansässig sind, werden durch sie hingegen nicht berührt. Dies schafft genau solche Wettbewerbsverzerrungen, die durch die Richtlinie eigentlich neutralisiert werden sollten. Es besteht damit auch in Zukunft kein *Level-Playing-Field* für die kollektive Rechtewahrnehmung im Binnenmarkt. Der Niederlassungsort bleibt auch in Zukunft ein relevanter Wettbewerbsfaktor für europäische Verwertungsgesellschaften.

III. Zusammenfassung

Der Erfolg der Richtlinie unterscheidet sich je nachdem, auf welchem Missstand im Online-Musikbereich abgestellt wird. Im Hinblick auf den Missstand der Lizenzzersplitterung enttäuscht die Richtlinie. Die bestehende Lizenzzersplitterung im anglo-amerikanischen Bereich wird durch die Regelungen der Richtlinie nicht erfasst. Auch eine Verschlimmerung der Lizenzzersplitterung im Bereich des europäischen Repertoires kann die Richtlinie nicht verhindern. Hier skizziert sie zwar Möglichkeiten, die geeignet sind, weiteren Fragmentierungen Einhalt zu gebieten. Mit Blick auf die Forcierung einer unionsweiten Lizensierbarkeit sind diese Regelungen allerdings nicht weitgehend genug, um eine Erhöhung der Zahl der Lizenzgeber im Online-Musikbereich nachhaltig zu

784 Zu der mangelnden Prognostizierbarkeit der Vereinbarkeit überschießender Bestimmungen mit der Dienstleistungsfreiheit siehe oben S. 185 ff.

verhindern. Auch das Problem der Rechteklärung wird erkannt, aber unbefriedigend gelöst.

Erfolgsversprechender sind die Regelungen der Richtlinie zur Schaffung eines einheitlichen Rechtsrahmens für die kollektive Rechtewahrnehmung durch Verwertungsgesellschaften. Der Missstand der Wettbewerbsverzerrungen wird in Zukunft für weniger Unbilligkeiten sorgen, da die Richtlinie Standards zur kollektiven Rechtewahrnehmung im Binnenmarkt setzt. Die Richtlinie sorgt gemeinsam mit der neuen Rechtsprechung des Europäischen Gerichtshofs dafür, dass sowohl das auf grenzüberschreitende Lizensierungsvorgänge anwendbare Wahrnehmungsrecht als auch die Unanwendbarkeit der Dienstleistungsrichtlinie auf Verwertungsgesellschaften feststeht.

Für einen einheitlichen Wettbewerbsrahmen reichen die Regelungen der Richtlinie hingegen nicht. Einerseits kann die Richtlinie das Problem der unterschiedlichen Regulierung klassischer Verwertungsgesellschaften und neuartiger Lizensierungsorganisationen aufgrund kryptischer Formulierungen nicht rechtssicher verbessern. Hinzu kommt, dass in der Richtlinie ein Mindestharmonisierungsansatz verfolgt wird, so dass zahlreiche nationale Wahrnehmungsgesetze über die Regelungen der Richtlinie hinausgehen und wohl auch in Zukunft hinausgehen werden. Dies schafft einerseits Rechtsunsicherheit, da die Rechtmäßigkeit dieser Regelungen schon bald fraglich sein wird. Zudem werden Wettbewerbsverzerrungen die Folge sein, da überschießende Regelungen nur für inländische und außereuropäische Verwertungsgesellschaften gelten werden.

Kapitel 4 Strategien zur effektiveren Bekämpfung der Missstände im Online-Musikbereich

A. Strategien zur effektiveren Bekämpfung der Lizenzzersplitterung

Wie bereits im vorangegangenen Kapitel skizziert, erkennt der Richtliniengeber zwar die derzeitigen Probleme mit denen Verwerter im Online-Musikbereich aufgrund der Lizenzzersplitterung zu kämpfen haben. Die diesbezüglich in der Richtlinie verfolgten Lösungsansätze können jedoch im Ergebnis nicht überzeugen. Die Lizenzzersplitterung im Bereich des anglo-amerikanischen Repertoires wird gar nicht erfasst und auch im Bereich des europäischen Repertoires können keine spürbaren Defragmentierungsprozesse initiiert werden[785].

Um Strategien zu einer effektiveren Bekämpfung der Lizenzzersplitterung entwickeln zu können, ist es jedoch zunächst erforderlich, zu hinterfragen, aus welchem Grund die Richtlinienvorschriften an dieser Stelle enttäuschen. Einerseits ist denkbar, dass der Richtliniengeber bereits einen völlig verfehlten Ansatz gewählt hat, um der Lizenzzersplitterung im Online-Musikbereich zu begegnen. In dem Fall müsste Verbesserungspotenzial in der Verfolgung eines alternativen Ansatzes gesucht werden. Denkbar ist allerdings auch, dass der Richtliniengeber zwar den vielversprechendsten Ansatz gewählt hat, diesen Ansatz jedoch im Detail nicht zielstrebig und energisch genug umgesetzt hat. In diesem Fall könnte das Verbesserungspotenzial in einer effektiveren Umsetzung des verfolgten Ansatzes gesucht werden.

Welches dieser beiden Szenarien zutrifft, lässt sich indes nur nach einer Studie der zur Eindämmung der Lizenzzersplitterung existierenden Alternativansätze beantworten.

I. Alternative Ansätze zur Eindämmung der Lizenzzersplitterung

Das Problem der Lizenzzersplitterung im Online-Musikbereich wird bereits seit der Veröffentlichung der Kommissionsrichtlinie beklagt[786]. Infolgedessen standen dem Richtliniengeber bereits während des Verfahrens verschiedene Ansätze

785 Zu den Folgen der Richtlinie für die bestehende und künftige Fragmentierung siehe oben S. 149 ff.

786 *Poll*, ZUM 2008, 500 (506); *Alich*, GRUR Int. 2008, 996 (1006).

zur Eindämmung der Lizenzzersplitterung zur Verfügung. Die Kommission hat sich im Rahmen des Verfahrens in einer Folgenabschätzung detailliert mit diesen verschiedenen Ansätzen auseinandergesetzt[787].

1. Absehen von einer gesetzlichen Regelung

Ein alternativer Ansatz hätte darin bestanden, die Probleme des Online-Musikbereichs mit der eingetretenen Lizenzzersplitterung nicht durch eine Richtlinie zu lösen, sondern auf eine marktinterne Lösung der Beteiligten zu vertrauen. Diese Herangehensweise, mit der das Augenmerk auf den Selbstheilungskräften des Marktes gelegen hätte, wurde vom Richtliniengeber auch explizit in seiner Folgenabschätzung zur Richtlinie in Erwägung gezogen[788].

2. Parallele direkte Lizenzvergabe

Ein anderer Ansatz hätte vorgesehen, den Rechteinhabern die Chance zu gewähren, parallel zu den Verwertungsgesellschaften Online-Lizenzen an interessierte Online-Verwerter zu erteilen[789]. Die derzeit von europäischen Verwertungsgesellschaften praktizierte ausschließliche Rechteübertragung im Rahmen eines Wahrnehmungsvertrags wäre auf Basis dieses Modells nicht mehr aufrecht zu erhalten gewesen[790]. Vielmehr hätte nach Idee dieses Modells der Rechteinhaber seine Online-Rechte selbst parallel zu der Verwertungsgesellschaft wahrnehmen können[791], er wäre nicht mehr gezwungen gewesen, sich für die individuelle oder die kollektive Wahrnehmung entscheiden zu müssen.

Der Vorteil dieses Ansatzes wird in der Flexibilität der Rechteeinräumung gesehen. Der Online-Verwerter muss nicht mehr zwangsläufig mit verschiedenen Verwertungsgesellschaften verhandeln, die im Zweifel die begehrten Rechte nicht für das gewünschte Gebiet erteilen können. Er kann vielmehr unmittelbar Vertragsverhandlungen mit den Rechteinhabern aufnehmen. So kann er

---

787 Impact Assessment SWD(2012) 204 final, S. 42 ff., abrufbar unter: http://ec.europa.eu/internal_market/copyright/docs/management/impact_assesment-com-2012-3722_en.pdf, zuletzt abgerufen am 31. Oktober 2014.

788 Impact Assessment SWD(2012) 204 final, S. 42, abrufbar unter: http://ec.europa.eu/internal_market/copyright/docs/management/impact_assesment-com-2012-3722_en.pdf, zuletzt abgerufen am 31. Oktober 2014.

789 Impact Assessment SWD(2012) 204 final, S. 44 f., abrufbar unter: http://ec.europa.eu/internal_market/copyright/docs/management/impact_assesment-com-2012-3722_en.pdf, zuletzt abgerufen am 31. Oktober 2014.

790 Zu Einzelheiten der Rechteeinräumung im Wahrnehmungsvertrag siehe oben S. 39 ff.

791 *Grewenig*, ZUM 2011, 27 (31).

Online-Lizenzen erwerben, die in den Vertragsverhandlungen direkt auf die Bedürfnisse seines Online-Dienstes zugeschnitten worden sind.

3. *Erweiterte kollektive Lizenzvergabe in Verbindung mit dem Ursprungs-landprinzip*

Ein dritter Alternativansatz hätte Verwertungsgesellschaften in die Lage versetzt, Blankolizenzen für ihr eigenes Repertoire und das auf Basis von Gegenseitigkeitsverträgen wahrgenommene Repertoire zu erteilen[792]. Diese Blankolizenzen sollten für den ganzen Unionsraum gelten. Rechteinhaber und Schwestergesellschaften sollten aber die Möglichkeit haben, dieser Praxis ausdrücklich zu widersprechen. Hierdurch sollten sich die Probleme durch die Lizenzzersplitterung von den Online-Verwertern auf die Verwertungsgesellschaften verlagern. Zusätzlich sah dieses Modell die Etablierung des Ursprungslandprinzips vor, so dass bei dem Lizensierungsprozess nur das Recht eines Mitgliedstaates hätte berücksichtigt werden müssen.

4. *Zentrales Lizensierungsportal*

Der Ansatz eines zentralisierten Lizensierungsportals hätte ermöglicht, dass die europäischen Verwertungsgesellschaften ihre Repertoires gemeinsam auf freiwilliger Basis in einer selbständigen Lizensierungsstelle bündeln[793]. Dieses Portal wäre dann in der Lage, als zentraler Ansprechpartner für alle länderübergreifenden Online-Musikdienste fungieren zu können, indem es beispielsweise die lizensierende Verwertungsgesellschaft wählt und den Preis festsetzt. Damit wäre der Weg zu einem von Verwerterseite lange geforderten *One-Stop-Shop* geebnet. Der Online-Verwerter müsste allein Kontakt zu dem Lizensierungsportal aufnehmen, um alle maßgeblichen Lizenzen erwerben zu können. In der Praxis haben erste derartige Lizensierungsportale bereits die Lizensierungstätigkeit aufgenommen[794].

---

792 Impact Assessment SWD(2012) 204 final, S. 45 f., abrufbar unter: http://ec.europa.eu/internal_market/copyright/docs/management/impact_assesment-com-2012-3722_en.pdf, zuletzt abgerufen am 31. Oktober 2014.

793 *Hargreaves*, in: Digital Opportunity – A Review of Intellectual Property and Growth, 2011, S. 98, abrufbar unter: http://www.ipo.gov.uk/ipreview-finalreport.pdf, zuletzt abgerufen am 31. Oktober 2014.

794 Diesen Schluss rechtfertigen jedenfalls die Informationen auf der Website der ARMONIA-Initiative, die auf ein selbständiges Lizensierungsportal mit eigener

II. Bewertung der alternativen Ansätze

Bei einer näheren Auseinandersetzung mit diesen, auf den ersten Blick jeweils vielversprechenden, alternativen Lizensierungsmodellen fällt schnell auf, dass auch unter ihnen keine einfachen Lösungen für den Missstand der Lizenzzersplitterung zu finden sind. Zweifellos bietet jedes Alternativmodell für sich genommen interessante Aspekte und individuelle Vorteile; diesen interessanten Aspekten und individuellen Vorteilen stehen aber jeweils auch individuelle Nebenwirkungen gegenüber.

1. Absehen von einer gesetzlichen Regelung

Bei dem Modell des Absehens von jeglicher gesetzlicher Regelung ist bereits unwahrscheinlich, dass es auch nur zu kleineren Verbesserungen der Lizenzzersplitterung kommen wird. Wenn der Online-Musikbereich weiterhin sich selbst überlassen bliebe, wäre eine Verbesserung der Lizenzzersplitterung keinesfalls zu erwarten. Dies gilt sowohl für den Bereich des anglo-amerikanischen Repertoires als auch für den Bereich des europäischen Repertoires.

Die Marktheilungskräfte, auf die das Alternativmodell setzt, könnten nur dann zur Etablierung neuer Strukturen beitragen, wenn alle Akteure unter dem status quo litten. Das Gegenteil ist jedoch der Fall. Neuartige Lizensierungsorganisationen, die das attraktive anglo-amerikanische Repertoire lizensieren, profitieren von der gegenwärtigen Situation so sehr, dass sie keinerlei Interesse haben dürften, den status quo zu verändern. Ihr Repertoire ist so attraktiv, dass sie ohne die Hilfe klassischer Verwertungsgesellschaften auskommen[795]. Die Nachteile der fragmentierten Lizenzlage bekommen sie nicht zu spüren. Die Lizenzzersplitterung im anglo-amerikanischen Bereich wird daher nicht durch die Selbstheilungskräfte des Markts defragmentiert werden können.

Die Selbstheilungskräfte des Marktes werden auch nicht zu einer Defragmentierung der Lizenzzersplitterung im Bereich des europäischen Repertoires führen können. Ohne eine gesetzliche Regelung werden die europäischen Verwertungsgesellschaften keine andere Möglichkeit sehen, als von der europaweiten Lizensierung Abstand zu nehmen oder diese selbst in die Hand zu nehmen. Letzteres wäre dann wiederum die Geburtsstunde eines neuen Ansprechpartners für den Online-Verwerter. Eine Zusammenarbeit mit einer europäischen Schwestergesellschaft außerhalb europäischer Leitlinien erscheint hingegen

Rechtspersönlichkeit hindeuten, abrufbar unter: http://www.armoniaonline.eu/homeLayout_en, zuletzt abgerufen am 31. Oktober 2014.

795 *Gerlach*, ZUM 2013, 174 (175).

problematisch. Für ein solches Vorhaben ist die kartellrechtliche Rechtsunsicherheit, welche die Kommission im Rahmen des CISAC-Verfahrens selbst heraufbeschworen hat, zu gravierend[796].

2. *Parallele direkte Lizenzvergabe*

Auch durch die parallele direkte Lizenzvergabe ließen sich die Missstände rund um die Lizenzzersplitterung nicht verbessern. Zweifellos dürften Online-Verwerter die Möglichkeit des direkten Abschlusses von Lizenzverträgen mit den Rechteinhabern auf den ersten Blick attraktiv empfinden. Schließlich hat dieser Aspekt des Alternativmodells in der Tat den Vorteil, dass die Lizenzen so vom Rechteinhaber individuell an die Bedürfnisse des jeweiligen Online-Dienstes angepasst werden können. Eine Anpassung, die von einer Verwertungsgesellschaft sicherlich nicht in dem Maße vorgenommen werden könnte.

Von diesem Aspekt abgesehen, löst dieses Alternativmodell aber keine Probleme im Zusammenhang mit der Lizenzzersplitterung[797]. Im Gegenteil, die Lizensierungssituation würde sich noch einmal verkomplizieren. Nunmehr würden nicht nur klassische Verwertungsgesellschaften und neuartige Lizensierungsorganisationen Online-Lizenzen vergeben, sondern auch die Rechteinhaber selbst. Das sind in Zeiten von Split Copyrights nicht selten mehrere Personen, da häufig unterschiedliche schöpferische Beiträge von unterschiedlichen Künstlern erbracht werden[798]. Bereits dieser Aspekt dürfte die Vorteile der gewonnenen Flexibilität aus Sicht der Online-Verwerter wieder verblassen lassen.

Darüber hinaus sieht das Alternativmodell auch keine Regelungen für eine dringend erforderliche Bündelung von Lizenzen vor. So kann sich weder die bereits entstandene Lizenzzersplitterung verbessern noch können weitere Fragmentierungsvorgänge verhindert werden. Stattdessen entsteht eine noch undurchsichtigere und unsichere Lizenzlage. Die Probleme der Online-Verwerter beim Lizensierungsvorgang werden sich so nicht verbessern.

Hinzukommt, dass dieses Alternativmodell auch für Rechteinhaber den Nachteil mit sich bringt, dass sie neben ihrer eigentlichen schöpferischen Tätigkeit, noch Lizenzverhandlungen mit internationalen Online-Verwertern führen müssten. Eine Situation, die durch die Idee der kollektiven Rechtewahrnehmung

796 *Niggemeier*, Medialex 2013, 65 (66); *Nérisson*, ZUM 2013, 185 (186).

797 *Holzmüller*, ZUM 2013, 168 (169).

798 *Müller*, ZUM 2009, 122 (127); *Alich*, GRUR Int. 2008, 996 (1005); *Altemark*, S. 266.

durch Verwertungsgesellschaften eigentlich seit dem späten 19. Jahrhundert der Vergangenheit angehörte.

3. *Erweiterte kollektive Lizenzvergabe in Verbindung mit dem Ursprungslandprinzip*

Vielversprechender als die beiden erstgenannten Alternativen erweist sich der Ansatz der erweiterten kollektiven Lizenzvergabe. Wenn europäische Verwertungsgesellschaften paneuropäische Blankolizenzen vergeben können, könnte dies sowohl bereits eingetretene Fragmentierungen zurückfahren als auch künftig eintretende Fragmentierungen verhindern. Der Rechteklärungsprozess der Online-Verwerter würde sich einfacher gestalten. Damit wäre über diesen Alternativansatz zumindest theoretisch eine Entschärfung des Missstands der Lizenzzersplitterung vorstellbar.

In der Praxis begegnet allerdings auch dieser Ansatz Bedenken. Einerseits ist fraglich, wie die Qualität der kollektiven Rechtewahrnehmung noch zu gewährleisten ist, wenn jede europäische Verwertungsgesellschaft in der Lage sein soll, paneuropäische Lizensierungen vornehmen zu können[799]. Weitaus problematischer ist jedoch, dass das Alternativmodell voraussetzt, dass zwischen den europäischen Verwertungsgesellschaften tatsächlich flächendeckende Gegenseitigkeitsverträge bestehen. Denn nur unter dieser Prämisse soll eine Blankolizenz für das Repertoire einer Schwestergesellschaft erteilt werden können. Von dieser Prämisse kann allerdings mittlerweile nicht mehr ausgegangen werden. Zwischen klassischen Verwertungsgesellschaften und neuartigen Lizensierungsorganisationen bestanden noch nie derartige Gegenseitigkeitsverträge. Zwischen europäischen Verwertungsgesellschaften bestand zwar einst ein flächendeckendes Netz von Gegenseitigkeitsverträgen. Dieses Geflecht wurde jedoch infolge der Untersagungsverfügung der Kommission im CISAC-Verfahren[800] im Online-Musikbereich weitestgehend zerschlagen. Aufgrund kartellrechtlicher Bedenken schlossen nur einige Verwertungsgesellschaften neue Gegenseitigkeitsverträge unterschiedlichsten Charakters, die jeweils unveröffentlicht

---

799 Zusammenfassende Folgenabschätzung, S. 7, abrufbar unter: http://eur-lex.europa.eu/LexUriServ/LexUriServ.do?uri=SWD:2012:0205:FIN:EN:PDF, zuletzt abgerufen am 31. Oktober 2014.

800 Entscheidung der Kommission vom 16. Juli 2008, COMP/C2/38.698 – *CISAC*, abrufbar unter: http://ec.europa.eu/competition/antitrust/cases/dec_docs/38698/38698_4565_1.pdf, zuletzt abgerufen am 31. Oktober 2014; zu Einzelheiten des Verfahrens siehe *Müller*, ZUM 2009, 121 (128 ff.).

blieben[801]. Die restlichen Verwertungsgesellschaften sahen sich gezwungen, ihre Repertoires nunmehr eigenständig unionsweit wahrzunehmen. Diesen Zustand konnte auch eine Entscheidung des Gerichts der Europäischen Union im Frühjahr 2013[802] nicht mehr umkehren, welche die Entscheidung der Kommission teilweise für nichtig erklärte[803]. Damit geht die Idee des Alternativmodells an der Realität weitgehend vorbei. Sofern überhaupt noch einzelne Gegenseitigkeitsverträge existieren, besteht zudem die Gefahr, dass die Verwertungsgesellschaften mit attraktivem Repertoires von der in dem Modell angelegten Möglichkeit des Widerspruchs Gebrauch machen und eine eigene länderübergreifende Lizensierung anstreben[804].

Infolgedessen ist auch auf Basis dieses Ansatzes nicht davon auszugehen, dass die Fragmentierung der Online-Musikrechte wieder zurückgefahren werden kann und weitere Fragmentierungen verhindert werden können. Sofern die Verwertungsgesellschaften überhaupt noch durch Gegenseitigkeitsverträge verbunden sind, ist gerade bei attraktiven Repertoires mit Widersprüchen zu rechnen.

4. Zentrales Lizensierungsportal

Der auf den ersten Blick erfolgversprechendste Alternativansatz ist im zentralen europäischen Lizensierungsportal zu sehen. Eine weitere Zersplitterung im Bereich des europäischen Repertoires kann durch dieses Modell verhindert werden. Europäische Verwertungsgesellschaften, die noch nicht länderübergreifend lizensieren, können auf die Dienste dieses Portals zurückgreifen und müssen nicht zur eigenständigen länderübergreifenden Lizensierung übergehen. Auch Verwertungsgesellschaften, die bereits paneuropäisch europäisches Repertoire lizensieren, können die länderübergreifende Lizensierung einstellen und mit dem Portal zusammenarbeiten, falls sie merken, dass die paneuropäische Lizensierung sie überfordert oder nicht kostendeckend erfolgt. Je nach Ausgestaltung und Frequentierung des Portals könnten sogar neuartige Lizensierungsorganisationen versucht sein, ihre Rechte in dem Portal aufgehen zu lassen. Damit wäre

---

801 Zu Einzelheiten der neu ausgehandelten Gegenseitigkeitsverträge *Müller*, ZUM 2011, 13 (14).

802 EuG, NZKart 2013, 244 – *CISAC*.

803 *Pfennig*, ZUM 2014, 484 (485).

804 Zusammenfassende Folgenabschätzung, S. 7, abrufbar unter: http://eur-lex.europa.eu/LexUriServ/LexUriServ.do?uri=SWD:2012:0205:FIN:EN:PDF, zuletzt abgerufen am 31. Oktober 2014.

auch eine Reduzierung der bereits eingetretenen Lizenzzersplitterung denkbar, es fände eine Entwicklung in Richtung eines *One-Stop-Shops* statt.

Bei der Bewertung dieses Alternativansatzes kann allerdings nicht unberücksichtigt bleiben, dass der Preis für den Defragmentierungserfolg dieses Ansatzes mit verringertem Wettbewerb gezahlt wird. Werden alle Online-Rechte über ein zentrales Portal vergeben, hat dies gravierende Auswirkungen auf den Wettbewerb. Denn faktisch handelt es sich bei einem solchen Portal um ein Monopol[805]. Es findet weder ein Wettbewerb der Verwertungsgesellschaften um die Verwerter noch um die Rechteinhaber statt. Ein Wettbewerb um die Verwerter scheidet aus, da diese zwingend das Portal als zentralen Ansprechpartner hinnehmen müssen und das Portal die zuständige Verwertungsgesellschaft nebst Preis wählt. Ein Wettbewerb um die Rechteinhaber scheidet aus, da sich durch die zentrale Lizensierung der Online-Rechte die Leistungen der Verwertungsgesellschaften aus Sicht der Rechteinhaber nicht mehr nennenswert unterscheiden werden. So würden die Lizenzgebühren beispielsweise einheitlich durch das Portal festgelegt werden. Aufgrund dieses Monopolcharakters eines zentralen Lizensierungsportals hat die Kommission dieses Alternativmodell bereits in der Folgenabschätzung nicht weiter verfolgt[806].

III. Bestimmung des vielversprechendsten Ansatzes

Bei einem Vergleich der verschiedenen Ansätze in Bezug auf ihre Erfolgschancen erweisen sich die Alternativansätze 1-3 deutlich weniger gut geeignet, den Missstand der Lizenzzersplitterung zu beseitigen, als der Passport-Ansatz. Bei einem Absehen von einer gesetzlichen Regelung sind keine Verbesserungen der Lizensierungspraxis zu erwarten. Bei der parallelen direkten Lizenzvergabe ist sogar eine weitere Verkomplizierung der Lizenzsituation zu befürchten, da in diesem Ansatz auch zahlreiche Rechteinhaber als Akteure im Lizensierungsprozess hineindrängen werden. Der Ansatz, der die Vergabe von Blankolizenzen ermöglichen will, sieht sich hingegen vor dem Problem, dass die Prämisse für seinen Erfolg die Existenz flächendeckender Gegenseitigkeitsverträge im Verhältnis zwischen Schwestergesellschaften und neuartigen Lizensierungsorganisationen

---

805 Zusammenfassende Folgenabschätzung, S. 7, abrufbar unter: http://eur-lex.europa.eu/LexUriServ/LexUriServ.do?uri=SWD:2012:0205:FIN:EN:PDF, zuletzt abgerufen am 31. Oktober 2014.

806 Impact Assessment SWD(2012) 204 final, S. 47, abrufbar unter: http://ec.europa.eu/internal_market/copyright/docs/management/impact_assesment-com-2012-3722_en.pdf, zuletzt abgerufen am 31. Oktober 2014.

ist. Eben diese flächendeckenden Gegenseitigkeitsverträge existieren in der Praxis allerdings nicht, nicht mehr oder können jederzeit gekündigt werden.

Schwieriger ist hingegen die Frage zu beantworten, ob der Passport-Ansatz auch den vielversprechenderen Ansatz im Verhältnis zum zentralen Lizensierungsportal darstellt. Bei einer isolierten Untersuchung der Auswirkungen auf die Lizenzzersplitterung wäre ein zentrales Lizensierungsportal sicherlich vielversprechender. Werden alle oder viele Online-Rechte über ein zentrales Lizensierungsportal vergeben, ist davon auszugehen, dass dies für den Missstand der Lizenzzersplitterung eine größere Heilkraft hat, als der Passport-Ansatz je haben könnte. Allerdings darf der Preis dieser Heilkraft nicht unberücksichtigt bleiben. Dieser ist bei einem zentralen Lizensierungsportal ungleich höher als beim Passport-Ansatz und wird mit verringertem Wettbewerb gezahlt. Damit berührt die Bewertung des zentralen Lizensierungsportals die Kernfragen des Spannungsfeldes zwischen kollektiver Rechtewahrnehmung und europäischem Wettbewerbsrecht:

Wie viel Wettbewerb kann der kollektiven Rechtewahrnehmung abverlangt werden, bevor sie ineffizient wird? Oder anders gefragt: In welchem Maße rechtfertigt die Effizienz der kollektiven Rechtewahrnehmung eine Beeinträchtigung des Wettbewerbs im Binnenmarkt?

Diese Fragen werden seit jeher unterschiedlich beantwortet, je nachdem, ob man sich dem Spannungsfeld aus einem wahrnehmungsorientierten oder wettbewerbsorientierten Blickwinkel nähert. Auf europäischer Ebene nähert man sich diesem Spannungsfeld beinahe schon traditionell mit der Einstellung, dass der freie Wettbewerb im Binnenmarkt potentiell höher zu gewichten ist als die Effektivität der kollektiven Rechtewahrnehmung[807]. Dieser Kurs wird auf europäischer Ebene auch aktuell verfolgt. Dies wird einerseits durch die Konzeption der Richtlinie deutlich, mit der weiterhin versucht wird, einen Wettbewerb zwischen den Verwertungsgesellschaften im Binnenmarkt zu entfachen[808]. Darüber hinaus wird dies auch in der Evaluation der verschiedenen Alternativansätze in der Folgenabschätzung sichtbar, in der die Europäische Kommission das Alternativmodell der zentralen Lizensierungsportals aus wettbewerbsrechtlichen Gründen eindeutig missbilligt[809].

807 Dies wird beispielsweise in den Bewertungen der Barcelona- und Santiago Abkommen oder des IFPI- Simulcasting/Webcasting Abkommens sichtbar, siehe oben S. 72 ff.; *Düsing*, S. 179.

808 *Holzmüller*, ZUM 2014, 468; *Kunz-Hallstein/Loschelder*, GRUR 2013, 155.

809 Impact Assessment SWD(2012) 204 final, S. 47., abrufbar unter: http://ec.europa.eu/internal_market/copyright/docs/management/impact_assesment-com-2012-3722_en.pdf, zuletzt abgerufen am 31. Oktober 2014.

Die Einstellung der Kommission in dieser Hinsicht mag streitbar sein[810]. Es mögen ebenso gute oder gar bessere Gründe dafür sprechen, einen weniger wettbewerbsorientierten Maßstab auf die kollektive Rechtewahrnehmung anzuwenden. Dennoch sollen die wettbewerbspolitischen Grundsatzentscheidungen der Kommission hier hingenommen werden. Der Anspruch der Arbeit ist nicht, die Kommission davon zu überzeugen, dass eine weniger wettbewerbsrechtlich orientierte Behandlung von Verwertungsgesellschaften angezeigt wäre. Anspruch der Arbeit ist vielmehr, die Ausarbeitung umsetzbarer Strategien zur erfolgreicheren Eindämmung der Lizenzzersplitterung im Online-Musikbereich. Dies lässt sich nicht dadurch erreichen, dass solche Ansätze aufgenommen und weitergedacht werden, die den Grundsatzentscheidungen der Kommission derart diametral widersprechen, dass ihre Umsetzung auf absehbare Zeit nicht realisierbar sein wird. Daher sollen Ansätze, die Antworten auf die Lizenzzersplitterung in Modellen suchen, die einen Wettbewerb auf dem Markt der kollektiven Rechtewahrnehmung vollkommen außer Acht lassen, unberücksichtigt bleiben. Dies umfasst auch den Ansatz eines zentralen Lizensierungsportals. Dieser Ansatz ist wettbewerbspolitisch ganz offensichtlich nicht gewollt und wird folglich nie umgesetzt werden. Er soll deshalb hier nicht weitergedacht werden und zwar unabhängig von der (ohnehin zweifelhaften) Frage, ob er dem Passport-Ansatz im Ergebnis überlegen wäre oder nicht.

Damit steht fest, dass der Passport-Ansatz, gemessen an den wettbewerbspolitischen Vorstellungen auf europäischer Ebene, insgesamt den erfolgversprechendsten Ansatz darstellt, um dem Missstand der Lizenzzersplitterung zu begegnen[811]. Gemessen an seinen Nebenwirkungen sorgt er für die effektivste Bekämpfung der Lizenzzersplitterung. Für die Suche nach effektiveren Strategien zur Bekämpfung der Lizenzzersplitterung bedeutet dies, dass die Suche nur innerhalb des Passport-Ansatzes stattfinden muss und nicht innerhalb anderer Ansätze. Es stellt sich allein die Frage, ob der Passport-Ansatz unausgeschöpftes Potential in sich birgt.

---

810 *Kunz-Hallstein/Loschelder*, GRUR 2013, 155; *Schulze*, in: Diskussionsbericht der Arbeitssitzung des Instituts für Urheber- und Medienrecht vom 28. März 2014, *Burner*, ZUM 2014, 489 (493); *Düsing*, S. 168 ff.; *v. Einem*, MMR 2006, 647 (651); Schlussbericht der Enquete-Kommission des Deutschen Bundestags, Kultur in Deutschland, 2007, BT Drucks. 16/7000, S. 278 f.

811 Ähnlich *Holzmüller*, ZUM 2013, 168 (172).

IV. Unausgeschöpftes Potenzial des Passport-Ansatzes

Da nunmehr feststeht, dass der Richtliniengeber, gemessen an seinem Verständnis von kollektiver Rechtewahrnehmung und Wettbewerb, den vielversprechendsten Ansatz gewählt hat, bleibt zu prüfen, ob und wie dieser Ansatz zu einer besseren Bekämpfung der Lizenzzersplitterung führen kann.

1. *Unausgeschöpftes Potenzial im Bereich des anglo-amerikanischen Repertoires*

Wie bereits skizziert, findet der Richtliniengeber in der Richtlinie keine befriedigenden Antworten auf die Lizenzzersplitterung im anglo-amerikanischen Bereich[812]. Weder die normierten Qualitätsstandards noch die Repräsentationsvereinbarungen oder die Regelungen zur Ersatzvornahme vermögen die in diesem Bereich herrschende Lizenzzersplitterung effektiv zu defragmentieren.

Dies wird sich allerdings auch im Falle einer anderen Strukturierung des Passport-Ansatzes nicht ändern lassen. Der Passport-Ansatz bietet mit Blick auf die wirtschaftliche Relevanz dieses Repertoires kein unausgeschöpftes Potential. Selbst eine rigorosere Ausgestaltung der Qualitätsstandards oder die Etablierung einer Erlaubnispflicht würde daher nicht zu einer Verbesserung der im Bereich des anglo-amerikanischen Repertoires eingetretenen Lizenzzersplitterung führen, sondern allein solchen Verwertungsgesellschaften Probleme bereiten, die wirtschaftlich weniger relevantes europäisches Repertoire wahrnehmen. Dies ist auf den Umstand zurückzuführen, dass dem Passport-Ansatz ein Oligopol verschiedener marktmächtiger Lizensierungseinheiten immanent ist. Es ist gerade die Idee dieses Ansatzes, dass zukünftig mehrere bedeutende Organisationen für die paneuropäische Vergabe von Online-Musikrechten zuständig sein sollen[813]. Die Etablierung eines *One-Stop-Shops* ist daher weder der Anspruch des Passport-Ansatzes noch der Anspruch des Richtliniengebers[814].

---

812 Zu den Folgen der Richtlinie für die Lizenzzersplitterung in diesem Bereich siehe oben S. 149 ff.

813 So spricht die Folgenabschätzung ausdrücklich von einer angestrebten „*reasonable number*" von Lizenzgebern, Impact Assessment SWD(2012) 204 final, S. 48, abrufbar unter: http://ec.europa.eu/internal_market/copyright/docs/management/impact_assesment-com-2012-3722_en.pdf, zuletzt abgerufen am 31. Oktober 2014.

814 *Kunz-Hallstein/Loschelder*, GRUR 2013, 155; *Scholz*, Medien und Recht 2013, 123 (127); *Dietz*, in: Diskussionsbericht der Arbeitssitzung des Instituts für Urheber- und Medienrecht vom 28. März 2014, *Burner*, ZUM 2014, 489 (492).

Wer zutreffend feststellt, dass eben dieser *One-Stop-Shop* über den Passport-Ansatz nicht erreicht wird[815], der kritisiert daher nicht die konkrete Ausgestaltung des Ansatzes. Er kritisiert vielmehr die Grundsatzstrategie des Richtliniengebers, zwar den Missstand der Lizenzzersplitterung im Online-Musikbereich zu bekämpfen, dabei jedoch den Wettbewerb auf dem Markt der kollektiven Rechtewahrnehmung nicht zu vernachlässigen. Diese Kritikkann zudem nicht erklären, ob und wie ein *One-Stop-Shop* mit rechtlichen Mitteln noch realisiert werden kann. Die Kommission hat durch ihre Empfehlung im Jahr 2005 einen Wettbewerb auf dem Markt der kollektiven Rechtewahrnehmung entfacht und diesen Markt dann fast eine Dekade sich selbst überlassen. Durch den Impuls der Empfehlung und den daraus resultierenden unternehmerischen Entscheidungen großer Verlage wurde in dieser Dekade eine Lizenzzersplitterung vollzogen, die seit Jahren abgeschlossen ist. Eine rechtliche Handhabe, die aus diesem Prozess hervorgegangenen neuartigen Lizensierungsorganisationen zu einer Lizenzbündelung zu zwingen, ist nicht ersichtlich und auch bislang von keinem Kritiker der Richtlinie vorgetragen worden[816]. Es mag möglich sein, neuartige Lizensierungsorganisationen zum Abschluss von Repräsentationsvereinbarungen mit europäischen Verwertungsgesellschaften zu verpflichten. Eine Zwangskollektivierung ihrer Repertoires ist indes rechtlich nicht möglich.

Selbstverständlich bleibt die Kritik an der Richtlinie dennoch gerechtfertigt. Zu einer Bewertung der Richtlinie gehört auch die Feststellung, dass ein beachtliches Maß an Lizenzzersplitterung im anglo-amerikanischen Bereich auch zukünftig erhalten bleibt. Auch in Zukunft müssen Online-Verwerter Zeit und Mühen in den Rechteklärungsprozess investieren, was wiederum Transaktionskosten verursacht, die letztlich auf den Endverbraucher umgelegt werden. Der Missstand der Lizenzzersplitterung bleibt daher teilweise auch nach Umsetzung der Richtlinie erhalten. Ein komfortabler *One-Stop-Shop* wird durch die Richtlinie eben nicht ermöglicht. Wer die Richtlinie aus diesem Grund kritisiert, darf hierbei aber nicht der Gefahr erliegen, die Realität auszublenden und den Eindruck zu vermitteln, eine Rückkehr zum *One-Stop-Shop* sei ein problemlos zugängliches Allheilmittel. Das Gegenteil ist der Fall. Die Idee des *One-Stop-Shops* ist im anglo-amerikanischen Bereich durch die Marktrealitäten überholt[817]. Sie lässt sich zudem rechtlich nicht erzwingen und ist darüber hinaus auf absehbare Zeit politisch auch nicht gewollt. Solange auf europäischer Ebene die streitbare

---

815 *Kunz-Hallstein/Loschelder*, GRUR 2013, 155; *Gerlach*, in: Wandtke/Bullinger, Vor §§ 1 ff. WahrnG Rn. 31.

816 *Holzmüller*, ZUM 2013, 168 (173).

817 *Holzmüller*, ZUM 2013, 168 (173).

Idee dominiert, dass auf dem Markt der kollektiven Rechtewahrnehmung ein wettbewerbsrechtlicher Wind wehen soll, wird sich an dieser Situation auch nichts ändern.

2. Unausgeschöpftes Potenzial im Bereich des europäischen Repertoires

Anders muss das Verbesserungspotenzial hinsichtlich der Lizenzzersplitterung im Bereich des europäischen Repertoires beurteilt werden. Aufgrund der geringeren wirtschaftlichen Relevanz des europäischen Repertoires bestehen hier Möglichkeiten, den Passport-Ansatz effektiver auszugestalten und dafür zu sorgen, dass tatsächlich zukünftig nur einige wenige Lizenzgeber das europäische Repertoire unionsweit lizensieren. Dieses Potential kann allerdings nicht durch Maßnahmen auf Ebene der Mitgliedstaaten ausgeschöpft werden. Erforderlich ist ein weiteres Handeln des europäischen Gesetzgebers in Gestalt einer Änderungsrichtlinie, welche die aktuelle Richtlinie an ausgesuchten Stellen modifiziert.

a) Normierung einer Erlaubnispflicht

Die Richtlinie sieht in den Art. 24 – 28 verschiedene Qualitätsstandards vor[818]. Damit stellt die Richtlinie einerseits sicher, dass bei paneuropäisch lizensierenden Verwertungsgesellschaften ein gewisses Wahrnehmungsniveau gewährleistet ist und trifft zugleich Vorkehrungen, dass aus dem angestrebten Oligopol paneuropäisch lizensierender Organisationen kein Polypol wird.

Dieser Ansatz ist zur Erreichung der Ziele in der Tat vielversprechend. Europäische Verwertungsgesellschaften mit wenig attraktiven Repertoires werden Investitionen zur Implementierung der Qualitätsstandards scheuen und andere Wege suchen, ihre Online-Musikrechte einer paneuropäischen Lizensierung zuzuführen[819]. Im besten Fall liegt dieser Weg im Abschluss einer Repräsentationsvereinbarung mit einer bereits paneuropäisch lizensierenden Schwestergesellschaft. So erweitert sich das paneuropäisch lizensierte Repertoire, nicht aber die Zahl der Lizenzgeber.

Leider versäumt der Richtliniengeber die Einbeziehung einer Aufsichtsbehörde in diesen Vorgang. Sofern das nationale Wahrnehmungsrecht eines Mitgliedstaates keine diesbezüglichen Regelungen vorsieht, darf die Verwertungsgesellschaft die Einhaltung der Qualitätsstandards für sich allein bewerten. Zwar sieht die Richtlinie die Einrichtung von Aufsichtsbehörden vor, welche

818 Zu Einzelheiten dieser Qualitätsstandards siehe oben S. 143 f.
819 *Holzmüller*, ZUM 2013, 168 (170).

auch die Einhaltung der Qualitätsstandards überprüfen können. Dies kann allerdings nur nachträglich geschehen und auch nur, wenn die Aufsichtsbehörde von einem entsprechenden Sachverhalt Kenntnis erlangt hat. Bis dahin kann die Verwertungsgesellschaft selbst beurteilen, ob sie die Qualitätsstandards erfüllt.

Infolgedessen sollte in die Regelungen zu den Qualitätsstandards (Art. 24 – 28) eine Erlaubnispflicht aufgenommen werden[820]. So könnte die Aufsichtsbehörde die Einhaltung der Qualitätsstandards vor der Geschäftsaufnahme prüfen. Nur so ist gewährleistet, dass die Qualitätsstandards auch tatsächlich von allen unionsweit lizensierenden Verwertungsgesellschaften berücksichtigt werden. Nur so ist gewährleistet, dass hinsichtlich der Qualitätsstandards kein Vollzugsdefizit entsteht, sondern, dass diese eine Marktzutrittsschranke darstellen und keine Ansammlung unbestimmter Rechtsbegriffe. Nur hierdurch lässt sich schließlich gewährleisten, dass die Qualitätsstandards auch tatsächlich Online-Verwerter davor zu schützen, dass immer mehr Lizenzgeber in den Online-Musikbereich drängen und sich der Missstand der Lizenzzersplitterung weiter verschärft.

Hinzukommt, dass die Etablierung einer Erlaubnispflicht auch die Entzerrung des Wettbewerbs zwischen den europäischen Verwertungsgesellschaften fördert[821]. Findet sich eine Erlaubnispflicht in der Richtlinie wieder, besteht keine Gefahr, dass nationale Erlaubnispflichten den Umsetzungsprozess der Richtlinie überstehen und fortan inländische Verwertungsgesellschaften im europäischen Wettbewerb benachteiligen.

b) Umfassendere Verpflichtung zu Repräsentationsvereinbarungen

Wenn die Richtlinie den Zugang zur paneuropäischen Lizensierung von Online-Musikrechten über eine Erlaubnispflicht und Qualitätsstandards erschwert, dann muss sie an anderer Stelle gewährleisten, dass den Verwertungsgesellschaften andere Möglichkeiten zur paneuropäischen Lizensierung problemlos zugänglich sind. Dies betrifft namentlich die Frage, unter welchen Bedingungen

---

820 Ebenfalls eine Erlaubnispflicht fordernd *Scholz*, Medien und Recht 2013, 123 (128); *Holzmüller*, ZUM 2013, 169 (173); *Kunz-Hallstein/Loschelder*, in: Stellungnahme der GRUR zum Fragebogen des BMJV zur Umsetzung der Verwertungsgesellschaften-RL vom 11. September 2014, S. 4, abrufbar unter: http://www.grur.org/uploads/tx_gstatement/2014-09-11_GRUR_Stn_zum_Fragebogen_BMJV_Umsetzung_Verwertungsgesellschaften-RL.pdf; Comments of the Max Planck Institute für Intellectual Property and Competition Law, Ziff. 57, abrufbar unter: www.ip.mpg.de/files/pdf2/Max_Planck_Comments_Collective_Rights_Management.pdf, beide zuletzt abgerufen am 31. Oktober 2014.

821 Zu der Erlaubnispflicht aus dieser Perspektive siehe unten S. 234 f.

paneuropäisch lizensierende Schwestergesellschaften einen Antrag auf Abschluss einer Repräsentationsvereinbarung annehmen müssen.

Art. 30 Abs. 1 der Richtlinie regelt diese Frage, ist aber nicht umfassend genug. Zwar liest sich die Regelung auf dem ersten Blick wie eine umfassende Verpflichtung zur Annahme von Anträgen auf Abschluss einer Repräsentationsvereinbarung. Bei genauer Lektüre wird allerdings schnell deutlich, wie leicht paneuropäische Verwertungsgesellschaften der lästigen Pflicht zur Wahrnehmung unattraktiver Fremdrepertoires entgehen können. In den häufigsten Fällen dürfte es für diese Schwestergesellschaften ausreichen, wenn sie Anträge auf Abschluss von Repräsentationsvereinbarungen kategorisch ablehnen[822].

Der Passport-Ansatz wird so nur inkonsequent umgesetzt und verliert an Schlagkraft. Zudem bringt diese Ausgestaltung Verwertungsgesellschaften in die Gefahr eines Dilemmas: Einerseits werden sie künftig mit dem Problem konfrontiert sein, dass sie ihre Online-Musikrechte aufgrund der mit den Qualitätsstandards verbundenen Investitionskosten nicht selbst europaweit lizensieren können oder wollen. Andererseits werden sie Probleme beim Anstreben von Kooperationen mit Schwestergesellschaften bekommen[823]. Dies kann dazu führen, dass Verwertungsgesellschaften ihre Online-Musikrechte eigenständig paneuropäisch lizensieren, obwohl die strukturellen Voraussetzungen hierzu nicht gegeben sind. Schließlich müssten sie ansonsten damit rechnen, dass Rechteinhaber nach Ablauf der Frist aus Art. 31 der Richtlinie diese Rechte abziehen. Diese eigenständige Lizensierung ist dann wieder die Geburtsstunde eines neuen Ansprechpartners für Online-Musikrechte und führt zu einer weiteren Verkomplizierung der Rechtelage.

Um dieses Dilemma zu verhindern sollte der Wortlaut des Art. 30 Abs. 1 dahingehend geändert werden, dass der Antrag auf Abschluss einer Repräsentationsvereinbarung von einer Schwestergesellschaft bereits dann angenommen werden muss, wenn diese Mehrgebietslizenzen für dieselbe Kategorie von Online-Rechten an Musikwerken vergibt oder anbietet. Die Voraussetzung der paneuropäischen Wahrnehmung von Fremdrepertoires sollte mithin gestrichen werden. Die Verpflichtung zur Annahme gilt in dem Fall auch dann, wenn die Schwestergesellschaft ausschließlich eigenes Repertoire paneuropäisch lizensiert.

---

822 Zu der Umgehungsmöglichkeit paneuropäisch lizensierender Gesellschaften siehe oben S. 158 ff.

823 Ähnlich *Niggemeier*, Medialex 2013, 65 (69).

Ohne Frage werden den paneuropäisch lizensierenden Gesellschaften hierdurch strengere Verpflichtungen auferlegt. Die Schwelle der Unverhältnismäßigkeit, die Erwägungsgrund 46 im Blick hat, wird hierbei jedoch nicht überschritten. Es ist kein milderes Mittel erkennbar, das den Passport-Ansatz gleich gut zur Entfaltung bringen kann und das angestrebte Oligopol gleich gut absichert. Denn nur durch einen derart umfassenden Abschlusszwang ist gewährleistet, dass Verwertungsgesellschaften einerseits aufgrund von Zugangsbarrieren nicht problemlos auf den paneuropäischen Lizensierungsmarkt drängen können, andererseits aber ihre Online-Musikrechte unkompliziert über paneuropäisch lizensierende Schwestergesellschaften in den Markt einbringen können. Ohne eine umfassende Verpflichtung zum Abschluss von Repräsentationsvereinbarungen wäre eine solche unkomplizierte Lizensierung über die Schwestergesellschaften nicht möglich, was wiederum zu der Gefahr führt, dass aus dem angestrebten *Few-Stop-Shop* in der Praxis ein *Numerous-Stop-Shop* entsteht.

c) Ermöglichung exklusiver Repräsentationsvereinbarungen

In der derzeitigen Form sieht die Richtlinie gem. Art. 29 Abs. 1 vor, dass die Repräsentationsvereinbarungen grundsätzlich in nicht-exklusiver Natur geschlossen werden. Sofern die paneuropäisch lizensierenden Verwertungsgesellschaften in Art. 30 Abs. 1 der Richtlinie vollumfänglich verpflichtet werden, Anträge auf den Abschluss von Repräsentationsvereinbarungen anzunehmen, sollte das Merkmal der Nicht-Exklusivität gestrichen werden[824]. Wenn die Richtlinie paneuropäisch lizensierende Verwertungsgesellschaften dazu zwingt, Fremdrepertoires wie das Eigenrepertoire wahrzunehmen und hierbei allein die vernünftigerweise entstehenden Verwaltungskosten in Rechnung zu stellen, dann sollten diese Verwertungsgesellschaften sich wenigstens auf die Exklusivität dieser Lizensierung verlassen dürfen. Ansonsten stünden paneuropäisch lizensierende Organisationen vor der unbilligen Situation, dass unattraktives Fremdrepertoire wahrgenommen werden muss, ohne dass die Gewähr besteht, dass gleichzeitig nicht auch andere Verwertungsgesellschaften parallel dieses Repertoire lizensieren[825].

---

824 Ebenfalls eine Streichung der Nicht-Exklusivität befürwortend *Niggemeier*, Medialex 2013, 65 (69); *Holzmüller*, ZUM 2013, 168 (173); *Kunz-Hallstein/Loschelder*, GRUR 2013, 700.

825 *Niggemeier*, Medialex 2013, 65 (69).

3. *Unausgeschöpftes Potential im Bereich der Rechteklärung*

Die Richtline verfolgt auch neun Jahre nach Veröffentlichung der Kommissionsempfehlung deren Grundaussage, dass ein *One-Stop-Shop* aus wettbewerbsrechtlichen Gründen nicht erstrebenswert ist[826]. Daher geht mit der Richtlinie zwingend einher, dass eine gewisse Lizenzzersplitterung selbst im Fall einer idealen Verwirklichung des Passport-Ansatzes bestehen bleibt. Selbst wenn die Richtlinie genau zu der Entwicklung führen wird, die der Richtliniengeber sich erhofft, werden die Online-Musikrechte auf mehrere bedeutende Lizenzgeber aufgeteilt sein. Je weiter die Richtlinie von diesem Ideal abweicht, desto mehr Lizenzgeber werden auf den Markt der Online-Rechte drängen.

Infolgedessen muss die Richtlinie gewährleisten, dass sich aus dem angestrebten Oligopol keine unbilligen Nachteile für Online-Verwerter ergeben. So wünschenswert eine große Anzahl von Lizenzgebern aus wettbewerbsrechtlichen Gesichtspunkten auch sein mag, so problematisch ist diese große Anzahl aus Sicht der Online-Verwerter[827]. Diese stehen regelmäßig vor dem Problem, dass sie immer wieder herausfinden müssen, welche Werke von welchen Lizenzgebern für welches Gebiet lizensiert werden. Hier sollte die Richtlinie Regelungen vorsehen, die einer Intransparenz und Unübersichtlichkeit der Lizenzlage entgegenwirken. Wenn der Richtliniengeber schon einen Ansatz verfolgt, der Wettbewerb an Stellen vorsieht, an denen er nicht zwingend nötig wäre, dann muss er auch dafür sorgen, dass dieser Wettbewerb nicht mehr Schaden verursacht, als er Vorteile bringt. Dies ist nur dann der Fall, wenn der Online-Verwerter schnell herausfinden kann, welche benötigten Lizenzen bei welchen Lizenzgebern erworben werden können.

Der Richtliniengeber hat diese Notwendigkeit erkannt und in Art. 25 Abs. 1 für die paneuropäische Lizensierung normiert, dass Online-Verwerter einen Auskunftsanspruch gegenüber paneuropäisch lizensierenden Verwertungseinheiten haben. Die Ausgestaltung dieser Norm ist jedoch unzureichend. Sie erfordert auch weiterhin, dass die Online-Verwerter in regelmäßigen Zeitabständen Kontakt zu allen paneuropäischen Lizenzgebern aufnehmen. Diese sollen dann bei begründeten Anfragen die maßgeblichen Informationen auf elektronischem Weg übermitteln[828]. Erst wenn diese Informationen vom Online-Verwerter

826 *Podszun*, GPR 2013, 97 (101).

827 Zu den aktuellen Problemen der Online-Verwerter bei der Lizenzklärung siehe oben S. 111.

828 Zu den Problemen dieses Auskunftsanspruchs siehe oben S. 165 ff.

ausgewertet worden sind, ist für diesen klar, welche Lizenzen er bei welchen Lizenzgebern lizensieren kann.

Art. 25 Abs. 1 der Richtlinie sollte daher so umgestaltet werden, dass der Informationsbeschaffungsprozess der Online-Verwerter formalisiert und ohne wiederkehrende Interaktion verlaufen kann. Dies lässt sich am besten dadurch realisieren, dass Verwertungsgesellschaften dazu verpflichtet werden, die angefragten Informationen über Online-Datenbanken zu erteilen anstatt der derzeit normierten Informationserteilung auf elektronischem Wege[829]. Online-Verwerter könnten sich dann einmalig auf der Website des Lizenzgebers registrieren und sich anschließend jederzeit selbständig einloggen, um sich die gewünschten Informationen über die Online-Datenbank zu beschaffen. In dem Fall könnten die Online-Verwerter den Rechteklärungsprozess komfortabel online durchlaufen, ohne mit jeglichen Lizenzgebern immer wieder interagieren und anschließend die auf elektronischem Weg übermittelten Informationen auswerten zu müssen. Nur so ist gewährleistet, dass es einen Wettbewerb der Verwertungsgesellschaften um die Rechteinhaber gibt, der nicht auf dem Rücken der Online-Verwerter ausgetragen wird. Zwar ermöglicht auch die jetzige Gestaltung von Art. 25 Abs. 1 der Richtlinie die Informationsverschaffung in Form einer Online-Datenbank[830]. Eine Verpflichtung hierzu besteht allerdings nicht; die begehrten Informationen können durchaus auch in anderer elektronischer Form übermittelt werden[831].

Ist die Informationserteilung über eine Online-Datenbank in Art. 25 der Richtlinie erst verankert, ist die konkrete Ausgestaltung dieser Datenbank nur noch zweitrangig. Hier besteht eine gewisse Bewegungsfreiheit des Richtliniengebers. Ob die Online-Verwerter die relevanten Informationen aus einer gemeinsamen Meta-Datenbank aller Lizenzgeber entnehmen, oder ob sie mehrere Datenbanken verschiedener Lizenzgeber online ansteuern müssen, stellt für den Aufwand des Rechteklärungsprozesses keinen entscheidenden Unterschied

829 *Hullen*, in: jurisPR-ITR 5/2014, Anm. 2; *Rehse*, ZUM 2013, 191 (192); BITKOM, Stellungnahme zum Richtlinienvorschlag 31. August 2012, S. 7, abrufbar unter: http://www.bitkom.org/files/documents/20120903_CRM-RL_Stellungnahme.pdf, zuletzt abgerufen am 31. Oktober 2014.

830 *Rehse*, ZUM 2013, 191 (192).

831 *Hullen*, in: jurisPR-ITR 5/2014, Anm. 2.; BITKOM, Stellungnahme zum Richtlinienvorschlag 31. August 2012, S. 7, abrufbar unter: http://www.bitkom.org/files/documents/20120903_CRM-RL_Stellungnahme.pdf, zuletzt abgerufen am 31. Oktober 2014.

dar[832]. Beide Szenarien sind bedeutend unkomplizierter und kostengünstiger als die derzeit in Art. 25 Abs. 1 geforderte Kontaktaufnahme mit jedem einzelnen Lizenzgeber.

V. Zusammenfassung

Zur Bekämpfung des Missstands der Lizenzzersplitterung standen dem Richtliniengeber verschiedene Ansätze zur Verfügung. Misst man die Wahl des Passport-Ansatzes an den wettbewerbspolitischen Vorstellungen auf europäischer Ebene, ist der Passport-Ansatz in der Tat der vielversprechendste Ansatz. Alle anderen Ansätze können entweder nicht überzeugen oder basieren auf einem anderen wettbewerbspolitischen Ideal, so dass sie mangels Realisierungsmöglichkeiten nicht weitergedacht werden sollen. Es stellt sich mithin allein die Frage, ob der Passport-Ansatz so ausgestaltet werden kann, dass er die Lizenzzersplitterung effektiver bekämpfen kann. Die Antwort variiert, je nachdem, ob das Verbesserungspotenzial hinsichtlich der Lizenzzersplitterung im Bereich des anglo-amerikanischen Repertoires oder im Bereich des europäischen Repertoires untersucht wird.

Die Lizenzzersplitterung im Bereich des anglo-amerikanischen Repertoires kann im Rahmen des Passport-Ansatzes nicht defragmentiert werden. Einerseits ist dem Ansatz eine gewisse Zersplitterung immanent, da er die Entstehung eines Oligopols anstrebt. Andererseits ist die vollständige Defragmentierung auch weder politisch gewollt noch rechtlich zu erzwingen.

Der Passport-Ansatz lässt jedoch hinsichtlich der Bekämpfung der Lizenzzersplitterung im Bereich des europäischen Repertoires einigen Raum ungenutzt. Um diesen auszunutzen sollte in den Regelungen zu den Qualitätsstandards (Art. 24 – Art. 28) eine Erlaubnispflicht für paneuropäisch lizensierende Organisationen normiert werden, um eine effektivere Zugangsbarriere zu schaffen. Flankierend sollte die in Art. 30 Abs. 1 normierte Pflicht zum Abschluss von Repräsentationsvereinbarungen so erweitert werden, dass paneuropäisch lizensierende Organisationen einem umfassenderen Abschlusszwang unterliegen. Als Kompensation sollte in Art. 29 Abs. 1 das Merkmal der Nicht-Exklusivität gestrichen werden.

Schließlich sollte Art. 25 Abs. 1 der Richtlinie dahingehend geändert werden, dass Verwertungsgesellschaften angefragte Informationen über eigene oder gemeinsame Online-Datenbanken erteilen müssen anstatt auf elektronischen Wege. Nur so kann sich der Lizensierungsvorgang der Online-Verwerter spürbar verbessern.

832 Ähnlich *Spindler*, ZUM 2014, 91 (94).

B. Strategien zur effektiveren Bekämpfung der Wettbewerbsverzerrungen

Wie im vorangegangenen Kapitel skizziert, erkennt der Richtliniengeber die Wettbewerbsverzerrungen, mit denen Verwertungsgesellschaften im europäischen Wettbewerb zu kämpfen haben. Dem Richtliniengeber sind in diesem Zusammenhang auch durchaus Erfolge zu attestieren. Aufgrund der Richtlinie steht erstmals unstreitig fest, welches Wahrnehmungsrecht auf grenzüberschreitende Lizensierungsvorgänge Anwendung findet. Aufgrund der Richtlinie besteht erstmals überhaupt ein gemeinsamer Rechtsrahmen für die kollektive Rechtewahrnehmung im Binnenmarkt. Dies wird dafür sorgen, dass bestehende Wettbewerbsverzerrungen reduziert werden und bedarf einer lobenden Erwähnung. Dennoch konnte die Richtlinie auch im Hinblick auf die Schaffung eines einheitlichen Wettbewerbsrahmens nicht überzeugen. Einerseits regelt die Richtlinie die Behandlung neuartiger Lizensierungsorganisationen äußerst kryptisch und unglücklich. Andererseits wird der Wettbewerbsrahmen nicht hinreichend stark vereinheitlicht, so dass gravierende Wettbewerbsverzerrungen bestehen bleiben.

I. Unausgeschöpftes Potenzial des Harmonisierungsansatzes

Anders als bei dem Missstand der Lizenzzersplitterung müssen in Bezug auf den Missstand der Wettbewerbsverzerrung allerdings keine grundsätzlichen Überlegungen zur Herangehensweise angestellt werden. Seit Jahren besteht Einigkeit, dass der Missstand der Wettbewerbsverzerrung allein durch eine Harmonisierung der divergierenden europäischen Wahrnehmungsgesetze bekämpft werden kann[833]. Ein Konsens, der auch während des Entstehungsprozesses der Richtlinie bestand[834]. Alternative Wege zur Bekämpfung dieses Missstands müssen daher hier nicht beleuchtet werden. Verbesserungspotenzial kann einzig in dem vom Richtliniengeber verfolgten Harmonisierungsansatz gesucht werden.

Innerhalb des Harmonisierungsansatzes bestehen verschiedene Möglichkeiten, Wettbewerbsverzerrungen noch effektiver zu bekämpfen und dafür zu sorgen, dass der Wettbewerb tatsächlich auf einem *Level-Playing-Field* stattfinden kann. Auch diese Möglichkeiten können allerdings nicht durch Maßnahmen auf Ebene der Mitgliedstaaten verfolgt werden. Erforderlich ist, wie auch im Hinblick auf das unausgeschöpfte Potential des Passport-Ansatzes, ein weiteres

---

833 *Hoeren/Altemark*, GRUR 2010, 16 (22); *Reinbothe*, ZUM 2003, 27 (31).

834 *Rupp*, MMR 2014, 217 (221); *Scholz*, Medien und Recht 2013, 123 (129); *Holzmüller*, ZUM 2013, 168 (172).

Handeln des europäischen Gesetzgebers in Gestalt einer Änderungsrichtlinie, welche die aktuelle Richtlinie an ausgesuchten Stellen modifiziert.

1. *Eindeutiger Wettbewerbsrahmen für alle Spielarten kollektiver Rechte-wahrnehmung*

Der Richtliniengeber erkennt, dass die Praxis mit Wettbewerbsverzerrungen zu kämpfen hat, die darin wurzeln, dass kollektive Rechtewahrnehmung nicht mehr allein durch klassische Verwertungsgesellschaften betrieben wird, sondern auch durch andere Spielarten kollektiver Rechtewahrnehmung. Diese unterschiedlichen Spielarten kollektiver Rechtewahrnehmung sind derzeit asymmetrisch reguliert. In Kenntnis dessen führt der Richtliniengeber in der Richtlinie zwar verschiedene Spielarten kollektiver Rechtewahrnehmung ein, reguliert diese jedoch weiterhin uneinheitlich[835]. Aufgrund dieser uneinheitlichen Regulierung der unterschiedlichen Spielarten ist eine Einstufungsmöglichkeit essentiell. Aus der Richtlinie müsste klar hervorgehen, welcher von ihr eingeführte Begriff welche aktuelle Spielart kollektiver Rechtewahrnehmung beschreibt. Eben diese trennscharfe Einstufung ermöglicht die Richtlinie allerdings nicht. Es ist bereits jetzt abzusehen, dass in Zukunft unklar sein wird, ob neuartige Lizensierungsorganisationen wie CELAS, PAECOL und ARESA als Tochtergesellschaften gem. Art. 2 Abs. 3 oder als unabhängige Verwertungseinrichtungen gem. Art. 3 lit. b) zu behandeln sein werden. Zwar ist die Richtlinie richtigerweise dahingehend auszulegen, dass neuartige Lizensierungsorganisationen als Tochtergesellschaften einzuordnen sind[836]. Eine entgegengesetzte Einordnung dieser Organisationen als unabhängige Verwertungseinrichtungen ist jedoch ebenso vorstellbar[837]. Eine dahingehende Einordnung wäre jedoch sowohl für den Missstand der Wettbewerbsverzerrung als auch für den Missstand der Lizenzzersplitterung äußerst problematisch.

Für den Missstand der Wettbewerbsverzerrung bedeutet eine dahingehende Einordnung, dass neuartige Lizensierungsorganisationen und klassische Verwertungsgesellschaften weiterhin asymmetrisch reguliert sind, da für unabhängige

---

835 Zu der Geltung der Richtlinie für unterschiedliche Wahrnehmungsmodelle siehe oben S. 170 ff.

836 Zu der Einordnung als Tochtergesellschaften im Sinne der Richtlinie siehe oben S. 175 f.

837 Als unabhängige Verwertungseinrichtung einordnend *Grohmann*, GRUR-Prax 2014, 145 (147); *Hullen*, in: jurisPR-ITR 5/2014, Anm. 2; *Peifer*, ZUM 2014, 453 (456).

Verwertungseinrichtungen nur wenige Richtlinienbestimmungen gelten[838]. Ein einheitlicher Wettbewerbsrahmen zwischen den verschiedenen Spielarten kollektiver Rechtewahrnehmung wird sich unter diesen Voraussetzungen nie entwickeln können.

Für den Missstand der Lizenzzersplitterung bedeutet eine dahingehende Einordnung eine Gefährdung des Passport-Ansatzes. Als unabhängige Verwertungseinrichtungen wären Organisationen wie CELAS, PAECOL und ARESA nicht dazu verpflichtet, Anträge auf Abschluss von Repräsentationsvereinbarungen anzunehmen. Denn der hierfür maßgebliche Art. 30 Abs. 1 der Richtlinie gilt gem. Art. 2 Abs. 4 nicht für unabhängige Verwertungseinrichtungen. Wenn aber neuartige Lizensierungsorganisationen, die das wertvolle anglo-amerikanische Repertoire lizensieren, nicht zum Abschluss von Repräsentationsvereinbarungen gezwungen werden können, stellt sich die Frage, ob der ganze Passport-Ansatz nicht an den Kosten scheitern wird[839]. Denn in dem Fall müsste eine paneuropäische Lizensierung ohne das anglo-amerikanische Repertoire durchgeführt werden. Damit müssten zwar die Kosten für die Einhaltung der Qualitätsstandards getragen werden, im Gegenzug könnte aber kein nennenswert attraktives Repertoire lizensiert werden. Ob sich unter diesen Gegebenheiten die Kosten für die Einhaltung der Qualitätsstandards jemals amortisieren können, ist fraglich.

Um diese Probleme zu vermeiden, sollte gewährleistet werden, dass neuartige Lizensierungsorganisationen in den Mitgliedstaaten auch tatsächlich als Tochtergesellschaften gem. Art. 2 Abs. 3 der Richtlinie eingeordnet werden[840]. Der Wortlaut der Richtlinie ermöglicht eine dahingehende Einordnung bereits jetzt. Eine Subsumtion neuartiger Lizensierungsorganisationen unter den Begriff der Tochtergesellschaft ist bereits jetzt möglich. Infolgedessen kann der Richtlinientext unangetastet bleiben, sofern eine dahingehende Auslegung auf anderem Wege sichergestellt werden kann. Dies lässt sich über die Erwägungsgründe der Richtlinie erreichen. Erwägungsgründe sind die Teile der Richtlinie, die in komprimierter Form Rückschlüsse über die Intentionen und Hintergründe des Rechtssetzungsverfahrens ermöglichen und damit zur teleologischen Auslegung

---

838 *Peifer*, ZUM 2014, 453 (456); *Grohmann*, GRUR-Prax 2014, 145.

839 *Gerlach*, ZUM 2013, 174 (175 f.); *Kunz-Hallstein/Loschelder*, GRUR 2013, 155 (157); *Gerlach*, in: Wandtke/Bullinger, Vor §§ 1 ff. WahrnG Rn. 31.

840 Eine gleichmäßige Regulierung ebenfalls fordernd *Rehse*, ZUM 2013, 191 (192); BITKOM, Stellungnahme zum Fragebogen des BMJV zur Umsetzung der Verwertungsgesellschaften-RL vom 15. September 2014, S. 32, abrufbar unter: http://www.bitkom.org/files/documents/20140915_Stellungnahme_BITKOM_BMJV_Anhoerung_UrhWG.pdf, zuletzt abgerufen am 31. Oktober 2014.

herangezogen werden können[841]. Eine überlegte Formulierung in den Erwägungsgründen könnte mithin ausreichen, um eine gewünschte Auslegung zu erreichen. Die Richtlinie enthält mit Erwägungsgrund 17 bereits einen Erwägungsgrund, der sich explizit Tochtergesellschaften widmet. Dieser ist jedoch derart unglücklich formuliert, dass er eine Einordnung neuartiger Lizensierungsorganisationen als Tochtergesellschaften nicht sicherstellt, sondern vielmehr erschwert. Dieser Erwägungsgrund wird derzeit als „Kronzeuge" für die Auffassung angeführt, dass Tochtergesellschaften nur bei untergeordneten Tätigkeiten vorliegen können[842].

In Erwägungsgrund 17 sollte daher mindestens klargestellt werden, dass die dort aufgezählten Tätigkeiten nicht abschließend sind, sondern eine Tochtergesellschaft im Sinne der Richtlinie auch bei Tätigkeiten vorliegen kann, die keinen untergeordneten Charakter aufweisen, wie etwa im Falle eigenständiger Lizensierungen. Noch besser wäre eine direkte Klarstellung, dass unabhängige Verwertungseinrichtungen, die mit klassischen Verwertungsgesellschaften auf die in Art. 2 Abs. 3 skizzierte Art und Weise verbunden sind, als Tochtergesellschaft einzustufen sind.

2. *Tiefergehende Harmonisierungsmaßnahmen*

Der Richtliniengeber verfolgt einen zaghaften Harmonisierungsansatz. Viele bedeutende Wahrnehmungsgesetze von Mitgliedstaaten gehen teilweise erheblich über die Regelungen der Richtlinie hinaus. Für die Einheitlichkeit des gemeinsamen Wettbewerbsrahmens ist dies heikel. Viele Mitgliedstaaten betrachten ihre etablierten Wahrnehmungsgesetze als gelungenen Ausgleich widerstreitender Interessen[843]. Der Richtliniengeber konnte mithin nicht davon ausgehen, dass alle Mitgliedstaaten ihre Wahrnehmungsgesetze im Rahmen des Umsetzungsprozesses zeitnah auf das Niveau der Richtlinie abschmelzen werden. Der Richtliniengeber musste vielmehr vom Gegenteil auszugehen. Mitgliedstaaten

---

841 *Wegener*, in: Calliess/Ruffert, Art. 19 EUV Rn. 15; *Jochum*, Rn. 145.

842 *Peifer*, ZUM 2014, 453 (456).

843 So bzgl. des deutschen UrhWahrnG *Dördelmann*, GRUR 1999, 890 (896); *Rupp*, MMR 2014, 217 (220); *Pfennig*, Neue Regeln für Verwertungsgesellschaften: Was könnte sich ändern, was bedeutet das für den Urheber, abrufbar unter: http://irights.info/artikel/eu-richtlinie-kollektive-rechtewahrnehmung-deutschland/23807, zuletzt abgerufen am 31. Oktober 2014; bzgl. des österreichischen Verwertungsgesellschaftengesetzes *Csillag*, Medien und Recht, 2012, 234 (235); *Handig*, GRUR Int. 2006, 365 (373).

werden geneigt sein, möglichst viele Elemente ihrer Gesetze zu erhalten[844]. Dies wird von der Richtlinie auch explizit hingenommen, solange diese Relikte nur für inländische Verwertungsgesellschaften gelten und hierbei kein Unionsrecht verletzt wird. Für die inländischen Verwertungsgesellschaften ist diese Ausgangslage bedrohlich. Die Folge werden Rechtsunsicherheit und Wettbewerbsverzerrungen sein.

Rechtsunsicherheit droht, weil derzeit nicht absehbar ist, welche konkreten, über die Richtlinie hinausgehenden, Regelungen gegen Unionsrecht oder nationales Verfassungsrecht verstoßen[845].

Wettbewerbsnachteile drohen, weil überschießende nationale Bestimmungen den Umsetzungsprozess überleben werden. Ab diesem Zeitpunkt gelten diese allein für die im Geltungsbereich dieses Gesetzes niedergelassenen Verwertungsgesellschaften und zwar unabhängig davon, ob sie im Geltungsbereich dieses Gesetzes agieren oder nicht. Dies führt dazu, dass Verwertungsgesellschaften aus Mitgliedstaaten mit strengen Wahrnehmungsgesetzen härter reguliert sind, als ihre europäischen Schwestergesellschaften[846]. Aufgrund des von der Richtlinie normierten Harmonisierungsniveaus wird diese Benachteiligung nicht so gravierend sein, wie sie derzeit noch ist. Es bleibst jedoch dabei, dass der Standort für Verwertungsgesellschaften ein wichtiger Wettbewerbsfaktor sein wird. Ein *Cherry-Picking* durch die Verwertungsgesellschaften wird so auch weiter drohen.

Um dieser Gefahr zu begegnen, wird teilweise vorgeschlagen, die nationalen Wahrnehmungsgesetze anzupassen[847]. Dieser Ansatz entzerrt allerdings nur den Wettbewerb im Verhältnis zu einem Mitgliedstaat und ist damit bereits konzeptionell nicht geeignet, einen kohärenten Wettbewerbsrahmen für die gesamte Union zu schaffen. Zudem ließe dieser Ansatz die Chance ungenutzt, tiefergehende Harmonisierungsmaßnahmen zu treffen, die obendrein auch für eine effektivere Ausgestaltung des Passport-Ansatzes erforderlich sind. Vor diesem Hintergrund spricht mehr dafür, tiefergehende Harmonisierungsmaßnahmen, die noch mehr Verzerrungen im europäischen Wettbewerb abbauen und ein noch ebeneres Spielfeld schaffen, in einer Änderungsrichtlinie zu verankern.

---

844 Zu Einzelheiten der aktuellen Umsetzungsdiskussion in Deutschland siehe ZUM 2014, 453 - 498.

845 Zu der mit derartigen Normen verbundenen Rechtsunsicherheit siehe oben S. 185 ff.

846 *Holzmüller*, ZUM 2014, 468 (469).

847 *Holzmüller*, ZUM 2014, 468 (469).

Keinesfalls ist damit aber gemeint, dass eine Harmonisierung bis in die kleinsten Verästelungen der entlegensten europäischen Wahrnehmungsgesetze stattfinden soll. Harmonisierung ist keine Aneinanderreihung einzelner mitgliedstaatlicher Regelungen. Erfolgreiche Rechtsangleichung bedeutet keine Uniformität[848]. In der Tat greifen die Regelungen der Richtlinie derzeit zu kurz und bedürfen einer Ergänzung. Dennoch kann die Verantwortung für ein *Level-Playing-Field* nicht gänzlich dem Richtliniengeber aufgebürdet werden. Die Schaffung eines kohärenten Wettbewerbsrahmens ist keine Einbahnstraße. Auch die Mitgliedstaaten müssen hieran mitwirken. Sofern adäquates Unionsrecht kodifiziert ist, liegt es an ihnen, ihre Wahrnehmungsgesetze einer Prüfung zu unterziehen und die Erforderlichkeit überschießender Bestimmungen zu hinterfragen.

Die tiefergehenden Harmonisierungsmaßnahmen sollen daher nur solche Maßnahmen beinhalten, die zum einen erforderlich sind, um gravierenden Wettbewerbsverzerrungen im europäischen Wettbewerb entgegenzuwirken und zum anderen erforderlich sind, um eine effektivere Ausgestaltung des Passport-Ansatzes zu gewährleisten. Alle sonstigen Wettbewerbsverzerrungen durch überschießende nationale Wahrnehmungsgesetze müssen entweder hingenommen werden oder in den jeweiligen Mitgliedstaaten durch Abschmelzung dieser Wahrnehmungsgesetze entzerrt werden.

a) Erforderliche tiefergehende Harmonisierungsmaßnahmen

Auf der Basis dieses Maßstabs sollten folgende Regelungen in die Richtlinie aufgenommen werden:

aa) Erlaubnispflicht

Die Richtlinie normiert derzeit keine Erlaubnispflicht für Verwertungsgesellschaften. Dies birgt Potential für beträchtliche Wettbewerbsverzerrungen im Binnenmarkt. Einerseits, weil es sich bei der Erlaubnispflicht keineswegs um eine deutsche Besonderheit handelt. Erlaubnispflichten oder sonstige Gründungskontrollen sind in diversen europäischen Wahrnehmungsgesetzen angelegt[849]. Andererseits, weil sich aus Erlaubnispflichten auch qualitativ gravierende Wettbewerbsverzerrungen ergeben. Überleben die nationalen Erlaubnispflichten den Umsetzungsprozess der Richtlinie, gelten sie im europäischen Wettbewerb

848 *Jochum*, Rn. 617.

849 Zu Wahrnehmungsgesetzen, die mit dem UrhWahrnG vergleichbar sind siehe oben S. 61 f.

nur für inländische Verwertungsgesellschaften[850]. Nur diese Verwertungsgesellschaften müssen sich während des Gründungsprozesses von Aufsichtsbehörden durchleuchten lassen und können nicht selbst entscheiden, ob sie alle gesetzlichen Anforderungen erfüllen. Nur diesen Verwertungsgesellschaften gegenüber steht der nationalen Aufsichtsbehörde die harte Sanktionsmöglichkeit eines Widerrufs der Erlaubnis zur Verfügung.

Neben diesem Verzerrungspotential ist eine Erlaubnispflicht aber auch für eine effektivere Ausgestaltung des Passport-Ansatzes unentbehrlich. Nur so kann gewährleistet werden, dass die in der Richtlinie angelegten Qualitätsstandards auch tatsächlich eingehalten werden und den Marktzutritt zur paneuropäischen Lizensierung spürbar erschweren[851]. Eine nachträgliche Kontrolle durch die nationalen Aufsichtsbehörden ist hierfür nicht ausreichend.

Infolgedessen sollte zur Vermeidung von gravierenden Wettbewerbsverzerrungen in die Regelungen zu den Qualitätsstandards (Art. 24 – 28) eine Erlaubnispflicht für solche Organisationen aufgenommen werden, die paneuropäisch Online-Musikrechte vergeben[852].

bb) Abschlusszwang

Die Richtlinie enthält keinen Abschlusszwang der Verwertungsgesellschaften gegenüber den Online-Verwertern. Hieraus können sich beträchtliche Wettbewerbsverzerrungen ergeben. Denn auch der Abschlusszwang stellt keine Besonderheit des deutschen Wahrnehmungsrechts dar, sondern ist diversen europäischen Wahrnehmungsgesetzen vertraut[853]. Unterschiedliche Regelungen zu Abschlusszwängen sind zudem auch geeignet, qualitativ beträchtliche Wettbewerbsverzerrungen hervorzurufen. Sofern nationale Abschlusszwänge im Umsetzungsprozess unangetastet bleiben, gelten sie nur für inländische

---

850 Ihre Vereinbarkeit mit Unionsrecht und Verfassungsrecht vorausgesetzt. Zur derzeit mangelnden Vorhersehbarkeit dieser Vereinbarkeit siehe oben S. 185 ff.

851 Zu der Erforderlichkeit der Erlaubnispflicht für den Passport-Ansatz siehe oben S. 222 ff.

852 Ebenfalls eine Erlaubnispflicht fordernd *Scholz*, Medien und Recht 2013, 123 (128); *Holzmüller*, ZUM 2013, 169 (173); *Kunz-Hallstein/Loschelder*, GRUR 2013, 700.

853 Beispiele für europäische Wahrnehmungsgesetze mit Abschlusszwang einsehbar unter Comments of the Max Planck Institute für Intellectual Property and Competition Law, Ziff. 11, abrufbar unter: www.ip.mpg.de/files/pdf2/Max_Planck_Comments_Collective_Rights_Management.pdf, zuletzt abgerufen am 31. Oktober 2014.

Verwertungsgesellschaften[854]. Diese können weit weniger offensiv im Lizensierungsverfahren auftreten, als ihre europäischen Schwestergesellschaften, die keinem Abschlusszwang unterliegen[855]. Ihren Verhandlungspartnern ist stets bewusst, dass nach nationalem Wahrnehmungsrecht eine Verpflichtung besteht, zu angemessenen Bedingungen zu lizensieren. Es ist davon auszugehen, dass derartige Verwertungsgesellschaften dies bei den realisierten Lizenzgebühren zu spüren bekommen.

Neben diesen bedeutenden Wettbewerbsverzerrungen ist die Normierung eines Abschlusszwangs auch für eine effektivere Ausgestaltung des Passport-Ansatzes erforderlich. Der Hintergrund eines Abschlusszwangs liegt darin, die erhebliche Marktmacht von Verwertungsgesellschaften auszugleichen[856]. Online-Verwerter sind auf die Einräumung von Lizenzen angewiesen, um einen Online-Dienst zulässig betreiben zu können. Können sie mit einer Verwertungsgesellschaft keine Einigung erzielen, können sie bestimmte Werke nicht anbieten. Je nach Lizenzgeber kann dies dazu führen, dass der Online-Dienst für Kunden uninteressant wird. An dieser Ausgangslage wird sich auch bei Verfolgung des Passport-Ansatzes wenig ändern. Dieser sorgt bestenfalls dafür, dass sich ein Oligopol paneuropäisch lizensierender Verwertungsgesellschaften heraus kristallisiert. Die Marktmacht dieser Unternehmen wird mithin auch in Zukunft beträchtlich sein. Dies gilt gerade für Organisationen, die das wertvolle angloamerikanische Repertoire lizensieren. Kann ein Online-Verwerter mit einer dieser Organisationen keine Einigung erzielen, schmälert dies die Attraktivität seines Online-Dienstes bereits empfindlich. Schlagen Lizensierungsverhandlungen mit einer weiteren derartigen Organisation fehl, kann der Online-Dienst bereits derartig an Strahlkraft verlieren, dass er sich am Markt nicht mehr gegen seine Wettbewerber durchsetzen kann. Der Bedarf nach einem Abschlusszwang besteht damit auch dann, wenn der Passport-Ansatz verfolgt wird und dieser sich so entwickeln sollte, wie vom Richtliniengeber geplant[857].

---

854 Ihre Vereinbarkeit mit Unionsrecht und Verfassungsrecht vorausgesetzt. Zur derzeit mangelnden Vorhersehbarkeit dieser Vereinbarkeit siehe oben S. 185 ff.

855 Zu Einzelheiten der Wettbewerbsverzerrungen im Lizensierungsverfahren siehe oben S. 192 f.

856 BT-Drucks. 4/271, S. 17; *Gerlach*, in: Wandtke/Bullinger, § 11 WahrnG Rn. 1; *Meyer*, S. 106.

857 Den Abschlusszwang mit Blick auf den zukünftigen Wettbewerb zwischen den europäischen Verwertungsgesellschaften für unnötig haltend *Peifer*, ZUM 2014, 453 (461), der sich für die Abschmelzung von § 11 Abs. 1 UrhWahrnG auf ein gesetzliches Diskriminierungsverbot ausspricht.

Infolgedessen sollte der Wortlaut von Art. 16 der Richtlinie, welcher die Lizensierungspflichten von Verwertungsgesellschaften gegenüber Online-Verwertern normiert, dahingehend geändert werden, dass ihm ein Abschlusszwang zu entnehmen ist, nicht lediglich ein Diskriminierungsverbot[858].

b) Nicht erforderliche Harmonisierungsmaßnahmen

Nicht jede nationale Bestimmung, die über die Richtlinie hinaus geht, rechtfertigt jedoch eine Aufnahme in die Richtlinie. Oft sind mit diesen Bestimmungen keine gravierenden Wettbewerbsverzerrungen im Binnenmarkt verbunden. Die Gründe hierfür können variieren. Teilweise sind derartige Bestimmungen nur in wenigen Mitgliedstaaten normiert, womit flächendeckende Wettbewerbsverzerrungen im Binnenmarkt bereits ausgeschlossen werden können. Teilweise sind die mit den überschießenden Bestimmungen verbundenen Nachteile auch nur geringwertig und eine Aufnahme in die Richtlinie wäre für eine effektivere Ausgestaltung des Passport-Ansatzes nicht zwingend erforderlich. Die mit solchen Bestimmungen verbundenen Wettbewerbsverzerrungen müssen in den jeweiligen Mitgliedstaaten entweder hingenommen oder durch Abschmelzung dieser Bestimmungen entzerrt werden. Als Beispiel für derartige Regelungen sollen ein weiteres Mal die bereits skizzierten überschießenden Regelungen des strengen UrhWahrnG fungieren[859].

aa) Hinterlegungspflicht

Im Gegensatz zum UrhWahrnG trifft die Richtlinie keine Bestimmungen zur Hinterlegungspflicht. Die Aufnahme einer derartigen Verpflichtung ist jedoch entbehrlich. Der Verzicht auf die Hinterlegungspflicht führt nicht zu gravierenden Wettbewerbsverzerrungen im Binnenmarkt. Dies liegt daran, dass die Hinterlegungspflicht weitgehend eine nutzerfreundliche Besonderheit des deutschen UrhWahrnG darstellt[860], die bereits dort nicht unproblematisch ist[861]. Viele andere europäische Wahrnehmungsgesetze kennen keine Hinterlegungspflicht.

---

858 Ähnlich *Janik/Tiwisina*, ZUM 2013, 177 (179).

859 Zu Einzelheiten der überschießenden Bestimmungen des UrhWahrnG siehe oben S. 189 ff.

860 *Holzmüller*, in: Diskussionsbericht der Arbeitssitzung des Instituts für Urheber- und Medienrecht vom 28. März 2014, *Burner*, ZUM 2014, 489 (491).

861 So kann die Hinterlegungspflicht auch dazu missbraucht werden, um Verwertungsgesellschaften wirtschaftlich unter Druck zu setzen, *Riesenhuber/v.* Vogel, in: Kreile/Becker/Riesenhuber, Kap. 14 Rn. 55; Himmelmann, in: Kreile/Becker/Riesenhuber, Kap. 18 Rn. 114.

Im Gegensatz zur Erlaubnispflicht oder zum Abschlusszwang kann daher nicht davon ausgegangen werden, dass das Fehlen einer Hinterlegungspflicht in der Richtlinie zu gravierenden Wettbewerbsverzerrungen im gesamten Binnenmarkt führen wird. Es handelt sich vielmehr um Wettbewerbsverzerrungen, die nur wenige Verwertungsgesellschaften in der Union betreffen werden.

Zudem wäre der Mehrwert einer Hinterlegungsverpflichtung für die Ausgestaltung des Passport-Ansatzes überschaubar. Hinterlegungspflichten sind Regelungen, die unterbinden, dass Verwertungsgesellschaften Lizensierungen durch erhöhte Forderungen hinauszögern. Statt einer langwierigen Klärung der Angemessenheit von Lizenzgebühren ermöglichen Hinterlegungspflichten eine unkomplizierte Lizenzeinräumung durch Gesetz[862]. Die Hinterlegungspflicht betrifft damit die Frage, wie der Abschlusszwang möglichst nutzerfreundlich durchgesetzt werden kann. Für die Statik des Passport-Ansatzes sind diese Regelungen allerdings nicht tragend. Auch ohne eine Hinterlegungspflicht wären Verwertungsgesellschaften in der geänderten Richtlinie verpflichtet, zu angemessenen Konditionen zu lizensieren. Die Durchsetzung dieser Verpflichtung muss nicht mehr in der Richtlinie selbst geregelt werden, sondern sollte den Mitgliedstaaten überlassen werden, die eine Durchsetzung des Abschlusszwangs auch auf anderem Wege gewährleisten können.

Infolgedessen müssen die Wettbewerbsverzerrungen im Zusammenhang mit nationalen Hinterlegungspflichten von den betroffenen Mitgliedstaaten hingenommen oder dadurch neutralisiert werden, dass die Hinterlegungspflicht aus den jeweiligen Wahrnehmungsgesetzen gestrichen wird.

bb) Soziale und kulturelle Verpflichtungen

Die Richtlinie lässt es den Verwertungsgesellschaften unbenommen, Abzüge für soziale oder kulturelle Projekte zu tätigen. Eine Verpflichtung hierzu besteht nicht. Der Richtliniengeber will diese Frage den Mitgliedstaaten überlassen. Dies kann Wettbewerbsverzerrungen herbeiführen, sofern einige Mitgliedstaaten derartige Verpflichtungen aufrecht erhalten[863]. Dennoch sollten derartige Regelungen nicht in die Richtlinie aufgenommen werden. Einerseits sind die hierdurch entstehenden Wettbewerbsverzerrungen nicht gravierend genug. Zwar können Verwertungsgesellschaften, für die soziale und kulturelle Verpflichtungen gelten, bei gleichen Voraussetzungen weniger Gelder ausschütten, als ihre europäischen Schwestergesellschaften, was sie im Wettbewerb benachteiligt. Diesen

862 *Schulze*, in: Dreier/Schulze, § 11 UrhWG Rn. 16.

863 *Podszun*, GPR 2013, 97 (100).

niedrigeren Ausschüttungen stehen dann aber soziale Sicherungssysteme oder kulturelle Förderungen gegenüber, welche die Verwertungsgesellschaft wieder für die Rechteinhaber attraktiv macht. Den niedrigeren Ausschüttungen steht daher immer auch ein gewisser Gegenwert gegenüber.

Darüber hinaus bieten soziale und kulturelle Verpflichtungen auch keine Vorteile für eine effizientere Ausgestaltung des Passport-Ansatzes, da sie allein das Verhältnis der Verwertungsgesellschaften zum Rechteinhaber betreffen.

Infolgedessen müssen Wettbewerbsverzerrungen infolge nationaler Bestimmungen zu sozialen oder kulturellen Verpflichtungen von den betroffenen Mitgliedstaaten hingenommen werden. Derartige Bestimmungen gewährleisten besondere Annehmlichkeiten für Rechteinhaber, die ihren Preis haben. Sofern Mitgliedstaaten und Verwertungsgesellschaften Bedenken hinsichtlich der mit diesen Normen verbundenen Wettbewerbsverzerrungen haben, müssen sie gewährleisten, dass soziale Sicherungssysteme und kulturelle Fördereinrichtungen so erfolgreich ausgestaltet werden, dass sie aus Sicht der Rechteinhaber niedrigere Ausschüttungen rechtfertigen[864]. Ist den betroffenen Mitgliedstaaten die Gefahr der Wettbewerbsverzerrung dann immer noch zu hoch, müssen diesbezügliche Bestimmungen auf nationaler Ebene abgeschmolzen werden.

II. Zusammenfassung

Auch hinsichtlich des Missstands der Wettbewerbsverzerrungen bietet die Richtlinie Verbesserungspotential. Anders als bei dem Missstand der Lizenzzersplitterung kann dieses Potential allerdings allein im gewählten Harmonisierungsansatz gesucht werden, da seit Jahren Einigkeit darüber besteht, dass allein eine Harmonisierung der heterogenen europäischen Wahrnehmungsgesetze diesen Missstand beseitigen kann.

Ein Problem der Harmonisierungsmaßnahmen der Richtlinie stellt der ungewisse Status der neuartigen Lizensierungsorganisationen dar. Hier ermöglicht die Richtlinie zwar eine Einordnung, die sie regulatorisch klassischen

864 Sich für eine Beibehaltung der sozialen und kulturellen Bestimmungen aussprechend *Pfennig*, Neue Regeln für Verwertungsgesellschaften: Was könnte sich ändern, was bedeutet das für den Urheber, abrufbar unter: http://irights.info/artikel/eu-richtlinie-kollektive-rechtewahrnehmung-deutschland/23807; *Kunz-Hallstein/Loschelder*, in: Stellungnahme der GRUR zum Fragebogen des BMJV zur Umsetzung der Verwertungsgesellschaften-RL vom 11. September 2014, S. 4, abrufbar unter: http://www.grur.org/uploads/tx_gstatement/2014-09-11_GRUR_Stn_zum_Fragebogen_BMJV_Umsetzung_Verwertungsgesellschaften-RL.pdf, beide zuletzt abgerufen am 31. Oktober 2014.

Verwertungsgesellschaften gleichstellt. Sie lässt jedoch auch eine andere Einordnung zu. Daher sollte die Richtlinie in Erwägungsgrund 17 klarstellen, dass neuartige Lizensierungsorganisationen als Tochtergesellschaften zu verstehen sind. Nur so ist ein einheitlicher Wettbewerbsrahmen zwischen den verschiedenen existierenden Spielarten kollektiver Rechtewahrnehmung gewährleistet.

Zudem schafft die Richtlinie kein hinreichendes *Level-Playing-Field* zwischen den verschiedenen europäischen Verwertungsgesellschaften. Aufgrund des zaghaften Harmonisierungsansatzes werden die Wahrnehmungsgesetze vieler Mitgliedstaaten, auch nach Umsetzung der Richtlinie, über diese hinausragen. Dies kann Verwertungsgesellschaften dieser Mitgliedstaaten benachteiligen. Hieraus ist jedoch nicht zu folgern, dass in die Richtlinie unzählige weitergehende Normen verschiedener Mitgliedstaaten aufgenommen werden müssen. Für einen einheitlichen Wettbewerbsrahmen sind auch die Mitgliedstaaten verantwortlich. Nur Regelungen, die einerseits erforderlich sind, um gravierenden Wettbewerbsverzerrungen im Binnenmarkt entgegenzuwirken und andererseits für eine effizientere Ausgestaltung des Passport-Ansatzes erforderlich sind, rechtfertigen eine Aufnahme in die Richtlinie. Hierunter fällt die Aufnahme einer Erlaubnispflicht in die Art. 24 – Art. 28 der Richtlinie und die Formulierung eines Abschlusszwangs in deren Art. 16.

Sonstige Wettbewerbsverzerrungen müssen entweder hingenommen oder auf nationaler Ebene durch Abschmelzung entzerrt werden. Hierunter fallen auch überschießende Bestimmungen des UrhWahrnG, wie die Hinterlegungspflicht oder die Bestimmungen zu sozialen oder kulturellen Verpflichtungen.

C. Zusammenfassung der änderungsbedürftigen Passagen der Richtlinie

Der Richtliniengeber folgt grundsätzlich überzeugenden Ansätzen, schöpft das Potential dieser Ansätze jedoch an verschiedenen Stellen nicht hinreichend aus. Hierdurch verlieren die in der Richtlinie verfolgten Ansätze unnötig an Schlagkraft. Um den im Online-Musikbereich herrschenden Missständen der Lizenzzersplitterung und der Wettbewerbsverzerrungen im Binnenmarkt effektiver begegnen zu können, ist daher eine Modifizierung der Richtlinie im Rahmen einer Änderungsrichtlinie erforderlich. Diese Änderungsrichtlinie sollte die Richtlinie an folgenden sechs Stellen modifizieren:

I. Erwägungsgrund 17

Sowohl für den Missstand der Wettbewerbsverzerrungen im Binnenmarkt als auch für den Missstand der Lizenzzersplitterung ist richtungsweisend, dass neuartige Lizensierungsorganisationen symmetrisch zu klassischen Verwertungsgesellschaften reguliert werden. Ansonsten ist sowohl das *Level-Playing-Field* auf dem Gebiet der kollektiven Rechtewahrnehmung als auch der Passport-Ansatz zur Defragmentierung zersplitterter Repertoires zum Scheitern verurteilt. Eine symmetrische Regulierung der unterschiedlichen Spielarten ist in der Richtlinie zwar angelegt, jedoch aufgrund unklarer Formulierungen nicht sicher gewährleistet.

Erwägungsgrund 17 sollte daher im Rahmen der Änderungsrichtlinie so umgestaltet werden, dass ihm klar zu entnehmen ist, dass neuartige Lizensierungsorganisationen als Tochtergesellschaften im Sinne von Art. 2 Abs. 3 der Richtline zu begreifen sind. Dies schließt jede asymmetrische Regulierung der unterschiedlichen Spielarten kollektiver Rechtewahrnehmung aus. Um dies zu erreichen sollte in Erwägungsgrund 17 zumindest klargestellt werden, dass die in ihm aufgezählten Tätigkeiten nicht abschließend sind, sondern eine Tochtergesellschaft auch bei Tätigkeiten vorliegen kann, die keinen untergeordneten Charakter haben, wie etwa im Falle eigenständiger Lizensierungen. Noch besser wäre eine direkte Klarstellung, dass eine unabhängige Verwertungseinrichtung, die mit einer klassischen Verwertungsgesellschaft auf die in Art. 2 Abs. 3 skizzierte Art und Weise verbunden ist, als Tochtergesellschaft einzustufen ist.

II. Artikel 16

Für den Missstand der Wettbewerbsverzerrung im Binnenmarkt ist der einheitliche Wettbewerbsrahmen zwischen den europäischen Verwertungsgesellschaften von entscheidender Bedeutung. Die Verantwortung für die Gestaltung dieses Wettbewerbsrahmens liegt jedoch nicht allein beim Richtliniengeber. Dieser sollte in der Änderungsrichtlinie nur solche Maßnahmen treffen, die einerseits erforderlich sind, um gravierenden Wettbewerbsverzerrungen im europäischen Wettbewerb entgegenzuwirken und andererseits erforderlich sind, um den Passport-Ansatz effizienter zu gestalten. Zu solchen Maßnahmen gehört insbesondere die Aufnahme eines Abschlusszwangs der Verwertungsgesellschaften gegenüber den Verwertern. Der Abschlusszwang ist in zahlreichen Mitgliedstaaten geltendes Recht und stellt für dort ansässige Verwertungsgesellschaften eine qualitativ beträchtliche Wettbewerbsverzerrung dar. Hinzukommt, dass der Abschlusszwang auch im Rahmen des Passport-Ansatzes erforderlich ist, da auch bei der Verfolgung dieses Ansatzes die Lizenzgeber über beträchtliche Marktmacht verfügen werden.

Art. 16 der Richtlinie sollte daher im Rahmen der Änderungsrichtlinie so umgestaltet werden, dass ihm anstelle eines Diskriminierungsverbots ein Abschlusszwang klar zu entnehmen ist.

III. Artikel 24 – 28

Sowohl für den Missstand der Wettbewerbsverzerrung als auch für den Missstand der Lizenzzersplitterung ist relevant, dass paneuropäisch lizensierende Verwertungsgesellschaften einer Erlaubnispflicht unterliegen. Einerseits werden hierdurch gravierende Wettbewerbsverzerrungen beseitigt, da Erlaubnispflichten vielen europäischen Wahrnehmungsgesetzen bekannt sind und die dortigen Verwertungsgesellschaften empfindlich benachteiligen. Andererseits ist die Erlaubnispflicht auch für den Missstand der Lizenzzersplitterung relevant, da nur so gewährleistet ist, dass die Qualitätsstandards auch tatsächlich von den Verwertungsgesellschaften beachtet werden müssen und eine spürbare Marktzutrittsschranke darstellen.

Die Qualitätsstandards in Art. 24 – 28 sollten daher im Rahmen der Änderungsrichtlinie so umgestaltet werden, dass aus ihnen eine Erlaubnispflicht für paneuropäisch lizensierende Organisationen hervorgeht.

IV. Artikel 25

Eine Folge der bestehenden Lizenzzersplitterung besteht darin, dass Online-Verwerter unter Kosten und Mühen herausfinden müssen, welche Rechte von welcher Organisation für welches Gebiet lizensiert werden. Da die Richtlinie keinen *One-Stop-Shop* etabliert, wird diese Rechteklärung auch nach der Umsetzung der Richtlinie ein Kostenfaktor für Online-Verwerter sein. Damit sich die derzeitigen Probleme im Prozess der Rechteklärung verbessern können, ist es erforderlich, dass Online-Verwerter nicht wiederkehrend alle paneuropäisch lizensierenden Organisationen kontaktieren müssen, sondern unkompliziert ihre Informationen in Online-Datenbanken abrufen können. Die Richtlinie ermöglicht die Unterhaltung derartiger Datenbanken durch Verwertungsgesellschaften, verzichtet jedoch auf eine Verpflichtung zur Bereitstellung von Informationen in einer Datenbank.

Art. 25 Abs. 1 der Richtlinie sollte mithin im Rahmen der Änderungsrichtlinie dahingehend geändert werden, dass er paneuropäisch lizensierende Organisationen mindestens dazu verpflichtet die angefragten Informationen zu repräsentierten Musikwerken, repräsentierten Rechten und umfassten Lizenzgebieten über eigene Online-Datenbanken zu erteilen anstatt der derzeit vorgesehenen Informationserteilung auf elektronischem Wege. Noch effektiver wäre eine Verpflichtung, die erforderlichen Informationen über eine gemeinsame Meta-Datenbank aller unionsweit lizensierender Verwertungsgesellschaften zu erteilen.

V. Artikel 29

Eine nachhaltige Bekämpfung des Missstandes der Lizenzzersplitterung setzt voraus, dass der Passport-Ansatz so ausgestaltet wird, dass sich die Bündelung von Repertoires auch für die Verwertungsgesellschaften attraktiv erweist, welche die Fremdrepertoires wahrnehmen müssen. Dies geht nur unter der Prämisse, dass die Fremdrepertoires auf exklusiver Basis wahrgenommen werden können. Ansonsten droht die Wahrnehmung fremder Repertoires zu einer zu großen Belastung der paneuropäisch lizensierenden Verwertungsgesellschaften zu werden.

Art. 29 Abs. 1 der Richtlinie sollte mithin im Rahmen der Änderungsrichtlinie so umgestaltet werden, dass er auch den Abschluss von Repräsentationsvereinbarungen auf exklusiver Basis ermöglicht.

VI. Artikel 30

Der Missstand der Lizenzzersplitterung kann in Zukunft nur defragmentiert werden, wenn die Online-Musikrechte kleinerer Verwertungsgesellschaften problemlos paneuropäisch lizensiert werden können. Hierzu muss sichergestellt sein, dass kleine Verwertungsgesellschaften, die nicht willens oder in der Lage sind, den Qualitätsanforderungen zur paneuropäischen Lizensierung nachzukommen, problemlos Repräsentationsvereinbarungen mit paneuropäisch lizensierenden Schwestergesellschaften eingehen können. Kann dies nicht sichergestellt werden, besteht die Gefahr, dass diese Verwertungsgesellschaften aufgrund der Qualitätsstandards nicht selber paneuropäisch lizensieren, andererseits aber auch keine Kooperationen mit einer paneuropäisch lizensierenden Schwestergesellschaft eingehen können. Zwar erkennt auch der Richtliniengeber diese Notwendigkeit und normiert einen Abschlusszwang in Art. 30 Abs. 1 der Richtlinie. Dieser ist jedoch nicht umfassend genug ausgestaltet, um eine planmäßige Kanalisierung unwichtigerer Repertoires zu gewährleisten. Dies kann zur Folge haben, dass kleine Verwertungsgesellschaften Probleme bei Kooperationen mit Schwestergesellschaften bekommen können und zu einer eigenen paneuropäischen Lizensierung übergehen. Dies stellt dann wieder die Geburt eines neuen Lizenzgebers dar und mit ihm ein weiterer Schritt in Richtung eines *Numerous-Stop-Shops.*

Art. 30 Abs. 1 der Richtlinie sollte daher im Rahmen der Änderungsrichtlinie so umformuliert werden, dass ein Antrag auf Abschluss einer Repräsentationsvereinbarung bereits dann von einer paneuropäisch lizensierenden Schwestergesellschaft angenommen werden muss, wenn diese Mehrgebietslizenzen für dieselbe Kategorie von Online-Musikrechten lizensiert oder anbietet. Die

Voraussetzung der paneuropäischen Wahrnehmung von Fremdrepertoire sollte mithin gestrichen werden. Bei dieser Ausgestaltung besteht keine Möglichkeit mehr, der Wahrnehmung von Fremdrepertoires dadurch zu entgehen, dass Anträge auf Abschluss von Repräsentationsvereinbarungen kategorisch abgelehnt werden.

Resümee

Obgleich der Online-Musikbereich inzwischen das Zugpferd der internationalen Tonträgerindustrie ist und auch in Zukunft noch weiter an Relevanz gewinnen wird, sind die Strukturen für die kollektive Rechtewahrnehmung in diesem Bereich desolat. Dies ist problematisch, weil dieser Bereich wie kein anderer von einer intakten kollektiven Rechtewahrnehmung abhängt. Besonders die Lizenzzersplitterung der Online-Musikrechte und der uneinheitliche Wettbewerbsrahmen zwischen den verschiedenen Organisationen der kollektiven Rechtewahrnehmung stehen einer Ausschöpfung des vollständigen Potentials im Weg.

Auch der Richtliniengeber hat diese (teilweise selbst verschuldeten) Missstände der kollektiven Rechtewahrnehmung im Online-Musikbereich inzwischen erkannt und mit einer Richtlinie über die kollektive Wahrnehmung von Urheber- und verwandten Schutzrechten und die Vergabe von Mehrgebietslizenzen für Rechte an Musikwerken für die Online-Nutzung im Binnenmarkt reagiert. Die Richtlinie hat eine Harmonisierung der heterogenen europäischen Wahrnehmungsgesetze und eine Erleichterung der paneuropäischen Lizensierung im Online-Musikbereich zum Ziel. Zur Erreichung dieser Ziele wählt der Richtliniengeber jeweils den vielversprechendsten Ansatz. Auf Basis der wettbewerbspolitischen Grundeinstellung auf europäischer Ebene kann dem Missstand der Lizenzzersplitterung am effektivsten mit dem in der Richtlinie verfolgten Passport-Ansatz begegnet werden. Auch die Wettbewerbsverzerrungen zwischen den europäischen Verwertungsgesellschaften können allein durch eine Harmonisierung der europäischen Wahrnehmungsgesetze entzerrt werden.

Im Kampf gegen die Missstände kann der Richtliniengeber auch durchaus Erfolge feiern. Mit der Richtlinie weist er den im Online-Musikbereich tätigen Akteuren einen Weg, die zersplitterten Repertoires wieder zu defragmentieren und sorgt dafür, dass in Zukunft jeder europäische Rechteinhaber unkompliziert in den Genuss einer paneuropäischen Lizensierung seiner Online-Musikrechte kommen kann. In der Richtlinie wird zudem die bislang strittige Frage des auf grenzüberschreitende Lizensierungen anwendbaren Wahrnehmungsrechts geklärt und erstmals ein gemeinsamer Rechtsrahmen für die kollektive Rechtewahrnehmung im Binnenmarkt geschaffen. Mit Blick darauf, dass in vielen Mitgliedstaaten Verwertungsgesellschaften nur rudimentär reguliert sind und das Verständnis von kollektiver Rechtewahrnehmung sich im Binnenmarkt teilweise erheblich unterscheidet, muss gerade die Schaffung dieses gemeinsamen Rechtsrahmens honoriert werden.

Trotz dieser bemerkenswerten Erfolge wird die Richtlinie allerdings nicht als Wendepunkt der kollektiven Rechtewahrnehmung im Online-Musikbereich in Erinnerung bleiben. Trotz guter Absichten des Richtliniengebers und richtigen Strategien werden auch nach Umsetzung der Richtlinie beide bislang dominierende Missstände weiterhin spürbar sein, wenn auch in einem geringerem Ausmaß.

Hinsichtlich des Missstands der Lizenzzersplitterung wird auch nach Umsetzung der Richtlinie die im Bereich des anglo-amerikanischen Repertoires bestehende Fragmentierung zu beobachten sein. Auch hinsichtlich des europäischen Repertoires wird die Richtlinie keine spürbaren Defragmentierungsprozesse initiieren können, obgleich sie in diesem Bereich leichte Entspannungen bewirken kann. Hier werden vielversprechende Ansätze zu zurückhaltend verfolgt; das vom Richtliniengeber angestrebte Oligopol kann so in der Realität schnell zum Polypol werden. Schließlich können auch die Regelungen in Bezug auf den Rechteklärungsprozess der Online-Verwerter nicht überzeugen. Online-Verwerter werden auch in Zukunft viel Kosten und Mühen in den Lizensierungsprozess investieren müssen, um ihren Online-Dienst verhältnismäßig sicher betreiben zu können.

Hinsichtlich des Missstandes der Wettbewerbsverzerrungen lässt die Richtlinie dringend erforderliche Klarheit bei der Regulierung der verschiedenen Spielarten der kollektiven Rechtewahrnehmung vermissen. Es bleibt unklar, unter welchen der in der Richtlinie eingeführten Begriffe die so wichtigen neuartigen Lizensierungsorganisationen CELAS, PAECOL und ARESA fallen. Zudem wird der Rechtsrahmen nicht derart hinreichend vereinheitlicht, dass zukünftiger Wettbewerb einem *Level-Playing-Field* stattfinden kann. Zu viele europäische Wahrnehmungsgesetze gehen an entscheidenden Stellen über die Richtlinie hinaus, so dass die Gefahr besteht, dass diese Normen den Umsetzungsprozess überstehen und inländische Verwertungsgesellschaften benachteiligen.

Bei der Frage, ob die Missstände effektiver bekämpft werden können, muss teilweise die unangenehme Wahrheit akzeptiert werden, dass bestimmte Missstände sich nicht mehr durch die Richtlinie beseitigen lassen. Dies betrifft namentlich die Lizenzzersplitterung im Bereich des anglo-amerikanischen Repertoires. Selbst wenn der Richtliniengeber hier den politischen Willen gehabt hätte, einen *One-Stop-Shop* zu erzwingen, wäre er im Bereich des anglo-amerikanischen Repertoires gescheitert. Der Markt hat in diesem Bereich seit Veröffentlichung der Kommissionsempfehlung im Jahr 2005 solche Tatsachen geschaffen, die sich nicht mehr im Wege einer Richtlinie umkehren lassen.

Teilweise können die Missstände jedoch effektiver bekämpft werden, als der Richtliniengeber dies im Rahmen der Richtlinie tut. Dem liegt der Umstand zu

Grunde, dass der Richtliniengeber richtige Ansätze nicht konsequent genug verfolgt. Hierdurch verlieren die verwendeten Ansätze entscheidend an Schlagkraft. Hieran können die Mitgliedstaaten auf den nationalen Ebenen nichts ändern. Um die Missstände konsequenter bekämpfen zu können, muss die Richtlinie daher partiell durch eine Abänderungsrichtlinie an ausgewählten Stellen modifiziert werden:

Um das Potential des Passport-Ansatzes zur Beseitigung der Lizenzzersplitterung besser ausschöpfen zu können, sollte im Rahmen dieser Änderungsrichtlinie eine Erlaubnispflicht für paneuropäisch lizensierende Verwertungsgesellschaften in die Regelungen der Qualitätsstandards in Art. 24 – Art. 28 eingefügt werden. Die Verpflichtung zum Abschluss von Repräsentationsvereinbarungen in Art. 30 Abs. 1 sollte umfassender ausgestaltet werden. Im Gegenzug sollte Art. 29 Abs. 1 auch den exklusiven Abschluss von Repräsentationsvereinbarungen ermöglichen. Schließlich sollte der Rechteklärungsprozess in Art. 25 Abs. 1 so gestaltet werden, dass die Verwertungsgesellschaften eigene oder gemeinsame Datenbanken unterhalten müssen, die von den Online-Verwertern nach einer Registrierung selbständig online angesteuert werden können.

Um das Potential des Harmonisierungsansatzes besser ausschöpfen zu können und ein *Level-Playing-Field* zu etablieren, sollte die Änderungsrichtlinie durch eine durchdachtere Formulierung des Erwägungsgrundes 17 gewährleisten, dass neuartige Lizensierungsorganisationen wie CELAS, PAECOL und ARESA als Tochtergesellschaften im Sinne von Art. 2 Abs. 3 der Richtlinie eingeordnet werden. Nur so ist ein einheitlicher Wettbewerbsrahmen zwischen ihnen und den klassischen Verwertungsgesellschaften gewährleistet.

Zudem sollte die Änderungsrichtlinie tiefergehende Harmonisierungsmaßnahmen treffen. Dies betrifft solche Regelungen, die einerseits erforderlich sind, um gravierenden Wettbewerbsverzerrungen im Binnenmarkt entgegenzuwirken und die andererseits erforderlich sind, um den Passport-Ansatz effektiver ausgestalten zu können. Hierunter fällt die Aufnahme eines Abschlusszwangs in Art. 16 der Richtlinie und (wiederum) die Etablierung einer Erlaubnispflicht für paneuropäische lizensierende Verwertungsgesellschaften in den Art. 24 – Art. 28. Wettbewerbsverzerrungen, die sich aufgrund anderweitiger nationaler Vorschriften ergeben, müssen entweder hingenommen werden oder auf nationaler Ebene durch eine Abschmelzung der dortigen Wahrnehmungsgesetze entzerrt werden.

Die kollektive Rechtewahrnehmung im Online-Musikbereich wird daher auch in Zukunft Anlass zur Diskussion geben. Zwar werden durch die Richtlinie einige Missstände im Online-Musikbereich spürbar entschärft. Ein intakter Online-Musikbereich kann durch die Richtlinie jedoch nicht geschaffen werden.

Hierfür greifen die Regelungen der Richtlinie insgesamt zu kurz. Die Richtlinie muss daher als Fundament für die Gestaltung eines intakten Online-Musikbereichs eingeordnet werden. Ein Schlusspunkt unter die Gestaltung eines intakten Online-Musikbereichs wird durch die Richtlinie allerdings nicht gesetzt. Diese Rolle wird erst eine Änderungsrichtlinie einnehmen können, welche die Richtlinie an ausgewählten Stellen modifiziert.

Literaturverzeichnis

Ahlberg, Hartwig Götting, Horst-Peter: Beck'scher Online-Kommentar Urheberrecht, 5. Edition, München 2014

v. Albrecht, Martin: Kommentar zu LG München, Urteil vom 25. Juni 2009 – Az.: 7 O4139/08, K &R 2009, S. 661 ff.

v. Albrecht, Martin: Praxis der Rechtevergabe im Online-Bereich – Ein Beitrag aus Sicht privater Sendeunternehmen, ZUM 2011, S. 706 ff.

v. Albrecht, Martin Mutschler-Siebert, Annette Bosch, Tobias: Die Murphy-Entscheidung und ihre Auswirkungen auf Sport- und Filmlizenzen im Online-Bereich – Die exklusive territoriale Rechtevergabe ist kein Modell der Vergangenheit, ZUM 2012, S. 93 ff.

Alich, Stefan: Neue Entwicklungen auf dem Gebiet der Lizensierung von Musikrechten durch Verwertungsgesellschaften in Europa, GRUR Int. 2008, S. 996 ff.

Alich, Stefan Schmidt-Bischoffshausen, Albrecht: Deutsche Landesgruppe der ALAI und Fachausschuss für Urheber- und Verlagsrecht – Protokoll der gemeinsamen Sitzung vom 27.04.2007 in München, GRUR 2008, S. 43 ff.

Altemark, Christine: Wahrnehmung von Online-Musikrechten im europäischen Wirtschaftsraum – Unter besonderer Berücksichtigung des Systems der Rechtewahrnehmung seit der Empfehlung der Kommission vom 18. Oktober 2005, Frankfurt am Main 2011.

Arlt, Christian: Digital Rights Management-Systeme – Begriff, Funktion und rechtliche Rahmenbedingungen nach den jüngsten Änderungen des UrhG – insbesondere zum Verhältnis der §§ 95a ff. UrhG zum Zugangskontrolldiensteschutzgesetz (ZKDSG), GRUR 2004, S. 548 ff.

Armbrüster, Christian Hausmann, Rainer Magnus, Ulrich Winkler von Mohrenfels, Peter: J. von Staudingers Kommentar zum Bürgerlichen Gesetzbuch mit Einführungsgesetz und Nebengesetzen, Internationales Vertragsrecht 2, Berlin 2011.

Bäcker, Kerstin Höfinger, Frank Michael: Online-Vertrieb digitaler Inhalte: Erstvertrieb, nachgelagerte Nutzungen und nachgelagerte Märkte, ZUM 2013, S. 623 ff.

Baierle, Christian: Lizensierung von Musikwerken im Online-Bereich – Weg frei zu einer globalen Musikrechtedatenbank?, MMR 2012, S. 503 ff.

Bauer, Stephan von Einem, Götz: Handy-TV – Lizensierung von Urheberrechten unter Berücksichtigung des „2. Korbs“, MMR 2007, S. 698 ff.

Becker, Jürgen: Die Lizensierungspraxis der GEMA für Ruftonmelodien. Rechteeinräumung und Rechtefluß, in: Becker/Hilty/Stöckli/Würtenberger, Recht im Wandel seines sozialen und technologischen Umfeldes – Festschrift für Manfred Rehbinder, München Basel 2002, S. 187 ff.

Becker, Jürgen: Verwertungsgesellschaften als Träger öffentlicher und privater Aufgaben, in: Kreile/Becker/Riesenhuber, Recht und Praxis der GEMA, 2. Auflage, Berlin 2008, S. 33 ff.

Beger, Gabriele: Umsetzung der EU-Richtlinie in deutsches Recht – Umsetzungsbedarf aus Sicht des Deutschen Bibliotheksverbands: Bibliotheken brauchen verlässliche Partner, ZUM 2014, S. 482 ff.

Berger, Christian Wündisch, Sebastian: Urhebervertragsrecht – Handbuch, Baden-Baden 2008.

Bezzenberger, Gerold Riesenhuber, Karl: Die Rechtsprechung zum „Binnenrecht“ der Verwertungsgesellschaften – dargestellt am Beispiel der GEMA, GRUR 2003, S. 1005 ff.

Bing, Friederike: Die Verwertung von Urheberrechten – Eine ökonomische Analyse unter besonderer Berücksichtigung der Lizenzvergabe durch Verwertungsgesellschaften, Berlin 2002

Bleckmann, Albert: Zu den Auslegungsmethoden des Europäischen Gerichtshofs, NJW 1982, S. 1177 ff.

Bortloff, Nils: Internationale Lizensierung von Internet-Simulcasts durch die Tonträgerindustrie, GRUR Int. 2003, S. 669 ff.

Burner, Carla: Umsetzung der EU-Richtlinie für Verwertungsgesellschaften in deutsches Recht – Diskussionsbericht zur gleichlautenden Arbeitssitzung des Instituts für Urheber- und Medienrecht am 28. März 2014, ZUM 2014, S. 489 ff.

Busch, Thomas: Zur urheberrechtlichen Einordnung der Nutzung von Streamingangeboten, GRUR 2011, S. 496 ff.

Calliess, Christian: Europäischer Binnenmarkt und europäische Demokratie: Von der Dienstleistungsfreiheit zur Dienstleistungsrichtlinie – und wieder Retour?, DVBl. 2007, S. 337 ff.

Calliess, Christian Ruffert, Matthias: EUV/AEUV – Das Verfassungsrecht der Europäischen Union mit Europäischer Grundrechtecharta, 4. Auflage, München 2011.

Castendyk, Oliver: Senderecht und Internet, in: Hilty/Drexl/Nordemann, Schutz von Kreativität und Wettbewerb – Festschrift für Ulrich Loewenheim zum 75.Geburtstag, München 2009, S. 31 ff.

Cornish, William Llewelyn, David: Intellectual Property: Patents, Copyright, Trade Marks and allied rights, 5. Auflage, London 2003

Csillag, Sandra: Der Richtlinienentwurf zur Harmonisierung des Verwertungsgesellschaftenrechts: Anspruch vs. Wirklichkeit, Medien und Recht 2012, S. 234 ff.

Dillenz, Walter: Harmonisierung des Rechts der Verwertungsgesellschaften in Europa, GRUR Int. 1997, S. 315 ff.

Dördelmann, Jörg-Eckhard: Gedanken zur Zukunft der Staatsaufsicht über Verwertungsgesellschaften, GRUR 1999, S. 890 ff.

Dreier, Thomas Schulze, Gernot: Urheberrechtsgesetz – Kommentar, 4. Auflage, München 2013

Drexl, Josef: Auf dem Weg zu einer neuen europäischen Marktordnung der kollektiven Wahrnehmung von Online-Rechten der Musik? – Kritische Würdigung der Kommissionsempfehlung vom 18. Oktober 2005, in: Riesenhuber, Wahrnehmungsrecht in Polen, Deutschland und Europa – INTERGU–Tagung 2005, S. 193 ff.

Drexl, Josef: Das Recht der Verwertungsgesellschaften in Deutschland nach Erlass der Kommissionsempfehlung über die kollektive Verwertung von Online-Musikrechten, in: Hilty/Geiger, Impulse für eine europäische Harmonisierung des Urheberrechts – Urheberrecht im deutsch-französischen Dialog, Berlin u. a. 2007, S. 369 ff.

Dreyer, Gunda Kotthoff, Jost Meckel, Astrid: Heidelberger Kommentar zum Urheberrecht, 3. Auflage, Heidelberg 2013.

Düsing, Torben: Die Gestaltung einer europäischen Lizensierungspraxis für Online-Musikrechte, Hamburg 2009.

v. Einem, Götz: Grenzüberschreitende Lizensierung von Musikwerken in Europa – Auswirkungen der Empfehlung der EU-Kommission zur Rechtewahrnehmung auf das System der Gegenseitigkeitsverträge, MMR 2006, S. 647 ff.

v. Einem, Götz: Verwertungsgesellschaften im deutschen und internationalen Musikrecht – Rechtliche und praktische Probleme bei der Lizensierung von Musik angesichts der Digitalisierung und Internationalisierung der Rechteverwertung, München 2007.

Ensthaler, Jürgen: Streaming und Urheberrechtsverletzung, NJW 2014, S. 1553 ff.

Ensthaler, Jürgen Weidert, Stefan: Handbuch Urheberrecht und Internet, 2. Auflage, Frankfurt am Main 2010.

Enzinger, Michael: Der europäische Rechtsrahmen für kollektive Rechtewahrnehmung, GRUR Int. 2006, S. 985 ff.

Fangerow, Kathleen Schulz, Daniela: Die Nutzung von Angeboten auf www.kino.to – Eine urheberrechtliche Analyse des Film-Streamings im Internet, GRUR 2010, S. 677 ff.

Flechsig, Norbert P.: Verteilungspläne von Verwertungsgesellschaften, ZUM 2013, S. 745 ff.

Frenz, Walter: Handbuch Europarecht, Band 2: Europäisches Kartellrecht, Heidelberg 2006

Frenz, Walter: Handbuch Europarecht, Band 5: Wirkungen und Rechtsschutz, Heidelberg 2010

Galetzka, Christian Stamer, Erik: Streaming – Aktuelle Entwicklungen in Recht und Praxis Redtube, kinox.to & Co., MMR 2014, S. 292 ff.

Geiger, Christophe Engelhardt, Tim Hansen, Gerd Markowski, Kristina: Urheberrecht im deutsch-französischen Dialog – Impulse für eine europäische Rechtsharmonisierung – Bericht der Abschlussveranstaltung der deutsch-französischen Vortragsreihe zum Urheberrecht am 13. Januar 2006 im Europäischen Patentamt, München, GRUR Int. 2006, S. 475 ff.

Gerlach, Tilo: Brüsseler Spitzen? Zur „Empfehlung der EU-Kommission zur grenzüberschreitenden Lizensierung von Online-Musik, in: Geiss/Gerstenmair/Winkler/Mailänder, Festschrift für Karl Peter Mailänder zum 70. Geburtstag am 23. Oktober 2006, Berlin 2006, S. 523 ff.

Gerlach, Tilo: Europäischer Rechtsrahmen für Verwertungsgesellschaften, ZUM 2013, S. 174 ff.

Ginsburg, Jane C.: Die Rolle des nationalen Urheberrechts im Zeitalter der internationalen Urheberrechtsnormen, GRUR Int. 2000, S. 97 ff.

Glöckner, Jochen: Kartellrecht – Recht gegen Wettbewerbs-beschränkungen, Stuttgart 2012.

Goldmann, Bettina C.: Die kollektive Wahrnehmung musikalischer Rechte in den USA und Deutschland – Eine vergleichende Studie zu Recht und Praxis der Verwertungsgesellschaften, München 2001.

v. Graevenitz, Albrecht: Mitteilungen, Leitlinien, Stellungnahmen – Soft Law der EU mit Lenkungswirkung, EUZW 2013, S. 169 ff.

Grewenig, Claus: Rechteerwerb und Rechteinhaberschaft im digitalen Zeitalter – Probleme von Nutzern beim Rechtserwerb aus Sicht privater Medienunternehmen, ZUM 2011, S. 27 ff.

Grohmann, Arno: In der EU spielt die Musik: Richtlinie über kollektive Rechtewahrnehmung und Mehrgebietslizenzen für die Online-Nutzung von Musikwerken verabschiedet, GRUR-Prax 2014, S. 145 ff.

Handig, Christian: Das neue österreichische Verwertungs-gesellschaftengesetz (VerwGesG 2006), GRUR Int. 2006, S. 365 ff.

Hansen, Gerd Schmidt-Bischoffshausen, Albrecht: Ökonomische Strukturen von Verwertungsgesellschaften – Kollektive Wahrnehmung im Lichte von Transaktionskosten und Informationsökonomik, GRUR Int. 2007, S. 461 ff.

Haratsch, Andreas Koenig, Christian Pechstein, Matthias: Europarecht, 9. Auflage, Tübingen 2014.

v. Hartlieb, Holger Schwarz, Matthias: Handbuch des Film-, Fernseh- und Videorechts, 5. Auflage, München 2011.

Heine, Robert: Wahrnehmung von Online-Musikrechten durch Verwertungsgesellschaften im Binnenmarkt, Berlin 2008.

Heine, Robert: Gesetzliches Monopol einer Verwertungsgesellschaft, GRUR-Prax 2014, S. 133.

Heine, Robert Eisenberg, Sonja: Verwertungsgesellschaften im Binnenmarkt – Die kollektive Wahrnehmung von Urheberrechten nach der Dienstleistungsrichtlinie, GRUR Int. 2009, S. 277 ff.

Hertin, Paul: Die Subventionierung der E-Musik durch Einkünfte aus anderen Sparten der Musikverwertung – Das GEMA-Verteilungssystem auf dem Prüfstand, GRUR 2013, S. 469 ff.

Hertin, Schulze, Marcel Paul Walter, Michel: Urheberrechtskommentar – Band 1.2, 55. Aktualisierungsauslieferung, Köln 2011

Hilgert, Peter Hilgert, Sebastian: Nutzung von Streaming-Portalen – Urheberrechtliche Fragen am Beispiel von Redtube, MMR 2014, S. 85 ff.

Hilty, Reto M.: Kollektive Rechtewahrnehmung und Vergütungsregeln: Harmonisierungsbedarf und –möglichkeiten, in: Leistner: Europäische Perspektiven des Geistigen Eigentums, Tübingen 2010, S. 123 ff.

Himmelmann, Ulrich: Die Aufsicht über die GEMA, in: Kreile/Becker/Riesenhuber, Recht und Praxis der GEMA, 2. Auflage, Berlin 2008, S. 817 ff.

Hoeren, Thomas: Zoning und Geolocation – Technische Ansätze zu einer Reterritorialisierung des Internet, MMR 2007, S. 3 ff.

Hoeren, Thomas Altemark, Christine: Musikverwertungsgesellschaften und das Urheberrechtswahrnehmungsgesetz am Beispiel der CELAS, GRUR 2010, S. 16 ff.

Hoeren, Thomas Sieber, Ulrich Holznagel, Bernd: Handbuch Multimedia-Recht – Rechtsfragen des elektronischen Geschäftsverkehrs, 38. Ergänzungslieferung, München 2014.

Holzmüller, Tobias: Der Entwurf der Richtlinie über die kollektive Wahrnehmung von Urheberrechten und verwandten Schutzrechten – Anmerkungen zu den Regelungen über die grenzüberschreitende Lizensierung von Musikrechten, ZUM 2013, S. 168 ff.

Holzmüller, Tobias: Umsetzung der EU-Richtlinie für Verwertungsgesellschaften in deutsches Recht – Umsetzungsbedarf aus Sicht der GEMA, ZUM 2014, S. 468 ff.

Homann, Hans-Jürgen: Praxishandbuch Musikrecht – Ein Leitfaden für Musik- und Medienschaffende, Berlin u. a. 2007

Hullen, Nils: Richtlinie über kollektive Rechtewahrnehmung von Urheber- und verwandten Schutzrechten und Mehrgebietslizenzen für Online-Musik, in: jurisPR-ITR 5/2014, Anmerkung 2.

Immenga, Ulrich Mestmäcker, Ernst-Joachim: Wettbewerbsrecht – Band 1 EU Teil 1 – Kommentar zum Europäischen Kartellrecht, 5. Auflage, München 2012

Jani, Ole: Alles eins? – Das Verhältnis des Rechts der öffentlichen Zugänglichmachung zum Vervielfältigungsrecht, ZUM 2009, S. 722 ff.

Jänich, Volker Michael Eichelberger, Jan: Die Verwertung von Musikaufnahmen in dezentralen Computernetzwerken als eigenständige Nutzungsart im Urheberrecht?, MMR 2008, S. 576 ff.

Janik, Viktor Tiwisina, Constanze: Neuer europäischer Rechtsrahmen für Verwertungsgesellschaften – Einstieg in den Ausstieg aus dem System der „collective rights management"?, ZUM 2013, S 177 ff.

Jochum, Georg: Europarecht unter Berücksichtigung des Vertrags von Lissabon, 2. Auflage, Stuttgart 2012

Kampf, Achim: EU-Dienstleistungsrichtlinie und Kollisionsrecht, IPRax 2008, S. 101 ff.

Karbaum, Michael Oeller, Georg: Rechtsbeziehungen der GEMA zu ausländischen Verwertungsgesellschaften, in: Kreile/Becker/Riesenhuber, Recht und Praxis der GEMA, 2. Auflage, Berlin 2008, S. 792 ff.

Katzenberger, Paul: Die verschiedenen Systeme des Aufsichtsrechts über die kollektive Verwertung von Urheberrechten in den europäischen Staaten, in: Hilty, Die Verwertung von Urheberrechten in Europa, Basel 1995, S. 1 ff.

Kindt, Anne: Grundrechtsschutz für Raubkopierer und Musikpiraten, MMR 2009, S. 147 ff.

Koch, Frank A.: Grundlagen des Urheberrechtsschutzes im Internet und in Online-Diensten, GRUR 1997, S. 417 ff.

Krause, Michael: Rechteerwerb und Rechteinhaberschaft im digitalen Zeitalter – Probleme von Nutzern beim Rechteerwerb aus Sicht des öffentlich-rechtlichen Rundfunks, ZUM 2011, S. 21 ff.

Krogmann, Carrie P.: ZDF zur Richtlinie Kollektives Rechtemanagement (CRMD), ZUM 2013, S. 180 ff.

Kunz-Hallstein, Hans Peter Loschelder, Michael: Stellungnahme zur Empfehlung und zur Studie der Europäischen Kommission über die Lizensierung von Musik für das Internet vom 18.10.2005, GRUR 2006, S. 303 ff.

Kunz-Hallstein, Hans Peter Loschelder, Michael: Stellungnahme zum Vorschlag einer Richtlinie des Europäischen Parlaments und des Rates über die kollektive Wahrnehmung von Urheber- und verwandten Schutzrechten und die Vergabe von Mehrgebietslizenzen für die Online-Nutzung von Rechten an Musikwerken im Binnenmarkt – COM (2012) 372 – 2012/0180 (COD), GRUR 2013, S. 155 ff.

Kunz-Hallstein, Hans Peter Loschelder, Michael: Stellungnahme der GRUR zum Vorschlag einer Richtlinie des Europäischen Parlaments und des Rates über die kollektive Wahrnehmung von Urheber- und verwandten Schutzrechten und die Vergabe von Mehrgebietslizenzen für die Online-Nutzung von Rechten an Musikwerken im Binnenmarkt – COM (2012) 372endg.), GRUR 2013, S. 700 ff.

Laddie, Hugh Prescott, Peter Vitoria, Mary Speck, Adrian Lane, Lindsay: The Modern Law of Copyright and Design, Third Edition, London etc. 2000.

Lemor, Florian: Auswirkungen der Dienstleistungsrichtlinie auf ausgesuchte reglementierte Berufe, EuZW 2007, S. 135 ff.

Lerche, Peter: Verwertungsgesellschaften als Unternehmen „sui generis“, in: Kreile/Becker/Riesenhuber, Recht und Praxis der GEMA, 2. Auflage, Berlin 2008, S. 25 ff.

Lettl, Tobias: Urheberrecht, 2. Auflage, München 2013.

v. Lewinski, Silke: Rechtewahrnehmung: Urhebervertragsrecht und Verwertungsgesellschaften, in: Riesenhuber, Systemfortbildung im Europäischen Urheberrecht – INTERGU Tagung 2006, Berlin 2007, S. 215 ff.

Loewenheim, Ulrich: Rechtswahl bei Filmlizenzverträgen, ZUM 1999, S. 923 ff.

Loewenheim, Ulrich: Urheberrecht, 4. Auflage, München 2010 (zitiert: *Bearbeiter*, in: Schricker/Loewenheim).

Loewenheim, Ulrich: Handbuch des Urheberrechts, 2. Auflage, Frankfurt am Main 2010.

Loewenheim, Ulrich Meessen, Karl M. Riesenkampff, Alexander: Kartellrecht – Europäisches und Deutsches Recht, 2. Auflage, München 2009.

Luch, Anika D. Schulz, Sönke E.: Kontrolldefizite im Binnenmarkt für Dienstleistungen? – Überwachungskompetenzen von Aufnahme- und Niederlassungsstaat nach der EU-Dienstleistungsrichtlinie, GewArch 2009, S. 143 ff.

v. Lucius, Wulf D.: Verwerter und Verwertungsgesellschaften, ZUM 2008, S. 925 ff.

Maier-Hauff, Julia: Privatsender fordern ein gebündeltes Musikrechteclearing und die Anwendung der Governancevorgaben auf sogenannte Tochtergesellschaften von Verwertungs-gesellschaften, ZUM 2013, S. 182 ff.

Maier-Hauff, Julia: Umsetzung der EU-Richtlinie für Verwertungsgesellschaften in deutsches Recht – Umsetzungsbedarf aus Sicht der kommerziellen Rundfunksender, ZUM 2014, S. 479 ff.

Markowski, Kristina: La Commission permanente de contrôle des sociétés de perception et répartition des droits – Die ständige Kontrollkommission über Verwertungsgesellschaften in Frankreich, GRUR Int. 2007, S. 819 ff.

Melichar, Ferdinand: Urheberrecht in Theorie und Praxis, 1999 Tübingen.

Melichar, Ferdinand: Anmerkung zu OLG München, Urteil vom 29. April 2010 – 29 U 3698/09, ZUM 2009, S. 713 ff.

Mestmäcker, Ernst-Joachim: Collecting Societies in Law and Economics, in: Riesenhuber, Ernst-Joachim Mestmäcker – Beiträge zum Urheberrecht, 2006 Berlin, S. 407 ff.

Mestmäcker, Ernst-Joachim Schulze, Erich: Kommentar zum deutschen Urheberrecht, München 2005.

Mestmäcker, Ernst-Joachim Schweitzer, Heike: Europäisches Wettbewerbsrecht, 2. Auflage, München 2004.

Meyer, Kathrin: Verwertungsgesellschaften und ihre Kontrolle nach dem Urheberrechtswahrnehmungsgesetz, Baden-Baden 2001.

Mitsdörffer, Sven Gutfleisch, Ulf: „Geo-Sperren" – wenn Videoportale ausländische Nutzer aussperren – Eine urheberrechtliche Betrachtung, MMR 2009, S. 731 ff.

Möhring, Philipp Schulze, Erich Ulmer, Eugen Zweigert, Konrad: Quellen des Urheberrechts – Gesetzestexte aller Länder, München/Unterschleißheim 2005.

Moritz, Hans-Werner Dreier, Thomas: Rechts-Handbuch zum E-Commerce, 2. Auflage, Köln 2005.

Müller, Stefan: Der Verteilungsplan, in: Kreile/Becker/Riesenhuber, Recht und Praxis der GEMA, 2. Auflage, Berlin 2008, S. 399 ff.

Müller, Stefan: Rechtewahrnehmung durch Verwertungsgesellschaften bei der Nutzung von Musikwerken im Internet, ZUM 2009, S. 121 ff.

Müller, Stefan: Die Rechteinhaberschaft an Musikwerken bei Online-Nutzungen, ZUM 2011, S. 13 ff.

Müller, Stefan: Der Verzicht auf technische Schutzmaßnahmen: kein Verzicht auf die gesetzliche Vergütung für private Vervielfältigung, GRUR 2011, S. 26 ff.

Müller, Stefan: Cloud und Privatkopie, ZUM 2014, S. 11 ff.

Nérisson, Sylvie: Europäischer Rechtsrahmen für Verwertungsgesellschaften: Die hochfliegenden Pläne der Europäischen Kommission in ihrem Richtlinienvorschlag – Ein Beitrag aus der Wissenschaft, ZUM 2013, S. 185 ff.

Nettesheim, Martin: Das Recht der europäischen Union, Band I – EUV/AEUV, 52. Ergänzungslieferung, München 2014.

Nicklas, Reinhard Wolf, Alexander: Die Lizensierung, in: Kreile/Becker/Riesenhuber, Recht und Praxis der GEMA, 2. Auflage, Berlin 2008, S. 749 ff.

Niggemeier, Fabian: Der Vorschlag der Kommission für eine Verwertungs- und Online-Richtlinie – Oder der Einstieg in den Ausstieg aus der kollektiven Verwertung, Medialex 2013, S. 65 ff.

Nordemann, Jan Bernd: Urhebervertragsrecht und neues Kartellrecht gem. Art. 81 EG und § 1 GWB, GRUR 2007, S. 203 ff.

Nordemann, Wilhelm: Mangel der Staatsaufsicht über die deutschen Verwertungsgesellschaften?, GRUR 1992, S. 584 ff.

Nordemann, Wilheln Nordemann, Axel Nordemann, Jan Bernd: Urheberrecht – Kommentar zum Urheberrechtsgesetz, Verlagsgesetz, Urheber-rechtswahrnehmungsgesetz, 10. Auflage, Stuttgart 2008.

Peifer, Karl-Nikolaus: Umsetzung der EU-Richtlinie für Verwertungsgesellschaften in deutsches Recht – Umsetzungsbedarf aus wissenschaftlicher Sicht, ZUM 2014, S. 453 ff.

Pfennig, Gerhard: Die Entwicklung der Rechtewahrnehmung in der Informationsgesellschaft, in: Erdmann/Leistner/Rüffer/Schulte-Beckhausen, Festschrift für Michael Looschelder zum 65. Geburtstag, Köln 2010, S. 279 ff.

Pfennig, Gerhard: Umsetzung der EU-Richtlinie für Verwertungsgesellschaften in deutsches Recht – Umsetzungsbedarf aus Sicht der Urheber, ZUM 2014, S. 484 ff.

Podszun, Rupprecht: Verwertungsgesellschaften vor der Neuordnung: Der Vorschlag der Kommission zu einer Richtlinie über die kollektive Wahrnehmung von Urheberrechten und verwandten Schutzrechten, GPR 2013, S. 97 ff.

Poll, Günther: Neue internetbasierte Nutzungsformen – Das Recht der Zugänglichmachung auf Abruf (§ 19a UrhG) und seine Abgrenzung zum Senderecht (§§ 20, 20b UrhG), GRUR 2007, S. 476 ff.

Poll, Günther: CELAS, PEDL & Co.: Metamorphose oder Anfang vom Ende der kollektiven Wahrnehmung von Musik-Online-Rechten in Europa, ZUM 2008, S. 500 ff.

Rainer, Rainer: Erwerb von Online-Musikrechten in Europa – Marktanalyse und Entwicklung eines marktgängigen Lizenzmodells, Wiesbaden 2011

Reber, Nikolaus: Aktuelle Fragen zu Recht und Praxis der Verwertungsgesellschaften, GRUR 2000, S. 203 ff.

Rehbinder, Manfred: Mangel der Staatsaufsicht über die deutschen Verwertungsgesellschaften, DVBl. 1992, S. 216 ff.

Rehbinder, Manfred: Urheberrecht, 16. Auflage, München 2010.

Rehse, Mario: Europäischer Rechtsrahmen für Verwertungsgesellschaften, ZUM 2013, S. 191 ff.

Reinbothe, Jörg: Die kollektive Wahrnehmung von Rechten in der Europäischen Gemeinschaft, in: Ganea/Heath/Schricker/Loewenheim, Urheberrecht – Gestern – Heute – Morgen – Festschrift für Adolf Dietz zum 65. Geburtstag, München 2001, S. 517 ff.

Reinbothe, Jörg: Rechtlicher Perspektiven für Verwertungsgesellschaften im Europäischen Binnenmarkt, ZUM 2003, S. 27 ff.

Reithmann, Christoph Martiny, Dieter: Internationales Vertragsrecht – Das internationale Privatrecht der Schuldverträge, 7. Auflage, München 2010.

Rengeling, Hans-Werner Middeke, Andreas Gellermann, Martin: Handbuch des Rechtsschutzes in der Europäischen Union, 3. Auflage, München 2014.

Riese, Christoph Noll, Paul: Europarechtliche und verfassungsrechtliche Aspekte der Inländerdiskriminierung, NVwZ 2007, S. 516 ff.

Riesenhuber, Karl: Die Auslegung des Wahrnehmungsvertrags, GRUR 2005, S. 712 ff.

Riesenhuber, Karl: Die Verwertungsgesellschaft i.S.v. § 1 UrhWahrnG, ZUM 2008, S. 625 ff.

Riesenhuber, Karl: Die Wertung, in: Kreile/Becker/Riesenhuber, in: Recht und Praxis der GEMA, 2. Auflage, Berlin 2008, S. 578 ff.

Riesenhuber, Karl: Autonomie und Beurteilungsspielräume der Verwertungsgesellschaft – Zugleich eine Erwiderung auf Hertin, GRUR 2013, 469, GRUR 2014, S. 443 ff.

Riesenhuber, Karl v. Vogel, Alexander: Europäisches Wahrnehmungsrecht – Zur Mitteilung der Kommission über die Wahrnehmung von Urheberrechten und verwandten Schutzrechten im Binnenmarkt, EuZW 2004, S. 519 ff.

Riesenhuber, Karl v. Vogel, Alexander: Die Rechtsbeziehungen der GEMA zu ihren Nutzern, in: Kreile/Becker/Riesenhuber, Recht und Praxis der GEMA, 2. Auflage, Berlin 2008, S. 677 ff.

Rixecker, Roland Säcker, Franz Jürgen: Münchener Kommentar zum Bürgerlichen Gesetzbuch – Band 10 und 11, jeweils 5. Auflage, München 2010.

Rixecker, Roland, Säcker, Franz Jürgen: Münchener Kommentar zum Bürgerlichen Gesetzbuch – Band 1, 6. Auflage, München 2012.

Runge, Philipp: Die kollektive Lizensierung von Onlinenutzungsrechten für Musik im Europäischen Binnenmarkt, Kassel 2010.

Rupp, Alexander: Die Richtlinie über Verwertungsgesellschaften und Mehrgebietslizenzen – Ein europäischer Rahmen für das Recht der kollektiven Wahrnehmung von Urheberrechten, MMR 2014, S. 217 ff.

Schack, Haimo: Rechtsprobleme bei der Online-Übermittlung, GRUR 2007, S. 639 ff.

Schack, Haimo: Urheber- und Urhebervertragsrecht, 6. Auflage, Tübingen 2013.

Schaefer, Martin: Alles oder nichts! – Erwiderung auf Jani, Alles eins? – Das Verhältnis des Rechts der öffentlichen Zugänglichmachung zum Vervielfältigungsrecht, ZUM 2010, S. 150 ff.

Schlachter, Monika Ohler, Christoph: Europäische Dienstleistungsrichtlinie – Handkommentar, Baden-Baden 2008.

Schmidt, Manuela Maria: Die kollektive Verwertung der Online-Musikrechte im Europäischen Binnenmarkt – Anmerkungen zur Studie der Europäischen Kommission über eine Initiative zur grenzüberschreitenden kollektiven Verwertung der Urheberrechte im Musiksektor, ZUM 2005, S. 783 ff.

Schmidt, Tobias: Rechtliche Herausforderungen des Hybridfernsehens aus der Sicht des privaten Rundfunks, ZUM 2011, S. 457 ff.

Schneider, Albrecht: GEMA-Vermutung, Werkbegriff, und das Problem sogenannter „GEMA-freier Musik"- Anmerkungen zu einigen neueren Entscheidungen, GRUR 1986, S. 657 ff.

Scholz, Marisa Pia: Dienstleistungsrichtlinie und Verwertungsgesellschaften – Kann die Dienstleistungsrichtlinie das nationale Monopol der Verwertungsgesellschaften aushebeln?, Medien und Recht 2011, S. 73 ff.

Scholz, Marisa Pia: Der Richtlinienvorschlag zur kollektiven Rechteverwertung im europäischen Binnenmarkt, Medien und Recht 2013, S. 123 ff.

Schulze, Erich: Mitgliedsausschluss aus einem wirtschaftlichen Verein am Beispiel der GEMA, NJW 1991, S. 3264 f.

Schulze, Gernot: Aspekte zu Inhalt und Reichweite von § 19a UrhG, ZUM 2011, S. 2 ff.

Schulze, Reiner Zuleeg, Manfred Kadelbach, Stefan: Europarecht – Handbuch für die deutsche Rechtspraxis, 2. Auflage, Baden-Baden 2010

Schwartmann, Rolf: Praxishandbuch Medien-, IT- und Urheberrecht, 2. Auflage, Heidelberg u. a. 2011.

Schwarz, Matthias Peschel-Mehner, Andreas: Recht im Internet – Der große Rechtsberater für die Online-Praxis, 39. Ergänzungslieferung, Frankfurt 2014

Seifert, Fedor: Die Lizensierung, in: Kreile/Becker/Riesenhuber, Recht und Praxis der GEMA, 2. Auflage, Berlin 2008, S. 749 ff.

Siiriainen, Fabrice: Das Recht der Verwertungsgesellschaften in Frankreich, in: Hilty/Geiger, Impulse für eine europäische Harmonisierung des Urheberrechts – Urheberrecht im deutsch-französischen Dialog, Berlin u. a. 2007, S. 431 ff.

Sonnenberger, Hans Jürgen Classen, Claus Dieter: Einführung in das französische Recht, 4. Auflage, Frankfurt am Main 2012.

Spindler, Gerald: Internetplattformen und die Finanzierung der privaten Nutzung, ZUM 2014, S. 91 ff.

Spindler, Gerald Schuster, Fabian: Recht der elektronischen Medien 2. Auflage, München 2011.

Spohn, Kolja Hullen, Nils: Lizensierung von Musik zur Online-Verwertung - Statt One-Stop-Shop ein Rechte-Puzzle, GRUR 2010, S. 1053 ff.

Staats, Robert: Der EU-Richtlinienvorschlag über die kollektive Rechtewahrnehmung – Stellungnahme aus Sicht der Praxis, ZUM 2013, S. 162 ff.

Staats, Robert: Verwertungsgesellschaft – Was ist das?, in: Bullinger/Grunert/Ohst/Wöhrn, Festschrift für Artur Axel Wandtke zum 70. Geburtstag am 26. März 2013, Berlin 2013, S. 211 ff.

Staats, Robert: Umsetzung der EU-Richtlinie für Verwertungsgesellschaften in deutsches Recht – Umsetzungsbedarf aus Sicht der VG Wort, ZUM 2014, S. 470 ff.

Staudt, Monika: Die Rechteübertragungen im Berechtigungs-vertrag der GEMA, Berlin 2006.

Staudt, Monika: Der Berechtigungsvertrag, in: Kreile/Becker/Riesenhuber, Recht und Praxis der GEMA, 2. Auflage, Berlin 2008, S. 260 ff.

Steden, Robin Christian: Das Monopol der GEMA, Baden-Baden 2003.

Steggewentz, Elena: Die Bedeutung der Richtlinie für den steuerberatenden Berufsstand, DStR 2007, S. 271 f.

v. Steinau-Steinrück, Robert Wohlgemut, Stefan: Die Satzung der GEMA, in: Kreile/Becker/Riesenhuber, Recht und Praxis der GEMA, 2. Auflage, Berlin 2008, S. 123 ff.

Stieper, Malte: Rezeptiver Werkgenuss als rechtmäßige Nutzung – Urheberrechtliche Bewertung des Streaming vor dem Hintergrund des EUGH-Urteils in Sachen FAPL/Murphy, in MMR 2012, S. 12 ff.

Stolz, Alexander: Rezipient = Rechtsverletzer…? – (keine) Urheberrechtsverletzung durch die Nutzung illegaler Streaming-Angebote, MMR 2013, S. 353 ff.

Streinz, Rudolf: EUV/AEUV – Vertrag über die Europäische Union und über die Arbeitsweise der Europäischen Union, 2. Auflage, München 2012.

Streinz, Rudolf: Europarecht, 9. Auflage, Heidelberg 2012.

Tiede, Wolfgang Bogedain, Clemens: Das Recht der Verwertungsgesellschaften der Republik Serbien und weitere Neuerungen im serbischen Urheberrecht, GRUR Int. 2012, S. 128 ff.

Ullrich, Jan Nicolaus: Alles in einem – Die Einräumung eines Nutzungsrechts i.S.d. § 31 Abs. 1 UrhG für einen On-Demand-Dienst im Internet, ZUM 2010, S. 311 ff.

Ullrich, Jan Nicolaus: Webradioportale, Embedded Videos & Co. – Inline-Linking und Framing als Grundlage urheberrechtlich relevanter (Anschluss-) Wiedergaben, ZUM 2010, S. 853 ff.

Ventroni, Stefan: CELAS – Revolution bei der Musikrechtewahrnehmung?, MMR 2008, S. 273 ff.

Ventroni, Stefan: Copyrights und Lizenzmanagement, in: Clement/Schusser/Papies, Ökonomie in der Musikwirtschaft, 2. Auflage, Wiesbaden 2008, S. 63 ff.

Ventroni, Stefan: Erleichtert die EU-Richtlinie zur kollektiven Rechtewahrnehmung den Erwerb von Online-Musikrechten?, MMR 2012, S. 565 ff.

Ventroni, Stefan Poll, Günter: Musiklizenzerwerb durch Online-Dienste, MMR 2002, S. 648 ff.

Vianello. Mirko: Lizensierung von Musik in nutzergenerierten Videos – Der steinige Weg zur Verwendung im Internet, MMR 2009, S. 90 ff.

Vogel, Martin: Wahrnehmungsrecht und Verwertungs-gesellschaften in der Bundesrepublik Deutschland – Eine Bestandsaufnahme im Hinblick auf die Harmonisierung des Urheberrechts in der Europäischen Gemeinschaft, GRUR 1993, S. 513 ff.

Wandtke, Artur-Axel: Doppelte Lizenzgebühr im Urheberrecht als Modell für den Vermögensschaden von Persönlichkeitsrechtsverletzungen im Internet?, GRUR 2000 S. 942 ff.

Wandtke, Artur-Axel: Medienrecht Praxishandbuch, Band 1 – Europäisches Medienrecht und Durchsetzung des geistigen Eigentums, 2. Auflage, Berlin 2011.

Wandtke, Artur-Axel: Medienrecht Praxishandbuch, Band 2 – Schutz von Medienprodukten, 2. Auflage, Berlin 2011.

Wandtke, Artur-Axel Bullinger, Winfried: Praxiskommentar zum Urheberrecht, 4. Auflage, München 2014.

Wandtke. Artur-Axel von Gerlach, Felix-Tessen: Die urheberrechtliche Rechtmäßigkeit der Nutzung von Audio-Video Streaminginhalten im Internet, GRUR 2013, S. 676 ff.

Weber, Peter: Umsetzung der EU-Richtlinie für Verwertungsgesellschaften in deutsches Recht – Umsetzungsbedarf aus Sicht des öffentlich-rechtlichen Rundfunks, ZUM 2014, S. 476 ff.

Weichhaus, Bernd: Das Recht der Verwertungsgesellschaften in Deutschland, Großbritannien und Frankreich, Hamburg 2002

Weiden, Henrike: Aktuelle Berichte – April 2014 – Richtlinie zur Lizenzierung von Musik im Internet verabschiedet, GRUR 2014 S. 339 f.

Welp, Kai: Der Öffentlichkeitsbegriff im Urheberrecht und die Praxis der internationalen Rechtewahrnehmung, GRUR 2014, S. 751 ff.

Wirtz, Martin: Die Kontrolle von Verwertungsgesellschaften, Frankfurt am Main 2002.

Wolf, Alexander: Urheberrechtliche Lizenzeinräumung und Kontrollrechte einer Verwertungsgesellschaft am Beispiel des Music-on-Demand-Projekts der DEUTSCHEN TELEKOM, ZUM 1998, S. 303 ff.

Wolf, Alexander Evert, Till: Rechtsbeziehungen der GEMA zu ausländischen Verwertungsgesellschaften, in: Kreile/Becker/Riesenhuber, Recht und Praxis der GEMA, 2. Auflage, Berlin 2008, S. 792 ff.

Wünschmann, Christoph: Die kollektive Verwertung von Urheber- und Leistungsschutzrechten nach europäischem Wettbewerbsregeln, Baden-Baden 2000.

Schriftenreihe zum Urheber- und Kunstrecht

Herausgegeben von Thomas Hoeren

Band 1 Stefan Baufeld: Kulturgutbeschlagnahmen in bewaffneten Konflikten, ihre Rückabwicklung und der deutsch-russische Streit um die so genannte Beutekunst. 2005.

Band 2 Alexandra Kruczek: Die Bewertung der Kabelweitersenderechte der Sendeunternehmen in Deutschland und den USA. 2005.

Band 3 Larissa Marrder: Verwertung von Filmrechten in der Insolvenz. 2006.

Band 4 Felix Heinz Siegfried: Internationaler Kulturgüterschutz in der Schweiz. Das Bundesgesetz über den internationalen Kulturgütertransfer (Kulturgütertransfergesetz, KGTG). 2006.

Band 5 Karsten Lisch: Das Abstraktionsprinzip im deutschen Urheberrecht. 2007.

Band 6 Thomas Meschede: Der Schutz digitaler Musik- und Filmwerke vor privater Vervielfältigung nach den zwei Gesetzen zur Regelung des Urheberrechts in der Informationsgesellschaft. 2007.

Band 7 Thomas Hoeren/Bernd Holznagel/Thomas Ernstschneider (Hrsg.): Handbuch Kunst und Recht. 2008.

Band 8 Michael Nielen: Interessenausgleich in der Informationsgesellschaft. Die Anpassung der urheberrechtlichen Schrankenregelungen im digitalen Bereich. 2009.

Band 9 Urban von Detten: Kunstausstellung und das Urheberpersönlichkeitsrecht des bildenden Künstlers. 2010.

Band 10 Timo Prengel: Bildzitate von Kunstwerken als Schranke des Urheberrechts und des Eigentums mit Bezügen zum Internationalen Privatrecht. 2011.

Band 11 Christine Altemark: Wahrnehmung von Online-Musikrechten im Europäischen Wirtschaftsraum. Unter besonderer Berücksichtigung des Systems der Rechtewahrnehmung seit der Empfehlung der Kommission vom 18. Oktober 2005. 2011.

Band 12 Donata von Gruben: Das urheberrechtliche Entstellungsverbot im Umgang mit Originalwerken der bildenden Kunst. Unter besonderer Berücksichtigung der Eigenarten zeitgenössischer Kunst. 2013.

Band 13 Kathrin-Lena Kriesel: Einheitlicher europäischer Werkbegriff und Herabsenkung der Anforderungen an die Gestaltungshöhe bei Werken der angewandten Kunst. 2014.

Band 14 Nico Brunotte: Urheberrechtliche Bewertung der Streamingfilmportale. Unter besonderer Berücksichtigung der Schrankenbestimmung zu ephemeren Vervielfältigungen und des digitalen Werkgenusses. 2014.

Band 15 Tudor Vlah: Parodie, Pastiche und Karikatur – Urheberrechte und ihre Grenzen. Eine rechtsvergleichende Untersuchung des deutschen und spanischen Urheberrechts. 2015.

Band 16 Benjamin Wübbelt: Die Zukunft der kollektiven Rechtewahrnehmung im Online-Musikbereich. 2015.

www.peterlang.com

www.ingramcontent.com/pod-product-compliance
Ingram Content Group UK Ltd.
Pitfield, Milton Keynes, MK11 3LW, UK
UKHW021844290926
8980IPUK00005B/634

9 783631 661420